O romance de formação

Franco Moretti

O romance de formação

tradução
Natasha Belfort Palmeira

todavia

Prefácio de 1999   9
Agradecimentos   25

O *Bildungsroman* como forma simbólica   27

1. O bem-estar da civilização   41

I

1. O círculo da vida   44
2. Retórica da felicidade   51
3. Anti-Robinson   54

II

1. "Todos os camponeses e artesãos poderiam ser elevados à categoria de artistas"   61
2. O mundo da familiaridade   66
3. Arte de viver   71
4. "Personalidade"   74
5. "Prova", "oportunidade", "episódio"   80
6. Conversação   88
7. Males inevitáveis   94

III

1. Sociologia do preconceito   99
2. Símbolo e interpretação   105
3. Medo à liberdade   111
4. Da necessidade, virtude   115

2. Waterloo Story 125

I

1. A política como destino? 127
2. "O uniforme do meu século" 131
3. "Quem lá está em meio à gente, em pé, sombrio, indiferente..." 139
4. "*Voilà mon crime, Messieurs...*" 142
5. "Triste, porém, é ver agora que em vão nos deram a mocidade..." 146
6. "É assim que o mundo vai" 152
7. Princípio de realidade, realismo, ironia 154
8. Os direitos do autômato 157

II

1. O séc'lo se renova 161
2. "Torturava-o o castigo da paz..." 166
3. A coragem da paródia 171
4. "*Streben*" 177
5. "A nada unido" 181
6. *Unhappy ending* 188
7. Ironia e irracionalidade 191
8. Declínio da sabedoria 193
9. O paradoxo de Waterloo 198

3. A prosa do mundo 203

I

1. "*Parvenir*" 203
2. A fúria do desvanecer 209
3. "Nada me pode ser ocultado" 212
4. "Na época atual, seria realmente um espetáculo maravilhoso..." 218

II

1. Capitalismo e narrativa 223
2. Cinquenta mil jovens, cem mil romances 229
3. Sobre a gênese da tolerância 231
4. Narrar 238
5. Defesa do pior Balzac 247
6. O mundo da prosa 250

III

1. Dialética do desejo 254
2. "E com que ofício retribuo os teus?" 261
3. "O que tivemos de melhor" 269

4. A conjuração dos inocentes 277

I

1. A juventude sitiada 278
2. O branco e o preto 283
3. *Very Common Persons* 288
4. Jardim antropológico 293
5. "Nesta era tão iluminada..." 297

II

1. *The Devil's Party* 302
2. Adeus, montes 306
3. *Ur-Novel* 310
4. O grande tribunal do mundo 314
5. "*Narratio*" versus romance 319

III

1. "Mudar um pouco o mundo" 326
2. O narrador eliotiano: Maturidade como humorismo 334
3. *Rien ne va plus* 338

"Uma nostalgia inútil de mim mesmo": A crise do romance de formação europeu, 1898-1914 345
Notas 368
Traduções dos romances citados 406
Índice onomástico 408

Prefácio de 1999

A ideia deste livro remonta ao verão de 1979; a pesquisa, a 1979-84, e a redação, a 1981-5. Desde então, a cena cultural mudou bastante, assim como a crítica literária, e também, de maneira mais modesta, o meu modo de trabalhar. Aqui buscarei discutir algumas dessas novidades, mesclando reflexões retrospectivas, atualização bibliográfica e algumas ideias novas. São como anotações à margem; uma espécie de ponte entre o livro que escrevi então (e que reapresento sem nenhuma modificação) e aquele que talvez escreverei agora.

O romance como paixão calma

No quarto capítulo do segundo livro de *Os anos de aprendizagem de Wilhelm Meister* — o grande arquétipo do *Bildungsroman*, ou romance de formação europeu —, Wilhelm chega a uma cidadezinha de província e decide se deter ali por alguns dias. Entra no pátio da hospedaria, põe-se a observar uns operários que estão montando um palco quando se aproxima dele uma jovem que pretende lhe vender algumas flores. Ele as compra, e então, à janela de outra estalagem, surge uma mulher que parece fitá-lo e que, instantes depois, manda um rapazote lhe pedir as flores. Wilhelm as entrega, começa a subir a escada e de repente cruza com "uma jovem criatura, que vinha descendo os degraus aos pulos" (*Wilhelm Meister*, II, 4, p. 100). Ele pergunta quem ela é, ela o olha de esguelha e foge sem responder. Um andar acima, alguém lhe oferece a espada, passam ao combate. Depois começam a conversar, mas são interrompidos pelo tumulto de um grupo de acrobatas que anunciam seu espetáculo da noite.

No pequeno livro cinza das edições Bur em que li pela primeira vez *Os anos de aprendizagem de Wilhelm Meister*, essas duas páginas ficaram em branco: nenhum grifo, nenhuma anotação, nada. Sinal de que mergulhei nelas distraído, esperando episódios célebres como a discussão sobre *Hamlet* ou a leitura sobre o nobre e o burguês, ou ainda a morte de Mignon. Era lá que esperava encontrar a chave de *Wilhelm Meister*, o resto era pano de fundo, interlúdio; algo lento e viscoso, em que os projetos de Wilhelm eram continuamente interrompidos e desviados, e o sentido do todo corria o risco de se esvair. "Prosa do mundo", dizia Hegel: verdade. É como no grande *Bildungsroman* cinematográfico de Edgar Reitz (*Die zweite Heimat* [A segunda pátria]): a noite é filmada em cores vivíssimas, reluzentes — mas o dia é sempre filmado em um branco e preto meio opaco.

Foi só mais tarde, trabalhando em *O romance de formação*, que comecei a mudar de ideia e a suspeitar de que na repetição tranquila e regular de episódios como aquele da estalagem residia, na realidade, o verdadeiro segredo do livro. Sejamos claros: o teatro, Mignon, a alma bela, a Sociedade da Torre, tudo isso é importante. Mas a contribuição decisiva de Goethe para o "meio milênio burguês" (Thomas Mann) reside noutro lugar: não nas grandes reviravoltas, mas sim em ter tornado narrativamente ativa — "interessante" — a realidade cotidiana. Como os cem encontros bem-sucedidos e malsucedidos que se desenrolam sem pressa nas 26 horas de *Heimat*, os desvios periféricos da estalagem de Goethe são também sempre uma chance, uma possibilidade que se abre: Wilhelm não "reconhece" Mignon, é verdade (tampouco Philine ou Laerte), mas ainda assim a encontrou. *Alguma coisa* aconteceu.

É pouco? Pode ser; todavia essa escolha me faz pensar na grande figura do capitalista de Weber, que prefere um lucro limitado, mas seguro, às vagas seduções da aventura. Pois bem, *Wilhelm Meister* compartilha o mesmo estado de espírito: seus episódios têm geralmente um interesse narrativo limitado, mas não são desprovidos de *certo* interesse. E assim, para parafrasear outro grande historiador da índole burguesa, a leitura do romance torna-se — pela primeira vez na história — uma "paixão calma".

Perdi minha subjetividade, mas encontrei um mundo, disse Goethe a propósito da viagem à Itália, e são palavras que permanecem verdadeiras para o mundo "diurno" de Austen e Dickens, de Balzac e George Eliot: a vida ofereceu menos do que o esperado — porém ofereceu algo a mais, e inesperado. É o milagre, ou talvez a miragem simbólica da onda ascendente do *Bildungsroman* entre 1789 e 1848: um equilíbrio até demasiadamente harmonioso entre os vínculos da socialização moderna e suas vantagens; entre o sentido que se perde ao longo do caminho e aquele que é encontrado. Em seguida, depois do terremoto da metade do século, o mecanismo se enrijece, torna-se obscuro;[1] tem início a parábola descendente do romance de formação, que terminará — digamos, por volta de 1914 — nos dolorosos traumas de *Törless*, *América* ou *Dedalus* do *Retrato do artista quando jovem*.[2]

"Assimilação do tempo histórico"

O cotidiano que se torna interessante. Estranha ideia. "Os cavalos, os servos, as mulheres velhas, os camponeses que soltam fumo pelo cachimbo" — escreve Hegel nas páginas dos *Cursos de estética* dedicadas à pintura holandesa —, "o brilho do vinho em copos transparentes, pessoas com casacos sujos jogando com cartas velhas: tais e outras centenas de objetos pelos quais *na vida comum mal nos importamos*."³ Mas qual o sentido de pintar coisas tão ordinárias que "pouco nos interessam"? Com palavras roubadas ao último Fausto, eis a resposta de Hegel:

A autêntica matéria destes quadros, se a pesquisarmos mais detidamente, não é tão comum como acreditamos costumeiramente. [...] O holandês construiu em grande parte ele próprio o terreno onde mora e vive, e é forçado a defendê-lo e mantê-lo continuadamente contra o ataque do mar; os cidadãos das cidades, assim como os camponeses, por meio da coragem, da perseverança e da valentia, acabaram com o reinado de Filipe II [...]. O conteúdo universal de suas imagens é constituído por essa cidadania e vontade de empreendimento nas coisas pequenas e grandes, no próprio país quanto no vasto mar, por esta bela prosperidade, cuidada e ao mesmo tempo limpa, pela satisfação e atrevimento no sentimento de si [*Selbstgefühl*] e pelo fato de deverem tudo isso à própria atividade. Mas não se trata aqui de nenhuma matéria e conteúdo comuns...⁴

Fantástica intuição. "Se pesquisarmos mais detidamente", o cotidiano holandês se transfigura: torna-se um signo da história universal — o início da era moderna, de fato. E essa "elevação" do cotidiano à história retorna depois na análise do *Bildungsroman* realizada por Mikhail Bakhtin no ensaio "O romance de educação e sua importância na história do realismo". Nessa forma literária, escreve, "o homem se forma ao mesmo tempo que o mundo, reflete em si mesmo a formação histórica do mundo. [...] Aqui a imagem do homem em formação começa a superar seu caráter privado (até certo ponto, claro) e desemboca em outra esfera *vasta* e em tudo diferente da existência histórica".⁵

A esfera *vasta* da existência histórica... Mas para dizer a verdade, me parece que o traço predominante do romance de formação (e aliás, do romance tout court) consiste em "abaixar" a história ao nível da experiência ordinária, e não o contrário. No *Bildungsroman* efetua-se, escreve ainda Bakhtin, "a assimilação do tempo histórico": correto, mas assimilar a história significa aqui mantê-la a uma distância segura, *separando* o destino do indivíduo das grandes ondas coletivas. 1789, as guerras napoleônicas, a Revolução Industrial, 1830, o cartismo, 1848... é extraordinário como a história da Europa nesses momentos tem um quê de presente-ausente: um horizonte ameaçador, mas distante. Até mesmo nos anos em que a esfera pública se tornou explosiva e invasiva, aquilo que realmente interessa ao romance é a esfera privada e as suas capacidades de sobrevivência a despeito de tudo. Por essa sua neutralidade teimosa e "realista", o romance é verdadeiramente uma fatia de "liberdade dos modernos": nada mais, nem menos do que isso.

Entre duas classes

"Na fronteira de duas épocas, no ponto de passagem de uma época para outra", como escreve Bakhtin, o romance de formação posiciona-se também no ponto de passagem entre duas classes sociais: entre a burguesia e a aristocracia. É a história do jovem comerciante Wilhelm Meister, chamado a fazer parte de um grupo de latifundiários iluministas, e de Elizabeth Bennet, de *Orgulho e preconceito* (de Cheapside à grande propriedade de Pemberley); de Julien Sorel (de um notável da província a Marquês de La Mole; do Lucien de *Ilusões perdidas* (com seu sobrenome duplo, Chardon de Rumbempré); de Jane Eyre (a jovem governanta e o patrão) e, de modo um pouco oblíquo, ainda dos personagens de Dickens e de George Eliot. As duas faces da classe dominante só desaparecem definitivamente com

A educação sentimental, a partir da segunda metade do século XIX — e, coincidência ou não, naquele momento termina também a grande temporada do *Bildungsroman*.

Como explicar essa dupla presença? A ideia desenvolvida no primeiro capítulo do livro continua me parecendo plausível: o encontro, aliás, o enamoramento entre as duas classes, é um modo de sanar aquela fratura social que dera origem (ou assim parecia) à Revolução Francesa. Dessa ótica, não é de surpreender que os primeiros romances de formação tenham sido escritos na Alemanha e na Inglaterra: é um sinal de como o *Bildungsroman* participa da geopolítica europeia com espírito, digamos, antifrancês: buscando colocar entre parênteses 1789; tomando partido pela *continuidade* entre o antigo e o novo regime.

É a "tentativa de reconciliação" na qual *A teoria do romance* de Lukács vê a essência da estrutura do romance. É natural que exista uma reconciliação entre aristocracia e Terceiro Estado por volta de 1800; o burguês que deseja se tornar fidalgo é uma típica figura dos dois séculos precedentes. Mas que as coisas não mudem tanto nem mesmo depois da decolagem do capitalismo oitocentista, é menos compreensível. E, no entanto, é assim: romance após romance, o herói do *Bildungsroman* — que provém geralmente daquela que a historiografia de língua alemã chama *Bildungsbürgertum*, ou burguesia da cultura — não dirige jamais os próprios passos em direção à *Besitzbürgertum*, ou burguesia da propriedade, mas sempre e somente em direção àquele mundo aristocrático com o qual, no fundo, sente-se infinitamente mais afim. (O episódio do adeus do "amigo burguês", que retorna em toda parte, é um sinal desse estado de coisas.)[6]

Àquela altura, me surpreendeu muito esse "salto" de classe, tão estranho à ideia de *Bildungsroman* como grande forma burguesa. Hoje, tentaria explicá-lo da seguinte forma. Do puritano de Weber ao comerciante de Hirschmann, temos estudos extraordinários sobre a ética burguesa do trabalho e sobre a ruptura antropológica que ela representa. Mas — *para além do trabalho?* Aqui, falar de ruptura é muito mais difícil, e parece, aliás, que muitos grupos burgueses (e de modo particular, os jovens burgueses) confiam a própria identidade a formas de socialização — a viagem, o galanteio, a conversa, a música, as aulas de dança, a cultura humanista... — *que já haviam sido colocadas em prática pelo mundo aristocrático.* E que, portanto, em vez de definir o burguês como um novo tipo humano, fazem-no se assemelhar, e quase o assimilam, ao tipo aristocrático.[7]

Para além da conjuntura revolucionária, portanto, a coexistência de burguesia e aristocracia no *Bildungsroman* possa talvez ser explicada pela hipótese de que a classe burguesa reutilizou (ou imitou, herdou, ou como quiser) traços típicos do modo de vida aristocrático; que o burguês é, no fim das contas, uma espécie de compromisso vivo entre "si mesmo" e a velha classe dominante. Nota-se nesses romances uma dúvida recorrente — para além do trabalho, o que é o burguês? O que faz? Como vive? — e uma resposta também recorrente: é uma curiosa mistura do velho e do novo, cuja identidade é incerta e múltipla. Pois bem, pergunta e resposta são como o início e o fim da juventude moderna; dessa estranha temporada "aristocrática" da existência burguesa, na qual se cumpre o ajustamento simbólico entre os dois modos de vida.

A mobilidade renegada

Burgueses, aristocratas. E o romance de formação "dos outros" — mulheres, negros da América, proletários, africanos...? A essa objeção, que me foi feita muitas vezes, poderia responder evocando os limites das minhas competências — a Europa ocidental entre a Revolução Francesa e o triunfo do capitalismo — e as exclusões que dessas derivam. Mas a verdade é que, no caso específico do *Bildungsroman*, aquelas coordenadas espaço-temporais são, na realidade, quase inevitáveis, porque encerram o substrato histórico-social indispensável para o seu surgimento: indivíduos livres, autônomos, cultos; uma sociedade aberta ao mérito e à concorrência; um enredo de duas classes abastadas; o impulso centrípeto do Estado nacional europeu. "Em cada aspecto da vida social" — escreve Marc Bloch — "temos que [...] encontrar o quadro geográfico próprio, determinado, não de fora, mas de dentro":[8] refletindo sobre o romance de formação "de dentro", diríamos que o jovem pequeno-burguês europeu determinou e como que monopolizou sua estrutura. Quando saímos daquele mundo, torna-se difícil descrever o *Bildungsroman*, porque torna-se difícil imaginá-lo.[9]

O erro do meu livro não reside, portanto, em não conceder a todos o romance de formação, como se fosse assistência médica (que, de fato, deve ser oferecida a todos) — mas em não tornar totalmente visíveis as razões pelas quais ele permanece limitado a uma classe social, a uma parte do mundo, a uma época, a um sexo. Basta pensar, por exemplo, em como a representação da mobilidade social, que é um traço decisivo do *Bildungsroman*, interrompe-se de repente tão logo entram em cena trabalhadores manuais: funcionava dentro do mundo burguês, ou entre este e a velha classe dominante, mas abaixo da classe média — em obras como *Judas, o obscuro*, ou *Martin Eden*, ou ainda *Filhos e amantes* — não é mais possível imaginá-la.[10]

Sejamos claros, não se trata aqui apenas de uma questão de representação, mas de *realidade*. "Os jovens operários não se beneficiam, como os jovens burgueses, desse tempo de latência e de formação que possibilita uma sociabilidade adequada e eventualmente uma expressão autônoma" — escreve Michelle Perrot em um belo ensaio recente —, "o precoce encaminhamento ao trabalho absorve suas energias sem lhes dar os

direitos dos adultos."[11] Uma juventude mais breve, mais dura — e de fato ainda mais dura para os heróis desses romances, que buscam se liberar da maldição do trabalho manual e impõem a si mesmos, assim, um duplo esforço. Nas autobiografias operárias "falam muito mais de disciplina que de revolta", escreve ainda Perrot,[12] e nos vem à mente o feroz autocontrole de Judas e Martin Eden: as noites de estudo, os últimos centavos que vão embora em um livro, a fome, a solidão...
Uma juventude sem desejo: esta é a realidade do *Bildungsroman* "proletário" — que o torna quase incomparável a obras como *Os anos de aprendizagem* e *Ilusões perdidas*. Acresce que a feroz renúncia ao prazer que a pobreza impõe a Judas e companheiros, embora sublimada em arte e cultura, não produz os frutos esperados, mas apenas uma dupla e definitiva exclusão: não mais à vontade entre os antigos companheiros de trabalho, e jamais um burguês de fato, o herói não tem escolha senão se deixar morrer como Judas, ou suicidar-se como Martin Eden. *And at the instant he knew* — ressoa a última frase do romance de London —, *he ceased to know*; e no momento que compreendeu, deixou de compreender para sempre.

Encontro com Julien Sorel

E a política? No *Bildunsgroman* há pouca, e não apenas quando o protagonista é um trabalhador, como também durante o decorrer de todo o século XIX. Única verdadeira exceção, *O vermelho e o negro*: quem sabe, talvez, porque o salto de classe é tão audaz — da pequenina propriedade camponesa até a mais antiga aristocracia — que o ritmo da prosa burguesa não é suficiente, e é preciso então um canal de promoção social específico (afinal, para o imaginário da época, o arquétipo da carreira aberta ao talento eram as fileiras político-militares da Grande Armée).

17

A política de Stendhal, evidentemente, pode ser tudo, menos linear: o "senso do dever" jacobino de Julien é muitas vezes ridículo, ou subordinado ao seu interesse e prazer. E acredito que tenha sido justamente essa mistura de radicalismo e ambiguidade que, à época, fez de *O vermelho e o negro* a parte central de *O romance de formação*. Talvez não a melhor, isso não saberia dizer, mas certamente aquela sobre a qual trabalhei com mais paixão, e que suscitou mais interesse entre os estudantes (e também a única que publiquei como um ensaio separado, nos *Quaderni Piacentini*, que era, justamente, uma revista política). Hoje em dia, ao contrário, quando dou aulas sobre o romance do século XIX, é o livro mais difícil; falo dele quase a contragosto, mais pelo senso do dever do que por qualquer outra coisa. Quem sabe, talvez aos cinquenta anos, a ideia de um garoto que prefere a guilhotina a alguns compromissos não tão assustadores assim soe realmente estranha. Porém, isso não quer dizer que aos coetâneos de Julien Sorel o livro agrade mais, pelo contrário. Durante dez anos em Nova York, só um deles ficou realmente tocado, um rapaz afro-americano que se chamava Paul Young, e que traçou um esplêndido paralelo entre a Restauração europeia e a *Reconstruction* americana: os anos posteriores à guerra civil, na qual o princípio de igualdade racial, embora nunca repudiado enquanto tal, é de fato reduzido a zero pelo comportamento dos brancos. (A partir daí ele começou a comparar os ímpetos de Julien àqueles dos Panteras Negras.)

Para que não faltasse nada na atmosfera d'*O vermelho e o negro*, Paul era, além de tudo, o estudante mais inteligente e o mais "desendinheirado"; como me explicou no último dia de aula, pagava os estudos com um emprego de ajudante de cozinheiro em uma igreja e não podia escrever o segundo trabalho de avaliação no prazo estabelecido. Muito contente em fazer o papel do Marquês de La Mole, disse a ele que poderia escrever o trabalho para o final do verão, sem prejuízos para sua nota. Combinado? Combinado. E desapareceu. E eu sempre me pergunto se aquele nome — Paul *Young*, meu deus — era realmente o seu. De qualquer forma, era um bom aluno.

Bricolagem, compromisso

Em relação ao projeto inicial de *O romance de formação*, a reflexão sobre a ligação entre forma e ideologia é talvez aquela em que, escrevendo o livro, mais me distanciei das intenções originais. À época, os meus pontos de partida, emprestados em parte da Escola de Frankfurt e em parte do primeiro estruturalismo, eram razoavelmente simples. Em primeiro lugar, o objeto específico da crítica literária para mim eram as técnicas, os procedimentos, as formas da literatura (quer entender Balzac? Tudo bem, comece estudando o funcionamento do enredo de *A comédia*). Depois, em segundo lugar, a forma literária não era estranha ao conflito social, mas era um modo de participar daquele conflito, moldando o mundo segundo uma perspectiva determinada (assim o enredo de Balzac consegue tornar fascinante a ascensão do capitalismo moderno).

Enfim, o aspecto mais profundamente social da literatura é a sua forma, como disse presumidamente o jovem Lukács (que depois se tornou grande e se esqueceu disso). Bem. Mas à medida que estudava, continuava a esbarrar em dois fatos que não conseguia explicar. Para começar, a morfologia desses romances era extremamente heterogênea: um elemento brigava com o outro (o enredo de *A comédia*, por exemplo, contradizia o estilo do narrador balzaquiano) e o texto se mantinha unido somente mediante uma contínua e complicadíssima bricolagem. No plano ideológico, outra estranheza: o *Bildungsroman* parecia ter uma ideologia própria, que não se parecia com nada àquilo de que falava a história intelectual, ou das ideias, ou das teorias políticas. Tinha sempre algo estranho, "sujo", nesses livros, e a um dado momento tive a impressão de compreender o que era: mais do que sistemas de pensamento, os romances constituíam compromissos entre os sistemas — como o imbróglio dogmático-historicista em Balzac, ou a combinação de intolerância e justiça no romance inglês.[13]

Ora, é claro que bricolagem morfológica e compromisso ideológico têm muitas coisas em comum: são ambos ajustes, produtos pragmáticos e imperfeitos (embora bem funcionais). Mas — como "falar" da imperfeição? Enxergá-la já não é de modo algum fácil; ainda menos fácil é admitir o quanto ela é frequente na história da cultura; e quanto a explicar por que as coisas são assim... a introdução do livro formula o problema, mas oferece apenas um início de resposta. Depois, por sorte encontrei um modelo teórico que oferecia uma explicação extraordinariamente elegante da bricolagem morfológica: o evolucionismo darwiniano, ao qual dediquei, de fato, a única coisa que escrevi nos cinco anos sucessivos a *O romance de formação*.[14]

Uma vez encontrado o modelo, a bricolagem encantou-me a tal ponto que se tornou a coluna vertebral do meu livro seguinte (*Opere mondo*, de 1994). Mas a outra metade do problema, a ideológica, ficou, pelo contrário, por resolver: um pouco porque, nos filisteus anos 1980, falava-se cada vez menos sobre a ideologia; e um pouco também porque a história intelectual não possuía uma teoria do compromisso ideológico comparável àquela darwiniana da *bricolagem*. Existiam esplêndidos estudos de caso — o Rabelais de Bakhtin, o Menocchio de Ginzburg, *The Legitimacy of the Modern Age* de Blumenberg, a história das mentalidades na França... — mas faltava, me parece, uma *conceitualização* do problema. Existia a teoria de Francesco Orlando sobre a literatura como "formação de compromisso", é verdade, mas era uma teoria literária e não podia ser aplicada tal qual à história da cultura. E afinal, por uma razão ou outra, a problemática do compromisso ideológico, que era perfeita para um trabalho comum entre historiadores da cultura e historiadores da literatura, não deu em nada, perdeu-se na metade do caminho. E é de imaginar que se perderá outra vez. É de matar.

Rumo à literatura mundial

A origem deste livro está ligada ao meu primeiro cargo universitário, em Salerno, para língua e literatura inglesa. O curso iniciava com *Wilhelm Meister*, de Goethe, depois seguia com *A educação estética*, de Schiller, em seguida, me parece, com *O vermelho e o negro*, e depois ainda *Ilusões perdidas*... Me deixaram fazer do meu jeito, não acredito que ninguém tenha jamais percebido, ainda bem, porque assim pude tranquilamente me dedicar a uma disciplina — a literatura comparada — que na Itália, de fato, não existia.

Literatura comparada... "Hoje em dia a literatura nacional não significa grande coisa" — explica Goethe a Eckermann em 21 de janeiro de 1827 —, "está para começar a era da literatura mundial, e todos devem se esforçar para apressar seu advento." Vinte anos depois, o *Manifesto do partido comunista* lhe faz eco quase à risca: "A unilateralidade e a restrição nacional tornam-se cada vez mais impossíveis, e das muitas literaturas nacionais e locais emerge uma literatura mundial". *Weltliteratur*, literatura mundial: é esta, não a literatura "comparada", que encanta o velho Goethe (que naqueles dias está, justamente, lendo um romance chinês) e depois o jovem Marx das páginas incandescentes sobre a conquista do planeta pela burguesia industrial. Isto posto, digamos abertamente que não estivemos à altura desses começos. A literatura comparada foi algo muito mais modesto: um estudo da literatura europeia, europeia-ocidental, aliás, dominada por filólogos de língua alemã que escrevem sobre cultura francesa e que, até nos casos mais ambiciosos — Curtius ou Auerbach —, não se distanciaram tanto assim da geografia originária.

Vejam bem, não há nada de mau nisso, temos literatura europeia-ocidental de sobra; e a pesquisa científica sempre tem limites. Porém, os limites podem mudar, e acredito que tenha chegado o momento de levar a sério a ideia goethiana — como aliás nos convida a fazer um mercado literário que, justamente, já alcançou dimensões mundiais. Contudo, o que quer dizer "literatura mundial"? Estudar a literatura "esquecendo" as diferenças históricas e geográficas em nome de sua universalidade? A meu ver, exatamente o contrário. Em vez de esquecer geografia e história, temos que trabalhar com paciência e afinco para integrar as várias coordenadas espaço-temporais em conjuntos cada vez mais complexos, até alcançar aquele "sistema dos sistemas" que será, enfim, a literatura mundial. Trabalho longo. "Vale sempre o velho lema: anos de análise para um dia de síntese", escrevia Marc Bloch a propósito da história comparada; e acrescentava: "é evidente que a comparação só terá valor se se apoiar em estudos de fato, pormenorizados, críticos e solidamente documentados".[15]

Santo Deus. Mas quando se passa da história social à história da literatura, as coisas se complicam. Basta pensar, para termos uma ideia, na história comparada de Fernand Braudel, ou de Immanuel Wallerstein. Abrimos *The Modern World-System*, e compreendemos imediatamente o que queria dizer Bloch com o seu dia de síntese que se baseia em anos de análise: o texto que pode ser dito estritamente "de Wallerstein", o seu "dia de síntese", preenche um quarto, um terço, talvez a metade da página; o resto são citações (1400 no primeiro volume). Trabalhos de outros, e de "anos". Trabalhos de setores, que Wallerstein filtra e depois integra em um sistema mais vasto.

Pois bem, estudar a *Weltliteratur* poderá significar reproduzir essa "página" — ou seja, essa *relação entre análise e síntese* — no estudo da literatura. Mas isso significa que a síntese crítica se tornará uma operação "de segundo grau"; ambiciosíssima, sem dúvida (explicar a literatura mundial!), mas que não prevê, entretanto, nem *uma análise textual direta sequer*. E que pode realizar-se *apenas se* se renuncia à leitura direta e aprofundada dos textos, e se for baseada inteiramente sobre o trabalho dos outros.

À crítica dos nossos dias, fundada no *close reading* anglo-americano, essa ideia soará como uma espécie de pacto com o diabo. E a bem da verdade, depois de meio século de exercícios teológicos — leituras atentíssimas e seríssimas de pouquíssimos grandíssimos livros —, um pouco de mau cheiro de enxofre não faz mal a ninguém: depois de ter aprendido tão bem a ler os textos, será bom aprender a *não* os ler. Olhá-los de longe, desmontados em sua unidade mínima (figuras, temas, episódios, recorrências estilísticas), ou fundidos em agrupamentos larguíssimos (os gêneros, os sistemas literários). Entre o muito pequeno e o muito grande, a "dimensão" do texto será perdida, é verdade, mas talvez algo a mais se tornará finalmente visível: a silhueta, a gramática da história literária em seu conjunto.

E terá valido a pena.

Este livro ainda está longe de tudo isso. Mas espero que dê, todavia, para quem o lê, a ideia de uma história da literatura interessada em explicar, analisar — e entender, mais do que avaliar. A ideia, digamos, de uma história literária realmente profana.

Agradecimentos

Gostaria de agradecer as muitas pessoas que discutiram comigo as páginas que se seguem e, em especial, Perry Anderson, Pierluigi Battista, Paola Colaiacomo, D. A. Miller e Niccolò Zapponi, que tiveram a generosidade de ler e criticar o manuscrito inteiro. Obrigado também aos estudantes da Universidade de Salerno, que entre 1979 e 1983 foram testemunhas pacientes, curiosas e interessadas da gênese deste estudo. E obrigado, por fim (mesmo que possa parecer um pouco estranho em um texto que muitas vezes aplaude o distanciamento familiar), aos meus pais, ao meu irmão e à minha irmã pelo afeto e pela alegria de todos estes anos.

Passando a coisas burocráticas, os romances examinados são citados geralmente da seguinte maneira: título (às vezes abreviado) em itálico, número romano para indicar a parte ou o volume (quando existirem), número arábico ou título entre aspas para indicar o capítulo ou a estrofe. (Ainda mais um agradecimento: agradeço a Antonella d'Amelia, sem a qual não poderia ter verificado os textos russos.) Finalmente, uma redação quase definitiva do segundo capítulo apareceu em *Quaderni Piacentini*, 10 (1983).

O *Bildungsroman* como forma simbólica

Aquiles, Heitor, Ulisses: o herói da epopeia clássica é um homem-feito, um adulto. Eneias, que traz consigo são e salvo um pai já muito velho e um filho ainda muito jovem, resume bem a representatividade de quem está "no meio" da vida. Depois, com o primeiro herói enigmático da idade moderna, o paradigma se rompe. Segundo o texto, Hamlet tem trinta anos: para a cultura renascentista faz tempo que ele deixou de ser jovem. Mas não é assim para a nossa cultura, que, ao eleger Hamlet como seu contemporâneo, "esqueceu" a sua idade, ou melhor, falsificou-a e, simplesmente, rejuvenesceu o príncipe da Dinamarca.

O arranque decisivo nessa direção é, como se sabe, a obra de Goethe: e é sintomático que tome corpo exatamente naquele romance que codifica o novo paradigma e fixa na juventude a parte mais significativa da existência. Nasceu o *Bildungsroman*: a forma que domina — ou, mais precisamente, torna possível — o século de ouro da narrativa ocidental.[1] E nasceu naturalmente um novo herói — Wilhelm Meister. E depois dele, Elizabeth Bennet e Julien Sorel, Rastignac, Frédéric Moreau e Bel-Ami, Waverley e David Copperfield, Renzo Tramaglino, Eugênio Onêguin, Bazárov, Doroteia Brooke...

Juventude, então. Juventude, podemos acrescentar, como determinação substancial, fundamental desses heróis. Também Orestes, de Ésquilo, era jovem: mas tal característica continha um quê de acidental e secundário — ser filho de Agamêmnom, por exemplo, era imensamente mais significativo do que ser um jovem. Mas no final do século XVII as prioridades se invertem, e aquilo que torna Wilhelm Meister e os seus sucessores representativos e interessantes é, em boa medida, o mero fato de serem jovens. A juventude — as diversas juventudes do romance europeu — torna-se, assim, para a cultura moderna, a idade que concentra em si o "sentido da vida": é a primeira coisa que Mefistófeles oferecerá a Fausto. Este estudo se propõe a esclarecer as causas, os modos e as consequências de tais mudanças simbólicas.

Nas "comunidades estáticas" — nas sociedades de status, ou "tradicionais" — "o ser jovem" se dá somente na "diferenciação puramente biológica", sustenta Karl Mannheim.[2] O jovem, aqui, é um ainda-não-adulto, nada mais. A sua juventude reproduz passo a passo aquela dos seus antepassados e o introduz em um papel que existia antes, e permanecerá depois dele: ela não prevê, ainda segundo Mannheim, uma "enteléquia" própria. Não existe uma cultura que a diferencie e a valorize enquanto tal. Ela é, podemos dizer, uma juventude *invisível* e *insignificante*.

Em seguida, a sociedade de status começa a ruir — o campo esvazia-se e as cidades crescem, o mundo do trabalho muda de aspecto com extraordinária e incessante rapidez. A socialização incolor e quase inesperada que inaugurava a "velha" juventude torna-se cada vez mais improvável: transforma-se em um problema, e torna problemática a própria juventude. Já com *Wilhelm Meister* a "aprendizagem" não é mais um lento e previsível caminho em direção ao trabalho do pai, mas sim uma incerta exploração do espaço social: e será em seguida viagem e aventura, boemia, vagabundagem, desalento e *parvenir*. Exploração necessária: porque os novos desequilíbrios e as novas leis do mundo capitalista tornam aleatória a continuidade entre as gerações e impõem uma *mobilidade* antes desconhecida.

Exploração desejada: porque aquele mesmo processo gera esperanças inesperadas e alimenta, assim, uma *interioridade* não somente mais ampla do que já fora no passado, mas sobretudo — como bem viu Hegel, que aliás condenou tal desenvolvimento — perenemente insatisfeita e irrequieta.

Mobilidade e interioridade. Claro, a juventude moderna não se resume a isso. A crescente influência da escola, a consolidação dos laços internos das gerações, uma relação inteiramente nova com a natureza, a "espiritualização" da juventude: eis algumas características igualmente importantes da sua história "real". E, no entanto, o romance de formação descarta-as como irrelevantes, e da juventude "real" extrai aquela juventude "simbólica" que se resume, como foi dito, na mobilidade e na interioridade.[3] Por que essa escolha?

Porque, acredito, entre 1700 e 1800 está em jogo algo bem maior do que o rearranjo da juventude. Quase desavisadamente, no sonho e no sangue da "dupla revolução", a Europa precipita-se na modernidade, mas sem possuir uma *cultura* da modernidade. Se a juventude adquire então sua centralidade simbólica e nasce a grande forma do romance de formação, a razão é que se deve dar — antes e mais do que um sentido à juventude — um sentido à *modernidade*.

Romance de formação como "forma simbólica" da modernidade: na definição de Cassirer retomada por Panofsky, por meio dessa forma "um conteúdo espiritual de significado [aqui, uma certa imagem da modernidade] é vinculado a um signo sensível concreto [aqui, a juventude] e lhe é atribuído interiormente".[4] "Uma certa imagem da modernidade": justamente aquela definida pelos atributos "juvenis" de mobilidade e irrequietude interior. A modernidade como processo fascinante e perigoso, feito de grandes esperanças e de ilusões perdidas. A modernidade como, são palavras de Marx, revolução permanente: cuja experiência depositada na tradição aparece como um fardo do qual se desvencilhar, e por isso ela não pode mais reconhecer-se na maturidade e ainda menos na velhice.

Nesse primeiro sentido a juventude é então escolhida como "concreto signo sensível" da nova época — é escolhida no lugar de outros milhares de signos possíveis — porque permite *acentuar* seu dinamismo e instabilidade.[5] A juventude é, digamos, a modernidade em estado puro, sinal de um mundo que busca o seu sentido no futuro em vez de buscá-lo no passado. E, é claro, era impossível colocar-se espiritualmente no ritmo do tempo sem aceitar o ímpeto revolucionário: uma forma simbólica incapaz disso teria sido completamente inútil. Mas, se por outro lado soubesse fazer apenas isso, teria arriscado *autodestruir-se enquanto forma*: segundo uma larga tradição crítica, é exatamente o que acontece no *Fausto*, outra grande tentativa goethiana de representar a modernidade. Se insatisfação interior e mobilidade tornam, portanto, a juventude dos romances "símbolo" da modernidade, estas impõem-lhe ao mesmo tempo a *"formlessness"*, a multifacetada indefinição da nova época. Para que a juventude se torne uma "forma", deve emergir dela uma característica diferente e, aliás, oposta àquelas há pouco descritas: a ideia, muito simples e até um pouco filisteia, de que a juventude não "dura eternamente". É breve ou, de todo modo, tem um término, e permite assim, ou melhor, obriga a fixar a priori um vínculo formal à representação da modernidade. Somente ao domar sua natureza ilimitada e fugidia; somente ao aceitar trair, em certa medida, sua essência — somente assim seria possível dizer que a modernidade poderia vir a ser *representada*. Somente assim, podemos acrescentar, a modernidade pode ser "humanizada". Vertida em forma, esta age como um órgão do nosso sistema emotivo e intelectual em vez de se contrapor a ele como aquela força externa que o bombardeia com aquele "excesso de estímulos" que — de Simmel a Freud e deste a Benjamin — sempre foi considerado como a máxima ameaça do novo mundo.[6]

E, no entanto... Dinamismo e limite, irrequietude e "sentimento do fim": construída desse modo, sobre drásticas antíteses, a estrutura do romance de formação só pode ser *intimamente contraditória*. O que impõe problemas de grande interesse para a estética — o romance como a forma mais "exposta a perigos" do jovem Lukács — e de interesse ainda maior para a história da cultura. Mas disso falaremos mais adiante: agora procuremos reconstruir a lógica interna dessa contradição formal.

"A juventude não dura para sempre." O que a constitui como forma simbólica não é mais uma determinação espacial, como o era para a perspectiva renascentista, mas sim um vínculo *temporal*: como aliás é natural que seja, pois o século XIX, sob a pressão da modernidade, deve reformular antes de tudo a própria concepção de mudança — que muito frequentemente, desde os dias da Revolução Francesa, o atinge como uma realidade incompreensível e sem sentido, e por isso ameaçadora ("*Je n'y comprends rien*", escreve Joseph de Maistre em 1796, "*c'est le grand mot du jour*"). Daí vem a centralidade da *história* na cultura e, com Darwin, na ciência do século XIX. E a centralidade, dentro do universo literário, da *narrativa*. Narrativa e história, de fato, não recuam diante da tumultuosa sucessão dos eventos, mas demonstram a possibilidade de lhes conferir uma ordem e um sentido. E vice-versa. O que talvez é mais importante: sugerem que o sentido da realidade se manifesta a partir de então somente na dimensão histórico-diacrônica. Assim como não há eventos sem sentido, também não é mais possível dar sentido às coisas senão *por meio* dos eventos.

Apesar de existirem inúmeras diferenças (a começar por aquelas de estilo) entre os vários tipos de romance de formação, a articulação que proporei neste estudo baseia-se fundamentalmente nas *diferenças de enredo*: as mais pertinentes, acredito, para entender a essência — retórica e ideológica — de uma cultura histórico-narrativa. Diferenças de enredo, ou para ser mais preciso, diferenças no modo como o enredo chega até a instituição do sentido. Seguindo, em boa medida, a conceituação de Lotman, podemos exprimir essa diferença como variação do valor de dois princípios organizadores do texto: o princípio de "classificação" e o princípio de "transformação". Sempre presentes em uma obra narrativa, esses dois princípios têm, normalmente, um peso desigual e são inversamente proporcionais um em relação ao outro: como veremos, a prevalência de uma estratégia retórica sobre a outra implica, em particular nas suas formas extremas, opções de valor profundamente diferentes e comportamentos até opostos em relação à modernidade.

Quando prevalece o primeiro — como no "romance familiar" da tradição inglesa e na forma clássica do *Bildungsroman* —, as transformações narrativas encontram o seu sentido em um desfecho marcado: aquele em que é possível instituir uma classificação diferente da inicial, mas absolutamente clara e estável; definitiva. Essa retórica teleológica — o que dá sentido aos eventos é sempre e somente o seu objetivo — é o equivalente narrativo do pensamento hegeliano, ao qual se liga, aliás, uma considerável vocação *normativa*: os eventos adquirem sentido ao conduzir a narrativa a um *único* objetivo.

Em suma, sob o domínio da classificação, uma narrativa possui tanto mais sentido quanto mais radicalmente ela conseguir *suprimir-se enquanto narrativa*. Sob o signo da transformação — como na esteira de Stendhal-Púchkin, e naquela que começa em Balzac e vai até Flaubert —, prevalece o contrário; aquilo que confere sentido à narrativa é a sua "narratividade", o seu estado de processo *open-ended*. O sentido não decorre da realização de uma teleologia, mas sim, como em Darwin, do mais absoluto repúdio a tal solução. O final, que era o segmento narrativo predileto da mentalidade classificatória, transforma-se aqui no momento mais *pobre de sentido*: o final inacabado de *Onêguin*, aquelas insolentes arbitrariedades de Stendhal, as protelações infinitas da *Comédia humana*. Aqui estão alguns dos muitos exemplos de uma lógica narrativa segundo a qual o sentido de uma história consiste exatamente na impossibilidade de poder "estabelecê-lo".

As antíteses entre os dois modelos, naturalmente, são infinitas. O primeiro, por exemplo, é o romance do casamento: ato classificatório e definitivo por excelência, sublimado em um princípio abstrato, ao final do nosso percurso, por *Daniel Deronda* de George Eliot, que não se casa mais com uma mulher, mas sim com uma cultura classificatória e normativa. O outro modelo é o romance do adultério: relação inconcebível pela tradição anglo-americana (na qual ele é completamente ausente e pode aparecer somente como a força devastadora e funesta d'*As afinidades eletivas* ou de *O morro dos ventos uivantes*), e que se torna aqui, ao contrário, habitat natural de uma existência dedicada à instabilidade: até chegar ao ponto de se dissolver com o Frédéric Moreau flaubertiano, que, em perfeito paralelismo com Daniel Deronda, não comete mais adultério com uma mulher, mas sim com o simples princípio da indeterminação.

Um contraste igualmente drástico emerge da tradução das retóricas narrativas opostas, nos termos da história das ideias. Sob essa luz, descobre-se que o enredo do *Bildungsroman* clássico propõe como valor supremo a "felicidade", mas ao fazer isso avilta e anula o valor da "liberdade", enquanto Stendhal, do seu lado, desenvolve com igual radicalismo a escolha inversa. Da mesma maneira, o fervor balzaquiano da mobilidade e das metamorfoses termina com a supressão do próprio sentido da identidade individual, enquanto para os ingleses a centralidade desse valor gera, com igual fatalidade, uma verdadeira repugnância pela mudança.

E ainda: é claro que os dois modelos representam avaliações opostas, estados de espírito opostos quanto à modernidade — aprisionada e exorcizada pelo princípio de classificação de um lado, exasperada e hipnotizante no modelo oposto. E é claro que o pleno desenvolvimento dessa antítese implica, sobretudo, também uma duplicação da imagem de juventude. Se prevalece o princípio de classificação — se a ênfase recai, como em Goethe e nos romances ingleses, sobre o fato de que a juventude "deve acabar" —, então a juventude fica subordinada à ideia de "maturidade"; como a narrativa, ela "tem sentido" somente *quando* conduz a uma identidade estável e "acabada". Se, ao contrário, prevalece o princípio de transformação e a ênfase recai sobre o dinamismo juvenil, como nos romances franceses, a juventude não sabe e não quer mais traduzir-se em maturidade: vê em tal possibilidade de "conclusão" antes uma espécie de traição que a *privaria* de sentido.

Maturidade e juventude são, então, também inversamente proporcionais: a cultura que coloca a ênfase sobre a primeira desvaloriza a segunda e vice-versa. Levada ao extremo a realização de tal cisão, temos de um lado *Felix Holt* e *Daniel Deronda*, de George Eliot, e de outro *A educação sentimental*, de Flaubert. Nos primeiros, o herói é desde o princípio tão maduro que se desvia com enfastiada desconfiança de tudo aquilo que lembra a irrequietude juvenil: o sentido do final sufocou qualquer atratividade da juventude. Em Flaubert, ao contrário, Frédéric Moreau fica tão hipnotizado pelas potencialidades contidas na sua juventude que chega a abominar qualquer determinação, tida como um intolerável empobrecimento de sentido: a sua profética juventude narcisista, que se queria interminável, desembocará diretamente, e de improviso, em uma velhice imbecilizada.

Com perfeita simetria, o excessivo desenvolvimento de um princípio suprime, portanto, o princípio contrário, mas nesse processo *desaparece o próprio romance de formação* — que de fato produz, com George Eliot e Flaubert, suas últimas obras-primas. Por mais paradoxal que possa parecer, essa forma simbólica pôde, com efeito, existir não "apesar", *mas em virtude do seu caráter contraditório*. Pôde existir porque no seu interior — no interior de cada obra e do gênero como um todo — agiam *ambos* os princípios, por mais desequilibrada e desigual que fosse a sua força. E, aliás, não "pôde" existir — teve de existir. Uma vez que a contradição entre avaliações opostas da modernidade e da juventude, ou entre opostos valores e relações simbólicas, não é um defeito — ou talvez o seja — mas, sim, e sobretudo, o paradoxal *princípio de funcionamento* de boa parte da cultura moderna. Basta pensar nos valores mencionados anteriormente: liberdade e felicidade, identidade e mudança, segurança e metamorfose — embora contrastantes entre si, estes são *igualmente importantes* para a mentalidade moderna ocidental. Esta exige a *coexistência* desses valores, por mais árdua que seja, e exige, portanto, um mecanismo cultural que a torne manifesta e teste a sua possibilidade.

Uma tentativa consciente e explícita de dominar a contradição e fazê-la "funcionar" pode, mais uma vez, ser encontrada no *Fausto*, no qual, entre tantas almas da cultura moderna — entre a aspiração à felicidade (instante "Tu és tão lindo! Espera!") e a liberdade do *streben* "que sempre nos leva mais adiante"; entre a insuprimível identidade do protagonista e as suas mil transformações históricas —, é aventada a hipótese da possibilidade de uma verdadeira *síntese*. Mas é uma síntese que, por um século e meio, nunca conseguiu dissipar a desconfiança — a desconfiança de que a tragédia de Margarida e de Filémon e Baucis não pode ser apagada, de que a aposta foi perdida, de que a salvação de Fausto foi uma farsa: de que a síntese, em outras palavras, não é mais um ideal viável. E assim, ao lado de *Fausto*, gigantesca e inconsciente obra coletiva, organiza-se cada vez mais com o romance de formação uma outra resposta ao caráter contraditório da cultura moderna. Uma resposta que não possui mais a forma da síntese, mas, de modo menos ambicioso, aquela do *compromisso*: que é, certamente não por acaso, também o mais célebre tema romanesco.

Cria-se, assim, um extraordinário impasse simbólico em que Goethe não anula Stendhal, nem Balzac Dickens, ou Flaubert George Eliot. Cada cultura, cada indivíduo terá suas preferências, mas isso é evidente: o essencial é que essas preferências não serão mais sentidas como exclusivas. Nesse mundo purgatorial não vige — para recorrer ao ensaio de Lukács sobre Kierkegaard — a trágica lógica de "ou isto ou aquilo", mas sim o compromisso do "tanto isto quanto aquilo".* E muito provavelmente *foi exatamente tal predisposição ao compromisso* que permitiu ao romance de formação sair vencedor da "luta pela existência" iniciada, entre os séculos XVIII e XIX, pelas inúmeras formas narrativas — romance histórico e romance epistolar, romance lírico, alegórico, satírico, "romântico", *Künstlerroman*... Exatamente como em Darwin, o destino dessas formas foi determinado pela respectiva "pureza": quer dizer, quanto mais fossem fiéis a um rígido modelo narrativo originário, mais difícil seria sua sobrevivência. E vice-versa, naturalmente: quanto mais uma forma foi capaz de flexibilidade e compromisso, melhor pôde governar-se no turbilhão sem síntese da história moderna. E a forma mais bastarda de todas elas torna-se o gênero dominante da narrativa ocidental. Porque os deuses da modernidade, diferentemente daqueles do *Rei Lear*, apoiam mesmo os bastardos.

O que sugere, para encerrar neste ponto, uma transferência e um reexame. Uma transferência, a partir da cultura alta e formalizada, da teoria do romance ao mundo mais esquivo e contraditório (e nem por isso, como hoje se tende a acreditar, mais "livre") da "mentalidade", da cultura difundida e submersa. *Fausto*, o ideal da síntese, tem o seu filósofo: Hegel. Mas o século XIX não produz nenhuma filosofia do compromisso, nenhum filósofo do romance. A *Teoria* de Lukács — que tenta, significativamente,

---

* G. Lukács, *A alma e as formas*. Trad. de Rainer Patriota. Belo Horizonte: Autêntica, 2015. [N.T.]

preencher ambas as lacunas: filosofia do romance como forma de reconciliação — desemboca, inevitavelmente, em um genial fracasso. Dado que a realidade do compromisso se presta mal à formalização conceitual, seu lugar eleito torna-se a esfera dos comportamentos cotidianos e irreflexivos, das precauções empíricas e normalmente inconscientes. Esfera da "mentalidade", justamente, e da prática diária que lhe é inextricável. É aqui então que, nos capítulos que se seguem, encontraremos as diferentes formas de compromisso cultural sobre as quais articula-se a fenomenologia do romance de formação europeu.

Por fim, um reexame: da noção corrente de "ideologia moderna", ou "cultura burguesa", como se queira chamar. A centralidade do romance de formação na nossa herança cultural sugere que as ideologias dominantes do nosso mundo não são de forma alguma — sem querer ofender as certezas difundidas: aliás, ainda mais difundidas nas balbúrdias desconstrutivistas — sistemas intolerantes, normativos, monológicos, rígidos, a serem aceitos ou rejeitados. Muito pelo contrário: são adaptáveis e precários, "fracos" e "sujos". Se pensamos que o romance de formação — a forma simbólica que melhor do que qualquer outra representou e promoveu a socialização moderna — é também a forma simbólica *mais contraditória* do nosso tempo, supõe-se, no fim das contas, que o mesmo processo de socialização consiste, há tempos, não tanto na *submissão a uma constrição*, quanto na interiorização da *contradição*. E em aprender não a resolvê-la, mas a conviver com ela, transformando-a em instrumento de vida.

Retomemos por uma pergunta: por que existem interpretações freudianas da tragédia e do mito, do conto de fadas e da comédia — e nada de comparável no caso do romance? Pela mesma razão, acredito, pela qual não existe uma sólida análise freudiana da juventude; pois a psicanálise encontra a sua razão de ser na *decomposição* da psique em suas forças opostas, e a juventude e o romance impõem-se, ao contrário, a tarefa — inversa — de amalgamar ou, de todo modo, fazer coexistir os aspectos contraditórios da personalidade individual. Porque, em outras palavras, a vocação da psicanálise consiste em olhar sempre e onde quer que seja *para além* do Eu, enquanto o romance de formação ambiciona *construí-lo* e colocá-lo como centro indiscutível e intransponível da própria estrutura.[7]

Tal centralidade do Eu se liga, naturalmente, ao tema da socialização — que consiste, em larga medida, no "bom funcionamento" do Eu graças àquele compromisso particularmente bem-sucedido, que é para Freud o "princípio de realidade" — e obriga, por conseguinte, ao questionamento sobre a posição do romance de formação em relação a uma ideia terrivelmente constrangedora para a nossa cultura — a ideia de "normalidade". Também aqui o melhor é partir de um contraste. Como se sabe, boa parte do pensamento do século XX — digamos: de Freud a Foucault — definiu a normalidade partindo de seu *contrário*: do patológico, do marginal, do reprimido. Nessa ótica, a normalidade não aparece como uma realidade significativa *em si*, mas sim como uma entidade *unmarked*: resultado autodefensivo de um processo de "negação", a normalidade é condenada a ter o próprio significado *fora de si*, naquilo que exclui, não naquilo que contém.

Se excluímos as manifestações mais elementares do romance de formação (ou seja, a tradição inglesa do herói "insípido": um termo recorrente tanto em Richardson quanto em Scott, e que se aplica, por exemplo, a *Tom Jones* como a *Waverley*, *Jane Eyre* ou *David Copperfield*), parece-nos completamente evidente que o romance adotou uma estratégia oposta àquela que acabamos de descrever. Ou seja, ele nos habituou a olhar para a normalidade *de dentro*, e não no fundo das suas exceções; e dali construiu uma fenomenologia capaz de tornar a normalidade interessante e significativa *enquanto* normalidade. Embora encontremos sempre na raiz do romance de formação uma opção explicitamente anti-heroica e prosaica — o protagonista será Wilhelm Meister, não Fausto; Julien Sorel e Doroteia Brooke, não Napoleão e Santa Teresa, e assim por diante até chegar a Flaubert e depois Joyce —, esses personagens, ainda que normais a seu modo, podem ser tudo, menos *unmarked* ou insignificantes em si.

Uma normalidade internamente articulada, múltipla, interessante — uma normalidade como exclusão das características muito marcadas, como verdadeiro vazio semântico. No plano teórico, os dois conceitos são inconciliáveis: se um é verdadeiro, o outro é falso, e vice-versa. Mas no plano histórico, a antítese transforma-se em uma espécie de divisão do trabalho: em uma partilha do espaço e do tempo. A normalidade como "negação", como demonstram as pesquisas de Foucault, é o produto de uma dupla ameaça — a crise de uma ordem sociocultural e a brusca reorganização do poder. O seu momento é aquele da ruptura e da gênese; o seu espaço, rodeado de instituições sociais particularmente fortes, a área pura e simplesmente negativa do "não confinado"; a sua aspiração: ser como todos os outros e passar, portanto, despercebida.

A sua expressão literária, podemos acrescentar, é a narrativa de massa do século XIX: a literatura do estado de exceção, dos males extremos e das soluções extremas. Mas justamente a narrativa de massa (que por sinal, e não por acaso, recebeu amplo tratamento da crítica freudiana) — não o romance. Este só chega raramente a explorar os confins espaciotemporais do mundo dado; em geral mantém-se "no meio": onde descobre, ou talvez invente, o sentido e o gosto tipicamente modernos da "vida cotidiana" e da "normalidade". Vida cotidiana: espaço antropocêntrico no qual diferentes atividades sociais perdem a sua objetividade imperativa e convergem para o domínio da "personalidade". Normalidade: tempo da "experiência vivida" e do crescimento individual; tempo repleto de "ocasiões", mas que exclui, por princípio, a crise como também a gênese de uma cultura.[8]

Basta pensar no quadro histórico do romance de formação: nasce com Goethe e Jane Austen, que não fazem menção e, como veremos, exorcizam a dupla revolução do final do século; prossegue com os heróis stendhalianos, que nasceram "tarde demais" para viver o 25º aniversário revolucionário; acaba com o 1848 de *A educação sentimental* (a revolução que não foi uma revolução) e com os anos 1830 de *Felix Holt* e *Middlemarch* (as reformas que não mantiveram suas promessas). Trata-se de uma evasão dos momentos de ruptura: de um medo da tragédia, assim como da ideia de que o significado das sociedades e dos indivíduos se manifesta somente nos momentos extremos — nos momentos "da verdade".[9]

Uma evasão, podemos concluir, de tudo aquilo que corre o risco de infringir o equilíbrio do Eu e de tornar os compromissos impossíveis; e uma concentração, em contrapartida, daquelas modalidades de existência que permitem ao Eu se manifestar plenamente.[10] Nesse sentido — sobretudo se ainda estamos convictos de que os momentos e os lugares da verdade, apesar de tudo, continuam a existir —, o romance só pode nos parecer como uma forma *fraca*. Assim é, de fato, e essa sua fraqueza — que é também, evidentemente, a nossa — alinha-se com as outras características que já observamos; sua natureza contraditória, bastarda, de compromisso. Mas o ponto é que tais características são também intrínsecas àquela modalidade de existência (cotidiana, normal, semiconsciente, definitivamente anti-heroica) que a cultura ocidental procurou incessantemente proteger e ampliar e carregou cada vez mais de um significado crescente, até fixar nela aquilo que, na falta de algo melhor, continuamos a chamar de "o sentido da vida", e a que poucas coisas como a tradição romanesca contribuíram para dar forma. E, se isso é verdade, então a fraqueza do romance nos parecerá talvez tudo, menos inerme.

1.
O bem-estar da civilização

Bildungsroman. Um certo magnetismo paira em torno desse termo. Daquela composição irregular que chamamos "romance", o *Bildungsroman* sobressai como o mais visível dos (poucos) pontos de apoio de que dispomos. Exerce um papel central nas investigações filosóficas sobre o romance, na *Estética* de Hegel, em Dilthey e em *A teoria do romance* de Lukács; é encontrado nos grandes quadros históricos de Bakhtin e Auerbach; e ainda é reconhecível nos modelos de enredos narrativos elaborados por Lotman. Reaparece sob várias dicções ("romance de formação"; "de iniciação"; "de educação") nas maiores tradições literárias. Até mesmo aquelas obras que, sob todos os aspectos, *não* são romances de formação, só conseguimos percebê-las em contraste com esse horizonte conceitual: e assim falamos de "iniciação fracassada" ou "formação problemática". Expressões de duvidosa utilidade, como todas as definições em negativo, mas que confirmam a influência dessa imagem sobre nossos procedimentos de análise.

Tal hipertrofia semântica não é fruto do acaso. Embora o conceito de *Bildungsroman* tenha se tornado com o tempo cada vez mais aproximativo, é claro, no entanto, que com ele buscamos apontar uma das mais harmoniosas soluções nunca antes apresentada a um dilema inerente à civilização burguesa moderna: o conflito entre o ideal de "autodeterminação" e as exigências, igualmente imperiosas, da "socialização". Nos últimos dois séculos, de fato, as sociedades ocidentais reconheceram ao indivíduo o direito a escolher sua própria ética e sua ideia de "felicidade"; a imaginar e projetar livremente o próprio destino. Direitos enunciados nas proclamações e nos incisos das constituições, mas nem por isso universalmente realizáveis. Porque, como é de imaginar, dão origem a aspirações contrastantes entre si, e embora a sociedade capitalista e liberal-democrática seja indubitavelmente aquela que melhor sabe conviver com o conflito, é verdade também que, como *sistema* de relações sociais e políticas, ela tende a se adequar a um funcionamento previsível, regular — "normal". Exige, como todo sistema, acordo, homogeneidade, consenso.

Como conciliar então a tendência à "individualidade", que é o fruto necessário de uma cultura da autodeterminação, com aquela oposta, a tendência à *normalidade*, que é a consequência inevitável do mecanismo da socialização? Esse é o primeiro aspecto do problema, complicado e tornado ainda mais fascinante graças a outra característica de nossa civilização. Desde sempre imbuída da cultura jusnaturalista, ela não pode admitir que a socialização se baseie na mera obediência à autoridade. Não basta que a ordem social seja "legal": deve também figurar como *culturalmente legítima*. Deve inspirar-se nos valores socialmente reconhecidos como fundamentais — espelhá-los, encorajá-los, promovê-los. Ou pelo menos assim deve parecer fazer.

Para a sociedade burguesa não basta, portanto, debelar os impulsos que se opõem aos valores morais da "normalidade": também é necessário que o "indivíduo livre" sinta — enquanto cidadão convicto, e não como súdito temeroso — as normas sociais como algo *seu*. Que as interiorize, amalgamando coação externa e impulsos interiores em uma nova unidade: até que ambos não sejam mais distinguíveis. Esse amálgama é aquilo que geralmente chamamos "consenso", "legitimação"; e se o *Bildungsroman* nos parece até hoje como um desenlace essencial da nossa história, é só porque soube representá-lo com uma força de convicção, com uma limpidez otimista que jamais será igualada. Nele, de fato, não há conflito entre individualidade e socialização, entre autonomia e normalidade ou interioridade e objetivação. A formação do indivíduo como indivíduo *em si e para si* coincide sem rupturas com a sua integração social na qualidade de simples *parte do todo*. São dois percursos que se alimentam mutuamente, e nos quais a percepção dolorosa da "renúncia" — da qual surgirá a grande problemática psicológica e narrativa oito-novecentista — é ainda inconcebível. "O bem-estar da civilização": a legitimação simbólica empreendida pelo *Bildungsroman* pode, talvez, resumir-se nessas palavras.

O *Bildungsroman* como construção de uma síntese, portanto. Tal definição invalida a antiga contraposição entre *Entwicklungsroman* (romance do "desenvolvimento", do desdobramento subjetivo de uma individualidade) e *Erziehungsroman* (romance de um "mestre", de uma educação objetiva e vista do lado de quem a ministra). O *Bildungsroman* como forma sintética: todavia, prosseguindo o trabalho, me dei conta de que essa formulação iluminava apenas um aspecto das obras examinadas. Para usar uma analogia, é como se a estrutura do *Bildungsroman* consistisse em duas grandes figuras planas, parcialmente sobrepostas. A área comum entre elas é a síntese: sua dimensão central, mas que não ocupa todo o desenho e talvez nem pretenda fazê-lo. Menos que afigurar as duas tensões opostas da existência moderna como coextensivas e isomorfas, a vocação sintética do *Bildungsroman* consiste em apresentá-las como complementares. Em orgânico equilíbrio, é claro, mas também — ou melhor, *precisamente porque* — profundamente diferentes e distantes entre si.

Se a área de síntese é então o ponto de partida da análise, as segunda e terceira seções deste capítulo serão dedicadas a objetos decididamente diferentes. Na segunda me ocuparei daqueles aspectos da estrutura narrativa que dão ênfase à dimensão da "felicidade" individual: será o espaço da harmonia "estética", da livre construção da personalidade, do "enredo" narrativo. Na terceira parte, o outro lado de tudo isso: o mundo da vigilância social, das desigualdades "orgânicas", da necessidade, da "fábula".

Um conjunto de valores diferentes destinados a áreas diferentes da existência, governados por modalidades perceptivas e mecanismos narrativos diferentes. Diferentes, e distribuídos com magistral assimetria: tão cativante a ponto de quase parecer dissimulada. Porque os valores e as esperanças que gratificam o sentido da individualidade estão continuamente em primeiro plano: ostensivos, luminosos, plenos, eles formam o grosso da narrativa — o enredo, justamente. Mas não existe enredo sem *fábula*: seria uma casa sem alicerces. O primeiro poderá ser mil vezes mais fascinante e parecer o aspecto dominante da obra; a segunda, entretanto — lógica restrita realizada em si mesma — permanecerá em todo caso o elemento determinante; menos visível, mas de longe o mais sólido.

Floresce, assim, além da síntese organicista, aquela imagem indelével do pensamento burguês — a imagem da troca. Quer ver realizados esses valores? Está bem, mas então será necessário aceitar também os outros, caso contrário os primeiros não poderiam existir. É uma troca, sim, algo se ganha e algo se perde. O quê, é aquilo que procuramos estabelecer.

I

1. O círculo da vida

Perdi-me em profundas reflexões, fiquei mais tranquilo e mais intranquilo que antes. Depois daquela experiência tive a impressão de que não sabia absolutamente nada, e com razão, pois me faltava o nexo [*Zusammenhang*],* e del[e] entretanto é que tudo depende. (*Wilhelm Meister*, I, 4)

A presença daquelas antigas e conhecidas obras de arte o atraíam e o repeliam. Não podia apanhar nem abandonar nada do que estava à sua volta; tudo o fazia lembrar tudo; ele abarcava com o olhar todo o círculo de sua vida, mas este infelizmente jazia quebrado à sua frente e parecia não querer fechar-se nunca mais. (*Wilhelm Meister*, VIII, 7)

No início e no final do romance, o problema de Wilhelm é sempre o mesmo: não consegue criar um "nexo", dar à sua vida a forma de um "anel" e soldá-lo. E se tal não acontece, sua existência corre o risco de permanecer inacabada — aliás, pior: *sem sentido*. Uma vez que "sentido" e "nexo", em *Wilhelm Meister*, são uma coisa só. Dilthey, "Goethe e a fantasia poética":

Revelando a relação causal entre processos e ações, ela [a obra poética] permite reviver os valores que um acontecimento e suas partes adquirem no conjunto [*Zusammenhang*] da vida. [...] o acontecimento ganha importância. [...] A habilidade dos maiores autores consiste em apresentar o acontecimento de forma que brilhem nele a relação entre a própria vida e seu sentido. Dessa forma, a obra poética ajuda-nos a entender a vida. Com os olhos do grande poeta atentamos ao valor e ao nexo [*Zusammenhang*] das coisas humanas.[1]

---

* Como será sugerido mais adiante pelo autor deste ensaio, o termo alemão *Zusammenhang* é ambivalente. Nas edições brasileiras do romance de Goethe e do ensaio de Dilthey é traduzido ora como "coerência", ora como "nexo", e ainda como "conjunto". Para seguir coerentemente o desenvolvimento do argumento do ensaio, escolhemos empregar a palavra "nexo" e "trama", colocando entre colchetes nas citações. [N.T.]

Zusammenhang: a dupla valência desse termo é uma ótima introdução à lógica narrativa do *Bildungsroman*. Este nos diz que uma existência "tem sentido" se a concatenação *interna* da temporalidade individual ("a trama da vida") é ao mesmo tempo abertura ao *externo*, rede sempre mais densa de relações "com as coisas humanas". Nesse quadro, observa mais adiante Dilthey —, o indivíduo é verdadeiramente "si mesmo" somente enquanto existir "für das Ganze", para o todo.² A ideia de que o processo de socialização possa induzir a crises ou impor sacrifícios à formação individual é inimaginável. Autodesenvolvimento e integração são percursos complementares e convergentes, em cujo ponto de encontro e de equilíbrio situa-se aquela plena e dupla epifania do sentido que é a "maturidade". Uma vez que esta é alcançada, a narrativa terá realizado o seu objetivo e poderá terminar definitivamente.

Para chegar à síntese conclusiva da maturidade, por conseguinte, não basta obter resultados objetivos — aprender uma profissão, fundar uma família. É preciso, antes de mais nada, aprender, como Wilhelm, a orientar a "trama da própria vida" de modo que cada momento reforce o próprio *sentido de pertencimento* a uma comunidade mais ampla. É preciso usar o tempo para encontrar para si uma pátria. Se não a procuramos, ou não conseguimos encontrá-la, teremos uma vida desperdiçada: sem objetivo, sem sentido. Tal é comprovado nos últimos livros pelos destinos de Aurélie, do Harpista — de Mignon:

> — Menina má! — disse Natalie. — Não sabes que te foi proibida toda essa agitação? Vê como teu coração bate!
> — Que se despedace! — disse Mignon, com um profundo suspiro. — Há muito que já está batendo. (*Wilhelm Meister*, VIII, 5)

Essas são as últimas palavras de Mignon. Para ela, o passar do tempo — a trama como sequência cronológica — não se transfigurou em uma trama enquanto sistema de relações, como um anel. A sua nostalgia — "Conheces o país onde florescem os limoeiros?" — é sintoma de uma vida na qual nenhuma ligação substituiu o vínculo da origem; o tempo assumiu aqui a forma de um batimento cardíaco sempre igual a si mesmo. Forma mecânica, exaustiva, pois não tem objetivo nem pátria: a teleologia organicista do *Bildungsroman* a distancia de si como se fosse um rufo de morte. Fora do todo não há vida solitária, amarga, conflituosa: não há vida alguma.

Dentro dele, um duvidoso ressarcimento: existe algo mais do que a vida; ou talvez só algo mais róseo. As últimas palavras de Wilhelm:

> Não sei o valor de um reino — replicou Wilhelm —, mas sei que alcancei uma felicidade que não mereço e que não trocaria por nada no mundo. (*Wilhelm Meister*, VIII, 10)

São essas também as últimas palavras do romance. O anel se fechou, a vida encontrou o seu sentido: esse é o momento do círculo, figura de um tempo que — alcançado o seu objetivo — continuará a passar, mas sem abalos e mudanças. Figura *da abolição* do tempo: Wilhelm — "uma felicidade que não mereço e que não trocaria por nada no mundo" — deseja para si, com ingenuidade infantil, o simples e puro desaparecimento. Será possível que a maturidade use a linguagem do conto de fadas?

A trama como um "anel" ou como uma "rede" é a mais significativa entre as várias novidades introduzidas por Goethe na segunda redação de *Wilhelm Meister*. Em *A missão teatral de Wilhelm Meister*, a trama tinha um andamento muito mais dramático e surpreendente; e a figura de Wilhelm possuía uma absoluta preeminência. Em *Os anos de aprendizagem* o passar do tempo se coagula, ao contrário, em um grande continuum de profecias, recordações e antecipações, enquanto a crescente relevância dos personagens secundários confere à "centralidade" do protagonista um significado diferente. Trata-se da antítese do drama e do romance, discutida ao longo do quinto livro:

> No romance devem ser preferencialmente apresentados os sentimentos e fatos; no drama, caracteres e ação. O romance deve evoluir lentamente, e os sentimentos do protagonista, seja da maneira que for, devem retardar o avanço do conjunto até seu desenvolvimento. O drama deve ter pressa, e o caráter do protagonista acelerar-se rumo ao final e não ser senão coibido. É necessário que o herói do romance seja passivo ou, pelo menos, não seja ativo em alto grau; do herói dramático se exige eficácia e ação. Grandison, Clarisse, Pamela, o vigário de Wickenfield e Tom Jones são, eles mesmos, personagens se não passivas, ao menos retardatárias, e todos os fatos se coadunam em certa medida com seus sentimentos. No drama, nada se modela ao herói, tudo se lhe é adverso, e ele remove e suprime de seu caminho os obstáculos, ou sucumbe a eles. (*Wilhelm Meister*, V, 7)

No drama, podemos parafrasear, o protagonista esgota em si um universo de valores, um campo paradigmático: vige a "solidão" do herói trágico, em cuja imagem o sentido da existência e o *conflito* formam um todo. Mas no *Bildungsroman* essa equação é impossível: como depois em Hegel, a certeza do sentido reside, aqui, na *participação* no todo, não apenas no confronto. Um *Bildungsroman* dramático é uma contradição em termos — e não por acaso Goethe não conseguiu concluir a *A missão teatral*, interrompida e abandonada em um ponto qualquer, sem que o primeiro Wilhelm tivesse concluído sua formação.[3] Quando cerca de dez anos mais tarde Goethe retoma o projeto, não tenta sequer completar a primeira redação: recomeça do zero e, além de modificar a estrutura da trama, opta de modo explícito por um tipo diferente de herói romanesco. Aquele descrito por Schiller em uma carta a Goethe, em 28 de novembro de 1796:

> Wilhelm Meister chega a ser necessário, mas não é a figura mais importante; justamente isto pertence às singularidades do romance, a de não ter nem precisar de uma figura mais importante. Por ele e em torno dele acontece tudo, mas na verdade não por sua causa; justamente porque as coisas em torno dele representam e expressam energias, mas ele representa o ideal de formação, então ele deve ter uma relação totalmente diferente com as outras personagens da que tem o herói em outros romances.*

A transição do drama ao romance — a representação de uma *Bildung* bem-sucedida — exige, portanto, um personagem *plasmável*: já não mais sozinho, e cada vez menos em guerra com o mundo, ele será o prisma multifacetado no qual as mil nuances do contexto social constituirão uma "personalidade" harmoniosa. "Necessário, mas não a figura mais importante", define-o, com razão, Schiller. Importante — como potencial causa da trama —, Wilhelm, certamente, não é. Necessário, sim: se o *Bildungsroman* quiser propor, justamente, como percurso exemplar aquele de quem, "passivo ou, pelo menos, não ativo em alto grau", deixa aos outros a tarefa de modelar a própria vida. "Dizia a si mesmo [...] parece-te impossível decidir-te" — reflete

---

* F. Schiller, *Correspondência entre Goethe e Schiller*. Trad. de Claudia Cavalcanti. São Paulo: Hedra, 2010, p. 113. [N.T.]

Wilhelm na metade do romance —, "queres que um sobrepeso exterior qualquer venha determinar tua escolha" (*Wilhelm Meister*, IV, 19). E no fim: "alcancei uma felicidade que não mereço", ou seja, existo, e existo felizmente, somente na medida em que me foi concedido acessar a trama pacientemente tecida em torno de mim pela Sociedade da Torre. Me "formei", existo "para mim", porque aceitei de bom grado ser "determinado por um sobrepeso exterior". É esse realmente o paradigma ideal da socialização moderna: *desejo* fazer aquilo que, de todo modo, *deveria* ter feito. O casamento final que, contra suas intenções, *obriga Wilhelm a ser feliz* é a perfeita miniatura e conclusão de todo o processo.

Se Wilhelm pode se realizar como indivíduo somente ao aceitar a tutela da Torre, o inverso também é verdadeiro: as instituições sociais fortes como a Sociedade da Torre têm o direito de tecer tramas somente se elas servirem para satisfazer seus noviços. Não é exagero nenhum dizer que em *Wilhelm Meister* a Torre existe somente para permitir a "felicidade" de Wilhelm. Lothario esteve na América — mas bem cedo de lá retornou: "Aqui, ou em parte alguma, está a América" (*Wilhelm Meister,* VII, 3). Personagens tão insistentemente comprometidos uns com os outros terão que se dispersar pelo mundo, na América, na Rússia. Mas disso tudo não se tem notícia. Não é isso que nos interessa em Lothario e nos outros, mas sim os efeitos que eles conseguiram produzir sobre Wilhelm. A inesperada volta de Werner perto do fim do romance tem, justamente, apenas o objetivo de confirmar, da boca de um estranho um pouco invejoso, a qualidade do sistema pedagógico da Torre:

— Não! Não! — exclamou. — Nunca me ocorreu nada semelhante, e no entanto bem sei que não me engano. Tens os olhos mais profundos; a fronte, mais larga; o nariz, mais afilado; e a boca, mais afável. Vejam só como ele se sustém! Como tudo lhe assenta bem e se harmoniza! Como prospera a preguiça! Em compensação, eu, pobre-diabo — e mirou-se no espelho —, se durante todo esse tempo não tivesse ganhado dinheiro bastante, não seria absolutamente nada. (*Wilhelm Meister*, VIII, 1)

A Torre existe em função de Wilhelm porque o molda (melhorando, segundo Werner, até mesmo seu aspecto físico), mas também por outro motivo, mais basilar. Na última página do sétimo livro, Wilhelm descobre que *Os anos de aprendizagem de Wilhelm Meister* são um pergaminho conservado na Sala do Passado, o lugar mais secreto da Torre, na qual ele finalmente foi admitido. Em outros termos, o romance que estamos lendo foi escrito pela Sociedade da Torre *para* Wilhelm, e é somente tomando consciência disso que ele pode enfim assumir *a plena possessão de sua vida*. Aqui, de fato, todo equívoco é dissipado, a confusa sucessão dos eventos adquire uma lógica e uma direção, o sentido do todo finalmente transparece. Em suma: a Sociedade da Torre é uma instituição legítima porque soube produzir uma *Bildung* exemplar como aquela de Wilhelm. E é uma instituição fascinante para o leitor, porque soube escrever um texto como *Os anos de aprendizagem de Wilhelm Meister*.

2. Retórica da felicidade

É um círculo perfeito. Wilhelm se forma apenas ao se submeter à Torre — a Torre legitima-se somente se tornar Wilhelm feliz.[4] É um encontro, aliás, um casamento exemplar: "*to the advantage of both*", para usar as palavras de Elizabeth Bennet. Um casamento exemplar: como aqueles que concluem *Os anos de aprendizagem* e *Orgulho e preconceito*.

Voltemos então à pergunta pela qual tínhamos começado: como convencer o indivíduo moderno — "livre" — a limitar de bom grado a própria liberdade? Justamente com o casamento — *no* casamento. Quando dois seres humanos se atribuem mutuamente um valor suficiente para aceitar — trocando os anéis — estarem vinculados a ele. Foi observado que, do fim do século XVII em diante, o casamento torna-se o modelo de um novo tipo de *contrato social*: não mais estabelecido por forças que se situam fora do indivíduo (como outrora o status), mas sim fundado sobre o seu sentido de "obrigação individual".[5] Essa é uma tese muito plausível, e nos ajuda a entender o motivo pelo qual o *Bildungsroman* "deve" sempre terminar com casamentos. Não está em jogo somente a fundação do núcleo familiar, como também aquela do pacto entre indivíduo e mundo,[6] aquele consenso recíproco que encontra no duplo "sim" da fórmula matrimonial uma concentração simbólica insuperável.

O casamento como metáfora do contrato social: isso é tão verdadeiro que o *Bildungsroman* não lhe opõe o celibato, como no fim das contas seria natural, mas sim a morte (Goethe) ou a "desgraça" (Austen). Nos casamos ou, de um modo ou de outro, teremos de sair da vida em sociedade: e ainda por mais de um século a consciência europeia verá na crise da instituição matrimonial uma ruptura que não apenas separa um casal, como destrói pela raiz — Anna Kariênina, Emma Bovary, Effi Briest — aqueles sentimentos que, justamente, mantêm o indivíduo "no mundo".

Essa é, portanto, a razão da centralidade do *Bildungsroman*, não apenas na história do romance, como também em toda nossa herança cultural. Esse gênero figura e faz reviver à leitura uma relação com a totalidade social permeada por aquele "bem-estar doce e profundo", por aquele sentido de límpida e orgulhosa sensação de se sentir em casa sobre o qual Schiller escreveu a Goethe durante a composição de *Wilhelm Meister*:

Interpreto esse estado [de bem-estar doce e profundo] com a corrente e lá dominante tranquila clareza, elegância e transparência, que não deixam para trás, nem no mínimo detalhe, algo que pudesse fazer a alma insatisfeita ou inquieta, e não impelem o movimento dela mais do que o necessário, a fim de atiçar e conservar uma vida alegre nas pessoas.*

A alegria da vida. A felicidade como algo superior ao mérito de Wilhelm e Elizabeth. Parecem ecos de palavras famosas: "A vida, a liberdade, a busca da felicidade..."; "a felicidade, esta nova ideia para a Europa...". Mas a felicidade de Schiller e Goethe é exatamente oposta àquela imaginada por Jefferson e Saint-Just. Para esses últimos, ela entra em cena precisamente no meio das guerras e revoluções: é dinâmica, desestabilizante. É ainda aparentada — vínculo problemático que chegará até Stendhal, para depois se despedaçar — à ideia de liberdade. Essa felicidade deve ser *pursued*, perseguida incessantemente e sem compromisso: ao preço, se necessário, de guerras e revoluções. Porque a revolução representa, precisamente, a "abertura de uma sociedade para todas as suas possibilidades": a "promessa tão vasta" que "tem um nascimento, mas não um fim".[7]

Para Schiller e Goethe, ao contrário, a felicidade é o *oposto* da liberdade; o *fim* da formação. Ao seu sinal, vai abaixo qualquer desejo de ulteriores metamorfoses. De acordo com o termo alemão *Glück* — que sintetiza "felicidade" e "sorte", *happinness* e *luck*, *bonheur* e *fortune* —[8] e que não por acaso aparece na última frase de *Wilhelm Meister*, a felicidade do *Bildungsroman* é sintoma subjetivo de uma socialização que se cumpriu objetivamente; não há por que pôr em discussão nem uma nem a outra. Invertendo as palavras de Furet: a felicidade é um fim, não um nascimento.

---

* F. Schiller, *Correspondência entre Goethe e Schiller*, p. 46. [N.T.]

Já vimos que a confirmação típica dessa felicidade no *Bildungsroman* é o casamento. Agora temos de acrescentar que a família, aqui, ainda é uma metáfora de um possível pacto social: não é aquele "refúgio em um mundo cruel" sobre o qual escreveu Christopher Lasch a propósito do século seguinte. Ou seja, não se trata do único campo em que a complementaridade subjetivo-objetiva da felicidade pode ter lugar, mas apenas do mais provável, do mais exemplar.[9] Dessa maneira, não é uma questão de se isolar dentro da família para perseguir aqueles fins que a esfera pública parece frustrar, mas sim de irradiar *fora* da família aquela ideia de harmonia consigo mesmo, e de orgulhosa aceitação do vínculo, que são suas características mais pronunciadas.[10] Trata-se, em suma, de instituir — entre a esfera pública e a privada — a atmosfera reconfortante da "familiaridade". Tarefa que impõe o redesenho do mapa da vida cotidiana do homem moderno e, antes de mais nada, a redefinição do papel e do valor simbólico do trabalho na existência humana.

3. Anti-Robinson

Um dos episódios mais célebres de *Wilhelm Meister*: a discussão em que Werner, o alter ego de Wilhelm, ilustra ao seu amigo fraternal os méritos do comércio:

> Visita primeiro algumas grandes cidades mercantis, alguns portos e, não duvides, serás arrebatado. Quando vires o número de homens que ali trabalham, quando souberes de onde vêm e para onde vão tantas coisas, sem dúvida haverás de querer vê-las passando também por tuas mãos. Ali encontrarás a mais pequena mercadoria em relação com todo o comércio e, justamente por isso, nada te parecerá insignificante, porque tudo aumenta a circulação, da qual tua vida tira o sustento. (*Wilhelm Meister*, I, 10)

O discurso de Werner é geralmente considerado uma exposição exemplar dos novos princípios "burgueses" e, em particular, do cálculo racional do método das partidas dobradas, sobre o qual ele fala no trecho anterior. As palavras que acabamos de citar, todavia, podem ser lidas em outra chave. O mecanismo do mercado não é elogiado pelos seus méritos *econômicos*, mas sim por ser o sistema mais adequado para descobrir o "nexo" que liga as mais díspares atividades humanas: para atribuir um significado até mesmo às coisas mais "negligenciáveis" e "insignificantes". No momento em que Wilhelm está prestes a deixar a casa do pai e deve por isso decidir "que sentido dar" à própria existência, Werner lhe propõe, precisamente, um sentido possível, uma "trama" que torne visível as relações sociais e indique ao indivíduo qual lugar ocupar: "Dá uma olhada nos produtos naturais e artificiais de todas as partes do mundo, observa como cada um deles é por sua vez necessário! Que ocupação agradável e engenhosa é esta de conhecer tudo aquilo que de momento mais se procura [...]" (Ibid.).

Essa "trama", esse ponto de observação, é rejeitado por Wilhelm. E, o que é muito mais importante, é rejeitado por Goethe: o herói da *Bildung* não será Werner, mas sim Wilhelm. No mais clássico dos *Bildungsroman*, em outras palavras, o processo de formação-socialização é colocado ostensivamente fora das atividades do trabalho. Não é trabalhando que o indivíduo se forma.

Não é trabalhando que o indivíduo se forma. Afirmação surpreendente, e também um pouco incômoda, considerada a automaticidade com que costumamos acoplar "ética moderna" e "capitalismo". E naturalmente não se trata aqui de negar que a produção capitalista tenha produzido um conjunto de valores funcionais à sua lógica. Isso, é escusado dizer, aconteceu: mas temos que nos perguntar, entretanto, se tais valores já tiveram algum significado fora da esfera estritamente econômica; e se foi a eles — ou a outros valores e quais — que se recorreu para "dar um sentido" à vida moderna.

Comecemos então pela observação de que a representação da esfera econômica, e do seu mundo simbólico, teve, na grande narrativa dos últimos dois séculos, uma importância quase equivalente a zero. Isso — para quem não é um apaixonado pela teoria do espelhamento — não parece ser uma catástrofe. Mas um certo problema — para quem não é um apaixonado desiludido, e por isso incapaz de raciocinar — sem dúvida é posto. Quando menos, leva-nos a perguntar por que o romance *não* fala do trabalho, e por que a *Bildung* tem de ser realizada por fora de sua órbita.

Encontramos, talvez, um início de resposta em uma passagem do discurso de Werner:

> Que vantagens não proporcionam ao comerciante as partidas dobradas! É uma das mais belas invenções do espírito humano, e todo bom gestor deveria introduzi-las em seus negócios. [...] É uma pena, meu amigo, que não vejas como aqui forma e fundo não são senão uma coisa só, não podendo existir uma sem a outra. A ordem e a clareza acentuam o gosto pela economia e pelo lucro. Um homem que gere mal seus negócios se sente muito à vontade nas trevas, pois não gosta de somar as parcelas de seu passivo. Mas, em contrapartida, nada pode ser mais agradável a um bom gestor que extrair diariamente o total de sua crescente fortuna. (Ibid.)

As últimas palavras de Werner explicam por que a racionalidade capitalista não pode produzir *Bildung*. O capital, por sua natureza puramente quantitativa e pela concorrência à qual é submetido, pode representar uma fortuna somente à medida que "cresce". Tem de crescer incessantemente, ou seja, mas é dizer a mesma coisa, nunca parar. "Tem-se afirmado, com muita propriedade" — escreveu Adam Smith na *Riqueza das nações* —, "que um comerciante não é necessariamente um cidadão de determinado país." É verdade: a "viagem" do comerciante nunca poderá terminar naqueles lugares ideais — a propriedade da Torre, de Pemberley de *Orgulho e preconceito* — onde tudo é "bem-estar, elegância e transparência". Ele nunca poderá experimentar a felicidade de "pertencer" a um lugar determinado.

E assim como nunca poderá parar no espaço, sua história jamais poderá ser "concluída" no tempo. Tal descobriu Defoe ao escrever as últimas páginas de *Robinson Crusoé*. Últimas, mas não conclusivas: ele terá de escrever imediatamente um segundo *Robinson*. E o problema de como pôr um fim ao romance permanece em aberto: e então surge um terceiro *Robinson*, no qual Defoe encontra, enfim, uma solução, mas apenas porque transforma o romance em uma alegoria, eliminando assim a problemática da temporalidade, em vez de enfrentá-la em seu terreno.

Não é o que se passa no *Bildungsroman*. Assim como é essencial construir uma "pátria" para o indivíduo no espaço, é indispensável que o tempo pare de passar em um momento privilegiado. Uma *Bildung* ocorre verdadeiramente quando, a certa altura, pode se dizer *concluída*: apenas se a juventude se transforma em "maturidade" e para ali. E com ela o tempo — o narrativo, pelo menos. Lotman:

> Tendo passado a fronteira [aqui: depois de ter iniciado a "viagem" da juventude], o actante [protagonista] entra num "anticampo" semântico em relação ao campo inicial. Para que o movimento pare, deve se fundir com ele, transformar-se de personagem móvel em personagem imóvel. Mas se isso não se produz, o tema [enredo] não está terminado e o movimento continua.[11]

Para que o enredo termine é necessário então uma "fusão" do protagonista com seu novo mundo. Essa é mais uma variante, também semelhante ao casamento, do campo metafórico do "desfecho": a alegre aceitação do vínculo; a vida dotada de sentido como anel bem soldado; a estabilidade nos nexos sociais como fundamento do significado da obra. E Lotman tem razão: uma vez que a fusão ocorreu, a viagem pode terminar, e o *Bildungsroman* se esgota — já não tem razão de ser. Mas o "anticampo semântico" que acolhe todas essas metáforas — e permite, por conseguinte, a plena realização da *Bildung* — não é um território simbolicamente neutro, ou virgem. Não é "o" mundo, como a *vulgata* estruturalista quis acreditar — é *um* mundo possível: com características histórico-culturais bastante particulares. E uma relação no mínimo problemática com a modernidade. Agnes Heller:

> A apropriação das coisas, dos sistemas de uso e das instituições, não se completa de uma vez por todas, nem é concluída quando o sujeito se tornou um adulto; ou melhor, quanto menos for concluída, mais a sociedade é desenvolvida e complexa. Em épocas estáticas e nas comunidades naturais [...], uma vez que se torna adulto, apropriava-se o "mínimo" possível da vida cotidiana [e em seguida] não era mais colocada em questão a capacidade dos sujeitos de reproduzir-se. [...]
> Ao contrário, quanto mais dinâmica for a sociedade, quanto mais casual for a relação do sujeito com o ambiente no qual nasce (especialmente depois do advento do capitalismo), mais o homem é obrigado a colocar continuamente à prova suas capacidades vitais, e isto vale *para toda a vida*; menos a apropriação do mundo pode se dizer realizada com a maioridade.[12]

A adaptação definitiva do indivíduo, e da sua relação com o mundo — a maturidade como última etapa de uma narrativa —, é então perfeitamente possível *somente no mundo pré-capitalista*. Somente no mundo das "formas sociais fechadas" — reitera continuamente Heller, na esteira de uma famosa página dos *Grundrisse* — a felicidade pode ser o valor supremo, o ideal que *valoriza* os confins em vez de pensá-los como uma proibição intolerável. Somente bem longe das metrópoles, como nos lugares conclusivos de *Wilhelm Meister* e de *Orgulho e preconceito*, a irrequieta provisoriedade "juvenil" poderá ser aplacada: somente ali a "viagem" mostrará ter um objetivo claro e intransponível.[13]

Sim — a maturidade não se adequa bem à modernidade. E vice-versa. O Ocidente moderno inventou a juventude, nela se espelhou, elegeu-a como valor sintético para si — e exatamente por isso não soube mais imaginar a maturidade. Quanto mais se enriquecia a figura do jovem, mais, inexoravelmente, esvaziava-se aquela do adulto. Quanto mais atraente, podemos acrescentar, prometia ser o romance da vida — mais árduo tornava-se declará-lo concluído: colocar, com íntima e duradoura convicção, a palavra fim.

Tudo isso, porém, veremos melhor em seguida. O *Bildungsroman* — com a sua conclusão perfeita e perfeitamente dotada de sentido — permanece ainda do lado de cá do grande divisor simbólico. Ou melhor: propõe-se como ponte entre os dois mundos — em que a juventude já está completa e a maturidade ainda não está completamente esvaziada. Em que o jovem herói já é moderno e o mundo ainda não. Tentativa genial: mas efêmera. Só dez anos depois, com *As afinidades eletivas*, Goethe rejeitará impiedosamente a ideia de que o happy end matrimonial pode ser colocado como duradoura conclusão da existência moderna; para não falar do *Fausto*, em que a ideia de felicidade como limite será ainda mais inconcebível.

Mas no mundo fechado de contos de fada do *Bildungsroman* tais problemas ainda não se dão; o comerciante Werner, que gostaria de infringir a forma fechada com as suas desmesuradas colunas de números e sua visão dos portos longínquos, terá como destino um pequeno papel secundário, através do qual poderá contemplar com invejosa amargura a plenitude humana do seu amigo mandrião.

II

Até aqui estivemos no campo da síntese. Vimos algumas junturas essenciais do *Bildungsideal*. Essenciais, e também extremas: discutimos praticamente só aquilo que acontece no início e, sobretudo, no fim do romance. Início e fim são, naturalmente, momentos decisivos de toda narrativa: eles a emolduram, tornam-na perceptível, delimitam o seu campo de possibilidades. Delimitam-no, mas não o preenchem. Se os pressupostos últimos de um romance são encontrados, normalmente, nos seus confins — o seu fascínio, como para toda viagem digna de respeito, parece, ao contrário, residir naquilo que se situa "no meio". O quadro harmonioso que traçamos até aqui não se desagrega, mas certamente torna-se mais denso e complexo. As duas tensões — autonomia e socialização — desenvolvem-se e conciliam-se de modo menos evidente e linear. A tentativa de conjugar modernidade e tradição permanece, porém esses dois polos histórico-culturais mostram um aspecto mais interessante, inédito. O mesmo vale para a estratégia retórica do gênero romance, que se articula, se enriquece, e também nos reserva algumas surpresas.

Vejamos então do que se trata, retomando a conversa de onde a havíamos suspendido, isto é, na imagem do trabalho proposta em *Wilhelm Meister*.

1. "Todos os camponeses e artesãos poderiam ser elevados à categoria de artistas"

Os personagens de *Wilhelm Meister* não são ociosos. Se causam essa impressão em Werner, a razão é que, como bom comerciante, ele não sabe conceber um trabalho que não comporte renúncia e ascese: sacrifício. Contudo, a grande aposta da Sociedade da Torre — prenunciada por Wilhelm na carta a Werner sobre as diferenças entre o nobre e o burguês (*Wilhelm Meister*, V, 3) — é que se possa dar vida a um trabalho que não teria por finalidade o "ter", mas sim o "ser". Um trabalho que não produz *mercadorias* — objetos que só têm valor na troca, que os distancia para sempre de seus produtores — mas sim, como o diz de passagem Wilhelm, "objetos harmoniosos";[14] objetos que "retornam" para quem os criou, permitindo inteiramente a reapropriação de sua própria atividade.

Nesse sentido — como trabalho não capitalista, como forma de reprodução de um "círculo restrito" — o trabalho, em *Wilhelm Meister*, é fundamental. É um instrumento incomparável de coesão social. Não produz mercadorias, mas sim "objetos harmoniosos" — ou seja, "nexos". Dá uma pátria ao indivíduo. Reforça os laços entre homem e natureza; entre o homem e os outros homens, entre o homem e ele mesmo.[15] É sempre trabalho *concreto*: não exige um produtor médio, abstrato, desnaturalizado, dirige-se a um indivíduo específico e com o objetivo de exaltar suas particularidades.

Em seus resultados harmoniosos, assim como no modo de se propor a quem deve realizá-lo, o trabalho em *Wilhelm Meister* parece, em síntese, ter por finalidade a *formação do indivíduo*. Ele é, em sua essência, *pedagogia*. E esta é, muito mais do que os empreendimentos fundiários, a verdadeira ocupação da Sociedade da Torre, que, aliás, tem origem em um experimento pedagógico. Produzir homens, eis a verdadeira vocação dos maçons de *Wilhelm Meister*:

> Liberte, se possível, seu espírito de toda suspeita e ansiedade! Aí vem o abade; seja amável com ele até que venha a descobrir ainda mais quanta gratidão lhe deve. Que finório! Vem entre Natalie e Therese; apostaria qualquer coisa como está tramando algo. Assim como gosta em geral de representar um pouco o papel do destino, tampouco abandona o capricho de promover às vezes casamentos. (*Wilhelm Meister*, VIII, 5)

O abade e Jarno — que pronuncia estas palavras — são, justamente, aqueles que trabalharam para a educação de Wilhelm: escreveram os seus *Anos de aprendizagem* e estabelecerão também, vencendo suas resistências, com qual mulher ele deverá se casar. Todos esses detalhes têm dois lados. De certo modo, fazem pensar naquilo que Schiller almejava em suas *Cartas sobre a educação estética do homem*: uma situação em que a finalidade da sociedade seja o homem. Ademais, as premissas e consequências dessa utopia só podem parecer perturbadoras. Se, de fato, a finalidade da sociedade é o homem, então será escusado dizer que quem detém o poder social tem o direito/dever de estabelecer até mesmo nos mínimos detalhes o caminho do seu "produto": o qual — "seja amável com ele" — também deve lhe demonstrar gratidão. Organicismo e liberdade, organicismo e inteligência crítica são antitéticos. Porque um sistema orgânico é, decerto, uma pátria acolhedora: mas em cada organismo, como se tornará cada vez mais claro, há lugar para um só cérebro.

A harmonia que caracteriza o trabalho em *Wilhelm Meister* nasce do fato de que este não obedece a uma lógica estritamente econômica e, por conseguinte, a necessidades indiferentes às aspirações subjetivas do sujeito que trabalha. Em lugar de cindir vivamente o ser em objetivação alienada e interioridade incapaz de se materializar, o trabalho do *Bildungsroman* cria uma continuidade entre externo e interno — entre a parte "mais íntima e melhor" da alma e o aspecto "público" da existência. Trata-se, ainda uma vez, da coincidência entre formação e socialização; e tem mais, dado que um trabalho definido assim não é de fato diferente daquilo que boa parte da cultura alemã da época chama "arte". Humboldt:

> Tudo aquilo em relação ao qual o homem dirige sua atenção, imediata ou mediatamente visando à pura satisfação de suas necessidades físicas, ou à realização de objetivos externos em geral, encontra-se intimamente relacionado com suas sensações internas. Às vezes, no entanto, ao longo desse propósito externo, e relacionado com ele, existe algum impulso interno e, frequentemente, essa chega a ser a única razão de sua atividade, tendo a outra apenas um vínculo com ela, necessária ou incidentalmente. Quanto mais unidade o homem tiver, mais livremente ele fará sua escolha quanto aos assuntos externos que surgem de seu interior e mais frequente e íntima é a cooperação dessas duas fontes de motivos, mesmo quando ele não tiver selecionado livremente esses objetos externos. Um homem interessante, por conseguinte, é interessante em todas as situações e atividades, embora ele atinja a plenitude mais madura e harmoniosa de sua atividade quando seu estilo de vida estiver em harmonia com seu caráter.
>
> Tendo em vista essa consideração, todos os camponeses e artesãos poderiam ser elevados à categoria de artistas; homens que amam suas atividades por aquilo que elas são aprimoram-nas pela plasticidade de seus próprios gênios e habilidades inventivas, aprimorando seus intelectos,

enobrecendo o caráter, exaltando e requintando os prazeres. Dessa forma, a humanidade torna-se enobrecida por aquelas mesmas coisas que agora, embora belas em si mesmas, servem tão frequentemente para degradá-la.[16]

Para essa corrente de pensamento, que chegará até a *Comunidade e sociedade* de Tönnies, o trabalho pode assumir duas formas opostas. A primeira — o trabalho capitalista — "degrada" a humanidade: essa forma não serve ao homem, mas antes (dirão Schiller e o abade de *Wilhelm Meister*) ao deus do útil. E assim fazendo, ela trai a própria essência do trabalho, aquilo que este é "em si e para si". Belo. Enobrecedor. Formador. Se só essa forma de trabalho pudesse substituir a primeira...

Pois é. O que aconteceria? Dito de outra maneira, *de qual ponto de vista* esse trabalho "estético" e humanizante é superior àquele instrumental e alienado? Certamente não pela sua capacidade produtiva, bem pelo contrário: nas cartas de Schiller postula-se — entre "riqueza das nações" e "educação estética do homem" — uma relação inversamente proporcional. À "superioridade da espécie", que caracteriza a época moderna em relação à Grécia clássica, contrapõe-se a "inferioridade do indivíduo" (Carta VI). É esta que a harmonia do trabalho como arte (ou como "jogo") deve remediar. Custe o que custar:

> O exercício unilateral das forças conduz o indivíduo inevitavelmente ao erro; a espécie, porém, à verdade. Ao concentrarmos, justamente, toda a energia do nosso espírito num único foco e contrairmos todo o nosso ser em uma única força, damos asas a esta força isolada e a conduzimos artificialmente para além dos limites que a natureza parece ter-lhe imposto. [...]
> Ainda que o mundo como um todo ganhe, portanto, com a formação separada das forças humanas, é inegável

que os indivíduos atingidos por essa formação unilateral sofrem sob a maldição desse fim universal. [...] Assim também a forte tensão de forças espirituais isoladas gera homens extraordinários, mas apenas a temperatura uniforme das mesmas os faz felizes e perfeitos.[17]

A inversão realizada por Schiller no segundo parágrafo é uma das chaves para acessar o universo de valores do *Bildungsroman*. Este não se interessa pelos "homens extraordinários", tampouco pelos "objetivos mundiais" ou por aquilo que é "vantajoso para o mundo como um todo". Sua tarefa é criar "homens felizes e perfeitos". Felizes e perfeitos porque "temperados": não "unilaterais". Livres daquela desarmônica especialização que, aos olhos de Wilhelm, constitui a maldição característica do burguês: "Um burguês pode adquirir méritos e desenvolver seu espírito a mais não poder, mas sua personalidade se perde, apresente-se ele como quiser" (*Wilhelm Meister*, V, 3).

Somente ao renegar o burguês que abriga em seu interior, o indivíduo poderá, enfim, constituir-se como entidade harmônica — ser "feliz e perfeito". Somente assim ele terá a sensação de "pertencer" novamente ao seu mundo, e a conflitualidade que percorre a idade moderna poderá ter um fim, dado que a utopia estética é uma utopia *social*:

> Se já a necessidade constrange o homem à sociedade e a razão nele implanta princípios, é somente a beleza que pode dar-lhe um caráter sociável. Somente o gosto permite harmonia na sociedade, pois institui harmonia no indivíduo. Todas as outras formas de representação dividem o homem, pois fundam-se exclusivamente na parte sensível ou na parte espiritual; somente a representação bela faz dele um todo, porque suas duas naturezas têm de estar de acordo.[18]

O que Schiller almeja aqui é o surgimento de uma sociedade "sociável": espontaneamente coesa, sem dilacerações e dissidências. É para esse fim que são necessários o "belo", o "jogo", a "arte". Contudo, é claro que esses não podem realmente modificar o funcionamento dos grandes mecanismos sociais alienados — o estado "mecânico", a produção com vistas ao útil. Para trazer harmonia "ao indivíduo e à sociedade", a educação estética segue uma estratégia mais indireta, mais elusiva. Em vez de afrontar diretamente as grandes potências da vida em sociedade, ela institui uma nova esfera da existência na qual aquelas forças — abstratas, unilaterais, deformadoras — podem penetrar com violência atenuada e podem ser reelaboradas em sintonia com o anelo individual de harmonia. Essa esfera é organizada segundo os ditames da "beleza" e do "jogo"; é imbuída pela "felicidade" do indivíduo; e o *Bildungsroman* é sua explicitação narrativa. Certo. Entretanto — como sempre, quando se lida com uma utopia — a pergunta que vem à mente é: *onde* se situa exatamente a esfera da harmonia estética? *Quais* aspectos da vida moderna efetivamente envolveu e organizou?

2. O mundo da familiaridade

A essas perguntas é possível apresentar uma resposta bem simples e razoável. O trabalho tão próximo da arte de Humboldt e a sociabilidade estética de Schiller representam, de fato, o artesanato e a comunidade pré-capitalistas: assim como é tipicamente pré-burguesa, observou Sombart, a ideia de que o homem é "a medida de todas as coisas".[19] A famigerada "miséria alemã" corrobora essa hipótese que contém, certamente, boa parte da verdade e, coincide, aliás, com o que dissemos a propósito do princípio orientador da felicidade.

O fascínio d'*A educação estética* ou de *Wilhelm Meister* nasceria no fim das contas e em grande medida da saudade de uma harmonia perdida. Plausível. Agora, porém, gostaria de começar a propor uma interpretação histórica de tipo diferente. A organicidade estética e a felicidade que a acompanha não pertencem somente a um *passado* anterior à produção capitalista e ao estado "mecânico": sobrevivem também nos tempos modernos. Colocam-se, contudo, ao lado das novas instituições coletivas, com as quais travam uma tácita e interminável guerra de fronteira.

Chamarei, à luz de numerosas pesquisas contemporâneas, esse mundo paralelo de espaço da *vida cotidiana*. Henri Lefebvre:

> A vida cotidiana se define como totalidade... Consideradas em sua especialização e tecnicidade, as atividades superiores deixam entre si um "vazio técnico" que a vida cotidiana preenche. Esta estabelece uma relação profunda com *todas* as atividades e as engloba com suas diferenças e seus conflitos; ela é o lugar de encontro das atividades, o vínculo que há entre elas, o seu terreno comum.[20]

Lefebvre tem razão — em parte. Não existem limites àquilo que pode ser incorporado pela vida cotidiana: isso, a meu ver, é verdade. Mas também é verdade que, se devemos definir um espaço de vida, e declaramos que este é desprovido de fronteiras, não teremos ido muito adiante. Será necessário inserir um novo elemento: dizer que aquilo que caracteriza a vida cotidiana — como também, aliás, a educação estética de Schiller — não é a natureza ou a quantidade de suas ocupações, mas sim o "tratamento" dessas. A direção que elas assumem: a finalidade à qual são subordinadas. Karel Kosik:

> A cotidianidade se manifesta [...] como mundo da familiaridade. A cotidianidade é ao mesmo tempo um mundo cujas dimensões e possibilidades são calculadas de modo proporcional às faculdades individuais ou às forças de cada um.

Na cotidianidade tudo está ao alcance das mãos e as intenções de cada um são realizáveis. Nesta [a vida de cada dia] o indivíduo cria para si as relações, baseado na própria experiência, nas próprias possibilidades, na própria atividade e daí considerar esta realidade como o seu próprio mundo.[21]

Podemos falar, portanto, de vida cotidiana sempre que o indivíduo, ao desenvolver qualquer atividade, submetê-la à construção "de seu próprio mundo". Estamos nos antípodas da ética protestante, da vocação ascética, imperiosa e objetiva weberiana. Na vida cotidiana, é a atividade — *qualquer* atividade, pelo menos tendencialmente — que deve se colocar a serviço do indivíduo: tornar-se "proporcional às faculdades individuais". Se a tarefa obtém êxito, "as intenções dos indivíduos tornam-se realizáveis", e o mundo adquire o aspecto reconfortante da "familiaridade"; já não é mais o mundo do esforço e do dever: é um universo em que o homem é a medida de todas as coisas.

Encontramos, assim, em boa medida, o quadro teorizado nas cartas d'*A educação estética*, que nos reconduzem, como mais uma confirmação da afinidade entre educação estética e vida cotidiana, à pesquisa de Agnes Heller. O "indivíduo" de Kosik é definido por ela, com abordagem lukacsiana, como "particularidade" que "aspira à autoconservação, à qual subordina tudo".[22] A particularidade contrapõe-se, assim, ao que Heller — retomando, nesse ponto, a noção hegeliana de "indivíduo histórico-universal" — define como "individualidade":

São os indivíduos — e o tipo que alcançou máximo desenvolvimento [...] que nós chamaremos indivíduo representativo — que individualmente encarnam o máximo desenvolvimento genérico de uma determinada sociedade.[23]

Esses grandes homens parecem seguir apenas sua paixão, o seu arbítrio: mas o que querem é o universal e este é o seu páthos.[24]

Por conseguinte:

Aquilo que estes escolhem não é a felicidade, mas sim o esforço, a luta, o trabalho para seu fim. Uma vez alcançado o seu objetivo, não passaram à fruição tranquila, não se tornaram felizes. O que são é fruto de sua obra [...].
Alcançado o fim, estes assemelham-se a invólucros vazios que caem ao chão. Talvez tenha sido difícil, para eles, cumprir sua tarefa; e no momento em que tal se deu, morreram cedo, como Alexandre, ou foram assassinados como César, ou deportados como Napoleão [...]. É uma terrível consolação o fato de que os homens históricos não tenham tido aquilo que se chama felicidade.[25]

Para retomar a terminologia schilleriana: esses indivíduos serão vantajosos "para a espécie", mas não são "homens felizes e perfeitos". São "representativos" (Heller) "do desenvolvimento genérico de uma determinada sociedade": são representativos das grandes conquistas e reviravoltas históricas. E exatamente por isso *não* são representativos daqueles tempos caracterizados "por uma normalidade" que, como veremos, constituem o contexto histórico eleito pelo romance e, em particular, pelo *Bildungsroman*.[26] Aqui o "indivíduo representativo" não quer "o esforço, a luta, o trabalho para seu fim": isso ocorrerá apenas (e de forma extremamente problemática) em Stendhal — cujos heróis, não por acaso, estão deslumbrados pelo modelo "histórico-universal" de Napoleão; e darão, por conseguinte, vida a uma trama narrativa na qual o episódio típico coloca em cena um *confronto* com o existente.

Todavia, o herói do *Bildungsroman*, como a particularidade de Heller, "quer uma vida *sem conflitos*, quer sentir-se bem no mundo assim como ele é".[27] A sua bússola é a felicidade pessoal: e a trama que lhe permitirá alcançá-la organiza-se segundo o modelo — oposto àquele do conflito — da integração *organicista*.

Embora diferentes entre si em muitos aspectos, as pesquisas de Lefebvre, Kosik e Heller convergem para um único objetivo: formular uma *crítica* da vida cotidiana. "Desaliená-la", mostrar sua miséria ou caduquice, desmascarar a felicidade que esta promete como algo mesquinho ou ilusório. Assim fazendo, as três pesquisas contrapõem-se — com descobertas que remetem, mais ou menos, a Hegel — às grandes reviravoltas da história universal.

Mais adiante, falando do comportamento do *Bildungsroman* em relação à Revolução Francesa, encontraremos também um exemplo especialmente nítido da alteridade entre os dois âmbitos da vida. Não obstante, uma dificuldade permanece, dado que o ponto de vista da história universal, no qual baseia-se a crítica da vida cotidiana, não é o único possível: e sobretudo *não é aquele assumido pela forma do romance*. A qual, mesmo não sendo cega em relação ao progresso da história universal, ainda assim o fragmenta, percebe-o segundo a ótica da vida cotidiana: e o reverte nessa modalidade de existência com o intuito de ampliar e enriquecer a existência da particularidade.

Em outros termos: o "sentido da história" no romance de formação não possui como ponto de partida o "futuro da espécie". Deve, ao contrário, manifestar-se dentro dos mais estreitos limites de uma existência individual circunscrita e relativamente comum. Daí decorre que o romance se propõe, não como crítica, mas como *cultura da vida cotidiana*. Longe de desvalorizá-la, organiza e "civiliza" essa forma de existência, tornando-a cada vez mais viva e interessante — ou ainda, com Balzac, fascinante.

3. Arte de viver

Ainda Agnes Heller: "A satisfação na vida cotidiana advém de dois fatores: do *prazer* e da *utilidade* [...]. O prazer tem relevância *exclusivamente* na vida cotidiana. Por este nós entendemos simplesmente um sentimento de afirmação que acompanha a condição física e psíquica".[28]

O prazer: sensação de bem-estar no mundo. E é exatamente essa equilibrada serenidade que torna tal sensação cega — assim como a "educação estética" — à orgulhosa dureza da arte "autônoma" dos tempos modernos. "As grandes obras de arte" — prossegue Heller — "ou *não* são prazerosas, ou são *mais* do que prazerosas":[29] em ambos os casos, é a própria arte que torna impossível a temperança "feliz e perfeita" do projeto schilleriano.

Não existem, então, meios de unir a arte à vida? Não exatamente, um meio há, e nasce precisamente nesses decênios. É o kitsch:

> O Kitsch encontra-se [...] ligado a uma arte de viver e talvez nesta esfera, ele encontrou sua *autenticidade*, pois é difícil viver em intimidade com as grandes obras de arte, tanto aquelas do vestuário feminino como as dos tetos de Michelangelo. Ao contrário, o Kitsch está à altura do *homem*.
>
> [...] o Kitsch [...] é a arte do aceitável, aquilo que não choca nosso espírito por uma transcendência fora da vida cotidiana, nem por um esforço que nos ultrapassa; e sobretudo se devemos superar nossas próprias limitações, por seu intermédio. *O Kitsch está ao alcance do homem, ao passo que a arte está fora de seu alcance.* [...]

Nessa adaptação do tônus do ambiente ao tônus do ser, situa-se uma *receita da felicidade*. O Kitsch é a arte da felicidade e qualquer chantagem à felicidade da civilização será também uma chantagem ao Kitsch. O Kitsch é uma ambiência da vida cotidiana que dificilmente se expressa sem algum suporte concreto.[30]

Da felicidade como inserção em uma totalidade orgânica à miniaturização desta na harmonia estética individual, e daí ao kitsch e à vida cotidiana. O kitsch literalmente domestica a experiência estética, levando-a aonde predominantemente ocorre a vida cotidiana: em casa. E mais: ele saqueia toda sorte de materiais estéticos para construir aquela que será a típica casa dos tempos modernos. Em *Wilhelm Meister* os "objetos harmoniosos" por excelência — aqueles que tornam o mundo uma "pátria aconchegante" — são, justamente, as habitações, e tal é ainda mais verdadeiro para *Orgulho e preconceito*. O episódio crucial, nesse romance, é a visita de Elizabeth Bennet a Pemberley, a casa de campo de Darcy. Pemberley é aberta ao público: é um monumento pensado, por sua "beleza", para a admiração dos estrangeiros. Porém não possui nada de museológico: e a reação que desperta em Elizabeth não é, certamente, estética. À vista de Pemberley, ela pensa, ao contrário, pela primeira vez em Darcy como um possível marido: não por ambição ou avidez, mas sim porque Pemberley demonstra que a vida cotidiana — doméstica — de um homem como Darcy pode ser, no fim das contas, algo muito bonito.

Bonito? Não exatamente. Jane Austen, que escolhia as palavras com lendária precisão, emprega o adjetivo *beautiful* apenas às belezas naturais da propriedade. A casa, os cômodos, a mobília não são *beautiful* — são *handsome*. Termo que indica uma beleza "decorosa", "equilibrada", "desprovida de aspereza", e também "cômoda" (como sugere a etimologia).* Uma beleza, em suma, à altura do homem: repetido três vezes em uma única página para indicar objetos, *handsome* reaparece uma página depois — quatro vezes em dez linhas! — para designar *Darcy*.

Handsome: beleza que não possui nada de ameaçador ou desconcertante, nada de autônomo. Encerra em si um ideal de áurea proporção, de luminosa e recíproca traduzibilidade entre indivíduo e seu contexto. É o milagre do "gosto" setecentista — do "período artístico" a que a historiografia literária põe um fim com a morte de Goethe. Um período artístico não porque marcado por uma produção estética inalcançável, mas sim porque a arte parece ainda estar unida à "vida". Com a vida da elite social, naturalmente, que se faz cada vez mais ampla e mais rica, enquanto a produção artística (especialmente a arquitetura e a pintura, como também a música), que ainda não se inseriu no mercado, permanece em boa medida no interior dos lugares e dos ritmos daquela existência, na qual se amalgama, por conseguinte, "naturalmente", sem sofrer, por isso, algum aviltamento ou deformação.

Esse é o milagre, dissemos, do gosto setecentista. Associá-lo ao *mau* gosto pode parecer uma afronta gratuita: mas no fim das contas, quando a sonata de Mozart é tocada por uma caixinha de música de uma cigarreira, algo mudou. Sem dúvida. O ponto, entretanto, é que o kitsch que surgirá no século seguinte — e que já sorri desdenhosamente no episódio do Castelo de *Wilhelm Meister*, ou nos capítulos ambientados em Rosing, em *Orgulho e preconceito* — não se diferencia do *Taste* neoclássico por ter traído as aspirações deste, mas sim por ter permanecido fiel a elas, em um contexto histórico já muito

---

* Palavra que significava, até o final do século XVI, "*easy to handle or use*", isto é, de fácil manuseio ou utilização. [N. T.]

mudado, no qual, acima de tudo, havia sido alterada a posição e a autoconsciência da esfera estética. "My dear Fraülein" — observa o musicista Klesmer em *Daniel Deronda*, de George Eliot, — "você já exercitou seus talentos do *Standpunkt* [ponto de vista] do salão." Essa observação poderia valer para Darcy e Elizabeth, cujos caminhos, de fato, Gwendolen Harleth gostaria de seguir. Todavia, na metade do século XIX a arte saiu dos salões: e assim, conclui friamente Klesmer, "*you must unlearn all that*".

A educação estética deve ser *des*aprendida: não possui mais nenhum valor — não é nem verdadeira estética, nem verdadeira educação. Ela é substituída — com função de "dar um sentido" à vida dos heróis eliotianos — por uma "vocação" profissional ou ideal bem mais exigente e, por conseguinte, forçosamente mais severa, mais rígida, mais despersonalizante. E também, como veremos, mais dolorosa, ou autodestrutiva. Isso explica por que fora tão difícil, para a cultura ocidental, encontrar um verdadeiro substituto para o harmônico "diletantismo" celebrado em *Wilhelm Meister* (a própria Eliot, com Will Ladislaw de *Middlemarch*, prestará sua homenagem a ele). A plenitude estética da vida cotidiana assegurava, de fato, uma humanização do universo social que será, em seguida, difícil imaginar: e não é de surpreender que esta tenha continuado ainda por muito tempo, entre mil peripécias e metamorfoses, a inflamar a existência do indivíduo moderno.[31]

4. "Personalidade"

A equilibrada harmonia que comove Elizabeth em Pemberley não diz respeito apenas a um estilo arquitetônico, mas sim à manifestação visível de um ideal pedagógico: um dos mais importantes em uma época em que a formação do indivíduo saturava-se de novos problemas. Philippe Ariès:

Nosso espírito moderno fica perplexo [diante das características das associações medievais] pois ele se recusa a admitir a íntima mistura de modos de existência hoje cuidadosamente separados: modo de vida íntima, a família ou a amizade; modo de vida privada, o lazer, a distração; o modo de vida religioso, a atividade cultural ou devota; ou modo de vida corporativo, a reunião daqueles que exercem a mesma profissão com o fito de aprendê-la, explorá-la ou defendê-la. O homem moderno é dividido entre uma vida profissional e uma vida familiar geralmente contrastantes entre si [...]. O tipo de vida moderna resultará do divórcio entre elementos outrora entrelaçados.[32]

Se pelo termo "indivíduo" entendemos algo fundamentalmente unitário, então o homem descrito nessas páginas não o é mais — ou ainda não o é. A variedade dos seus campos de ação certamente o enriqueceu, mas também o privou de toda coesão. O indivíduo moderno é marcado desde seu nascimento por essa heterogeneidade de ocupações, por um desequilíbrio perene de seus investimentos simbólicos e emotivos. Para se tornar um "indivíduo" em pleno sentido, ele deverá aprender a dominar essa multiplicidade, impedindo-a de se transformar em uma exaustiva desarmonia.

Como isso pode ser feito? *O declínio do homem público*, de Richard Sennett, é uma das reconstruções mais inteligentes de tal tentativa. Segundo Sennett, o conflito pode ser resumido nos dois polos extremos da vida "pública" e da vida "íntima". Nos últimos dois séculos, o significado da existência para o indivíduo ocidental teria se transferido de maneira decisiva cada vez mais para a esfera íntima, determinando, assim, "o declínio do homem público". Diante de toda e qualquer situação ou instituição coletiva, esse indivíduo recorreu cada vez mais a uma frase mágica e quase obsessiva — "o que significa isso *para mim*?" — na qual se espelha esse deslocamento do sentido da vida e celebra-se o triunfo do comportamento sociopsicológico conhecido como narcisismo.

Extraordinariamente rica de intuições e reflexões nos campos mais díspares, a reconstrução de Sennett possui, talvez, apenas um ponto fraco. O "para mim" do narcisismo não necessariamente se colocou sempre na esfera da vida *íntima*. O eu narcisista, indiferente ao significado objetivo daquilo que o circunda, é de fato fundamentalmente irresponsável: a vida íntima dos últimos dois séculos, entretanto — o espaço de relações conjugais e familiares em sentido estrito —, foi na verdade durante muito tempo dominada por ideais de responsabilidade, autossacrifício, dedicação aos outros. Não é ali que a origem do narcisismo deve ser buscada: a esfera da vida íntima é muito forte emotivamente, excessivamente carregada de obrigações simbólicas e jurídicas para tornar possível a evasão das responsabilidades. É preciso colocar-se à procura de um mundo de relações menos rígidas, menos exigentes e regulares: que deixem ao indivíduo margens mais amplas para sua manipulação centrípeta e narcisista da realidade externa.

Esse mundo mais maleável é, justamente, a esfera da vida cotidiana. Esfera de "enriquecimento da particularidade", escreveu Agnes Heller. Aqui todas as relações — tanto as íntimas como as públicas — adquirem um valor apenas se contribuem para alimentar a personalidade individual. "Personalidade." O conteúdo semântico dessa arredia palavra-chave da nossa época muda exatamente nas décadas da virada do século XVIII para o XIX e se estabelece sobre duas diretrizes entrelaçadas.

Antes de mais nada, a personalidade é um traço distintivo: designa aquilo que torna um indivíduo diferente dos outros, singular, insubstituível. Entretanto, essa distinção — segundo aspecto do termo — nunca é destinada a uma única atividade, a uma única característica. O indivíduo moderno sente que jamais ocupação alguma — seja o trabalho, a vida familiar ou o que quer que for — lhe permitirá "exprimir plenamente" sua personalidade. Multilateral, prismática, a personalidade permanece um ídolo sempre insatisfeito: gostaria de não se submeter a nada, de não ser jamais um meio para um fim, qualquer que este seja. Gostaria que cada atividade perdesse sua autônoma e objetiva consistência, para se tornar um simples instrumento de seu próprio desenvolvimento.

Por todas essas razões, a personalidade moderna coloca-se no centro da vida cotidiana: e é sob seu signo que esta última vem unir-se à cultura da *Bildung* e à própria teoria do romance. Simmel:

> E aqui se manifesta a primeira determinação do conceito de cultura, que, por enquanto, segue apenas o sentimento da língua. Não somos ainda cultivados se tivermos desenvolvido em nós este ou aquele saber ou capacidade específicos; só o somos se todos esses saberes e capacidades servirem ao desenvolvimento daquela centralidade anímica, ao qual eles estão ligados, mas com o qual eles não coincidem. Nossos esforços conscientes e perceptíveis podem valer para os interesses e potências particulares, e por isso o desenvolvimento de cada homem aparece — considerando sua nomeabilidade — como um feixe de linhas de crescimento, que se estende em direções efetivamente distintas com comprimentos também distintos. Mas o homem se cultiva não a partir dessas linhas de crescimento tomadas em seus desenvolvimentos singulares, mas apenas com sua significação para o desenvolvimento da unidade pessoal indefinível. Em outras palavras: cultura é o caminho que sai da unidade fechada, passando pela pluralidade desenvolvida, chegando à unidade desenvolvida. Mas sob todas

essas circunstâncias pode se tratar apenas da concretização de um fenômeno esboçado nas forças germinativas da personalidade como seu plano ideal.[33]

Nos mesmos anos em que Simmel está recapitulando esse ideal de cultura individual — ciente, além disso, de que o desenvolvimento do capitalismo e da grande metrópole tornou tal ideal inalcançável: e não à toa no *Bildungsroman* nem o primeiro nem a segunda têm ainda um peso determinante —, Georg Lukács está seguindo um percurso análogo. *A teoria do romance*:

> O conteúdo dessa maturidade [característica do *Bildungsroman*] é um ideal da humanidade livre, que concebe e afirma todas as estruturas da vida social como formas necessárias da comunidade humana, mas ao mesmo tempo vislumbra nelas apenas o pretexto para efetivar essa substância essencial da vida, apropriando-as assim não em seu rígido ser-para-si jurídico-estatal, mas antes como instrumentos necessários de objetivos que a excedem. [...]
> O mundo social, portanto, tem de tornar-se um mundo da convenção parcialmente aberto à penetração do sentido vivo.
> Assim surge um novo princípio de heterogeneidade no mundo exterior: a hierarquia irracional e não racionalizável das diversas estruturas e camadas de estruturas, de acordo com sua permeabilidade ao sentido, que nesse caso não significa algo objetivo, mas a possibilidade de uma atuação da personalidade.[34]

Há um ponto sobre o qual Lukács e Simmel parecem estar particularmente de acordo: a ideia de que, para a "personalidade" moderna, será especialmente difícil alcançar a própria finalidade na pura e simples ocupação profissional — no trabalho. Este assumiu um caráter muito fragmentado e, ao mesmo tempo, muito "objetivo", muito impenetrável ao "sentido vivo". Quem se dedica a uma profissão moderna, confirmará Max Weber naqueles mesmos anos, deve *renunciar* à própria personalidade: e já Wilhelm Meister — na carta sobre a antítese entre a nobreza e a burguesia — havia, com efeito, constatado que "Um burguês pode adquirir méritos e desenvolver seu espírito a mais não poder, mas sua personalidade se perde, apresente-se ele como quiser (*Wilhelm Meister*, V, 3).

Para que tal não ocorra, *Wilhelm Meister* sugere que nos voltemos a ocupações a um tempo mais flexíveis e mais completas: a vocação "pedagógica", o gozo "estético" — veremos em breve outros exemplos. Mas sugere também que o cerne da personalidade moderna — como também da sua esfera de ação cotidiana — não será encontrado tanto em atividades específicas como em um particular *estado de espírito*: que se infiltra cada vez mais em toda ocupação, remoendo-a, avaliando-a, atacando-a, esforçando-se para torná-la apropriada ao desenvolvimento individual entendido como "unidade manifesta". Nesse sentido, podemos realmente dizer, com Baudrillard, que "a vida cotidiana é um *sistema de interpretação*":[35] e o mesmo vale para a personalidade. Ambas são modos de "ajustar" o mundo — de percebê-lo e, ao mesmo tempo, julgá-lo — à dimensão humana. A realidade externa adquire valor, nas palavras de Lukács já mencionadas, segundo as "possibilidades de uma atuação da personalidade". Aquilo que se situa fora desse círculo — aquilo que não pode ser traduzido em "experiência" — torna-se, em contrapartida, insignificante: irrelevante ao olhar; narrativamente desinteressante para o romance. Trata-se, para parafrasear Sennett, do "declínio da percepção pública": uma miopia ético-intelectual que ofusca nossa imagem do indivíduo moderno — mas sem a qual tudo levaria a crer que ele seria dificilmente concebível.

5. "Prova", "oportunidade", "episódio"

Ao ler *Wilhelm Meister*, e ainda mais *Orgulho e preconceito*, com um pouco de sã ingenuidade crítica, cedo ou tarde torna-se inevitável perguntar o que exatamente estão "fazendo" os personagens principais. Uma resposta tinha sido dada por Werner, ao rever Wilhelm: "Como tudo lhe assenta bem e se harmoniza! Como prospera a preguiça!" (*Wilhelm Meister*, VIII, 1). Sim, no fundo Wilhelm e Elizabeth "não fazem nada". Mas isso, como vimos, não significa, de fato, não fazer *nada*, mas sim não atribuir a definição da própria personalidade a uma *única* atividade.

Trata-se de mais uma convergência entre as peculiaridades da vida cotidiana e as categorias da teoria do romance. Ao não se tornar indivíduo num único âmbito da vida, o protagonista do romance deixa de ser definível como "papel" — o "comerciante" Werner, o "pastor" Collins, a "mãe" das irmãs Bennet — e torna-se um "personagem poliparadigmático.[36] Uma entidade, vale dizer, definida por traços múltiplos, heterogêneos, e até mesmo contraditórios entre si.[37]

Para explicar a gênese de tal "poliparadigmaticidade", a teoria narrativa recorre geralmente a certa concepção de realismo: em um dado momento, teríamos aprendido a representar a existência de um modo mais fiel. Se assim fosse, todavia, não seria compreensível por que a multiplicidade de determinações interessa sempre a uma porcentagem reduzidíssima dos personagens de um romance. A razão, talvez, seja outra. É que, quando um personagem poliparadigmático ocupa o centro da narrativa, todo evento é automaticamente atraído *para dentro da órbita da "personalidade"* e obtém seu significado da reverberação sobre os outros planos da existência de Wilhelm e Elizabeth: da harmonia interior que contribui para reforçar ou comprometer.

Não se trata, portanto, de representar coisas e pessoas de modo mais verídico, mas sim de ter decidido que um certo aspecto da existência era mais *significativo* do que outros, e que podia, por conseguinte, exercer uma função particular na organização narrativa. Uma função central, de perspectivação da narrativa: pois a trama tecida em rede discutida na primeira seção possui, justamente, o seu centro no desenvolvimento multilateral do protagonista. E essa percepção centrada de uma estrutura é precisamente a imagem das relações sociais mais adequada ao *antropocentrismo*, que é o ponto de partida e de chegada da vida cotidiana.

Trama em rede, trama centrada. Mas a trama é ainda assim uma sucessão diacrônica dos eventos. Como conciliar nossas metáforas espaciais, que transmitem uma ideia de equilíbrio e harmonia, com uma dimensão temporal que implica mudança e instabilidade? Noutras palavras: como conciliar uma trama *romanesca* — incerta, fascinante, envolvente — com o ritmo agradável e familiar da vida *cotidiana*? Com o ritmo da "normalidade"?

Podemos começar, talvez, observando que o curso normal da vida cotidiana moderna não coincide, como parece inevitável supor à primeira vista, com a banalidade, com a inércia e com a repetição. Lefebvre, que inicialmente também sustenta essa tese,[38] teve depois de escrever algumas centenas de páginas para rejeitá-la. De modo mais apressado, segundo Karel Kosik:

> A vida de cada dia tem a sua própria experiência, a própria sabedoria, o próprio horizonte, as próprias previsões, as repetições, mas também as exceções; os dias comuns, mas os dias feriados. A vida de cada dia não é, assim, entendida como oposição ao que sai da norma, aos feriados, à excepcionalidade ou à História: a hipótese da vida de cada dia como banalidade, como oposição à História, como exceção, já constitui o *resultado* de uma certa mistificação.[39]

Kosik tem razão. A vida cotidiana moderna não se reduz mais à mera repetição de eventos prescritos: de eventos "sem história", *uneventful*, narrativamente insignificantes — e que, por conseguinte, não merecem ser narrados. A intervenção da personalidade derrubou a rígida divisão entre a monotonia dos dias úteis e a excepcionalidade dominical:

> [...] em um dia de inverno, ao voltar para casa, vendo minha mãe que eu tinha frio, ofereceu-me chá, coisa que era contra os meus hábitos. A princípio recusei, mas, não sei por quê, terminei aceitando. Ela mandou buscar um desses bolinhos pequenos e cheios chamados madalenas...

Nesse exemplo já muito conhecido, a mesmice da cotidianidade moderna demonstra guardar dentro de si "os domingos de manhã" da infância (e "todas as flores de nosso jardim e as do parque do sr. Swann, e as ninfeias do Vivonne, e a boa gente da aldeia e as suas pequenas moradias e a igreja e toda a Combray [...]"), para restituí-los a nós, em um momento qualquer, insignificante, prosaico, diretamente das profundezas domésticas "da minha taça de chá". E o fermento do processo inteiro é, precisamente, obra — voluntária ou não — da personalidade. Desta, o romance se serve para dar vida a uma espécie de terceira dimensão temporal, de confins cada vez mais vastos, nos quais nada pode ser declarado, a priori, insignificante ou absolutamente significativo. Nada é pura repetição ou pura novidade: o típico "episódio" do romance, como veremos em breve, tem em si sempre algo da *madeleine* proustiana: um experimento com o tempo.

As duas posturas em relação ao tempo que dominam *A Teoria do romance* — a esperança e, sobretudo, a recordação — remetem apenas em aparência à dimensão do passado ou àquela do futuro. Na verdade, elas conferem à temporalidade do romance uma concentração particular, uma curvatura que faz convergir continuamente passado e futuro no presente. Em um presente "individualizado" e que é obra contínua da reorganização daquilo que passou e projeção daquilo que virá. É um presente elástico, expandido, inexaurível: o exato oposto do "aqui e agora" final da tragédia. E não apenas da tragédia: porque em tal representação da temporalidade é palpável a absoluta incompatibilidade entre o *Bildungsroman*, e a formação-socialização moderna, e aquela "iniciação" com a qual é muito frequentemente confundida. Não somente a iniciação do ritual primitivo, mas, ainda mais, aquela de uma obra que precede de pouquíssimos anos *Wilhelm Meister*, e que Goethe admirou tanto a ponto de esboçar uma continuidade: *A flauta mágica*, de Mozart e Schikaneder.

A "prova" de *A flauta mágica* é o típico evento excepcional: divide a vida de Tamino em dois segmentos que não têm nada em comum. Antes da prova, Tamino é *ein Jüngling*, um garoto — depois, *ein Mann*, um homem. Antes é de fato um príncipe em exílio — depois, o verdadeiro herdeiro de seu pai. Antes um indivíduo errante solitário — depois o membro de uma potente comunidade. Antes um admirador frustrado de Pamina — depois o seu legítimo esposo.

Antes e depois... e *durante* a prova? Durante a prova, esse é o ponto, Tamino não é nada. É até mesmo virtualidade: ele pode ser aquilo que acabaria sendo, ou pode ser mandado de volta para aquilo que era. Mas no decorrer da *Prüfungszeit* ele é zerado: assim como, de fato, o tempo é zerado. A prova de iniciação consiste, precisamente, em aceitar *morrer*, a fim de poder *renascer*. A única virtude posta à prova é a coragem, entendida como paciência, a virtude das circunstâncias excepcionais: a virtude diante da morte. Esta não mede a capacidade de *viver*, que aliás não lhe parece interessar minimamente, mas apenas a tolerância da alternativa sem nuances (não existe gradação entre o Reino da Noite e o Palácio de Sarastro) de morte e renascimento.

O contrário é verdadeiro em *Wilhelm Meister*. Como Tamino, Wilhelm é aceito em uma sociedade secreta: mas sem ter sido jamais colocado diante de uma prova reconhecível. Assim como no espaço não existe nem uma linha sequer que separe o mundo dos iniciados daquele exterior — não há nenhuma porta simbólica sobre a qual dar "três batidas" que ressoem até a *Ouverture* de *A flauta mágica* —,[40] no tempo não se dá o momento irreversível no qual, de uma só vez, tudo é decidido. A *Bildung* de Wilhelm consiste também em tomar consciência de tal estado de coisas e em não buscar mais a ação decisiva, o evento através do qual transparece o destino. O Wilhelm de *A Missão teatral*, ainda prisioneiro dessa imagem,[41] não concluirá jamais a sua busca. O Wilhelm d'*Os anos de aprendizagem*, ao contrário, a concluirá exatamente porque terá adotado um comportamento mais flexível em relação ao passar do tempo. Há uma recomendação da Sociedade da Torre que o acompanha constantemente — que quase o persegue: "Lembre-se de viver!". Não de viver de um jeito ou de outro: mas, simplesmente, de viver. O importante não é estabelecer uma meta, e concentrar todas as próprias forças na hora em que esta se aproxima — na hora da prova. O importante é poder dispor *a todo instante* das próprias energias, e empregá-las em mil ocasiões que a própria vida, aos poucos, se encarregará de oferecer.

"Agarrar as oportunidades." Projetemos essa expressão sobre o eixo diacrônico da trama: de lá sairão os contornos do "episódio" romanesco. Diferentemente daquilo que ocorre no conto, ou na tragédia, o episódio do romance não remete a uma necessidade objetiva, mas sim a uma possibilidade subjetiva: é aquele evento que *poderia também não ter existido*. Todo romance é, de fato, uma infinita combinação de eventos potencialmente cruciais, mas frustrados, e outros que, aparentemente mínimos, adquirem, apesar de tudo, uma importância inesperada. Os "encontros" em *Wilhelm Meister*, as "conversas" de *Orgulho e preconceito*: uns e outras estão presentes em toda página, mas nem todos tornam-se significativos da mesma maneira.

Tornam-se significativos: esse é o ponto. O episódio do romance raramente é relevante *em si*: assim se torna porque alguém — geralmente, no *Bildungsroman*, o protagonista — atribui significado a ele. Prolonga o encontro, aprofunda a conversa, conserva a recordação desta última e deposita suas esperanças nela... A trama do romance é toda percorrida por essa curva rumo à interioridade que distribui sentido e assim cria eventos. "Lembre-se de viver": saiba que tudo aquilo que você encontrar pela frente poderá servir à construção da sua vida, porque tudo pode se tornar significativo.

Esse é o vislumbre descontínuo da "experiência": outra palavra-chave da cultura que estamos examinando, a experiência muda de significado na segunda metade do século XVIII. Não indica mais — como em um aforismo famoso "a experiência consiste em ter a experiência daquilo que teríamos preferido não ter tido a experiência" — algo essencialmente desagradável: a experiência da dor, o desengano barroco, a perda de uma inocência original. Remete, ao contrário, a um movimento de aquisição, é crescimento, expansão do ser; é também uma espécie de "experimento" feito consigo mesmo. Experimento e, por conseguinte, provisório: o episódio torna-se experiência se o indivíduo souber dotá-lo de um significado que amplie e fortaleça sua personalidade...

... mas também se souber dar a esse um fim antes que a personalidade seja modificada de modo unívoco e irrevogável. Esse é o outro lado do evento romanesco. Ele exige — mais uma vez, ao contrário do que exige o conto ou a tragédia — que não se prossiga jamais muito a fundo, porque se nenhum episódio em si é refratário ao sentido, em contrapartida, nenhum episódio pode abarcar *todo* o sentido da existência; nenhum personagem jamais revelará inteiramente a própria essência em um só gesto, ou encontro, ou comportamento. (Elizabeth Bennet, que força nesse sentido sua interpretação sobre Darcy, corre o risco, desse modo, de destruir o seu "romance".)[42]

A prova que o protagonista do *Bildungsroman* deve superar consiste, portanto, em aceitar a protelação do sentido último de sua existência. É o novo ideal pedagógico setecentista que substitui a admiração pela precocidade, pela imagem de um crescimento gradual: por graus, a pequenos passos, um pouco de cada vez.[43] Para que tal crescimento possa ser realizado — em *Émile*, Rousseau retorna continuamente sobre esse ponto —, é preciso antes de mais nada impor uma disciplina à imaginação: que é a origem de dois erros que podem desviar do caminho em direção à maturidade. A irrequietude, antes de mais nada, os *rambling toughts** de Robinson Crusoé, que torna o homem excessivamente errante, excessivamente desvinculado do seu ambiente, impedindo-lhe de extrair da imaginação todo o sentido que nela potencialmente reside. Mas, ainda mais do que a irrequietude, a *intensidade*: que o incita (violando a segunda regra do episódio romanesco) a ver um excesso de sentido naquilo que o circunda, a vincular-se a esse universo demasiadamente a fundo e cedo demais. Prematuramente: segundo modos que não são aqueles de um "adulto".

A via intermediária do herói do *Bildungsroman* é completamente costeada de personagens que vagueiam nessas direções opostas. Personagens irrequietos — erro da fatuidade — como

---

* "Pensamentos errantes/irrequietos." [N.T.]

Lydia Bennet, mas sobretudo personagens intensos demais — erro da tragicidade, de uma tragicidade patética pois sem sentido e imotivada: Marianne, Aurélie, o Harpista. E, naturalmente, Mignon. O episódio que decide sua morte — um dos mais desagradavelmente cruéis de toda a literatura mundial — encarna sem meios-termos o repúdio setecentista ao desejo prematuro e apaixonado. Em síntese (o episódio passa-se sob forma de enigma no livro V, capítulo 12, e é explicado no livro VIII, capítulo 3), certa noite Mignon entra às escondidas no quarto de Wilhelm, movida por um desejo que ainda não sabe definir bem. Se esconde e espera que Wilhelm venha: chega, em vez disso, Philine, que salta para dentro da cama e, logo em seguida, Wilhelm, meio bêbado. Do seu esconderijo, Mignon será uma testemunha muda da noite de amor entre os dois.

Não há muito a dizer sobre o sentido dessa página: a mensagem "cada coisa a seu tempo" é tão clara, tão banal... Mas é uma banalidade violenta: quando Goethe nos mostra seu lado filisteu, não se esforça minimamente para parecer afável. Em um episódio como esse vemos o lado convexo da vida cotidiana: o lado que não é voltado para o indivíduo eleito, mas sim para o mundo externo. Suas convenções pareciam tão maleáveis e inofensivas, quase sem confins: mas somente enquanto permanecia-se dentro delas, e dentro dos estados de espírito adequados a elas. Todavia, se nos rendemos ao voo da imaginação, descobrimos então que aqueles confins existiam, e eram cortantes: mas já é tarde demais. Para o organicismo de *Wilhelm Meister*, os membros destacados do corpo jamais poderão retornar a ele. A interioridade, quanto mais férvida e viva — por que ainda não objetiva, e talvez não objetivável —, esta nova dimensão fechada e conflituosa do espírito que dominará o grande romance do século XIX, no clima implacavelmente ativo e objetivado do *Bildungsroman*, é sinônimo de doença. É uma traição à vida, o seu oposto: daí a frequência, bastante incomum no romance da época, com que Goethe mata seus personagens, ou os priva da razão. Fora do organismo não haverá solidão, mas sim — como já houvera em *Werther*, e depois em *As afinidades eletivas* — pesadelo, loucura ou morte. Uma morte, obviamente, que não pode de modo algum perturbar a conclusão já próxima e radiosa. E eis então a repugnante cena do sepultamento de Mignon — embalsamamentos e coros angélicos que ocultam a verdade do cadáver e transformam até mesmo o funeral em episódio digno de ser vivido. É preciso que o olhar se afaste o quanto antes — isto é: imediatamente — do lugar que permanecerá vazio; é preciso passar imediatamente a novas histórias, a novos vínculos. Trata-se daquele "imediatamente" que provoca arrepios, cruel como só Goethe — em seu bem conhecido terror pela morte — conseguia ser. Cada vazio deve ser preenchido, e mais: pode ser preenchido sem verdadeiras perdas. Não há dúvidas: "Lembre-se de viver" pode ser tranquilamente reformulado assim: "Esqueça os mortos". O luto não convém à *Bildung*.

6. Conversação

A prova de *A flauta mágica* é um obstáculo: para acessar o próprio papel de adulto é preciso ultrapassar uma barreira externa — os quatro elementos em conflito da prova final. É um mecanismo arcaico, que ainda faz pensar nos modelos de trama narrativa elaborados por Propp: sequências lineares de estímulos e contraestímulos, com seus aliados e adversários. A prova do *Bildungsroman* é, ao contrário, uma oportunidade: não um obstáculo a ser superado tentando permanecer intacto, mas sim algo que deve ser *incorporado*, porque apenas anelando experiências é possível construir uma personalidade. Se Tamino cessa de existir durante a *Prüfungszeit*, Wilhelm existe apenas no curso dos seus "anos de noviciado".

Essa antítese de iniciação e formação manifesta-se com clareza exemplar na função oposta que a linguagem desenvolve em ambas. N'*A flauta mágica*, Tamino deve sobretudo se calar. O fato de a maturidade ser comprovada pelo silêncio põe à luz o quão terrível e violento o ritual de iniciação pode ser: calar significa, originariamente, não gritar de dor (ou de medo, no mundo menos cruento d'*A flauta mágica*). E significa também que no ápice de sua existência, o indivíduo aceita se privar do direito mais elementar: o direito de falar, de argumentar, de exprimir sua opinião. Privação lógica, aliás, pois o sujeito é inserido em um papel imutável que existe antes dele, e diante do qual suas razões devem permanecer mudas.

E tem mais. No decorrer da última prova autorizam Tamino — detalhe que não se enquadra muito bem na lógica da trama, e por isso é ainda mais interessante — a se servir da flauta presenteada pela Rainha da Noite. Inquietantes substitutas das palavras, e muito mais potentes que elas, mas imensamente mais enigmáticas, as notas da flauta nos fazem entender que na prova de Tamino o essencial não reside tanto em não emitir nenhum som, quanto em não emitir nenhum som *dotado de sentido*. Ou se renuncia diretamente à linguagem — ou então se usa uma outra que, por definição, seja assemântica. Nenhum significado deve ser dado — não pode ser dado — à prova. Ela reside fora da esfera verbal, e quer permanecer alheia a essa. Em contrapartida, a linguagem torna-se conversa fiada: convém a Papagueno, não a Tamino, e não será jamais uma etapa essencial no percurso da formação.[44]

Quem conhece *Wilhelm Meister* e *Orgulho e preconceito* bem sabe que, nessas obras, tal paradigma se inverte. Aqui, quando muito, fala-se demais. *Fala-se* demais: pois a formação individual, uma vez colocada dentro da vida cotidiana, envolve a linguagem fundamentalmente como instrumento de conversa. Uma mudança decisiva da *Bildung* de Wilhelm ocorre quando ele abandona a retórica teatral do monólogo inflamado para se dirigir à, muito mais prosaica, arte do diálogo. Elizabeth e Darcy, por sua vez, devem literalmente aprender a falar um com o outro: somente assim conseguirão superar aqueles "embaraçosos silêncios" que marcam e frustram cada um de seus encontros.

"Aprender a falar um com o outro", a falar um com o outro "sinceramente" — circunlocução para dizer que é preciso *confiar* na linguagem. No círculo mágico da vida cotidiana esta apresenta-se, de fato — assim como o trabalho — como uma instituição social no sentido de *sociável*; se nos abandonarmos a ela sem reservas, será possível a operação dupla de "se expressar" e "compreender os outros". Será possível, em outros termos, chegar a um acordo: pois toda conversa que não seja mera troca de cortesias (ou descortesias) pressupõe, de fato, a disponibilidade dos participantes a abandonar o próprio ponto de vista para abraçar o dos outros.[45]

Essa é uma inclinação secreta — tão forte em Goethe quanto em Jane Austen — que separa a conversa daquela barulhenta, feroz e partidária *discussão* que havia acompanhado a formação da opinião pública setecentista. A discussão se dava em lugares rigorosamente públicos — cafés, estalagens, estações de correios — e excluía por princípio todo tipo de interesse ou menção às condições privadas dos interlocutores; cada um falava enquanto membro do "público".[46] Em relação a tal precedente histórico, a conversa conduz a troca linguística para um espaço mais doméstico, "familiar"; e reserva-a para pessoas bem conhecidas, em cujos assuntos não se ignora, mas ao contrário procura-se compreender e valorizar aquilo que é estritamente pessoal. A conversa parece então remeter não tanto à "argumentação pública racional" que Habermas situa na base da opinião pública, quanto à linguagem menos exigente da "sociabilidade mundana" — "*se rendre agréable dans la société*" — examinada por Peter Brooks em *The Novel of Wordliness*.[47] Em resumo, é como se o termo "conversa" fosse ainda fiel à sua etimologia, e indicasse — para além e mais do que uma relação verbal — uma familiaridade cotidiana, um habitat concreto, um modo sereno e variado de se colocar no mundo.

A conversa, assim como a vida cotidiana, consiste na tentativa de assimilar todo tipo de experiência. Ela se propõe como aquela forma retórica que permite falar de "tudo". Falar de tudo, entretanto, não é fácil; ou melhor: é também uma retórica, um sistema de regras que deve ser respeitado. Mas a conversa já se tornou tão habitual para nós, à força de ler romances e conversar, que se torna difícil vê-la como algo artificial. Como um só entre muitos discursos possíveis: com suas vantagens e seus limites, suas palavras e seus silêncios. Limites e silêncios que não se referem aos seus conteúdos: cada época prevê, obviamente, seus conteúdos lícitos e ilícitos. O silêncio que a constitui envolve, ao contrário, sua *forma*, e consiste em evitar de modo sistemático a *pureza* do raciocínio, uma vez que no mundo moderno é realmente possível falar "de tudo", contanto que uma ruptura, na realidade irreversível, da história do pensamento seja colocada entre parênteses. Agnes Heller:

> Na Antiguidade, qualquer tipo de pensamento científico podia ser mais ou menos referido às experiências da vida cotidiana [...]. Nos diálogos platônicos, Sócrates parte sempre da experiência cotidiana, do pensamento cotidiano [...]. Ele "eleva" à teoria filosófica os fatos presentes no pensamento cotidiano, quer se trate da teoria relativa às "ciências naturais", à metafísica, à gnosiologia, à ética, à estética ou à política.[48]

Do Renascimento em diante, porém, essa continuidade se rompe: o conhecimento perde cada vez mais seus traços antropomórficos e torna-se incomensurável com a experiência cotidiana. E mais, procede de modo a contestar o senso comum: a demonstrar que, sobre sua base, não é possível nenhum tipo de "crescimento" cognitivo. "A familiaridade" — resume concisamente Kosik — "é um obstáculo ao conhecimento."[49]

E no *Bildungsroman* acontece exatamente o contrário. Aqui o risco maior, para o pensamento, é de se tornar *abstrato*. As "ideias" não devem jamais se afastar tanto assim da "vida". Goethe:

> Wilhelm se via livre num momento em que ainda não havia acabado de se pôr em harmonia consigo mesmo. [...] Tivera ocasiões bastantes de perceber que carecia de experiência, daí por que atribuía convictamente um valor excessivo à experiência alheia e aos resultados dela derivados, o que vinha sempre dar em erro. Aquilo que lhe faltava, acreditava adquirir retendo e reunindo tudo o que podia encontrar de notável nos livros e na conversação. Eis por que tomava notas de ideias e opiniões alheias e próprias, e até mesmo de conversas inteiras que lhe pareciam interessantes, retendo infelizmente dessa maneira tanto o falso quanto o verdadeiro, fixando-se tempo demais a uma ideia e, poder-se-ia dizer, a uma sentença, [...] ninguém lhe era mais perigoso que Jarno, um homem cuja inteligência clara proferia um juízo justo e severo sobre as coisas presentes, mas que, ao mesmo tempo, tinha o defeito de professar esses juízos particulares com uma espécie de generalidade, ainda que as sentenças da razão só são verdadeiramente válidas uma vez em cada caso concreto, tornando-se injustas quando aplicadas ao caso seguinte. (*Wilhelm Meister*, V, I)

Eis aqui a vocação prática e antropocêntrica da vida cotidiana, que com a *arte* da conversação submete a si a manifestação do pensamento e dele extrai uma linguagem plástica e maleável, uma refinada e inédita retórica do concreto. A linguagem e a retórica, pensando bem, do *romance*: o primeiro e único gênero literário que não apenas não quis acentuar a própria irredutibilidade àquilo que chamamos "linguagem comum", como contribuiu, ao contrário — e como poucas coisas —, para difundir e enobrecer a própria ideia de "normalidade" linguística: para tornar *significativa* aquela forma de discurso voltada a converter continuamente o concreto em abstrato e vice-versa. Trata-se, ainda uma vez, do gosto bem setecentista de incluir e harmonizar: o bem-estar do equilíbrio.

Se tudo isso é mantido dentro da forma da conversa, o que fica de fora? Ou para colocar o problema em termos históricos: "contra" qual forma de manifestação do pensamento Goethe e Austen inventam seus magníficos diálogos?

O início de uma resposta pode ser encontrado em um memorável capítulo de *L'ancien régime et la révolution*,[50] o primeiro do terceiro livro: "Como, em meados do século XVIII, os homens de letras tornaram-se os principais homens políticos do país e dos efeitos que disso resultaram". Nessas páginas, Tocqueville reflete sobre a particularidade dos intelectuais iluministas franceses: que "não se imiscuíam diariamente nos negócios como na Inglaterra", e que eram ainda menos "como a maioria de seus iguais na Alemanha completamente alheios à política e entrincheirados no domínio da filosofia pura e das belas-letras".

Emerge na França, em suma, uma forma de manifestação do pensamento inédita e explosiva: a um só tempo essencial e obstinadamente *política* (os intelectuais franceses "cuidavam sem cessar de assuntos relativos ao governo") e absolutamente *abstrata* ("pensam todos que convém substituir regras simples e elementares extraídas da razão e da lei natural aos costumes complicados e tradicionais que regem a sociedade de seu tempo").

Dito isso, eu não excluiria a ideia de que a linguagem ampla e plástica da conversa do romance encontre o seu contrário, não no silêncio, mas sim no *pamphlet* ou no discurso revolucionário. É uma antítese que contém em si muitas outras: à corporeidade paralisante da concretude opõe-se o frio e audaz universalismo dos princípios; à convertibilidade dialógica do "eu" em "tu", a rígida demarcação entre orador e público; à atenção dedicada ao tecer paciente de uma trama, o prazer da ruptura, a paixão pelo "recomeço". Contrastes irreconciliáveis e que nos dizem uma verdade banal: vida cotidiana e revolução são incompatíveis. E uma um pouco menos banal: que tal incompatibilidade existe também entre épocas revolucionárias e estruturas narrativas do romance.

Sim, o romance — que, todavia, nasce declarando poder e querendo falar de tudo — prefere geralmente silenciar as fraturas revolucionárias.[51] Sem dúvida porque são fraturas, revoltas muito bruscas e totais para o continuum narrativo. Mas também porque interferem naquela particular esfera de ação — o poder centralizado do Estado — em relação à qual a cultura do romance, em antítese à cultura trágica, é vítima de um verdadeiro tabu.

7. Males inevitáveis

A hostilidade — ou pelo menos a indiferença — em relação ao Estado é mais um ponto de encontro entre romance e *Bildungsideal*. O ensaio de Humboldt citado anteriormente intitula-se justamente *Ideias para um ensaio a fim de determinar as fronteiras da eficácia do Estado*, e é inteiramente percorrido, como *A educação estética* de Schiller, pela convicção de que o Estado deve se limitar a punir os delitos e conduzir a guerra: qualquer outro tipo de intervenção seria hostil à livre e harmônica formação dos indivíduos.

Poderíamos evocar, especialmente para Humboldt, a tradição do pensamento liberal; observar que, na Alemanha, o Estado é ainda o Estado absolutista; seguir a reconstrução histórica de Reinhardt Koselleck,[52] segundo a qual a opinião pública burguesa pôde se constituir somente reivindicando e ampliando continuamente a própria liberdade em relação *ao* Estado. Tudo isso é verdade. Mas a antítese entre sociedade civil e Estado, nessa cultura, não coincide de modo algum com aquela entre liberdade e não liberdade. Claro, a apologia da sociedade civil é tecida precisamente sobre esse contraste. Mas, superado o plano das enunciações de princípios, descobrimos que, como era de supor, também a esfera alheia ao Estado deve conter o momento da *autoridade*: e o que a torna preferível àquele é justamente e, paradoxalmente, a maior *firmeza* das formas de autoridade nela existentes.

Firmeza, não força. O Estado encarna uma forma de coesão social "mecânica", "abstrata", essencialmente distante e alheia às mil articulações da vida cotidiana: é por isso que o exercício de poder aparece necessariamente nesta como uma coerção exterior — como uma força, propensa, por sua própria natureza, a se transmutar em violência e arbitrariedade. A sociedade civil surge, ao contrário, como o lugar dos vínculos "espontâneos", "concretos". A autoridade que nela prevalece funde-se nas atividades e relações de todos os dias: o seu exercício é natural e imperceptível. Aliás, não tem sentido definir, em rigor, o exercício da autoridade como algo distinto do curso normal das coisas.

A flexibilidade desse segundo tipo de poder, todavia, tem um preço, ou melhor dizendo, uma base concreta: a vigilância capilar e preventiva de toda potencial infração. Somente onde as causas do conflito foram retiradas de início, a repressão não é necessária. Essa é a utopia aristocrática de Tocqueville: "Uma aristocracia em pleno vigor não se contenta em cuidar dos negócios, também orienta as opiniões e dá o tom aos escritores e autoridade às ideias".

Essa aristocracia é a persuasiva e versátil Sociedade da Torre; a implacável inteligência de Fitzwilliam Darcy. Nada mal, pode-se dizer. É possível: e ainda assim, se ela realmente houvesse existido, a Europa não teria jamais conhecido o Iluminismo, a crítica de tudo aquilo que se baseia apenas na tradição, o 14 de julho...

A questão não se resolve, porém, evocando-se claros divisores de águas entre as classes sociais. O século XVIII produz também um modelo "burguês" de autorregulação da sociedade civil: são as lojas maçônicas, que nos enviam uma mensagem absolutamente idêntica. Segundo os dados reunidos por Koselleck, a vida das lojas maçônicas era literalmente obcecada pelo princípio de *visibilidade*: cada adepto devia submeter aos mestres maçons (aliás, invisíveis a ele) currículos detalhadíssimos, que deviam ser conservados e atualizados — também, se necessário, por meio de delações. O episódio em que se descobre que *Os anos de aprendizagem de Wilhelm Meister* residem na biblioteca da Torre é o eco, levemente suavizado, dessa supervisão tão impalpável e tão eficaz.

O objetivo da maçonaria, escreveu Lessing em 1778, é "tornar o mais inócuas possível as consequências dos males inevitáveis do Estado".[53] Nessa frase desdobra-se também a lógica secreta da vida cotidiana do *Bildungsroman*. Esta nasce e adquire valor simbólico, especializando-se em atividades — filtrar, amalgamar, harmonizar; consumir, como veremos mais tarde — que são colocadas do lado das consequências, dos efeitos dos grandes mecanismos sociais. A vida cotidiana não poderá jamais ser *causa sui*:* ela é em sua essência heterodirigida. Não possui nem capacidade, nem ambições constitutivas. E o seu

---

* Literalmente: causa de si mesmo. [N.T.]

gênero eleito, o romance, recua diante daqueles momentos de verdade — políticos ou militares — que foram o material da tragédia e da épica, e que em *Wilhelm Meister* e *Orgulho e preconceito* mostram-se "estranhamente" remotos e ausentes.

Extraordinário crivo oposto ao passar do tempo, a vida cotidiana exige, em resumo, para dar os seus frutos, que as relações sociais gozem de um substancial e indiscutível estado de equilíbrio. Mas se esse vai pelos ares, e a história começa, então adeus vida cotidiana — adeus "personalidade", "conversação", "episódio", "esperança", "harmonia". Imperará novamente a incompatibilidade entre o mundo do romance e a crise revolucionária. Esta, de fato, marca a hora em que as grandes forças supraindividuais tornam-se, além de inevitáveis, *irresistíveis*. E rasgam negligentemente as tramas que com tanto cuidado haviam sido tecidas.

E não apenas as tramas "materiais". A crise revolucionária afeta a vida cotidiana, e sua tradução em romance, digamos assim, também no plano perceptivo. O romance baseia-se, de fato, no pressuposto de que as relações sociais são representáveis por meio do filtro da *personalização*.[54] Esse é o paradigma da família Bennet, que sabe ler seu destino social apenas em termos de bons partidos e estratégias matrimoniais. Mas é, com efeito, a lei de todo romance, no qual não existem comércio ou aristocracia, mas apenas comerciantes e nobres diferentes entre si, sobredeterminados e complicados por outras características.

Em suma, personalizados. E tudo aquilo que é personalizado é também, em certo sentido, humanizado: mais balanceado, tolerável, resistível.[55] A simplicidade, a simplicidade da abstração: a um só tempo epistemológica e ontológica — é dela que o romance pretende, antes de mais nada, desviar nosso olhar. Se o romance se cala diante da ruptura revolucionária, é porque esta torna fragorosamente visível a substância abstrata e unilateral das grandes forças sobre as quais baseia-se toda civilização, e que todo romance busca exorcizar com a arte da mediação e do compromisso. Se é preferível ou não tecer com paciência o véu do compromisso, ou rasgá-lo com um golpe de espada — isso já é outra história. Minha intenção aqui era apenas esclarecer de que modo um gênero literário específico estimulou umas das escolhas possíveis em detrimento de outra. Quanto a saber se a direção antitrágica e antiépica impressa pelo romance na cultura ocidental foi um bem ou um mal, isso cabe a cada um de nós decidir.

III

Ao contrário do que ocorre geralmente no romance oitocentista, no *Bildungsroman* o fim e a finalidade da narrativa coincidem. A narrativa termina assim que é realizado um plano intencional, um projeto que envolve o protagonista e determina o significado complexo da história. O happy end, em sua forma mais alta, não é um duvidoso "sucesso", mas sim esse triunfo do sentido sobre o tempo. Hegel: "O verdadeiro é o todo. Mas o todo é somente a essência que se implementa através de seu desenvolvimento. Sobre o absoluto, deve-se dizer que é essencialmente resultado; que só no fim é o que é na verdade".[56]

Nessa famosa passagem da *Fenomenologia* o tempo existe com o único propósito de nos conduzir "ao fim", de permitir a epifania de uma essência: depois, quando se torna supérfluo, deixa o campo livre para a dança harmoniosa do Verdadeiro e do Todo. Para usar os termos de *A teoria do romance*, do Sentido e da Totalidade: do sentido *como* totalidade. O sentido não deve mais ser atribuído a um *ato* subjetivo e mutável no tempo: tornou-se um *dado* ontológico dentro de um sistema estável de relações que não é possível acessar senão enquanto *parte* desse sistema, que é também a totalidade concreta, orgânica. É o ponto de chegada final da *Bildung*, como dissemos diversas vezes. Acresce que é o seu ponto de chegada *definitivo*. É a simbiose inquietante entre pátria e prisão que o *Bildungsroman* compartilha com todas as outras formas de pensamento utópico, e que nos leva à pergunta de como é possível que o leitor saúde com absoluta satisfação (a ponto de fechar o livro e não pensar nem de longe em relê-lo) um estado de coisas em que a autodeterminação do indivíduo é suprimida inteiramente, e para sempre, do quadro.

A resposta reside na troca simbólica que é a própria razão de ser do *Bildungsroman*: se o herói quiser usufruir de absoluta liberdade em uma esfera específica da própria existência, torna-se igualmente necessário que em outros setores da ação social reine, em contrapartida, a completa *concórdia*. A vida cotidiana, como vimos, exige a estabilidade das relações sociais. Se no seu interior tudo deve ser personalizado — por fora é melhor que tudo tenha uma consistência absolutamente objetiva. Ao onívoro narcisismo do homem privado, contrapõe-se a timidez que toma conta dele tão logo ele se aventure em um mundo mais vasto. Arrogante e sutil na vida de todos os dias, ele se torna renunciador e humilde perante as escolhas que sustentam e enquadram toda existência: aqui se curvará de bom grado diante de uma Verdade supraindividual que torna inútil, ou prejudicial, sua "personalidade" intelectual. Mas veremos isso melhor mais adiante. Por ora, detenhamo-nos em um detalhe retórico particularmente importante para a nossa percepção do texto como "totalidade": a construção do ponto de vista.[57]

1. Sociologia do preconceito

Em linhas gerais, o *Bildungsroman* faz com que o leitor perceba o texto através dos olhos do protagonista: o que é completamente lógico, visto que este é aquele que deve se formar, e a leitura se propõe, também, como um percurso de formação.[58] O olhar do leitor é então articulado sobre aquele do protagonista: o primeiro se identifica com o segundo, compartilha a parcialidade e a individualidade de suas reações. Mas — em um dado momento — deseja se livrar dele: porque quando é obrigado a assumir um ponto de vista, não importa qual seja, ele quer, antes de mais nada, *ver*. Algo que, cedo ou tarde, o leitor descobre que o protagonista não lhe permite, ou pelo menos não suficientemente, porque o seu ponto de vista é muitas vezes errôneo. É uma questão que Goethe discute desde os primeiros capítulos de *Wilhelm Meister*:

> — É uma bela emoção, querida Mariane — replicou Wilhelm —, relembrarmos os velhos tempos e os inocentes erros, sobretudo quando o fazemos em momentos em que atingimos o ponto culminante da felicidade, de onde podemos olhar ao redor de nós e apreender o caminho percorrido. É tão agradável podermos recordar, se contentes estamos com nós mesmos, os diferentes obstáculos que, com um sentimento doloroso, acreditávamos por vezes insuperáveis, e comparar o quanto evoluídos *somos* agora com o quão pouco evoluídos éramos então. Mas me sinto felicíssimo neste instante em que te falo do passado, porque ao mesmo tempo olho para a frente, para o encantador país que juntos poderemos percorrer de mãos dadas. (*Wilhelm Meister*, I, 3)

Nessa irônica miniatura daquela que será a verdadeira conclusão do romance, os "erros" são ainda simplesmente o fruto da ignorância infantil. À medida que a narrativa prossegue, como é de imaginar, seu conteúdo muda. Jane Austen os sintetizou naquela famosa palavra: preconceito.

No capítulo 36 de *Orgulho e preconceito*, Elizabeth Bennet atribui impiedosamente a si mesma uma sequência de atributos — "*blind, partial, prejudiced*": cega, parcial, preconceituosa — que indicam com admirável concisão os dois campos semânticos combinados pelo termo "preconceito". O primeiro âmbito, o da cegueira, é de tipo gnosiológico: o preconceito aparece como contrário à "verdade", ou pelo menos à "convicção crítica". Coincide com a propensão a julgar apressadamente (pré-conceito: emitir um veredicto antes de ter tido o tempo de pensar). Não por acaso o título do manuscrito de *Orgulho e preconceito* era *First Impressions*, "primeiras impressões".[59] Mas a pressa não é tudo; ou melhor, uma vez que esta impede o longo tempo do exame crítico, o juízo se apoiará necessariamente sobre uma base imediata, que coincide, grosso modo, com o âmbito dos "interesses" pessoais. Goethe:

> Tudo aquilo que é opinião sobre as coisas pertence ao indivíduo, e nós sabemos bem que a convicção não depende da compreensão, mas sim da vontade, que cada um compreende somente aquilo que lhe é conveniente e que por isso pode admitir. No conhecimento, como na ação, o preconceito decide tudo, e o preconceito — como bem exprime seu nome — é um conceito antes da indagação. É uma afirmação ou negação daquilo que corresponde ou não corresponde à *nossa natureza*; é um jubiloso instinto do nosso ser para o verdadeiro como também para o falso, para tudo aquilo que encontramos em harmonia conosco.[60]

Entramos, assim, no segundo campo semântico que é, lato sensu, sociológico, e no qual o preconceito é partidarismo, parcialidade. Aqui, este não é mais necessariamente um déficit intelectual, um "erro". Na esfera prática, o preconceito pode ser perfeitamente um ato eficaz, vencedor: o seu defeito não é mais a fraqueza gnosiológica, mas sim a força desagregadora do facciosismo. Isto posto, o problema que estamos tratando parece resolvido. É necessário que o protagonista e o leitor livrem-se do preconceito porque sua unilateralidade tornaria impossível uma socialização baseada no modelo da totalidade orgânica. Em um organismo, as partes não devem — não podem — possuir interesses distintos daquele do todo.

Todavia as coisas não são tão simples assim. Nos romances de Goethe e Austen não há nenhum indício que permita atribuir os "preconceitos" ético-intelectuais de Wilhelm e Elizabeth a "instintos vitais", a interesses "pessoais" sejam quais forem. Lendo atentamente ambos os romances, tem-se, quando muito, a impressão de que o comportamento intelectual dos dois protagonistas é estranhamente infundado, desprovido de uma base reconhecível e de um objetivo razoável — *absurdo*, conclui a própria Elizabeth: "*blind, partial, prejudiced, absurd*". E por que absurdo? Porque, como observa Darcy em um de seus primeiros encontros: "— [...] o seu [defeito] — replicou ele, sorrindo — é o de se recusar a compreender os outros" (*Orgulho e preconceito*, 11).

E mais adiante: "Eu tenho prazer de conhecê-la já há bastante tempo para saber que gosta muito de exprimir de vez em quando opiniões que de fato não são as suas" (*Orgulho e preconceito*, 31).

"*Opinions wich in fact are not your own*": não há nada de mais distante do predomínio do interesse sobre o julgamento. Nada mais absurdo, diríamos, mas essa loucura também possui uma lógica própria:

> E, no entanto, eu esperava demonstrar uma inteligência fora do comum, nutrindo por ele uma antipatia sem razão. Uma antipatia tão forte como a que eu tinha por ele é um grande incentivo para a inteligência e para a ironia. A gente pode falar mal de um homem continuamente, sem nada exprimir de justo, mas não se pode rir a vida inteira de alguém, sem de vez em quando esbarrar numa coisa espirituosa. (*Orgulho e preconceito*, 40)

> Como foi mesquinha a minha conduta! [...] eu que me orgulhava tanto do meu discernimento, da minha habilidade! Eu, que tantas vezes desdenhei a generosa candura da minha irmã, e gratifiquei a minha vaidade com inúteis e censuráveis desconfianças. (*Orgulho e preconceito*, 36)

Eis aqui o segredo do preconceito de Elizabeth. Para demonstrar a si própria antes mesmo que aos outros "uma inteligência fora do comum", acaba por se tornar prisioneira do *distrust*, de uma suspeitosa desconfiança que produz uma "cegueira ainda mais deplorável" do que aquela produzida pela paixão. Mas se assim é, então a primeira definição de preconceito inverte-se completamente. Elizabeth Bennet não peca por falta, mas por *excesso de crítica*. O preconceito não nasce do sono dogmático, mas sim de uma vigília crítica excessivamente prolongada.

A essa altura, a interpretação sociológica que tivemos de descartar em sua formulação imediata volta a ser — sob um registro diferente — plenamente legítima. A superação do preconceito é o mecanismo narrativo pelo qual toma corpo a crítica da sociedade civil burguesa em sua máxima expressão cultural: a esfera da *opinião pública*. Dominada, justamente, por aquela paixão iluminista pela crítica e pela refutação que ainda ecoa nos protagonistas de *Wilhelm Meister* e *Orgulho e preconceito*. Quando afinal Elizabeth Bennet reduz seu exercício de inteligência a mera "gratificação da vaidade" e teme que tudo acabe se voltando contra ela, suas palavras evocam de modo surpreendente aquelas de dois dentre os mais acirrados adversários da opinião pública:

> É uma infelicidade, e não uma glória, como pensam esses senhores — desta época que tudo tenha de ser discutido,

como se a Constituição de nosso país devesse sempre ser mais objeto de litígio que de prazer.[61]

Seguir sua própria opinião é, em todo o caso, bem melhor do que abandonar-se à autoridade; mas com a mudança do crer na autoridade para o acreditar na própria convicção, não fica necessariamente mudado o conteúdo mesmo; nem a verdade, introduzida em lugar do erro. A diferença entre apoiar-se em uma autoridade alheia, e firmar-se na própria convicção — no sistema do "visar" e do preconceito — está apenas na vaidade que reside nessa segunda maneira.[62]

Como dissolução da vida do Estado existente, a subjetividade encontra a sua mais exterior manifestação na opinião e no raciocínio que fazem valer as suas contingências e, no mesmo passo, a si mesmos se destroem.[63]

Finalmente, "seguir sua própria opinião" pode valer "mais" ou "menos" do que "abandonar-se à autoridade". E, de fato, o *Bildungsroman* prevê que seu protagonista participe de ambas as experiências. A socialização moderna não é a consequência necessária de uma condição ontológica, como nas sociedades tradicionais: é um *processo*. Estimula um momento dinâmico, jovem, subjetivo — "algo mais" em relação à autoridade imediatamente dada —, para depois, em um segundo momento, enfatizar seu irresoluto vagabundear, o risco de autodestruição que julga lhe ser inerente. Contudo, para que o sujeito renuncie com íntima e duradoura convicção ao caminho da individualidade, o primeiro momento não lhe deve ser negado, e seu valor não deve ser de modo algum minimizado. Não lhe deve ser sugerido que esse caminho seja um parêntese efêmero ou uma estradinha sem atrativos, muito pelo contrário: é um percurso que corre o risco de ser longo demais, demasiadamente rico de sugestões, excessivamente estimulante. O indivíduo deve se cansar de sua própria individualidade: só assim sua renúncia será uma renúncia confiável.

Em termos narrativos, o protagonista do *Bildungsroman* será aquele que conseguirá iniciar e prolongar uma história fascinante: será o senhor do enredo. Sem Wilhelm e Elizabeth, *Wilhelm Meister* e *Orgulho e preconceito* jamais poderiam começar, e a cultura organicista que os vivifica não se distinguiria em nada dos preceitos utópicos mais tradicionais. Mas se eles são os mais indicados para produzir uma história, são também os menos indicados para *concluí-las*. Senhor do enredo, o protagonista do *Bildungsroman* não tem nenhum controle sobre a *fábula*. Sem ele o texto nunca começaria: se confiado apenas a ele, o texto correria o risco de nunca terminar. Faria lembrar um pouco demais a nova imagem do tempo associada à Revolução Francesa: promessa tão vasta, nascimento sem fim, incerteza permanente. Para evitar esse perigo, o *Bildungsroman* opera uma nitidíssima divisão das partes. A Wilhelm e Elizabeth Bennet, o enredo — à Torre e a Darcy, a *fábula*. Aos primeiros a narrativa, aos últimos, o fim. Liberdade de opinião pode de fato desencadear o jogo do devir: mas caso ela não queira autodestruir-se, deverá renunciar a si mesma. Deverá — "em conclusão" — reconhecer a própria fatuidade. O exercício crítico e dinâmico da *suspeita* deverá ser substituído pela pacata e confiante disponibilidade da *escuta*.

2. Símbolo e interpretação

Suspeita, escuta. Como demonstrou Paul Ricœur,[64] trata-se de comportamentos hermenêuticos diametralmente opostos. Em sua base, duas imagens opostas do mundo e do papel que o sujeito interpretante deve exercer. No primeiro caso, vê-se o mundo como um sistema conflitual, em que o significado de todo fenômeno é sempre composto, porque é o resultado de um embate de forças contrastantes. Esse significado, então, não se manifesta por si só, mas é construído (aí está a suspeita) por meio de um processo de decomposição e recomposição do material. Trata-se do ato da interpretação em sentido estrito: sublinhando a alteridade entre sujeito conhecedor e o seu objeto, esta conserva a dimensão do conflito e até mesmo coloca-a na base do processo cognitivo.

No segundo caso, o mundo aparece como o produto de um processo de emanação: para compreender o seu significado será necessário deixar que sua essência se "manifeste" por si só. Toda intervenção interpretativa forte corre o risco de comprometer tal epifania do sentido: será arbítrio — preconceito. E esse segundo modelo — que é também aquele do *Bildungsroman* — prevê sempre *um só* sentido, *uma só* verdade. E o seu contrário é, obviamente, o erro. Os erros realmente crassos cometidos por Wilhelm e Elizabeth: que nascem da vontade de se colocar "sem motivo", em alteridade com o mundo dado. Da recusa — fraca, mas um teimoso eco da crítica iluminista — a confiar calorosamente e a priori no mundo: da crença de que se é parte de um mundo, mas nem por isso naturalmente nele esclarecido e dele indistinguível.

Na história do pensamento estético, aquilo contra o que Wilhelm e Elizabeth lutam — ineptamente, pois o *Bildungsroman* exige sua derrota — pode ser entendido sob o nome de modo de representação "simbólico":

> A alegoria para Coleridge é um exemplo de "forma mecânica" — conjunção voluntária e arbitrária daquilo que é heterogêneo — sempre que o símbolo for um exemplo daquela "forma orgânica" que se baseia na compreensão intuitiva de relações naturais. O símbolo consegue efetuar uma fusão de sujeito e objeto, dado que no símbolo a

verdade do sujeito, ou daquele que percebe, é também a verdade do objeto, o seu significado natural. [...].

A preferência de Coleridge pelo símbolo é um exemplo daquela metafísica que põe ao centro de sua problemática a relação entre sujeito e objeto, e busca os modos para permitir a realização de uma fusão, abolir a alienação que existe no interior do homem, entre homem e mundo, entre os objetos, ou as formas e os seus significados. [...]

Símbolo e alegoria são dois tropos ou operações de fundamental importância, dois modos de organizar a atribuição de significado. A operação simbólica considera o significado como algo imanente, que deve ser desenterrado das profundezas do objeto que o encerra.[65]

Reaparecem aqui — nos âmbitos da poética, ou da teoria estética — antíteses que, já a essa altura, tornaram-se familiares. Do lado da alegoria, a coesão "mecânica", arbitrária, sempre imperfeita, que é típica do Estado moderno; do lado do símbolo, a fluidez dos vínculos "orgânicos" de um mundo no qual o sentido vivo da autoridade ainda é inseparável da vida de todos os dias. De um lado, o conhecimento é rígido e abstrato; de outro, emana da concretude vital e retorna a esta quase sem esforço.[66] A série de contraposições, como se sabe, é virtualmente infinita: agora concentremo-nos na analogia entre estética do símbolo e sistema cultural do *Bildungsroman*. Adorno:

Se o conceito de símbolo tem alguma pertinência na estética, âmbito no qual ele é suspeito, ela se deve unicamente à afirmação de que os momentos individuais de uma obra de arte remetem, em virtude da força que os conecta, para além deles mesmos: a totalidade dos movimentos converge em um sentido.[67]

A construção simbólica, parafraseando Adorno, coloca sempre os "momentos individuais" da obra em conexão com os outros: desse modo, estes são "conservados" em sua singularidade e convertidos em "sentido" — "remetendo para além deles mesmos". Mas essa é, pensando bem, a perfeita tradução, em âmbito estético, do mundo possível evocado no *Bildungsroman*: uma totalidade repleta de conexões que permite ao indivíduo permanecer *tal como ele é* e, ao mesmo tempo, *adquirir sentido*. Como já em Schiller, aqui não existem fronteiras claras entre estética e sociologia, mas sim o contrário: a sua recíproca convertibilidade — uma vez que a arte é socializante e a sociedade harmônica — propõe-se como um insuperável modelo de coesão cultural.[68]

Não há, portanto, motivo para restringir a distinção entre símbolo e alegoria ao âmbito da poesia lírica: esse é um contraste igualmente pertinente para a análise do romance, e a própria *Teoria do romance* lukacsiana é, com efeito, inteiramente articulada sobre o tema da "imanência do sentido" nas diferentes formas épicas. Quando Lukács discute a tentativa do romance de reconstruir uma "totalidade concreta", ele tem em vista, justamente, a traduzibilidade de particular e universal da representação simbólica. E quando mais tarde reconduz a "problematicidade" de tal tentativa ao dissídio entre "interioridade" e "segunda natureza", o seu ponto de partida (análogo àquele identificado por Culler em Coleridge) é aquela forma de relações sociais e culturais que não comportam mais cisões entre sujeito e objeto, permitindo, portanto, a "superação da alienação".

Superação da alienação... Expressão tão cativante e tão vaga... Mas deixando de lado aquilo que poderia significar caso projetada no futuro, e buscando, em vez disso, estabelecer o que significa no caso do *Bildungsroman*, temos de voltar rapidamente à questão do ponto de vista. O leitor é obrigado a compartilhar o do protagonista, mas este, como foi dito, não permite uma "visão" satisfatória. A longo prazo, é inevitável que o leitor deseje a supressão daqueles atributos do protagonista que impedem uma percepção clara do texto e ameaçam torná-lo interminável. Ou seja, ele deseja — como Jarno: "Liberte, se possível, seu espírito de toda suspeita e ansiedade!" — que Wilhelm e Elizabeth renunciem à sua obstinação crítica: somente se eles aceitarem se privar de toda autonomia intelectual, Darcy e a Torre poderão seguir adiante e atribuir a tudo aquilo que se leu um sentido unívoco, definitivo e totalizante.

Nessa última passagem, o *Bildungsroman* revela em que consiste, realmente, a "epifania do sentido" e a "superação da alienação" que deveria acompanhá-la. Assim como as mercadorias não vão ao mercado com suas próprias pernas, o sentido do todo não vem à luz sozinho: é preciso que alguém (pessoa, instituição, ou as duas coisas juntas) seja seu portador e garante. E assim, nas últimas partes de *Wilhelm Meister* e de *Orgulho e preconceito*, como em um catecismo ou em um manual de etiqueta, todas as perguntas são colocadas por uma só voz — que é também a nossa —, enquanto uma outra voz, remota e ainda assim onipresente, fornece todas as respostas. Somente se confiarmos sem reservas nessa segunda voz — a hermenêutica da confiança! —, nossas dúvidas serão resolvidas e nossa leitura alcançará a certeza do sentido.

Mas aquilo que nesse processo é "superado" não é a alienação — mas sim a *interpretação*. Essa febre que no século XVI divide a unidade religiosa do Ocidente e que dali em diante torna-se a premissa irrenunciável para qualquer forma de autonomia intelectual. Para qualquer projeto de *Bildung*, seria possível acrescentar. Mas a totalidade simbólica do *Bildungsroman* não prevê o ato da interpretação: admiti-lo já seria reconhecer que entre o sujeito e o seu mundo continua a existir uma alteridade, e que esta consolidou uma cultura própria; e tal não deve ocorrer. Aquele conflito, aquele dissídio social, que, no plano cognitivo, o ato da interpretação mantém aberto, é fechado pela bela harmonia do símbolo. O que pode ser dito também de outro modo: o sentido, no *Bildungsroman*, tem um preço. E esse preço é a liberdade.

O que é tudo menos uma passagem do estado de minoridade à fase adulta. O sentido que ilumina o fim do *Bildungsroman* é um sentido *octroyé*: concedido benevolamente ao súdito "moldável"; não arrancado e construído com esforço pelo cidadão. E então, pensando nas datas, lembramos que *Wilhelm Meister* foi escrito entre 1794 e 1796, e que o manuscrito perdido de *Orgulho e preconceito* remonta aos anos de 1796-7. Deparamo-nos mais uma vez com o nó da Revolução Francesa, e entendemos que o *Bildungsroman* — longe de ser o orgulhoso resultado das décadas iluministas — é a extrema reformulação de uma outra e muito mais modesta aspiração setecentista. A aspiração a um mecanismo de promoção social capaz de conciliar, em vez de afastar, as duas principais classes proprietárias da época.

Em *Wilhelm Meister* e em *Orgulho e preconceito* as representações dos dois polos sociais opostos — Wilhelm e Elizabeth de um lado; Lothario, Jarno e Darcy do outro — modificam-se, justamente, de modo a atenuar e tornar inofensivas as respectivas características de classe. Os "burgueses" curam-se da intoxicação mental do "preconceito"; os "aristocratas" conseguem desenvenenar a indiferença humilhante de seu "orgulho".[69] Isto é, estes deixam de lado aqueles comportamentos — "vertigem ideológica" e "esnobismo aristocrático", para usar o léxico da historiografia recente — que teriam tornado inevitável aquela ruptura, aquela "crise" cultural que fora a Revolução.

No *Bildungsroman*, em suma, ocorre exatamente o contrário daquilo que acontece no verão de 1789: não há secessão, mas sim unificação. Se os casamentos conclusivos são, como é certo, *mésalliances*, isso não significa — como pensava o Lukács de *Goethe e o seu tempo* — a generosa prevalência de ideais democrático-universalistas sobre os mais estreitos interesses de casta; mas sim o modo típico do romance de representar, personalizando-a, a restaurada concórdia no interior da classe dominante. Em uma frase: o *Bildungsroman* narra "como teria sido possível evitar a Revolução Francesa". Não por acaso é um gênero literário que se difunde na Alemanha — onde a revolução nunca teve possibilidade alguma de lograr — e na Inglaterra — onde, realizada há mais de um século, a revolução havia aberto, com particular amplitude, o caminho para uma simbiose social renovada entre os séculos XVIII e XIX.[70] Na França, o modelo sociocultural do *Bildungsroman* teria parecido irreal: e de fato não criou raízes ali. Para que a socialização do jovem ocupe o centro da grande narrativa francesa, será necessário esperar Stendhal e Balzac: e esta será, naturalmente, outra história.

3. Medo à liberdade

O *Bildungsroman* narra como teria sido possível evitar a Revolução Francesa. Qual cultura se atrairia por um experimento tão fantasioso como esse? Respondemos instintivamente: aquela que viu na revolução o sinal de um declínio inexorável. A cultura da grande nobreza fundiária reformadora dos Darcy e dos Lothario. A mecânica narrativa do *Bildungsroman* constrói, de fato, um mundo ainda predominantemente aristocrático: em troca de uma moderação psicológica razoável (Darcy) ou administrativa (a "catarse do latifúndio feudal" identificada por Giuliano Baioni na Sociedade da Torre),[71] essa classe pode continuar a viver em um mundo simbolicamente compacto e respeitoso com as desigualdades "naturais", evitando os riscos de uma sociedade aberta e conflitual. A totalidade do *Bildungsroman*, ainda uma vez, quer demonstrar que os princípios orgânicos não burgueses possuem uma capacidade de coesão social desconhecida para a cultura que se inspira na autonomia crítica e individual. Bem — mas *exatamente por isso* os seus destinatários preferenciais não devem ser mais aqueles leitores que se sentem semelhantes a Darcy e Lothario. Estes, de fato, não duvidam da supremacia de seus princípios. É claro que ler uma obra que a confirme de modo tão artístico poderá "tranquilizá-los", mas seria uma mísera ideia da cultura e do consenso se eles fossem reduzidos a isso. Não, não é preciso demonstrar que a revolução é "evitável" às suas vítimas — mas sim aos seus potenciais protagonistas. O leitor ideal do *Bildungsroman* é, em sentido amplo, um leitor burguês (que é, de fato, também historicamente, o seu principal leitor). É por isso que o ponto de vista é centrado em Wilhelm e Elizabeth, e não em seus respectivos deuteragonistas. É o burguês quem deve ser "educado": convencido da "absurdidade" de seus valores culturais. É a ele que deve ser demonstrado o quanto pode ser vantajosa a conciliação social. É a ele que é oferecido o sentido — o pertencimento feliz a uma totalidade harmônica — em troca da liberdade.

Essa troca — a fama de *Wilhelm Meister* e de *Orgulho e preconceito* não deixa dúvidas a esse respeito — é aceita. E esse fato reapresenta à história da cultura um problema muitas vezes evitado: isto é, qual é a verdadeira natureza, a difusão e amplitude histórica daqueles que, na falta de um termo melhor, continuamos a chamar "valores burgueses". Refletindo a respeito, a troca proposta pelo *Bildungsroman* — a "doce e profunda" sensação de pertencimento a um sistema que literalmente "pensa em tudo", contra a possibilidade de dispor da própria vida "por sua conta e risco" — se tornou familiar para nós posteriormente aos estudos sobre a cultura de massa. Nela vemos o epílogo antiliberal da "dialética do esclarecimento": a burguesia traída por si mesma. Traída: porque continuamos convencidos de que — em algum tempo e lugar indeterminados — a burguesia deve ter conhecido uma fase "heroica", de princípios inspiradores e muito mais combativos. Pois bem, o *Bildungsroman* nos obriga a reexaminar tal modelo historiográfico. Nos faz perguntar se aquela fase de fato existiu: se a "esfera pública racional" tivera alguma vez um ideal tão difundido entre aqueles que podiam se definir "indivíduos livres". Ou para sermos mais concretos e exatos: nos faz perguntar se essa esfera representava o ideal daqueles indivíduos *quando tinham em mãos um romance*.

Essa última observação requer um esclarecimento. É comum considerar que, com a Revolução Francesa, a liberdade se tornou finalmente um ideal possível. O espetáculo da derrocada da mais forte monarquia continental, o nascimento de partidos, a atordoante difusão da propaganda e da discussão política, o desmascaramento da natureza absolutamente "artificial" de toda legislação: tudo isso transmite ainda hoje (quanto mais à época) a imagem de um mundo que, para citar ainda Furet, "se abre a todas as suas possibilidades".

Liberdade possível. Possível? E por que não *inevitável*? Por que excluir a hipótese de que — com exceção do círculo restrito dos protagonistas dessas histórias — a grande maioria dos homens foi literalmente tomada pela liberdade como se se tratasse de uma inesperada catástrofe, "forçada" a desfrutá-la em razão da súbita perda dos vínculos que os hábitos haviam tornado naturais? Por que não lembrar que o próprio pensamento liberal cunhou uma definição da liberdade — "*freedom from*" — que evidencia seu caráter de privação? Por que, finalmente, ignorar que a liberdade — na única formação social que fez dela seu princípio supremo — é, em primeiro lugar, solidão e, portanto, cansativa e dolorosa?

Tais perguntas não têm nada de novo, como se sabe. O pensamento da contrarrevolução, por exemplo, funda em larga medida a restauração irracional da autoridade sobre a ideia segundo a qual a grande maioria dos homens sente a liberdade como um "peso" do qual gostaria de se livrar. Algumas décadas mais tarde, Tocqueville e Mill chegam a conclusões analíticas semelhantes (embora o juízo de valor seja, naturalmente, invertido). Por volta do fim do século, essa mesma "debilidade" antropológica será evocada pelo Grande Inquisidor dos *Karamázov* e pelo Nietzsche da *Genealogia da moral*.

E assim por diante. A liberdade burguesa tem a particularidade de ter produzido o contracanto contínuo do "medo" de suas durezas. A Escola de Frankfurt, a corrente de pensamento marxista que mais refletiu sobre esse problema, traduziu tal ambivalência em uma sucessão cronológica: "antes" a fase da liberdade, "depois" o medo sobre o qual escreveu Erich Fromm. Todavia, a discussão desenvolvida até aqui sugere a reformulação de tal sequência em termos sincrônicos. A dialética da liberdade burguesa não se explica a partir de um antes e um depois — mas sim por meio de uma coexistência contínua das duas tensões opostas.

Partindo do pressuposto óbvio de que o peso das duas componentes foi historicamente variável, é preciso entender que a cultura do indivíduo moderno foi desde o início uma combinação de dois extremos: e impensável sem um ou outro. Poderíamos compará-la ao movimento de um pêndulo: alcançado o ponto mais distante de uma direção, este inverte o percurso e se precipita na direção oposta. E assim como do pêndulo não nos interessam os pontos extremos do arco que forma, mas sim o movimento que o conduz de um ponto a outro —, a cultura do indivíduo moderno não consiste tanto dos polos opostos, "puros", da liberdade e seu contrário, quanto do incessante deslocamento de um extremo a outro, na miríade de oposições intermediárias que tal movimento permite criar.

Se é errôneo então interpretar todos os comportamentos suscitados pela sociedade burguesa como um medo à liberdade — é igualmente errôneo ignorar que muitos deles o são. É por isso que, algumas páginas atrás, limitei o desejo de se livrar da liberdade interpretativa (e do cansaço que sem dúvida a acompanha) à leitura do *Bildungsroman*. Cada época, de fato, possui o seu "espírito do tempo" — sistema de estímulos e contraestímulos em precário equilíbrio. Nas décadas que nos interessam, uma dessas forças induzia a desejar a imanência do sentido em uma totalidade orgânica. Quando essa exigência se fazia sentir — no sistema simbólico coletivo e no individual —, o *Bildungsroman* estava pronto para satisfazê-la e de modo ainda mais agradável porque inesperado. O indivíduo moderno, de fato, precisa virar as costas de vez em quando para seu valor político supremo, mas esse gesto lhe causa vergonha. Prefere não confessar, "não saber" que é o que está fazendo, por assim dizer. E se isso pode ocorrer graças a um encaixe de mecanismos retóricos nos quais ele mergulha sem ter clara consciência do que seu coração e o seu cérebro estão fazendo... o que mais podemos pedir?

4. Da necessidade, virtude

Havíamos começado pelo dilema especificamente "burguês": o dissídio entre a aspiração do indivíduo à própria autonomia e aquela do sistema social à sua integração mais normal possível. A imagem do medo à liberdade, que coloca o desejo de pertencimento no interior da própria psique individual, constitui, por assim dizer, sua solução. Quando, efetivamente, a lógica da integração social apresenta-se como algo interiorizado, como uma aspiração da qual o sujeito se apropriou, quer dizer que a socialização não é mais sentida como uma mera necessidade, mas sim como uma opção de valor. Quer dizer que ela se tornou, mais do que efetiva, *legítima*.

As vantagens da interiorização dessa lógica para o bom funcionamento do sistema social é algo bastante evidente — e é também interessante que essa seja a primeira coisa que nos vem à mente. Não há nada a fazer, o processo de legitimação simbólica do existente ainda continua nos parecendo — "espontaneamente" — como um esplêndido engano. Talvez não deliberado, mas ainda assim, um pouco: de modo a manter firmemente ligado a um sistema determinado aqueles que teriam todo interesse em se livrar dele. Certa vez Adorno declarou-se surpreso de como os homens conseguem atribuir valor àquilo que deveria lhes provocar repulsa. Tudo bem: mas temos que aprender também a nos surpreender com o contrário. Conviver por muito tempo com a ideia de que os nossos valores mais caros sejam zombados pelo estado de coisas existente — conviver por muito tempo e de olhos abertos com a ideia de que o mundo não é "feito para nós" pode ser frustrante.

Frustrantes são essas épocas de normalidade — as épocas prediletas do romance — para aqueles que percebem uma discrepância entre valores e realidade e entendem que nenhuma mudança das relações de força está no horizonte. É preciso que essa visão seja velada, porque em tais períodos um dos mais vivos "interesses materiais" do indivíduo consiste, cedo ou tarde, em querer se sentir em sintonia com as regras que deve, apesar de tudo, respeitar. Animal simbólico, ele brame por uma forma simbólica que preencha a lacuna entre os seus valores e a realidade externa. Nessa perspectiva, a ilusão do livre consenso revela-se muito mais necessária *à sobrevivência do indivíduo* do que à sobrevivência do sistema social. Para este último, no fim das contas, a ilusão nada mais é do que um software de controle: uma arma para ser usada em tempos de paz, de normalidade, justamente. Mas, se necessário, pode prescindir dela. O capitalismo também foi capaz de queimar livros: exatamente porque ele gravou aquelas famosas palavras — *ultima ratio regum* —* em algum lugar. Mas ao indivíduo essa *chance* não é dada. Para ele, o consenso, o sentimento de que o mundo é o *seu* mundo, é realmente uma exigência vital.[72]

À *ultima ratio* do rei seria natural contrapor, do lado do indivíduo, a última deusa da esperança. Mas enquanto esta olha para a frente, para o futuro, a valorização do existente operada pelo *Bildungsroman* nos faz olhar para trás. A renúncia à construção de projetos para o amanhã, como vimos, é apresentada como indício de maturidade alcançada. A *Bildung* termina sob o signo da recordação, da memória voluntária, da racionalização do caminho percorrido. São as intermináveis histórias que compõem os dois últimos livros de *Wilhelm Meister*: e a mesma mensagem nos é transmitida em um episódio passageiro de *Orgulho e preconceito*. Estamos no 43º capítulo, e toda comunicação entre os dois protagonistas foi interrompida. Elizabeth vai visitar Pemberley: soube que Darcy está em Londres e que, por conseguinte, não corre o risco de encontrá-lo. Em vez disso, o episódio termina com o encontro deles, que se transformará bem cedo em explícito prelúdio do casamento. Uma peripécia banal de romance, dir-se-á. Certamente. Mas é interessante a cadeia causal que a coloca em ato. Jane Austen poderia tranquilamente ter motivado o encontro com um

---

* Locução latina que significa literalmente "[a força é a] última razão do rei". Luís XIV fez gravar esse mote em seus canhões. [N.T.]

temporal imprevisto, ou com um desmaio de Mrs. Gardiner. E, no entanto, os dois acabam se revendo porque — por duas vezes, a primeira em casa e a segunda no parque — Elizabeth retarda sua partida "voltando atrás" para rever, respectivamente, um retrato de Darcy e de sua casa.

Aquilo que permite o reencontro é, então, o ato de "voltar sobre os próprios passos" para reexaminar o que pertence ao passado: o rosto de Darcy sobre a tela com "um sorriso que ela já se lembrava de ter visto também no seu rosto, quando ele a contemplava". Não é um novo Darcy que a constrange a permanecer *several minutes* diante do retrato: é o Darcy que sempre conheceu. Os dados, de fato, não mudaram: o que mudou é o *valor* que eles adquiriram aos olhos de Elizabeth. Quando ela relê o passado, este aparece permeado de um sentido novo, cujo fim é o bem-estar do indivíduo. Esse é o tema conclusivo deste capítulo: a *valorização da necessidade* na qual deságua aquilo que anteriormente nos parecia como o mero movimento de privação do "medo" à liberdade.[73]

No terceiro capítulo da *A teoria do romance*, Lukács expõe a antítese constitutiva do universo romanesco. À busca da "alma" opõe-se a brusca realidade do "mundo da convenção":

[...] a despeito de toda essa regularidade, não se oferece como sentido para o sujeito em busca de objetivo nem como matéria imediatamente sensível para o sujeito que age. Ele é uma segunda natureza; assim como a primeira, só é definível como a síntese das necessidades conhecidas e alheias aos sentidos.[74]

Em poucas páginas, Lukács retorna várias vezes à contraposição de "sentido" e "séries causais vazias de sentido", "interioridade" e "necessidade eterna, imutável e fora do alcance humano". Todo *A teoria do romance* baseia-se nessa oposição de princípios que nos são apresentados como heterogêneos, e de cuja diversa combinação descendem as três formas fundamentais que a estrutura do romance pode assumir. A terceira dessas formas — o *Bildungsroman* — é geralmente definida por Lukács como "tentativa de uma síntese" ou "reconciliação buscada em penosas lutas e descaminhos": mas depois do que dissemos, tais formulações parecem hesitantes demais. Tem-se uma reconciliação, de fato, sempre que princípios contrastantes alcançam um acordo, sem por isso terem perdido sua diversidade. Esses princípios permanecem heterogêneos e o acordo, intrinsecamente precário. Na retórica temporal do *Bildungsroman*, ao contrário, o anelo subjetivo ao sentido resolve-se sem resíduos na legislação objetiva da causalidade. Aliás, não seria exagerado dizer que o sentido só pode ser atingido *após* a reconstrução dos nexos causais da história. É somente após ter reconstruído com exatidão jurídica a sequência de causas e efeitos que liga Darcy a Bingley, Jane e Wickham,[75] que Elizabeth Bennet pode apreender o sentido último das personalidades dos outros e dos próprios sentimentos. É somente após ter ligado todos os principais episódios de sua vida e tantas outras intervenções da Sociedade da Torre que Wilhelm compreende, enfim, a direção de sua busca e "reconhece" o escopo ao qual esta sempre visara.

Dito de outro modo, no *Bildungsroman* o sentido atribuído à história é sempre intimamente vinculado à solução de um enigma. Trata-se de um procedimento que pode ser tudo, menos obrigatório (a narrativa "realista" oitocentista, por exemplo, o dispensará), e que fez com que *Wilhelm Meister*, de Schiller em diante, recebesse inúmeras críticas. Mas o que o motiva não é a busca de um fácil "efeito" melodramático; é, ao contrário, uma lógica impecável que envolve questões retóricas e culturais.

Quanto às primeiras, uma narrativa sustentada pela existência de um mistério, e concluída pela sua solução, recoloca em primeiro plano a dupla teórica de *fábula* e enredo. A *fábula*: organização do material narrativo segundo rigorosos critérios causais; narrativa "objetiva", desvinculada de qualquer ponto de vista específico. O enredo: "introdução dos materiais narrativos no campo visual do leitor" (Tomachevski); narrativa "subjetiva", porque sustentada pela diferenciação dos pontos de vista dentro da própria narrativa.

A *fábula*, em suma, é a história "assim como ela é": definida, imodificável, independente da sua enunciação. O enredo é sempre um modo de *avaliar* a história, decompondo-a segundo pontos de vista e valores particulares: é um esquema perceptivo, um comentário implícito projetado sobre os fatos. E o que acontece com essas duas modalidades narrativas no texto com enigma? Duas coisas, substancialmente. *No decorrer* da narrativa essas afastam-se uma da outra o máximo possível: o enredo e a diferenciação dos pontos de vista dominam. Mas no *final* estes últimos voltam a coincidir com a perfeição; ou melhor, o enredo deve renunciar àquilo que o caracteriza e se curvar à necessidade supraindividual contida na reconstrução da *fábula*. O ponto de vista subjetivo — aquele do protagonista, e do leitor — perde qualquer validade, e no mesmo passo a ideia de uma instauração subjetiva do sentido perde toda razão de ser. O "sentido" não pertence mais ao âmbito do "valor": coincide com o "significado"[76] impessoal (supraindividual) "daquilo que efetivamente aconteceu", e que enquanto tal é válido para quem quer que seja.

Encontramos aqui a conjunção de "racional" e "real", de juízos de valor e observações factuais, que é característica do discurso literário moderno.[77] Conjunção por sua essência antitrágica, e que encontra no romance sua manifestação mais completa.[78]

Por seu intermédio, os valores não figuram mais como o fruto de uma arriscada e precária escolha individual: resultam "fundados" sobre a natureza própria das coisas. Como já vimos: no *Bildungsroman* a renúncia à liberdade interpretativa encontra sua compensação na "imanência de sentido". Prazer simbólico supremo: o mundo fala a nossa língua.

Nas páginas precedentes identifiquei o conceito lukacsiano de "segunda natureza" com o mundo dos "fatos", isto é, com um mundo representado como se fosse completamente estranho e impenetrável por qualquer atribuição de valor. Este não é exatamente o caso.

No terceiro capítulo de *A teoria do romance*, Lukács preocupa-se em distinguir a "segunda natureza" não somente da "interioridade", como também da "primeira" natureza, ou da natureza tout court:

> Essa natureza não é muda, manifesta e alheia aos sentidos como a primeira: é um complexo de sentido petrificado que se tornou estranho, já de todo incapaz de despertar a interioridade; [...] [Nesta] o mundo circundante criado para os homens por si mesmos não é mais o lar paterno, mas um cárcere. [...]. Quando o anímico das estruturas já não pode tornar-se diretamente alma, quando as estruturas já não aparecem apenas como a aglutinação e a cristalização da interioridade que podem, a todo instante, ser reconvertidas em alma, elas têm de obter sobre os homens um poder soberano irrestrito, cego e sem exceções para conseguir subsistir.[79]

Deixemos de lado a metafísica da alienação que dá vida a passagens como essa (a nostalgia hegeliana da conversão dos extremos em unidade; a segunda natureza como mera "negação" da interioridade, que tem sentido não por aquilo que é, mas sim por aquilo que "não" é, ou não é mais). Atenhamo-nos àquela intuição preciosa que o método dialético de *A teoria do romance* acabou infelizmente comprometendo. A segunda natureza não é um mundo de meros fatos; ou melhor, aqueles fatos — aquele "poder soberano irrestrito, cego" — são eles mesmos o resultado de escolhas de valores, de *projetos ricos de sentido*. São valores tornados realidade, convenção social. A oposição pertinente então não é aquela entre um universo que é inteiramente intencionalidade e sentido (a interioridade) e um que é completamente desprovido destes últimos (a realidade social). É antes aquela entre dois, ou mais universos *igualmente dotados de sentido*, mas inspirados por valores *diferentes*, e diferentemente *potentes* no curso efetivo do mundo.

Digamos então, para resumir, que no lugar da "interioridade" e da "segunda natureza" deveríamos falar de valores socialmente *professados* (aqueles que, justamente, formam a nossa alma) e valores efetivamente *operacionais* no funcionamento da sociedade (e que constituem o sentido "implícito", presente-ausente, da segunda natureza). Agora, a questão é que esses dois sistemas de valor — a *ética* dominante e a *práxis* dominante — normalmente *não* coincidem. Isso é particularmente verdadeiro para a sociedade burguesa: é dessa discrepância que nasce a sua peculiar combatividade política, a eterna insatisfação com a qual é olhada a tradução prática dos princípios, o dinamismo que a caracteriza. Porém...

Porém, à luz do discurso desenvolvido até aqui, temos de acrescentar também que o *Bildungsroman* não visa promover tal combatividade e tal dinamismo. O seu escopo não consiste em exacerbar a discrepância, mas sim em fazer com que ela desapareça. Nele, o mundo é realmente aquele que deveria ser com base nos princípios da ética dominante: e a "educação" de Wilhelm e Elizabeth consiste também em reconhecer que a *superioridade social e a superioridade moral são uma só*.

Esse é o momento mágico do termo inglês *improvement*, que, por algumas décadas, consegue unir a ideia de "modernização econômica", e seus relativos lucros, com aquela de "melhoramento moral", e sua relativa virtude.[80] Trata-se, em suma, do sonho de toda ideologia — a fundação ética da socialização; a legitimação da ordem social em sentido pleno. Mas então — então nos perguntamos por que o *Bildungsroman* teve uma existência tão breve. Pois as obras que se conformam plenamente aos seus princípios podem ser contadas com os dedos de uma só mão. Pois a própria Jane Austen, logo depois de *Orgulho e preconceito*, faz um de seus personagens de *Mansfield Park* admitir que ser ao mesmo tempo *"honest and rich"* tornou-se dali em diante impossível.[81]

Perguntamo-nos, por fim, por que razão uma civilização descartou um mecanismo narrativo tão perfeito. E talvez a resposta aqui esteja: era perfeito *demais*. Poderia ser convincente somente enquanto a experiência histórica tornava ainda concebível — antes mesmo que desejável — uma coesão absoluta, uma harmonia totalizante. Mas o contexto histórico-cultural adequado à perfeição do *Bildungsroman* teve vida extraordinariamente breve. Pensando bem, todas as principais escolhas narrativas de Goethe e Jane Austen — a fisionomia social e intelectual do protagonista; a centralidade provisória e inadequada de seu ponto de vista; o caráter totalizante do final; a prevalência da necessidade sobre as possibilidades; a construção "simbólica" — são várias ramificações de um único desejo: o desejo de que seja possível evitar a Revolução Francesa ou, mais realisticamente, evitar que esta tenha efeitos irreversíveis.

Quando se torna claro que as coisas teriam de acontecer de outra maneira, o mundo que se abrira em definitivo para um conflito de valores incessante e para um desenvolvimento instável — dos quais não se entrevia mais a finalidade (e o fim) — não pôde mais se espelhar na solar normalidade de *Wilhelm*

Meister, tampouco acreditar em uma felicidade tão completa, e de tão fácil alcance. "Hoje, deste lugar se inicia uma nova era na história do mundo, e vós podereis dizer que estivestes presentes." Assim disse Goethe, na noite da batalha de Walmy. Ele tinha razão: e aquela nova era esqueceu depressa o seu romance mais ambicioso.

2.
Waterloo Story

Ao abrirmos *O vermelho e o negro* depois de ter lido *Wilhelm Meister* ficamos impressionados com o quanto mudou, em pouco menos de trinta anos, a estrutura do romance de formação. O "grande mundo" não se deixa mais limitar pelas margens da história em nebulosas revolucionárias e guerras incruentas, mas alcança o "pequeno mundo" e forja, à força, a interioridade dos novos heróis. Estes não são mais dóceis, "normais", dispostos a se deixar moldar, mas sim fervorosos e intratáveis, "sombrios e indiferentes". Não se tornarão jamais "maduros" segundo os modos propostos no *Bildungsroman* clássico. A ideia de formação como síntese de variedade e harmonia; a homogeneidade entre autonomia individual e socialização; a ideia mesma de romance como forma orgânica e unitária — tudo isso é agora, e para sempre, reduzido ao estatuto de lenda.

O *Bildungsroman* acabou. Toma seu lugar uma forma narrativa totalmente nova, que ousa enfrentar aquela grande transformação que o *Bildungsroman*, com o fito de se dar uma estrutura orgânica, tivera de evitar: o quarto de século que vai de 1789 a 1815. Talvez não seja por acaso que o novo modelo romanesco abandona a Inglaterra e a Alemanha para se estabelecer nos dois países — França e Russia — que haviam decidido a sorte da Europa; e que os seus máximos intérpretes são Púchkin, o amigo dos dezembristas, e Stendhal, que havia eleito Napoleão como "ídolo de uma juventude". Os seus heróis não partirão mais "em viagem" para "viver experiências":

seja para conquistar uma mulher, ou obter uma posição, eles conduzirão verdadeiras campanhas, repletas de jornadas de batalhas. A juventude, aqui, não encontra seu "sentido" ao criar mil e uma "conexões" com o existente — mas sim ao rompê-las. Não é tranquilizada na "felicidade" da "síntese": vive na dureza do conflito — e nesta morre. E, no entanto...

E, no entanto, apesar do fascínio daquele título, o campo não é claramente dividido entre o vermelho e o negro; se com Goethe e Jane Austen o tempo do conflito ainda não havia chegado, com Stendhal e Púchkin ele já passou. Em *O vermelho e o negro* Napoleão é só uma lembrança, e em *A Cartuxa* Fabrice o verá somente em Waterloo; quanto à Revolta Dezembrista, o livro de *Onêguin* em que ela é mencionada é destruído, e Liérmontov lhe fará alusão em meia linha. O tempo do conflito passou e os heróis desses romances vão se ver encurralados, de um modo ou de outro, entre a aceitação do mundo da Restauração e a fidelidade aos ideais derrotados, que os tornará intolerantes e irrequietos em relação aos compromissos possíveis ou já de fato alcançados. O único eco das décadas passadas são os duelos nos quais ambos tomarão parte, mas que não são mais o momento da verdade em que a escolha de campo se faz mais simples e clara: não atirarão em um inimigo, mas sim em um inócuo e inerme poeta — ou em uma amante, e pelas costas.

Essa é uma atmosfera repleta de ambiguidade; equívoca, como afinal exige aquela vida exemplar que é a raiz da imaginação oitocentista. O general Bonaparte, o soldado da revolução, o libertador que antepõe o mérito ao prestígio e o entusiasmo ao cálculo — o imperador Napoleão, o ungido do pontífice, o déspota que trata os homens como ferramentas e faz calar a opinião pública. Talvez pareça óbvio, mas sem Napoleão a história literária também teria sido totalmente diferente, porque não teríamos tido o herói romanesco que domina um século inteiro: o herói ambicioso, dinâmico, ambíguo. Ambíguo, sobretudo: duplo, dividido, contraditório e, exatamente por isso, sentido como exemplar. Ele é o representante natural de uma época em que a existência torna-se realmente, como manda *A teoria do romance*, "problemática". Os interesses reais entram em conflito com os ideais professados; o desejo de liberdade, com a aspiração à felicidade; o amor (escreve Lukács nos estudos sobre o *Fausto*) com a "carreira" entendida em seu sentido mais alto. Tudo se divide em dois; todo valor contrapõe-se a outro de igual importância.

E então: o que significa "crescer" em um mundo assim? O que descartar, o que preservar? E como será possível se sentir parte de um mundo que, intimamente, é desprezado? O que acontece, enfim, com o romance de formação entendido por sua vez como um percurso intelectual formativo?

A essas perguntas inéditas e radicais, Púchkin e Stendhal respondem renunciando, antes de tudo, a toda e qualquer ideia de síntese. Em vez de atenuar as dissonâncias e resolver os dilemas, suas obras acentuam a contradição e, como veremos, até mesmo a insensatez de seu conteúdo. É uma tentativa que deve ainda surpreender por sua coragem, inteligência e temeridade. *O vermelho e o negro*, *A Cartuxa*, o *Onêguin* são romances sulcados, às vezes rasgados pela tenacidade apaixonada com a qual percorrem-se as vias novas e tortuosas da formação individual. Se o resultado dessa busca conturbada é ainda "atual", isso não saberia dizer; de que maneira foi um dos momentos mais altos da consciência burguesa, é o que buscarei demonstrar.

I

1. A política como destino?

Apesar da famosíssima afirmação de que "a política em meio aos interesses da imaginação é como um tiro de pistola em meio a um concerto. É um ruído dilacerante sem ser enérgico"

(*O vermelho e o negro*, II, 22), uma das maiores novidades d'*O vermelho e o negro* e d'*A Cartuxa* é exatamente a coexistência de biografia fantástica e história política. Mas o romance, ainda assim, sempre se apoia sobre uma história individual, enquanto a política sobre destinos e ritmos coletivos. É possível que esses dois âmbitos se mostrem homogêneos entre si, e que a formação do indivíduo, por conseguinte, realize-se plenamente dentro da esfera pública?

Observando a cultura filosófico-política em que Stendhal havia se formado, a resposta é sem dúvida afirmativa. Em *De l'esprit* (Discurso III, 22), Helvétius considera que a grandeza da história grega e romana reside na "habilidade com a qual os legisladores tinham ligado o interesse privado ao interesse público". A união dos dois interesses, como nos é explicado no capítulo 7 do mesmo discurso ("Da superioridade das pessoas apaixonadas sobre aquelas sensatas"), torna-se manifesta nas paixões ("semelhantes a vulcões, cujas erupções repentinas mudam subitamente o leito de um rio": temos a impressão de ouvir o Saint-Just de Büchner) e, em particular, no amor pela glória, no qual a energia individual conduz diretamente ao bem comum. Essa paixão encarna-se, para Helvétius, nos "grandes homens" que traçam as bruscas rupturas graças às quais, debelada "a força da preguiça e da inércia" (cap. 8), tem lugar o progresso do gênero humano.

Paixão, glória, desprezo pela inércia e pela sensatez, energia concentrada em uma grande personalidade. Mas aqueles valores que, em Helvétius, eram totalmente coerentes entre si, em Stendhal se distinguem e entram em contraste. Assim, "a energia necessária para demover a massa enorme dos hábitos"[1] é a mola do progresso humano: porém, como demonstra o exemplo de Napoleão, ela pode facilmente ir contra a liberdade política e intelectual. "Aquele que diz tirano, diz espírito superior":[2] e vice-versa, naturalmente. E como é possível renunciar à esperança de espíritos superiores? E como é possível conviver com os tiranos?

Não, Stendhal não acredita na necessária evolução do gênero humano. Talvez em "1880" a humanidade seja mais livre, audaz e crítica — mas talvez assuma os traços piores da democracia americana, tornando-se ainda mais covarde e medíocre. Essa dupla e contraditória perspectiva histórica descarta o fundo político como lugar em que o sentido de um destino individual possa se manifestar. À medida que seus romances se encaminham para a conclusão, Stendhal conferia uma relevância narrativa cada vez mais exígua aos temas políticos que, contudo, continuava utilizando. A conspiração dos ultras de De la Mole — que à primeira vista poderia parecer uma missão quase séria — evapora literalmente no nada em um parágrafo incidental (*O vermelho e o negro*, II, 25). Sem falar daquelas famosas linhas, as últimas do romance:

> A condessa Mosca aprovara fortemente, em tempos idos, que seu marido reassumisse o ministério, mas jamais aceitara voltar para os estados de Ernest V. Tinha sua corte em Vignano, a um quarto de légua de Casal-Maggiore, na margem esquerda do Pó, e por conseguinte nos estados da Áustria. Nesse magnífico palácio de Vignano, que o conde lhe fizera construir, recebia às quintas-feiras toda a alta sociedade de Parma e, todos os dias, seus numerosos amigos. Fabrice não deixou de ir a Vignano um dia. Em suma, a condessa reunia todas as aparências da felicidade, mas só sobreviveu pouco tempo a Fabrice, que ela adorava e que só passou um ano em sua Cartuxa.
>
> As prisões de Parma estavam vazias, o conde, imensamente rico, Ernest V, adorado por seus súditos, que comparavam seu governo àquele dos grão-duques da Toscana. (*A Cartuxa de Parma*, II, 28)

Aqui, aparentemente, a sorte de Sanseverina e de Fabrice é colocada entre parênteses e o fundo político tem a última palavra. Mas é claro que se trata de uma posição sintática excessivamente proeminente, de uma hipérbole irônica que imprime a marca de uma opereta ao universo político. É como se escutássemos ainda as palavras de Hamlet moribundo: alguns conselhos sensatos sobre o governo ao diligente Horácio e, quanto ao resto, silêncio. E, no entanto, somente naquele silêncio que recai sobre a vida de Hamlet poderia residir o sentido do drama: as trombetas e os canhões de Fortimbrás, que, sem dúvida, é adorado por seus súditos, poderão encobri-lo com o seu estardalhaço, mas jamais quebrar seu sigilo.

Contrariamente à máxima de Erfurt,* a política não é para Stendhal o destino do homem moderno. É antes uma divergência que, pensando bem, já está inscrita no modo como Helvétius havia conjugado história individual e ritmo histórico coletivo. As duas trajetórias fundem-se, mas apenas "nos grandes homens", e no momento de suas "vitórias": em personalidades e circunstâncias excepcionais, portanto. Mas não são esses os homens e os tempos que o romance tem a tarefa de tornar significativos. À diferença da épica, o romance nunca nos narra a *fundação* — material e simbólica — de uma civilização; pressupõe, ao contrário, que esta já funcione de modo consideravelmente "normal". Essa é uma condição a priori do romance como "forma simbólica".[3] Sem esta, no fim das contas, jamais teria sido possível representar o tema romanesco por excelência, completamente alheio à épica e ao drama: o tema da formação e socialização do indivíduo, concebível apenas se o herói não for um "grande homem" e se as normas sociais, por sua vez, gozarem de uma considerável estabilidade.

---

* Trata-se da máxima "a política é o futuro", proferida por Napoleão a Goethe na ocasião de seu famoso encontro na cidade de Erfurt, em 1808. [N.T.]

O romance, contudo, também não é o epos por outra razão: porque a "liberdade dos modernos", observara Benjamin Constant, tende a se retirar da esfera pública e se dedicar "ao gozo da independência privada". Por conseguinte, o objetivo do romance não será uma implausível *identificação* de esfera pública e esfera privada, mas, ao contrário, uma investigação sobre suas relações conflituosas e a verificação da possibilidade de instaurar um equilíbrio, ou um compromisso. O *Bildungsroman* havia encontrado uma solução no universo da "sociabilidade": conjunto de âmbitos flexíveis e sintéticos, de mediações que haviam eliminado a unilateralidade dos dois âmbitos da vida. Para Stendhal, contudo, tal não é possível. A síntese dialética desmoronou, e não por acaso suas primeiras obras de destaque — *Napoleão* e *Do amor*, escritas uma em seguida da outra — exploram os dois polos de uma existência inteiramente pública e de uma paixão rigorosamente privada. Análogo dissídio pode ser encontrado em Púchkin, sempre indeciso entre chamar seu herói "Eugênio" ou "Onêguin"; e indeciso com razão, uma vez que público e privado separaram-se realmente — e são igualmente importantes. O que explica também, diga-se de passagem, por que todos os protagonistas desses romances são do sexo masculino: essa é uma época que quer se medir com dois terrenos ao mesmo tempo e não pode se sentir representada (como já havia sido o caso no passado, e voltará a ser no futuro) por quem era de fato constringido a uma só dimensão.

2. "O uniforme do meu século"

Tal como Wilhelm Meister, Julien Sorel e Fabrice del Dongo têm a sensação de não poder ser aquilo que gostariam de ser. Essa é a disparidade entre aspirações subjetivas e possibilidades objetivas típica das sociedades "abertas", e que torna a socialização moderna tão diferente da "iniciação" arcaica, e tão profundamente problemática. Mas se para Wilhelm o problema vinha do fato de ele ter nascido burguês em vez de nobre, ou seja, de ter nascido na *casta* errada, para Julien e Fabrice o problema consiste, ao contrário, em ter nascido na *época* errada.

Essa escolha narrativa confirma o quanto Stendhal não pretende se servir da história política para "resolver", nela e com ela, a formação do indivíduo, mas antes, paradoxalmente, para tornar aquele caminho ainda mais difícil e tortuoso. Quem é ligado aos valores de uma fase histórica concluída tem de fato diante de si duas escolhas: manter-se fiel a eles, aceitando assim o fato de permanecer substancialmente excluído do novo contexto, ou então traí-los, mais ou menos abertamente, e conquistar assim uma satisfatória posição social. Autonomia individual e integração social não são mais, portanto, como no *Bildungsroman*, as duas faces de um mesmo percurso, mas sim escolhas incompatíveis. Qual delas será mais significativa para o novo romance de formação?

Comecemos pela primeira. Nessa se exprime um desejo de identidade que pretende permanecer intacta a despeito das circunstâncias, e que não se importa com as renúncias pessoais que, inevitavelmente, virão em seguida. Encontramos aqui o grande símbolo da imaginação revolucionária, Robespierre: o "incorruptível" que é, em primeiro lugar e acima de tudo, "cidadão", pura abstração política; não um homem de carne e osso como é, ao contrário, e até demais, naquele mesmo universo simbólico, o seu antítipo Danton.

Homens de fibra como esses, Stendhal conheceu mais de um, e os inventou também: Altamira em *O vermelho e o negro*, Ferrante Palla em *A Cartuxa*. É, contudo, sintomático o fato de Stendhal situá-los sempre à margem da história: serão talvez admiráveis, mas não interessantes. Aos seus olhos, o duplo exílio do qual são vítimas (no tempo e no espaço: Altamira foge para a França e Ferrante Palla vai para a clandestinidade) empobrece em vez de acentuar seu potencial narrativo; e sua verdadeira integridade "incorruptível" — até mesmo no baile Altamira fala

somente do "princípio da utilidade" — já está beirando uma espécie de obsessão digna de comédia, presságio do já imbecilizado "cidadão Regimbart" de *A educação sentimental*.
A obstinação da autonomia não se adéqua ao herói stendhaliano. O romance de Julien tem início no momento em que ele "de repente para de falar de Napoleão" (*O vermelho e o negro*, I, 5); o de Fabrice, quando ele aceita as regras do jogo — "será que faria objeções às regras do uíste?" (*O vermelho e o negro*, I, 6) — dos jesuítas napolitanos. Aquilo que os torna interessantes e representativos é o abandono de um ideal não por mudança de convicção interior, mas sim em deferência ao espírito dos tempos. Nasce com eles aquela forma caracteristicamente moderna e "histórica" da hipocrisia que é o *transformismo*:*

> Eu, um pobre camponês do Jura, ele não cansava de repetir, eu, condenado a vestir sempre este hábito preto! Ai! Vinte anos mais cedo, teria usado o uniforme como eles! [...] um homem como eu era morto ou virava *general aos trinta e seis anos de idade*. Aquela carta, que ele mantinha apertada na mão, dava-lhe o porte e atitude de um herói. Agora, é verdade, com este hábito preto, aos quarenta anos de idade tem-se um ordenado de mil francos e condecoração da fita azul, como o bispo de Beauvais. Pois bem! disse, rindo como Mefistófeles, tenho mais inteligência que eles; sei escolher o uniforme de meu século. (*O vermelho e o negro*, II, 13)

---

* O transformismo é uma prática política que nasce na Europa em meados do século XIX e caracteriza sobretudo a política italiana do *Risorgimento* até hoje. Tal prática consiste na substituição de um conflito aberto entre a maioria que governa e a oposição, recorrendo-se a compromissos entre as partes (na Itália, entre grupos parlamentares) — com o fito de solucionar problemas pontuais e não programas políticos a longo prazo —, sem levar em conta a incoerência ideológica entre elas. [N.T.]

Além do uniforme, entretanto, o "seu" século impõe cedo ou tarde ao herói stendhaliano a traição dos valores progressistas da época revolucionária e napoleônica. Vai abaixo, assim, a fraternidade, amargamente zombada durante a cena na casa de Valenod (*O vermelho e o negro*, I, 22), quando proíbem os garotos do orfanato de cantar enquanto Julien seduz aquele que especula sobre seus fundos e reforça com essa cumplicidade a própria posição. Noutra parte, não haverá mais respeito pelo mérito: o primeiro ato de poder de Julien será atribuir um cargo a um "velho imbecil" no lugar de "Gros, célebre geômetra: esse homem generoso" ("isto não é nada, pensou, terei de fazer muitas outras injustiças se quiser vencer, e ainda por cima saber ocultá-las sob belas frases sentimentais" — *O vermelho e o negro*, II, 7). Em *A Cartuxa*, a igualdade será ridicularizada diante da lei: a primeira prova de força de Sanseverina para com Ernest V consistirá em obter a graça para "uma alma fraca; foi baseado em suas confissões que o famoso Ferrante Palla fora condenado à morte" (*A Cartuxa de Parma*, I, 6), sacrificando, assim, a justiça pelo mais efêmero capricho pessoal. Capricho que é, no fim das contas, a mola secreta das carreiras de Julien e Fabrice: correntes ininterruptas de favores ao modo do *ancien régime* prestados espontaneamente pelo Marquês de La Mole e pelo conde Mosca, ou então — mais frequentemente — arrancados deles graças à intercessão de Mathilde e de Sanseverina.

"Fale com mais respeito do sexo que fará sua fortuna", exclama Sanseverina a partir do segundo capítulo de *A Cartuxa*. Palavras de uma perfeita cortesã, e plenamente valorizadas pelos fatos, elas nos indicam um ulterior distanciamento da parte do Stendhal romancista em relação à sua formação político-filosófica. Esquematicamente, tanto o utilitarismo de Bentham como as teorias dos *idéologues* — os pontos cardeais do pensamento stendhaliano, em que o paradigma de Helvétius havia sido reformulado em termos de normalidade burguesa — fundavam-se sobre a ideia de que o interesse pessoal e o bem comum pudessem e devessem coincidir. Coincidir diretamente: não graças às acrobacias dialéticas de Mãos Invisíveis e Razões Astutas, mas sim porque a coletividade só tem a ganhar com os sucessos do mérito. As "carreiras abertas ao talento" — a começar pelo Grande Exército Francês, que fora o exemplo mais marcante — eram todas, não por acaso, vinculadas à esfera da administração pública e do Estado, ou seja, ao mundo do "bem comum".

Ora, embora Stendhal não tenha jamais renunciado definitivamente a tal modelo, dos anos 1820 em diante este lhe parece, se não exatamente falso, ao menos vacilante. Inicialmente, em observações incidentais — "honoro com o nome de virtude o hábito de realizar ações penosas e úteis aos outros" —,* depois, longamente, no panfleto de 1825, *D'un nouveau complot contre les industriels*,[4] a continuidade entre interesse privado e bem comum é posta em dúvida. Dúvida da qual Stendhal não recuará mais, apesar das provocações do seu *milieu* utilitarista, e que não conseguirá dissolver com um quadro explicativo diferente. Em seus romances, por assim dizer, ele pressupõe o dissídio das duas esferas e analisa com paixão suas consequências, sem tentar de algum modo "explicá-lo".

Duas passagens de *O vermelho e o negro*, uma no início e outra no fim, nos ajudarão a esclarecer a questão:

> Desde a primeira infância ele [Julien] tivera momentos de exaltação. Imaginava então, com delícia, que um dia seria apresentado às belas mulheres de Paris, saberia chamar a atenção delas por algum feito notável. Por que não seria amado pela brilhante Madame de Beauharnais? Havia muitos anos, Julien não passava talvez uma hora de seu dia sem dizer-se que

---

* Stendhal, *Do amor*. Trad. de Roberto Leal Ferreira. São Paulo: Martins Fontes, 1999, p. 222. [N.T.]

Bonaparte, tenente obscuro e sem fortuna, fizera-se o senhor do mundo com sua espada. (*O vermelho e o negro*, I, 5)

À noite, quando comunicou a Julien que ele era tenente dos hussardos, a alegria dele foi ilimitada. Podemos imaginar isso pela ambição de toda a sua vida e pela paixão que tinha agora pelo filho. A mudança de nome [Julien está prestes a se tornar "cavaleiro de La Vernaye"] causava-lhe espanto. Afinal, pensava, meu romance acabou, e cabe a mim todo o mérito. Soube fazer-me amar por esse monstro de orgulho — e olhava para Mathilde. O pai não pode viver sem ela e ela sem mim. (*O vermelho e o negro*, II, 34)

Apesar das assonâncias, existe entre as duas reflexões uma diferença substancial. No primeiro caso, a ação fulgurante serve para conquistar as belas senhoras de Paris, mas ao mesmo tempo, *legitima* tal conquista. O sucesso pessoal de Napoleão é indissociável da instauração de uma ordem diferente no mundo, que Julien considera melhor e mais justa para todos.[5] No segundo caso, ao contrário, o triunfo de Julien não foi de maneira alguma "obtido pela luta": nasce de um túrbido emaranhado de favoritismos e chantagens, completamente em acordo com o éthos da Restauração. Alheio e indiferente ao destino coletivo, esse sucesso é desprovido de qualquer tipo de legitimidade cultural. É o resultado do que Jürgen Habermas chamou "interesses": "Pois eu uso o termo 'interesse', para necessidades que são, pela extensão da desistência da legitimação, [...] tornadas subjetivamente desligadas, como se fosse a partir da cristalização de valores [compartilhados] e apoiados pela tradição.[6]

Ora, um dos maiores méritos do romance de Stendhal consiste em nos fazer compreender que, na civilização democrático-burguesa, a carência de legitimação não é limitada às crises episódicas, mas constitui, antes, uma verdadeira constante. Isso é visível sobretudo na França (onde justamente nascerá o grande tema negativo do arrivismo e do sucesso), e deve-se, paradoxalmente, à excessiva exigência de legitimação introduzida pela Revolução. Interrompendo bruscamente a continuidade histórica, a Revolução estabelece de fato que uma sociedade possui realmente direito de existir somente se respeitar e realizar um determinado conjunto de princípios. Princípios abstratos — "puros", portanto —, voltados para o futuro, e que não valorizam a realidade assim como ela é (função que em geral atribuímos à ideologia), mas se empenham, ao contrário, em modificá-la continuamente até que ela se conforme aos seus ditames e permita, justamente, ver tais princípios "realizados".

Na esteira do modelo francês, de maneira geral, todo o Ocidente moderno deixa de atribuir a legitimidade do existente à continuidade da tradição, para atribuí-la a uma declaração de direitos abstrata e atemporal.[7] Daí sua tensão ideal, seu dinamismo político — e, precisamente, a carência de legitimação que lhe é inerente. Quanto mais abstratos e perfeitos forem os princípios legitimantes, de fato, mais necessariamente imperfeita será sua realização: pois a realidade é feita também de outros interesses e de outros princípios que forçarão a nova ordem a um compromisso; ou até mesmo, como é o caso da Restauração, conseguirão, pelo menos *pro tempore*, derrotá-la. Além disso, a própria constelação dos novos princípios é bem menos harmoniosa do que seria desejável: um exemplo canônico, prontamente ilustrado pela carreira de Napoleão e pela Revolução Industrial inglesa, é que a liberdade e a igualdade podem entrar em violento e doloroso conflito.

Daí a natureza problemática ou, se preferirmos, ambígua da consciência burguesa. Daí, para voltar à nossa conversa, a reação contraditória, de fascinada repulsa, que acompanha há dois séculos a ideia de "sucesso". Porque o sucesso é o desnudamento de uma realidade dinâmica, mas jamais totalmente "justa": a Europa oitocentista, a Europa do sucesso e das grandes e repentinas fortunas, é também de fato, sobretudo a França, o teatro de um conflito social e político tão incessante, de um desacordo tão radical com os princípios do pacto coletivo, que nenhuma fortuna, por mais lícita que seja, jamais poderá ser sentida como totalmente legítima. Todo sucesso aparece também, e simultaneamente, como a derrota de algum princípio oposto que não teria merecido essa sorte.

Mais do que o interesse "realista" pela relevância objetiva do fenômeno (que também não faltava), o que induz o romance francês a se questionar com constância quase obsessiva sobre o tema do sucesso é, portanto, a sua natureza simbólica: sua contradição simbólica. Porque o sucesso é inventividade, perseverança, determinação, previdência; exercício de liberdade e capacidade de controlar o real. Mas é também frio abandono dos ideais que cada vez mais sucumbem; cumplicidade com o existente; acirramento das desigualdades. Em vez de coincidir com a ideia de "progresso" — conjunção que será típica da cultura norte-americana —, o sucesso mostra-se como seu derrisório revés, possível apenas em um mundo em que a maioria dos homens é condenada ao insucesso.

Daí a sequência tão típica do romance oitocentista em que o protagonista, de modo mais ou menos voluntário, trai os seus amigos mais íntimos (e se aos heróis de Stendhal isso não acontece, é só porque eles não os têm). Daí também a escolha de um tipo humano particular: Julien, não o jovem bispo de Agde; Fabrice Mosca ou Sanseverina, não Ascanio del Dongo ou o promotor-geral Rassi; Rastignac e Lucien de Rubempré, não Nucingen. O sucesso revela ao máximo seu terrível fascínio quando atrai para sua órbita aqueles que não eram predestinados a ele desde o início, e os força ao caminho sem volta da traição. Quando Maupassant inventou Bel-Ami, que já não tem mais nada para trair, o romance do sucesso tornou-se talvez mais ajustado à realidade, mas perdeu aquela dolorosa ambiguidade que o havia tornado importante.

3. "Quem lá está em meio à gente, em pé, sombrio, indiferente..."

O transformismo, como dissemos, consiste em trair certos valores com o fito de alcançar o sucesso. Mas no herói stendhaliano a traição se dá sempre pela metade: em vez de esquecidos para sempre, seus ideais políticos serão mantidos em segredo.

A impressionante quantidade de passaportes falsos em *A Cartuxa* indica, justamente, que atrás da identidade "pública", aninha-se outra, inconfessável. Em *O vermelho e o negro*, o pânico de Julien diante da ideia de que o retrato de Napoleão escondido debaixo de sua cama seja descoberto (*O vermelho e o negro*, I, 9) exemplifica, ironicamente, sua vida dupla. Essa é a hipocrisia de Julien, assinalada pelo narrador desde as primeiras páginas. Mas é uma hipocrisia, por assim dizer, invertida: o Julien escondido é *melhor* do que o manifesto, porque permaneceu de certo modo fiel àqueles valores que, sozinhos, poderiam conferir legitimidade aos seus atos. Expulsos da história, esses encontraram refúgio em sua "alma".

Assim também o seu orgulho (o contrário da ambição, como havia observado Madame de Staël), que reemerge continuamente colocando em perigo os seus planos. Ou sua intensidade: "sua conversação, ainda muito séria, afirmativa. [...] percebia-se apenas que ele considerava ainda muitas coisas como importantes" (*O vermelho e o negro*, II, 8), anota o narrador em uma daquelas passagens em que parece censurar o cinismo ainda imperfeito de seu herói. Ou, finalmente, o ódio ao privilégio e à desigualdade, que transborda de quando em quando já no Hotel de La Mole, e explode por fim na arenga conclusiva.

Ter de esconder certos valores não equivale, portanto, a silenciá-los: sua reclusão parece, ao contrário, torná-los ainda mais veementes. Trata-se do paradoxo do *homo clausus* produzido pela socialização moderna. Para este, observou Elias, a mais aguda "experiência de si" consiste precisamente na percepção daqueles impulsos que é obrigado a reprimir: a tal ponto que estes apresentam-se "como seu próprio 'ser', sua 'verdadeira identidade', [...] coisas fechadas 'dentro' delas, separadas de todas as outras pessoas e coisas 'externas'".[8]

Estamos nos antípodas do herói do *Bildungsroman*. Ali, a "verdadeira identidade" era perfeitamente *visível*: aliás, era realmente possível apenas na medida em que conseguisse "se manifestar", "se objetivar". Aqui, ao contrário, ela se restringiu a uma esfera não apenas diferente, como contraditória e hostil ao comportamento público. É a esfera da *interioridade*, compreendida, nas palavras da *Fenomenologia do espírito*, como "lei do coração" em conflito com o "curso do mundo". A identidade não tem mais nada em comum com a "profundidade" reflexiva de Wilhelm Meister ou Elizabeth Bennet, que enriquecia de sentido suas escolhas externas e, por conseguinte, as confirmava e fortalecia; que instaurava, assim, na base do personagem romanesco, e da ideia mesma de indivíduo, princípios de harmonia, coerência e sociabilidade. Com Julien e Fabrice, Onêguin e Pietchórin, a continuidade entre interior e exterior se desfaz, e a interioridade adquire relevância enquanto princípio de contradição: de infidelidade e incoerência, dualidade e desarmonia. Nasceram os "homens supérfluos" sobre os quais a cultura russa discute naqueles anos. Encerram dentro de si o próprio oposto: e tal fato os torna não mais "simpáticos", como Wilhelm Meister e Elizabeth Bennet, mas sim *fascinantes*:[9] pois é difícil desviar o olhar daquilo que constantemente se contradiz.

Mas fascinantes também em um sentido mais técnico, ou seja, do ponto de vista da construção narrativa. Pois um personagem contraditório, colocado na qualidade de herói no centro de um romance, não poderá não ser imprevisível e apaixonante. É garantia de narratividade, de suspense. E os heróis de Púchkin e de Stendhal realmente nunca cessam de "nos surpreender": se, à medida que a história prossegue, pensamos "conhecer melhor" Wilhelm Meister, David Copperfield ou Rastignac, o mesmo não vale para Julien Sorel e Eugênio Onêguin. Quanto mais nos aproximamos do fim, com efeito, mais eles nos impedem, com espalhafatosas reviravoltas (Onêguin que se apaixona por Tatiana, Julien que atira em Madame de Rênal e depois pronuncia sua arenga jacobina), de enquadrá-los em uma imagem que seja realmente "conclusiva".

Uma trama instável e desprovida de uma conclusão convincente: voltaremos a esse ponto com frequência, mas digamos por enquanto que essas novas constantes estruturais colocam, por assim dizer, o romance de formação em sintonia com seu tempo. Pois a Restauração reprimiu as turbulências e os traumas que marcaram a virada de um século para outro, mas não pôde impedir que eles continuassem a serem sentidos como possibilidades na ordem do dia.[10] A lembrança desses últimos 25 anos é muito próxima e vívida: e a legitimação simbólica da Europa de 1815 é, no mínimo, muito débil. Em Viena celebrou-se um "fim" enganoso, e a incerteza continua a ser a única certeza da época: porque um conflito domado não é a mesma coisa que um conflito resolvido.

Aqui está a verdade histórico-cultural dessas tramas vibrantes; desses heróis duais. A propósito de Byron, Goethe disse: "Não é nem clássico, nem romântico: é como a própria atualidade". Nem clássico, nem romântico; ou então, o que é quase dizer o mesmo, tanto clássico como romântico. E sobre Napoleão — indeciso entre a fúnebre perfeição do estilo do Império e o entusiasmo primaveril do Grande Exército Francês — poderíamos dizer o mesmo. Assim como a respeito de Julien Sorel, ou de Onêguin que "desdenhava Teócrito e Homero e lia Adam Smith" — embora coloque sobre a escrivaninha um busto de Napoleão e o retrato de Byron e se apaixone com abandono autodestrutivo por Werther.

A contradição, bem mais do que o "progresso", mostra-se realmente nessa época como a essência escondida do presente: da *história*. São os anos em que se consolida a dialética hegeliana, e são também os anos em que, às voltas com o tema da mudança histórica, Goethe decide recorrer não a um, mas sim a dois protagonistas. Tal escolha permite-lhe "salvar" a "parte imortal" da humanidade. Mas esse não é o caso nos romances contemporâneos de *Fausto*. Nenhuma legião angélica conseguirá desvincular a coragem de Julien de seu arrivismo, ou a inteligência de Onêguin de sua indiferença destrutiva. A pergunta que encanta Púchkin e Stendhal não é "como separar o anjo do demônio", mas sim — o que é muito mais perturbador — como conseguem *conviver*?

4. "*Voilà mon crime, Messieurs...*"

A resposta consiste em "estabelecer" a dualidade do protagonista. Entre os valores que governam suas ações e os valores opostos que animam os seus pensamentos não haverá "compromisso" que atenue e equilibre as respectivas pretensões: em vez disso será construído um muro entre as duas vidas para que depois elas sejam vividas de modo extremo. No jantar na casa de Valenod, Julien encanta os especuladores de Verrières com seu latim e pensa dolorosamente nos órfãos segregados que estão, precisamente, do outro lado de uma parede; na última parte de *A Cartuxa*, Fabrice é aclamado como um santo, mas suas prédicas não são nada mais do que uma agonizante súplica de amor a Clélia.

À primeira vista, uma dualidade tão perfeita parece completamente improvável, uma vez que contradiz aquela exigência de uma unidade psíquica preliminar para qualquer projeto de vida. Também a teoria freudiana, mesmo vendo a psique como um espaço disputado entre forças hostis e heterogêneas, teve de considerar a existência de uma instância, o Eu, cuja tarefa é a conexão e o compromisso. Sempre precária, mas sempre operante, a vocação centrípeta do Eu encerra a essência do protagonista do *Bildungsroman* clássico, mas inexiste nos heróis de Stendhal, de Púchkin ou de Liérmontov. É convincente — "psicologicamente" — tal estado de coisas?

Obviamente não estamos nos perguntando se existem de fato pessoas como Julien Sorel ou Eugênio Onêguin. Olhando para a vida de Stendhal e de Púchkin, a bem da verdade, é de pensar que pessoas desse tipo existiram com certeza, mas não é esse o ponto. Será preciso ver se aquele quadro multiforme, que é a psicologia, reconheceu a existência do fenômeno que estamos discutindo, e se o enxergou como um modo de ser de alguma importância para a personalidade moderna.

A resposta me parece sem dúvida afirmativa, e buscarei demonstrar por que a partir de três textos completamente diferentes entre si. O primeiro, anterior à formação da psicanálise, é *Le Bovarysme*, de Jules de Gaultier. O bovarismo, que cresce "paralelamente ao desenvolvimento da civilização", é "a faculdade concedida ao homem de se conceber diferentemente daquilo que é"; esta prospera sobre uma cisão, sobre "a diferença que existe em cada indivíduo entre o imaginário e o real, entre aquilo que ele é e aquilo que acredita ser". É um "idealismo exasperado"; "tentativa de reformular a realidade coletiva segundo as exigências de um sonho individual, o bovarismo traz consigo o princípio do insucesso". E por fim, sua manifestação mais típica e mais difundida, o bovarismo nutre-se da "crença sobre a qual a nossa civilização ocidental inteira parece se fundar: o homem acredita-se livre".[11]

Embora Gaultier tome como ponto de partida Flaubert, essa vida imaginária — especialmente a conexão entre sonho idealizado e insucesso, e a profunda necessidade de "sentir livre" — já tomou plena forma nos heróis de Stendhal. E é novamente neles que nos faz pensar o segundo texto que citarei e que, diferente de *Le Bovarysme*, é de inspiração estritamente freudiana:

> É difícil dizer por que, hoje em dia, as coisas complicam-se quando se trata da identificação com um herói. Há uma mudança histórica, uma modificação da personalidade típica da época, da personalidade "de base", e parece que esta modificação se produziu justamente nas relações do Eu com o ideal. Seria necessário estudar a psicologia da honra [...]. Hoje este papel do herói [de Rodrigo] tem pouca consistência (é do lado do Eu que residem as consistências; quanto ao ideal, este é relativamente plano, como uma pintura). Hoje não há nenhum modo de escapar desta desagradável opção: ou acreditamos ser Rodrigo (e cuidado para não cair no ridículo), ou então o escolhemos como um papel e o representamos, o que também não é tolerável e revela muito claramente uma inclinação megalomaníaca pelas fanfarronices.[12]

Gaultier havia trazido à luz a separação entre imaginário e real; Mannoni esclarece como essa vida paralela gira em torno da "relação do Eu com o ideal": se não é possível comportar-se como heróis (nem ingenuamente, nem com distância teatral), então esse papel será personificado no palco secreto da vida imaginária, constituindo sua estrutura. Mas, para irmos direto ao cerne da questão, como é possível manter uma imagem sublime de si mesmo levando uma existência que a desmente continuamente?

É possível, responde Mannoni, graças àquele mecanismo psíquico que Freud chamou *Verleugnug* (recusa, desconhecimento), o qual submete as experiências a uma espécie de câmera de descompressão, purificando-as de tudo aquilo que resultaria alheio ao ideal: "A *Verleugnung* em si não tem nada em comum com o recalque [...]. Podemos compreendê-la como um simples repúdio à realidade [...] aquilo que é primeiramente repudiado é a negação que uma realidade inflige a uma crença".[13]

Essas palavras, extraídas de outro ensaio de Mannoni ("Je sais bien mais quand même": tenha-se em mente essa fórmula), introduzem o terceiro texto que pretendo utilizar, e que foi escrito em boa medida como uma crítica à psicanálise: a análise da "má-fé" contida na primeira parte de *O ser e o nada*. Segundo Sartre — que para introduzir esse modo de ser descreve uma pessoa que realiza certa ação e simultaneamente, falando, apresenta a si e ao outro uma imagem oposta de si mesma —, a má-fé é "a arte de formar conceitos contraditórios, quer dizer, que unem em si uma determinada ideia e a negação dessa ideia". Formulações desse tipo

> Não constitu[em] noções novas e solidamente estruturadas; ao contrário, estão construídas de forma a permanecer em perpétua desagregação e tornar possível o perpétuo deslizamento do presente naturalista à transcendência e vice-versa. Nota-se, de fato, o uso que a má-fé pode fazer desses juízos tendentes a estabelecer que eu não sou o que sou. Se não fosse o que *sou*, poderia, por exemplo, encarar seriamente a crítica que me fazem, interrogar-me com escrúpulo e talvez me visse forçado a reconhecer sua verdade. Mas, precisamente, pela transcendência, escapo a tudo que sou.

A má-fé, em resumo, "constitui a realidade humana como ser que é o que não é e não é o que é".[14] "*I am not what I am*": enigmático lema da modernidade, confiado por Shakespeare a Iago. Julien Sorel no processo:

Portanto, mereço a morte, senhores jurados. *Mas, mesmo se eu fosse menos culpado*, vejo homens que, sem pensarem no que minha juventude possa merecer de piedade, quererão punir em mim e desencorajar para sempre esse tipo de jovens que, nascidos numa classe inferior e de certo modo oprimidos pela pobreza, têm a felicidade de obter uma boa educação e a audácia de misturar-se àquilo que o orgulho dos ricos chama a sociedade.

Eis o meu crime, senhores... (*O vermelho e o negro*, II, 41; grifos meus)

"*J'ai donc mérité la mort, Messieurs les jurés. <u>Mais quand je serais moins coupable</u>*": "*je sais bien, <u>mais quand même</u>*": esse é o primeiro passo, a recusa, eu *não* sou o que sou. Depois, a verdade da transcendência, desvelada com um gesto de ilusionista: "*Voilà mon crime, Messieurs*": eis o meu *verdadeiro* crime; eu *sou* o que não sou.

5. "Triste, porém, é ver agora que em vão nos deram a mocidade..."

Seria tudo mais fácil se pudéssemos descartar as palavras de Julien, como se se tratasse de meras mentiras. Mas o fato é que o seu crime é em parte também a audácia: e que ele próprio é, em parte, realmente diferente e melhor do que o que ele é. A vida imaginária não é — somente — um depósito de consoladoras imposturas sobre si próprio; é também aquela interioridade mesma que, como vimos, oferece refúgio àqueles valores que se demonstraram dificilmente realizáveis no comportamento público, naquilo que "se é" aos olhos do mundo. A má-fé é, em suma, o modo de conviver com aquele dissídio entre moral "professada" e moral "praticada" que a época moderna tornou particularmente intenso.

Os princípios de legitimação da ordem democrático-burguesa são, de fato, mais universalistas do que no passado: mais exigentes e luminosos, portanto (até mesmo o movimento operário acrescentou de fato bem pouco aos valores de 1789), e exatamente por isso, mais difíceis de serem realizados. E, contudo, *é preciso* realizá-los, porque se a alma cristã pode se consolar com a ideia de que suas virtudes não são deste mundo, para o espírito de uma época secularizada essa saída não é mais possível.

A consciência moral torna-se, enfim, mais autônoma e exigente: é a interiorização dos valores socialmente professados, que pode levar até o Supereu "hipermoral" de Freud. Acresce que tais valores devem ser realizados *neste* mundo, que é o único que resta. Mas a tarefa mostra-se bem cedo ser particularmente arriscada e espinhosa, visto que no funcionamento social efetivo é o desejo de domínio que se afirma, e não o impulso à liberdade; o privilégio, não a igualdade; a divisão, não a solidariedade.

Situação paradoxal: é preciso acreditar em alguns valores e, ao mesmo tempo, resignar-se à impossibilidade de sua realização. E então, para nos permitir conviver com esse paradoxo, Stendhal e Púchkin reformulam o tema milenar do fim da juventude em sintonia com as exigências simbólicas de seu tempo. Criou-se um sentido de obrigação interior que, para "viver", é preciso deixar em surdina. O que há de melhor, então, do que ligar esses princípios a uma breve fase da existência, restringindo-os assim aos limites praticamente "biológicos"? A juventude torna-se, assim, a fase dos ideais: mas a juventude, cedo ou tarde, deve acabar. Ou melhor: pode ser a fase dos ideais *exatamente porque* sabe-se que não durará muito.

E assim, desses romances em diante, nasce um paradigma essencial para a existência moderna: a "maturidade" não consiste mais na aquisição de qualidades; consiste, ao contrário, na perda delas. Não nos tornamos mais adultos tornando-nos adultos, mas sim deixando de ser jovens: é um processo que se resume a uma perda, a uma renúncia. Mas não a renúncia a pulsões agressivas e antissociais em nome de exigências coletivas superiores e até mesmo "sublimes". Aqui se trata de silenciar exatamente aqueles valores que a civilização propõe como supremos: em termos freudianos, a socialização que ocorre durante a juventude não exige o sacrifício do Id, mas antes o sacrifício, simbolicamente muito mais perturbador, do Supereu.[15] Não é de surpreender que um século inteiro tenha se identificado com heróis adolescentes e com o que Balzac chamará friamente de suas ilusões.

Tal simpatia não é, contudo, desprovida de contrastes. Púchkin:

> *Apanha a soma destes versos:*
> *Uns tristes são, outros joviais,*
> *[...]*
> *De distrações, frutos diversos,*
> *De insônias tais, inspirações,*
> *De anos precoces e murchados,*
> *Da mente, frias reflexões,*
> *D'alma, sinais amargurados.*
> (*Eugênio Onêguin*, "Peça preliminar")

Esses poucos versos contêm em si os dois grandes campos semânticos sobre cujo contraste funda-se a obra de Púchkin e de Stendhal. De um lado, os sinais amargurados da alma e os anos precoces da juventude; a idade e a fisionomia espiritual do herói; o plano da história, da narrativa. Do outro, as frias reflexões da mente e os anos sem viço; idade e fisionomia do narrador; plano do discurso e do comentário.[16] A narrativa realista irá contrastar esses dois conjuntos paralelos e simétricos como "ilusão" e "realidade"; e Stendhal não perde a ocasião de enfatizar o contraste tão logo ele se apresenta:

> Sua réplica [de Julien] interior era sempre: Que monstros ou que tolos! O engraçado é que, com todo esse orgulho, com frequência ele não compreendia absolutamente nada do que estavam falando. (*O vermelho e o negro*, I, 7)

> [Fabrice] ainda era muito moço; em seus momentos de lazer, sua alma se ocupava, radiante, em saborear as sensações produzidas por circunstâncias romanescas que sua imaginação estava sempre pronta a lhe fornecer. Estava bem longe de empregar seu tempo em examinar com paciência as particularidades reais das coisas para, em seguida, adivinhar suas causas. O real ainda lhe parecia insípido e lamacento; admito que não gostemos de olhar para o real, mas então não devemos raciocinar a seu respeito. Não devemos, sobretudo, fazer objeções com os diversos testemunhos da própria ignorância. (*A Cartuxa de Parma*, I, 8)

Trechos como esses parecem nos indicar um percurso claro e definitivo: da juventude à maturidade, das ilusões romanescas à observação paciente da realidade. No âmbito da história, contudo, a passagem jamais ocorrerá. Para Julien, Fabrice ou Onêguin, não podemos falar em "aprendizagem" na acepção que esse termo tem no *Bildungsroman* (enriquecimento da personalidade, despertar da alma para a variedade superior do mundo), tampouco naquela oposta, que terá em Balzac ("*dernière larme de jeune homme*";* maturidade como perda das ilusões e renúncia à juventude). Os heróis de Stendhal e de Púchkin, em contrapartida, nunca "crescem": uma das razões por que devem morrer (ou serem "abandonados em um momento delicado", como Onêguin) é que não conseguem renunciar à própria juventude, e por isso é impossível imaginá-los adultos:

---

* Em francês: "última lágrima de rapaz". [N. T.]

Bendito quem na mocidade
Soube ser jovem; madureza
Bem recebeu; e a fria idade
Soube acolher com singeleza;
Que a sonhos ruins não se entregou,
Da grã-ralé não se afastou,
Quem foi aos vinte, dândi e ousado,
E aos trinta, rico e bem-casado;
Quem aos cinquenta não manteve
Dívida a mais que o agravasse;
Recursos, fama e alta classe,
No espaço certo tudo teve;
De quem diziam, o tempo inteiro:
É um excelente cavalheiro.
(*Eugênio Onêguin*, VIII, 10)

Bendito, portanto, esse homem. Os heróis de Púchkin e de Stendhal, por sua vez, decididamente se entregaram a sonhos ruins, e sua vida amorosa — um dos campos privilegiados da nossa civilização para medir o grau de "maturidade" do indivíduo — demonstra o quão difícil é o despertar do que Púchkin chama "seus sonhos mais secretos". Cada vínculo de amor traz de fato consigo uma identidade, uma vida possível. Se o herói romanesco é capaz de "amadurecimento", ele conseguirá renunciar a isso de uma vez por todas, ou o estabelecerá, também de modo definitivo, como o objetivo de sua vida futura. E talvez o desprendimento seja ainda mais revelador do que o casamento, pois indica a irreversibilidade da existência: assim a aprendizagem de Wilhelm Meister exige que ele esqueça Marianne, e Elizabeth Bennet, Wickham; em Paris, Lucien de Rubempré aprenderá a esquecer Madame de Bargeton, sem falar de Bel-Ami.

Exatamente o contrário ocorre nos romances de que estamos tratando: o herói distancia-se de seu primeiro laço amoroso, cria outros, chega ao ponto de se acreditar completamente "curado" e indiferente — para em seguida, inevitavelmente, voltar a ser capturado; jamais no tempo e "no espaço certo", é claro, mas somente quando já não há mais esperança. Julien e Madame de Rênal; Fabrice e Clélia; Onêguin e Tatiana;[17] Pietchórin e Vera: a sequência reapresenta-se de forma absolutamente idêntica:

> Não há ninguém no mundo sobre quem o passado assuma tamanho poder como sobre mim: qualquer menção a um antigo caso de tristeza ou de alegria repercute dolorosamente em minha alma e sempre encontra os mesmos ecos. Fui estupidamente concebido: não esqueço nada, nada.
> (*O herói do nosso tempo*, "A princesinha Mary")

"Não esqueço nada, nada." Insólita maldição, que estende ao longo do tempo a dualidade inerente à má-fé, que é por sua vez apenas um modo de não esquecer, de conservar dentro de si aquele lado da existência ao qual havíamos renunciado. No interior da consciência instaura-se, assim, um duplo sistema cronológico: a força da recordação não permite jamais que o passado se torne realmente "passado" e desvaloriza a ideia mesma de experiência tal como a havia construído o *Bildungsroman* setecentista — encontro formativo com a realidade, assimilação do novo, reorganização perene de uma personalidade em desenvolvimento. Em *Wilhelm Meister* tais experiências eram como miliários romanos ao longo do caminho rumo à maturidade: para Julien, Fabrice e Onêguin, serão desvios sem metas, "papéis" que não sustentam mais o âmago da existência; tanto para eles como para o leitor. Ninguém pensará em perguntar o que aconteceu com Onêguin durante a longa viagem realizada depois da morte de Lenski: embora a viagem seja uma das mais difundidas metáforas do amadurecimento individual, parte-se do pressuposto de que esta não tenha mudado nem um pouco Onêguin. E se o narrador de *O vermelho e o negro* não nos lembrasse de quando em quando a cor de seu hábito, quem se lembraria de que Julien é, no fim das contas, praticamente um padre?

6. "É assim que o mundo vai"

Nem Stendhal nem Púchkin "narram", portanto, a passagem das ilusões da juventude à realidade adulta. Será que o tema do amadurecimento passou do plano da história para aquele do discurso? Dada a frequência com que o narrador contrapõe os próprios aforismos realistas aos sonhos do herói, poderíamos pensar que sim. E, no entanto, suas "reflexões" não são, no fim das contas, tão frias como poderiam parecer: a grande divagação sobre os "pezinhos" no primeiro capítulo de *Onêguin* revela um narrador tão desconcertado quanto seu herói diante das recordações de amor, e quanto ao narrador de *O vermelho e o negro*, o que ele mais admira em Julien são exatamente aqueles traços — senso do "dever", impulsividade, orgulho — que noutro lugar ridiculariza como nefastas quimeras.

Para usar a linguagem das fases do homem, não encontramos aqui uma razão adulta, mas sim ilusões envelhecidas. O "realismo" do narrador não é um conhecimento positivo da realidade, mas antes a combinação de cinismo e nostalgia de quem sente uma força vital se dissipar: "Quão triste me é tua chegada,/ Ó primavera! Hora do amor!/ Que sombra negra e agitada/ Me turva a alma e meu humor!" (*Eugênio Onêguin*, VII, 2). Stendhal e Púchkin não são Balzac: não estão interessados em reconstruir com loquaz sabedoria as leis do mundo — mas sim em recorrer a elas como um mero princípio negativo e (como veremos) inexplicável, por meio do qual destroem as esperanças de seus heróis. O "realismo" de ambos pode ser resumido em uma frase: a realidade é imutável. O seu grande arquétipo é o "*Das ist der Lauf der Welt*" de Mefistófeles, "é assim que o mundo vai":

MEFISTÓFELES
Original, leva o esplendor contigo! —
Como te humilharia o fato:
Quem pensou de tolo, algo, ou de sensato,
Que já não tem pensado o mundo antigo? —
Mas também esses as noçõezinhas urda!
Transformá-lo-á o tempo em seu caminho:
Ainda que o mosto obre de forma absurda,
No fim acaba dando um vinho.
(Dirige-se à plateia dos jovens, que estão aplaudindo)
Deixa-vos frios o que digo,
Meus caros jovens, mas perdoo o gelo;
Lembrai que é velho o diabo antigo,
Velhos ficais, pois, para compreendê-lo.
(*Fausto*, 6807-18)

Mais cético do que sábio, o intuito de Mefistófeles não é "estimular" Fausto (como assegura o Senhor no "Prólogo no céu"), mas sim dar voz à inércia histórica, à longuíssima duração dos pensamentos e dos sentimentos ("já se deu o que aqui se dá"). Se é correto ou não ver nisso um expoente do moderno "princípio de realidade",[18] isso depende de uma peculiar torção semântica do termo "realidade", que ocorre justamente nos anos do *Fausto* e de *O vermelho e o negro*, e que a partir de então nunca mais desaparecerá de todo. Concretamente, a realidade não é mais a matéria ilimitadamente aperfeiçoável do pensamento iluminista e, em seguida, do pensamento revolucionário. Waterloo demonstrou que a história não prossegue somente adiante, e em sintonia com a razão: sabe também resistir à mudança e trazer de volta o passado. Aquilo que caracteriza a realidade, descobrimos com um desconcerto não pouco banal, é o mero fato de existir, independentemente de qualquer tipo de legitimação simbólica. Aliás, quanto mais a realidade é sentida como "injusta", mais ela parece "real":

> Quando, daqui a muitas gerações, o historiador de nossa época tentar descrever os pressupostos de nossa cultura, certamente descobrirá que o termo realidade desempenha um papel essencial [...] a *realidade*, assim como nós a concebemos, é tudo aquilo que é externo, duro, grosseiro e desagradável.[19]

Trata-se, ainda uma vez, do brusco curto-circuito de Revolução e Restauração; o *déficit* de legitimidade que sempre acompanha o mundo moderno. E assim difundem-se aquelas expressões que nos são tão indispensáveis e familiares: "é a vida", "é assim que o mundo vai".

Tautologias descaradas, frases sem conteúdo: sem dúvida, e importantes *exatamente por isso*. Porque é justamente a "falta de sentido" que define, aos nossos olhos, a essência da "realidade", e que funciona como premissa paradoxal para muitas formas de "consenso". Mas voltaremos a isso nas conclusões. Por ora busquemos nos concentrar na relação entre "princípio de realidade" e "realismo" narrativo.

7. Princípio de realidade, realismo, ironia

Como se sabe, na obra de Freud a expressão "princípio de realidade" possui muitos significados, até demais. Para nos limitarmos às duas concepções extremas, este pode apresentar-se como o *antagonista* do "princípio de prazer",[20] ou então como aquilo que, ao ser "modificado" e "prolongado", permite a realização deste último.[21] Para além das diferentes afirmações num sentido ou no outro, a segunda hipótese parece decididamente mais compatível com os desenvolvimentos da pesquisa freudiana, sobretudo no que concerne à afinidade entre princípio de realidade e aquela instância psíquica — o Eu — à qual cabe a tarefa de "conquistar o prazer", no único modo concebível por Freud, isto é, "ao escapar à desgraça".[22] Cingido pelas "ameaças de três perigos: do mundo exterior, da libido do Id e do rigor do Supereu",[23] o Eu deve moderar a unilateralidade desses impulsos contrastantes, e para levar a tarefa a cabo recorre, justamente, ao princípio de realidade: que não é, portanto, um princípio "cognitivo", mas sim aquela vocação totalmente "prática" ao equilíbrio e ao compromisso que permite ligar e fazer coexistir forças que, sozinhas, trariam desequilíbrio.

Desequilíbrio, ou seja (para Freud todos esses termos pertencem ao mesmo campo semântico), "tensão" e "desprazer". É por isso que o Eu e o princípio de realidade, que conduz a função equilibradora, não são apenas a "prolongação" do princípio de prazer ou sua manifestação "civilizada": são o único modo pelo qual este pode efetivamente se manifestar. Contrariamente àquilo que em geral se pensa, o princípio de realidade não é nem particularmente severo, nem particularmente crítico: o seu objetivo, no fim das contas, consiste em permitir ao indivíduo sentir-se à vontade no mundo. E embora Freud tenha sempre se mostrado hesitante em relação a esse ponto, tal concepção das tarefas do Eu leva forçosamente a certa ideia de "normalidade sociológica", e à sua expressão cultural, a "opinião comum": bendito aquele que a sonhos ruins não se entregou, e de quem diziam o tempo inteiro: é um excelente cavalheiro...

"Normalidade" e "opinião comum", por sua vez, são conceitos que nos reconduzem à crítica literária, e mais exatamente a duas definições de "realismo" desenvolvidas recentemente por Roland Barthes e Gérard Genette: realismo como invasão irrefreável da doxa, como incapacidade de se desprender dos códigos normativos dominantes. Realismo que tanto Barthes como Genette identificam no exemplo canônico do narrador balzaquiano: um inigualável princípio de realidade, por sua sabedoria persuasiva e unilateral; e um inigualável princípio de prazer, uma vez que aquela sabedoria nos permite uma leitura confiante e descontraída.[24]

Como veremos no próximo capítulo, não é exatamente esse o caso em *A comédia humana*.. Mas por ora voltemos aos nossos textos e observemos que o narrador de Stendhal e de Púchkin, assim como o comentarista Mefistófeles no *Fausto*, em vez de *unificar* a nossa percepção do texto, oferecendo uma base sólida de juízo — em vez de colaborar com a atividade centrípeta do princípio de realidade —, contribuem para *duplicar* a percepção, para tornar o nosso comportamento em relação ao texto mais complexo, ambíguo e irônico. Pensamos no contraponto derrisório e ao mesmo tempo "parcial" de Mefistófeles; na inteligência ostensivamente centrífuga, permeada de nostalgia, do narrador de *Onêguin*; em certas páginas de Stendhal, abertas e quase laceradas pelas bruscas passagens de um ponto de vista a outro. Não importa a forma que assume, o princípio que domina a percepção, aqui, é o princípio da tensão, do desequilíbrio, da incerteza.

Nada poderia estar mais distante do realismo como seriedade e ponderação. E, de fato, esse é o ponto de partida de uma teoria do realismo narrativo que é exatamente o oposto daquela resumida anteriormente. Formulada por Bakhtin em seus estudos sobre o romance e desenvolvida em chave semiológica por Lotman em *A estrutura do texto artístico*, essa teoria considera que a grande novidade de uma obra como *Onêguin* é a "possibilidade simultânea de diversos pontos de vista". O fato de que estes não sejam conduzidos a uma síntese, mas que, ao contrário, sua descontinuidade seja enfatizada, é precisamente aquilo que torna *Onêguin* um romance "realista", pois só assim "o modelo artístico reproduz um aspecto tão importante do real como o seu caráter inesgotável perante qualquer interpretação acabada". A "verdade" do texto não será mais encontrada em uma perspectiva privilegiada, mas sim na capacidade do leitor de dominar a "interseção livre de diferentes posições subjetivas".[25]

Fundado sobre uma tal "complexidade estrutural" e sobre uma irreversível multiplicação de perspectivas, o realismo de Lotman é, no fundo, *ironia*:

> Um tal processo de nivelamento dos planos estilísticos diferentes conduz à tomada de consciência da relatividade de cada um dos sistemas estilísticos em particular e à aparição da ironia. O lugar dominante da ironia na unidade de estilo de *Eugênio Onêguin* é um fato evidente e notado nos estudos de literatura.[26]

Isso segundo Lotman; e é sabido que para Bakhtin o romance moderno nasce quase inteiramente de gêneros irônicos: a sátira menipeia, o diálogo socrático, o grotesco rabelaisiano. Um realismo "irônico", portanto: criatura bem mais atraente para o espírito moderno do que um realismo "realista". Vejamos um pouco melhor do que se trata.

8. Os direitos do autômato

O "estranhamento" dos formalistas, a "ambiguidade" da Escola de Cambridge, as teorias da "obra aberta" e aquelas da "disseminação" do sentido, ou desconstrutivismo: o desejo de compreender e valorizar as modalidades literárias da ironia é o fio condutor que liga muitas das principais escolas críticas do século XX. Essa foi uma tarefa muitas vezes fascinante, e certamente necessária. Porque a ironia é um comportamento essencial da cultura e consciência modernas. É a voz de um mundo politeísta e *in progress*; de uma mente multiforme, curiosa, hesitante, dialógica. A ironia é a linguagem da irrequietude, da mudança. É uma inteligência corrosiva, deslegitimante. É subversão, revolução...

Esse crescendo, que reproduz o duvidoso "desenvolvimento" da crítica contemporânea, faz-nos notar que há algo errado. É claro que a ironia possui realmente as características que acabamos de listar, e encerra em si, sem dúvida, um aspecto essencial do espírito moderno. Mas como é possível que uma forma simbólica tão central para uma época inteira não tenha o objetivo de valorizar, de um modo ou de outro, a ordem existente, e se esforce, ao contrário, para destruir toda e qualquer legitimidade? Se consideramos que as formações sociais têm a tendência a "manterem-se unidas", e que a literatura não é isenta, por uma graça divina, dessa mesma tarefa — esse parece realmente um paradoxo inaceitável.

Existem, é claro, outras saídas. Podemos dizer, por exemplo, que a cultura moderna é, sim, irônica, mas não *só* irônica. Se a ironia atenua e problematiza os nexos simbólicos da legitimação, outras formas culturais terão cumprido, nos últimos dois séculos, a tarefa oposta. Isto é, podemos supor que o sistema cultural moderno comporta uma espécie de divisão do trabalho capaz de satisfazer as exigências opostas da estabilidade e da inovação, da certeza e da dúvida. Afinal de contas, Balzac e Stendhal são contemporâneos: o significado histórico-cultural do romance francês da Restauração reside justamente na *coexistência* das escolhas antitéticas por ele operadas e não em sua mútua exclusão.

Tudo isso, a meu ver, é exato. Agora, porém, gostaria de propor uma hipótese um pouco mais arriscada, mas também, acredito, mais interessante. Em vez de buscar fora do estilo irônico, e em explícita antítese com este, aquela certeza satisfeita de si que ele coloca em discussão, perguntemo-nos se a necessidade de um tal ponto de referência não nasce, ao contrário, *do interior* da mesma representação irônica, que acaba por se ver, digamos assim, em contradição consigo mesma.

Resumidamente, trata-se do seguinte. Segundo Bakhtin e Lotman, que melhor do que ninguém souberam conjugar ironia e romance, a multiplicidade dos pontos de vista estimula uma *forma mentis** "dialógica" e "experimental", um comportamento em relação ao mundo que é curioso e flexível, aberto, empírico, responsável. Em uma palavra: "maduro". Ora, temo que essa tese se baseie numa utopia. O leitor implícito de Lotman e de toda crítica do século XX, esse ser admirável que pondera as perspectivas mais assimétricas, discerne e aprecia as ambiguidades semânticas e as oscilações de juízo, recria na própria cabeça a inexaurível complexidade estrutural do texto — esse leitor é um crítico literário que está preparando uma conferência particularmente espinhosa; não é o leitor comum de romances. Para este último (e na realidade para qualquer pessoa, quando se lê pelo deleite e não para o trabalho), os caminhos da percepção são provavelmente outros. A interminável pluralidade dos pontos de vista não induz tanto a uma maturidade plástica e problemática quanto ao ceticismo e à indecisão. Passamos de uma perspectiva à outra naquele crescendo de estupor, de atordoamento e enfim de puro e simples cansaço produzido pelo *Ulysses* de Joyce: que é, aliás, o único exemplo de um romance "perfeitamente" irônico.

O que estou tentando dizer, em suma, é que uma percepção tornada sistematicamente ambígua e pouco confiável não se

---

* Locução latina que significa "modo de pensar". [N.T.]

sublimará necessariamente em um comportamento cognitivo complexo e maduro. Somos autômatos tanto quanto espírito, escreveu Pascal, que entendia do assunto: se o espírito se deleita em humilhar o autômato e em tornar sua vida impossível (a arte deve "desautomatizar" a percepção: eis a única certeza automática da crítica do século XX) — se assim é, será inevitável que o autômato exija critérios explicativos e avaliativos ainda mais elementares do que o de costume; ainda mais rígidos, por assim dizer, do que a própria doxa balzaquiana.

Suposições, suposições... Ninguém sabe como funciona o cérebro do leitor "comum", partindo do pressuposto de que este exista. É verdade. Mas tais suposições encontram uma confirmação no mínimo flagrante nas obras que estamos analisando. Nos últimos parágrafos, examinamos principalmente sua estrutura enunciativa, o plano do discurso e do comentário: plano que, como Lotman nota corretamente, não favorece o estabelecimento daquele ponto estável de observação, daquele sentimento de identidade do qual toda cultura (até mesmo a mais experimental) e todo indivíduo (até mesmo o mais problemático) têm, contudo, necessidade. Se, portanto, essa certeza não é oferecida no plano do discurso — que assim seja. Ela será buscada no outro lado da obra: no plano da história.

Plano melodramático demais, não é mesmo? Grandes amores e grandes abandonos, fantasias heroicas, duelos, assassinatos, retornos imprevisíveis, encontros noturnos, mascaradas... Se resumíssemos *O vermelho e o negro*, *A Cartuxa*, *Onêguin* e *O herói do nosso tempo* teríamos em mãos um romancezinho barato. Deve ser exatamente por isso que a crítica insistiu tanto no plano do discurso: porque este torna multiforme e irônica uma história que, deixada por conta própria, seria talvez "automática" demais. Mas já que nenhum romancista escreve "antes" a história e depois a problematiza com o discurso, nada impede de inverter o raciocínio: um discurso irônico e problemático demais *precisa* se basear em uma história melodramática e ingênua. Ele pode ser aquilo que é *apenas* porque a história fundamenta-se sobre princípios opostos — e vice-versa, naturalmente.

Somos automatismo tanto quanto espírito e, por conseguinte, esses romances nos oferecem uma estrutura fundada sobre planos opostos e complementares. Até aqui concentramos nossa atenção naqueles aspectos — má-fé, relutância a crescer, ironia — que fazem desses romances obras-primas da indecisão: resta-nos agora ver de que modo eles chegam, contudo, a uma decisão, e então poderemos responder a uma pergunta que neste momento temos que deixar em suspenso, ou seja, qual a ligação entre a consciência irônica e aquela imagem muda e dolorosa de "realidade" da qual havíamos começado a tratar poucas páginas atrás.

II

1. O séc'lo se renova

Sobre um ponto Sartre, Mannoni e Gaultier estão perfeitamente de acordo: propenso como é ao heroico e ao sublime, o imaginário expõe-se fatalmente ao risco, não tanto da tragédia, quanto do ridículo. "Um ser estranho e perigoso,/ Cria do inferno ou então do céu,/ Será demônio ou anjo ao léu,/ Ou então quem é?", pergunta Púchkin a propósito de Onêguin; e prossegue:

> *Ou então quem é? Imitação,*
> *Um avantesma sem sentido,*
> *Um russo, em Harold transvestido,*
> *De alheios sestros a expressão,*
> *Termos que a moda assim dispõe,*
> *Será paródia que se impõe?*
> (*Eugênio Onêguin*, VII, 22)

Será Julien Sorel uma paródia, ele, que à última badalada das dez — "sino fatal" —, *tem* de apertar a mão de Madame de Rênal, "caso contrário subo ao meu quarto e arrebento os miolos"? (*O vermelho e o negro*, I, 9). E Fabrice, que, uma página antes de iniciar sua carreira de bispo, fala em "virar cidadão e soldado republicano na América" ("É um herói, pensou a tia": *A Cartuxa de Parma*, 6)? Será Mathilde em luto por seu cincocentista Boniface uma paródia? Ou será Julien, que sonha em ir ao patíbulo lançando em torno de si punhados de moedas de ouro? Será paródia, aos seus olhos, o próprio Stendhal? "Antes de mais nada quero ser verdadeiro", escreve nos *Souvenirs d'égotisme*, "seria um milagre e tanto, neste século de comédia..."

O oposto da paródia para Stendhal, como se sabe, é a "naturalidade", e tal contraposição é geralmente lida em paralelo com os dois diferentes tipos de "amor" por ele descritos: do lado da paródia, o amor-vaidade, "francês"; do lado da naturalidade, o amor-paixão, "italiano". E, no entanto, é exatamente o jogo da vaidade e do fingimento — "o amor apaixonado era ainda um modelo que se imitava, em vez de uma realidade" (*O vermelho e o negro*, II, 16) — que acaba por transformar o vínculo entre Julien e Mathilde naquela "febre" incontrolável, naquela "doença" que é o amor-paixão. Inversamente, a naturalidade que reina entre Julien e Madame de Rênal em alguns capítulos da primeira parte e da prisão final faz com que o amor deles pareça um pacato idílio doméstico; um sereno e espontâneo, e certamente não vibrante, conúbio burguês.

A paródia suscita e alimenta a paixão, e a naturalidade faz-se prosaica. Imprevista inversão de campo, talvez sua explicação não deva ser buscada na "análise do coração humano", mas no simbolismo político da época, a começar por aquela antítese da qual, relativamente, todas as outras descenderão: Terror e Termidor. No primeiro, escreve Benjamin Constant em 1797,

> *Os interesses correm atrás das opiniões exaltadas* [...]. O ódio, a vingança, a cupidez, a ingratidão parodiaram insolentemente os mais nobres exemplos [...]. O patriotismo se torna a desculpa banal preparada para todos os delitos. Os grandes sacrifícios, os atos de devotamento, as vitórias alcançadas sobre as inclinações naturais pelo republicanismo austero da Antiguidade serviram de pretexto para a fúria desenfreada das paixões egoístas.[27]

Aqui a "paródia" jacobina da Roma republicana não somente mascara os interesses egoístas, como os guia, permitindo que se tornem excessivos e desenfreados — faz, por assim dizer, com que passem de interesses, em sentido estrito, a "paixões". "Terminado o drama" — comenta Starobinski —, "as togas e as máscaras caem",[28] o século torna-se "positivo". "Positivo": não há a problemática da má-fé no Termidor, todos estão contentes de "ser aquilo que são". Decapitadas as pretensões heroicas, enfáticas e cruéis do "ideal do Eu", o campo fica livre para que o Eu exerça toda sua "naturalidade". A esse ponto, escreve Furet, a revolução

> não tem mais legitimidade; só possui uma legalidade (mesmo quando a viola) [...]. A liberdade reencontrada no Termidor tem como conteúdo essencial uma revanche do social sobre a ideologia: é por essa razão que ela apresenta ao observador uma espécie de peso prosaico, que choca os admiradores do Incorruptível.[29]

Essa naturalidade prosaica, esses interesses mais controláveis, exatamente porque são mais "materiais", vão, naturalmente, bem além do Termidor: de modo geral, toda a história do capitalismo e da democracia é permeada por ela. Para o capitalismo, evidentemente, a questão é bem controversa. De um lado temos reconstruções como aquela de Max Weber (o espírito do capitalismo submete a um controle racional tudo aquilo que é impulsivo e febril na *auri sacra fames*),* ou de Albert Hirschmann: os "Argumentos políticos a favor do capitalismo antes do seu triunfo" baseiam-se na ideia de que "ganhar dinheiro é uma paixão calma" e que, em poucas palavras, os interesses são o mais seguro contrapeso da força destrutiva das paixões.[30] Nessa mesma linha, é possível citar páginas exemplares de Smith e de Schumpeter.[31]

E todas elas são convincentes, mas talvez remetam mais ao éthos voluntário do capitalista enquanto indivíduo do que às consequências culturais objetivas do capitalismo enquanto *sistema*. Nessa segunda perspectiva, cujo território clássico é o parágrafo do *Manifesto do partido comunista* sobre os "burgueses e proletários", a atmosfera espiritual é bem diferente: o capitalismo é risco, revolução permanente, insegurança generalizada, profanação de tudo que é sacro...

Trata-se de duas reconstruções tão antitéticas, e ambas tão ricas de boas razões e bases factuais, que é quase impossível escolher entre uma e outra: o próprio Sombart, em *O burguês*, furta-se de fato à escolha, desdobrando sua tipologia nas figuras opostas do "empreendedor" ("agressivo", "nervoso e forte ao mesmo tempo") e do "burguês" ("elemento de um rebanho", "ecônomo", "incolor").[32] Deixarei, então, o problema em aberto, limitando-me a observar que ele se reapresenta de maneira praticamente idêntica na tradição do romance: de um lado, a sociedade civil tumultuosa e apaixonante de *A comédia humana*, do outro, a identificação stendhaliana de "burguês" a "tedioso". Em Milão, anota em 1818, "fala-se de política, mas de uma política heroica, feita de guerras, de execuções... e não de números, de impostos, como na Inglaterra...".

---

* Locução latina que significa "execrável fome de ouro". [N. T.]

Na Itália de Stendhal "a política concorda com a música e com o amor": não é assim na pátria daquelas "almas grosseiras, que se sentem perfeitamente satisfeitas porque usufruem da segurança e da tranquilidade" (*Do amor*) que é para Stendhal, ainda mais do que a Inglaterra, a América. A América da democracia, mais do que do capitalismo. São os anos em que amadurece a grande pesquisa de Tocqueville, e muitas das ideias que nela serão expostas já conhecem certa difusão na cultura francesa.[33] Também Tocqueville, naturalmente, fala da força moderadora dos interesses e do *materialisme honnête* que dela deriva: mas o seu interesse reside sobretudo na dinâmica da democracia política e no seu princípio orientador, que para ele não é a liberdade, mas sim a igualdade. No âmbito do pensamento e dos sentimentos, a igualdade retira dos dogmas e da tradição todo tipo de autoridade, mas nem por isso destina-se a "espíritos superiores" ou a uma inteligência crítica e irrequieta: aquilo que prevalece é o número, a "opinião pública" entendida como um bloco homogêneo de indivíduos absolutamente indistinguíveis entre si. Some-se a crescente centralização do poder político, e teremos o quadro opressor que encerra *A democracia na América*:

> Nos tempos da aristocracia que precederam o nosso, havia particulares poderosíssimos e uma autoridade social bem fraca [...]. O principal esforço dos homens desse tempo teve de se voltar para desenvolver e fortalecer o poder social, para aumentar e garantir suas prerrogativas e, ao contrário, conter a independência individual em limites mais estreitos e subordinar o interesse particular ao interesse geral [...].
>
> Tudo era diferente nas antigas sociedades. A unidade e a uniformidade não se encontravam em parte alguma dela. Tudo ameaça tornar-se tão semelhante nas nossas que a figura particular de cada indivíduo logo se perderá inteiramente na fisionomia comum.[34]

Vinte anos depois, em seu parágrafo mais fervoroso — "On Individuality" — do ensaio sobre a liberdade, John Stuart Mill repete quase à risca os temores de Tocqueville:

> Impulsos fortes são, apenas, um outro nome de energia. A energia pode voltar-se para maus usos; pode-se sempre, contudo, praticar maior bem com uma natureza enérgica do que com uma indolente e impassível [...]. As suscetibilidades fortes que dão vida e poder aos impulsos pessoais são as mesmas que constituem a fonte do mais apaixonado amor à virtude e do mais severo domínio de si mesmo. [...] Tempo houve em que o elemento da espontaneidade e individualidade foi excessivo, e o princípio social com ele travou penosa luta. [...] Agora, porém, a vantagem cabe à sociedade sobre a individualidade. E o perigo que ameaça a natureza humana não é o excesso, mas a deficiência dos impulsos e preferências pessoais.[35]

Para Tocqueville e Mill o fato de a individualidade desaparecer sob uma regra sem vigor é já por si só um enorme retrocesso. Mas possui ao menos uma consequência de igual gravidade, e de particular importância para o nosso estudo: com a individualidade esvai-se também aquela "energia" dos "impulsos fortes" que é, aos seus olhos, a mola principal do progresso, ou então da mudança histórica. *A democracia na América* e *Sobre a liberdade* evocam infinitas vezes o pesadelo de um mundo cada vez mais complacente e inerte: estático. E como é possível escrever um romance se a história parou?

2."Torturava-o o castigo da paz..."

Embora *O vermelho e o negro* e *A Cartuxa* não se passem na América, a estúpida "tirania da opinião pública" (*O vermelho e o negro*, I, 1) exerce igualmente nesses romances um papel de relativa importância. Com igual ou maior veemência que aquela reservada a invectivar o privilégio, Stendhal acusa o mundo da Restauração por sua mediocridade. É um universo previsível, entediante, óbvio: narrativamente inerte. Como vimos, o mundo burguês de Stendhal não é a prosa balzaquiana do mundo, a infatigável parteira de enredos, mas sim um pântano bem-educado e imóvel. O que poderá então desencadear a história em tal situação?

Será o eco da imagem "romântica" de Napoleão, amplamente difundida nas primeiras décadas do século XIX, que a desencadeará. "Esposo da sorte, bravo andarilho", ressoa um fragmento do décimo capítulo de *Onêguin*, "torturava-o o castigo da paz..."* A paz como castigo: é precisamente esse o estado de espírito que permeia *O vermelho e o negro*: "Ah, lamentava-se Mathilde [...]. Agora, a civilização expulsou o acaso, não há mais imprevisto" (*O vermelho e o negro*, II, 14).[36] Não há mais imprevisto? Lefebvre:

> Não foi por um acaso que a Revolução [...] terminasse com a ditadura de um general [...] Mas acontece que este general era Napoleão Bonaparte, cujo temperamento, mais ainda do que o gênio, não podia espontaneamente se contentar com a paz e a moderação. Foi o imprevisível que fez com que a balança pendesse para o lado da "guerra eterna".[37]

"A França" — escreve Fiévée a Napoleão em 1809 — "está doente de inquietude." Guerra eterna, inquietudes — "tensão cansativa e enervante", lê-se num registro da Câmara de

---

* Agradeço a Pedro Augusto Pinto por ter traduzido diretamente do russo para o português as passagens citadas "dos fragmentos do décimo capítulo" de *Onêguin*, ausentes na edição brasileira. [N. T.]

Comércio de Lyon pouco tempo depois. Aqui Napoleão não alarma porque é imperador, déspota que aspira a paralisar a França sob suas leis: muito pelo contrário, preocupa porque sempre coloca em jogo suas conquistas. É uma imagem que já contém o *cupio dissolvi** do jogador de roleta, outra grande imagem do romance oitocentista. E contém sobretudo uma ideia de "história" particularmente forte — forte *demais*, em certo sentido. Inquietude, tensão enervante, guerra eterna e tantas outras expressões análogas são definições em negativo: são o oposto de paz e de tranquilidade. E enquanto estas parecem perfeitamente compreensíveis — "naturais!" —, a guerra eterna, ao contrário, não o parece de modo algum. Pura violação, sabe desmantelar todas as regras vigentes, mas não parece possuir regras próprias.

E eis-nos mais uma vez de volta à teoria da narrativa. Investigando a origem do enredo, Lotman observa que, para passar do mundo classificatório e parado do mito àquele movimentado e irreversível da história, fora necessário optar por um

> mecanismo capaz de gerar textos em acordo com um movimento temporal linear, de modo a estabelecer anomalias, não leis [...]. A determinação de eventos únicos e casuais, crimes, calamidades — qualquer coisa que fosse considerada como violação de uma certa ordem primordial —, foi o cerne histórico da narrativa fundada sobre o enredo.[38]

A antítese de leis e a anomalia é o ponto da pesquisa de Lotman em que a herança formalista mais se faz sentir, e já é opinião difundida (e compartilhada por este autor) que essa não oferece uma base satisfatória para uma teoria geral da narrativa, justamente porque sua concepção da história pode parecer apenas

---

* Locução latina que significa literalmente "desejo morrer". [N.T.]

como exceção e negação de um determinado paradigma, como algo casual e, no limite, inexplicável. No caso de Stendhal e de Púchkin, todavia, não se pode negar que a hipótese de Lotman acerta em cheio. Como seus heróis, eles não estão minimamente interessados nas leis da vida social, mas somente em sua violação. Os famosos "et ceteras" stendhalianos, o expedito sarcasmo das descrições de *Onêguin* assinalam uma verdadeira indiferença adamantina pelas normas vigentes. Até mesmo no mundo acanhado e vigilante do seminário de Besançon — onde teoricamente nos é dito: até o modo de "comer um ovo" pode levar ao sucesso ou ao fracasso (e quantas vezes acontece algo semelhante em *A comédia humana*!) — até mesmo ali, dizia, as regras da vida em sociedade não possuem, na verdade, a menor significância narrativa.

Para recorrer a um par conceitual semelhante àquele de lei e exceção, diríamos que Púchkin e Stendhal estão imensamente mais interessados no "primeiro plano" do que no "pano de fundo".[39] Ou melhor, pretendem reduzir ao mínimo as relações entre esses dois planos da narrativa. Se o *Bildungsroman* conclui tipicamente com o primeiro plano — a história do herói — que se integra aos poucos no pano de fundo coletivo até ambos tornarem-se um só plano; e se Balzac, simetricamente, tornará as leis sociais narrativamente "ativas", fazendo com que invadam e determinem o destino do herói — Stendhal e Púchkin perseguem, ao contrário, sua separação. Daí o seu modo de ir direto ao ponto: os lentos processos de aproximação, o gosto pelas sobredeterminações, tão típicos de Goethe e de Balzac, são abandonados em favor de uma rapidez narrativa que conduz diretamente ao núcleo do episódio, conferindo-lhe, em geral, uma aura de grande dia de batalha.

Toda a narrativa é repleta de bruscas sucessões de primeiros planos, em que a conexão causal cede lugar à descontinuidade da violação. A trama transforma-se em uma longa sequência de *atos arbitrários*: precisamente aqueles de cujo desejo de previsibilidade burguesa pretendia se desfazer, e que aparecem aqui sob a insígnia do orgulho militar-cavalheiresco (os incontáveis desafios imaginários de Julien) e da paixão de amor (os amores à primeira vista que, de maneira geral, estão presentes nessas obras). Em Púchkin e em Stendhal a trama não assume a tarefa "realista" de representar um mundo em sua variedade e interconexão: ela serve, ao contrário, para atrair o olhar sobre aquele que reintroduz a "inquietude" em um mundo entorpecido. Serve, em suma, para construir uma imagem "forte" do *protagonista*. O subtítulo de *O vermelho e o negro* é *Crônicas de 1830*; *Vida de Julien Sorel* teria sido mais exato, e já Balzac havia sugerido rebatizar *A Cartuxa* como *Fabrice ou o italiano do século XIX*. Púchkin e Liérmontov decidem indicar desde o título (*Onêguin*, *O herói do nosso tempo*) qual será o aspecto principal da narrativa.

O protagonista como aquele que se extrai à força de um cenário inerte e repetitivo: outra inversão em relação ao *Bildungsroman*. Aqui a formação individual não se dá mais por meio de sua *inserção* no corpo das regras sociais, mas sim na tentativa de sabotá-las: individualização e socialização não são mais processos complementares, são antitéticos. E há ainda mais uma mudança. Se Wilhelm Meister e Elizabeth Bennet "são" feitos de uma determinada maneira e "agem" de acordo com ela, acontece frequentemente que Julien, Pietchórin ou Fabrice "agem" com o intuito de "ser". Como mostrou Jean Starobinski, o personagem stendhaliano é fundamentalmente "dinâmico" e "teatral",[40] assim como é, para voltar ao nosso tema, condenado à "artificialidade" e à "paródia".

Paradoxo central da obra de Stendhal: para ser "si mesmo" é preciso que o herói seja antes de mais nada "outro", um ideal enfático e pouco credível. Estamos diante de um processo de formação bem mais tortuoso e suspeitoso do que gostaríamos de supor. Mas ele tem suas razões e seus méritos.

3. A coragem da paródia

Por que, então, correr o risco de ser uma paródia? Para chegarmos a uma resposta, voltemos àquela fase do homem que adquire, nessas décadas, um valor simbólico novo, e vejamos o que escreve um de seus estudiosos mais atentos e apaixonados:

> A adolescência é o período em que o jovem [...] se diferencia da própria cultura, embora nos termos dessa cultura. [...] É precisamente esse sentimento de individualidade que não se desenvolve ou desenvolve-se fracamente na maioria das culturas primitivas ou nos grupos sociais mais pobres. Uma iniciação bem-sucedida leva à solidariedade de grupo, e promove um caloroso senso de pertencimento; uma adolescência bem-sucedida acrescenta a este último um profundo senso de si — da própria personalidade.
> A personalização é o *métier* da adolescência. De todas as pessoas, os adolescentes são os mais intensamente pessoais, e sua intensidade é geralmente incômoda para os adultos. E à medida que a cooperação e a integração de grupo tornam-se as normas sociais dominantes, a tolerância substitui a paixão como base do agir social, e a personalização torna-se uma falsa personalização — a adolescência torna-se, inevitavelmente, cada vez mais difícil [...].
> A adolescência é o conflito [entre indivíduo e sociedade], independentemente da idade do indivíduo. O conflito adolescente é o instrumento por meio do qual um indivíduo torna-se consciente da complexa, sutil e preciosa diferença que existe entre ele e seu contexto.[41]

Para Friedenberg, portanto, a adolescência é o conflito, e graças ao conflito é possível alcançar a própria individualização. Esta, por outro lado, não é um simples distanciamento do próprio contexto sociocultural, tampouco mera acentuação de idiossincrasias pessoais: aquilo que a torna possível e significativa é, ao contrário (para recorrer aos termos usados por Erik Erikson em *Identity, Youth, and Crisis*), um conjunto de "identificações", ou seja, de "modelos ideais" propostos pela civilização, mas, de modo geral, precisamente "em conflito" com o seu real funcionamento.

A juventude é particularmente suscetível a tais modelos ideais porque — ainda nas palavras de Erikson — trata-se de uma "moratória psicossocial" cuja substância não reside tanto naquilo que o jovem efetivamente "é" quanto naquilo que *poderia*, ou *gostaria* de ser. É a idade, dizia-se anteriormente, em que o Supereu afirma-se com uma pureza e uma intolerância únicas: e já aqui, evidentemente, começa a emergir o tema da paródia. Para que a individualização se realize, é preciso que se baseie em ideais claros e vívidos: exatamente por isso, todavia, estes poderão se tornar facilmente desmedidos e enfáticos. Para não se tornar um mesquinho comerciante de Verrières, Julien Sorel deve sonhar ser Napoleão, o que não pode deixar de nos fazer no mínimo sorrir.

A essa proximidade congênita entre juventude e paródia sobrepõe-se aquela tendência histórica que constituiu um dos maiores tormentos do liberalismo crítico oitocentista: o declínio daqueles "impulsos fortes" sem os quais um indivíduo em sentido pleno — distinto, independente e capaz de resistir ao conflito com as opiniões da maioria — não pode se formar. Trata-se do despotismo da naturalidade mansa e complacente: produto de um mundo que — tanto em Tocqueville como em Stendhal; em Púchkin como em Mill — é acolhedor demais, excessivamente disponível com aqueles que querem fazer parte dele. É um mundo em que as razões "objetivas" do conflito não parecem mais existir: não há a luta feroz da sociedade civil balzaquiana, e a própria luta política inexiste (em *Onêguin* e em Liérmontov), é deliberadamente abatida (em *O vermelho e o negro*), ou então já se reduziu a mero pretexto para pequenas rivalidades pessoais (em *A Cartuxa*). Não tem jeito, Julien e Fabrice são decididamente bem-aceitos no mundo da Restauração, e muitas vezes atraídos, por sua vez, pela ideia de se integrarem a ele sem reservas e procurar ali a própria "felicidade".

Se não o conseguem totalmente, é porque conservam dentro de si a imagem de uma relação diferente com o mundo, de uma juventude corajosa e exigente. Mas, desprovida de uma base objetiva, essa imagem transforma-se, teria dito Hegel, em algo "meramente opinado", em uma aspiração exclusivamente subjetiva. Acontece que a relação entre individualidade e conflito se inverte. Não será mais este último, em sua realidade irredutível, que promoverá a individualidade, que "forçará" o sujeito a se tornar um indivíduo que aceita o peso e o risco de suas convicções. Muito pelo contrário: será o herói que sairá, literalmente, à procura dos conflitos e tentará, de todas as maneiras, colocar-se à prova porque quer, subjetivamente, existir enquanto indivíduo.

Trata-se de uma inversão que é expressa com lúcida ingenuidade por Mathilde no baile: "Só a condenação à morte distingue um homem" (*O vermelho e o negro*, II, 8). O que efetua a individualização é a condenação: não mais aquelas "qualidades da alma" que poderiam causá-la, e que são desde então "ofuscadas" para sempre. O conflito não reside mais "nos fatos": tem de ser "provocado", "espicaçado" como o amor-próprio do qual se fala em *Do amor*, para que o herói tenha certeza de sua própria identidade. Daí a famigerada suscetibilidade de Julien, que tende a ver em cada ato um sentido oculto, que o mantém em alerta, o desafia, que o impede de se entregar; daí a "artificialidade" caprichosa que o persegue até mesmo em sua primeira noite de amor:

> Mas, nos momentos mais doces, vítima de um orgulho bizarro [...]. Em vez de estar atento aos transportes que fazia nascer, e aos remorsos que os tornavam mais vivos, a ideia do dever jamais cessou de estar presente a seus olhos. Ele temia um remorso horrível e um ridículo eterno, caso se afastasse do modelo ideal que se propunha seguir. Em uma palavra, o que fazia de Julien um ser superior foi precisamente o que o impediu de saborear a felicidade que se lhe oferecia. (*O vermelho e o negro*, I, 15)

Aqui o comentário do narrador tem, com toda razão, dois lados. O comedimento de Julien é bobo, afetado, ridículo — mas, *ao mesmo tempo*, torna-o "um ser superior". A grandeza desse modelo de autoformação reside inteiramente em seu respeito a um senso do dever jamais estritamente necessário; na criação de conflitos longe de serem inevitáveis. Aquilo que pode o tornar ridículo é inseparável daquilo que o torna admirável: é sua *inconsistência*. Nada — realmente nada — obriga o sujeito a fugir da "naturalidade" e a se desassociar da "opinião comum": nada garante que ele, para falar como Helvétius, não termine por suscitar o riso de seus contemporâneos em vez de sua admiração. Justamente, pois apenas escolhas que não são inevitáveis ou garantidas são realmente escolhas. Talvez não seja agradável admitir, mas em um mundo pacificado, que convida sorrindo a saborear o prazer do princípio de realidade, correr o risco de ser uma paródia constitui uma das máximas provas de coragem.

E vice-versa. Colocar-se na pele dos outros *confere* uma insólita coragem. No *18 Brumário*, Marx observou que as revoluções burguesas sempre se serviram de disfarces: bíblico na Inglaterra, romano na França. Ele vê aí o autoengano completamente coerente com a "falsa" consciência de si e do mundo típica da classe burguesa, e prevê que as revoluções socialistas "não colherão sua poesia do passado, mas unicamente do futuro". Mas a poesia do futuro (especialmente de um futuro distante) tem a incoercível tendência a reproduzir, sem o saber, um passado decididamente remoto; e indo diretamente ao ponto, as grandes sociais-democracias edificaram sua cultura sobre um aparato simbólico de evidente influência religiosa, enquanto Lênin recorreu com muita insistência ao modelo jacobino e Trótski leu o desenrolar da Revolução Russa segundo o modelo da Revolução Francesa; e no fim das contas, a história do movimento operário e das revoluções do século XX não fica aquém do esperado em matéria de disfarces — e de paródias.

O importante, contudo, não é contestar uma previsão que, além do mais, é eventual e metafórica. A questão é outra: isto é, que disfarces e paródias são talvez o acompanhamento necessário de toda grande transformação social. "Antes de mais nada quero ser verdadeiro. Seria um milagre e tanto neste século de comédia", escreve Stendhal em *Souvenirs d'égotisme*. Mas logo em seguida acrescenta: "Uma das características do século da revolução (1789-1832) é que nenhum sucesso pode ser obtido sem certa dose de impudência e até mesmo de decidida charlatanice".

Se não me engano, o problema aqui não é tanto que a charlatanice prospere *também* nas revoluções — mas sim que sem "certa dose" dela, as revoluções seriam *impossíveis*. A charlatanice parece ser menos uma degeneração da revolução do que sua perturbadora premissa. E não é de todo ilógico que assim seja, dado que diante das grandes fraturas históricas somente a "impudência" de pensar melhor do que se é confere à ação destruidora dos protagonistas aquela *legitimidade simbólica* que sua "realidade" sozinha jamais seria capaz de assegurar: sobretudo aos seus próprios olhos. Diante da possível destruição do próprio mundo, o Eu, a instância "realista" e "natural" da normalidade, cala-se: renuncia a ele, ou então é preciso lhe atribuir alguma forma de "ideal do Eu", com seu excesso de certezas, sua teatralidade enfática e sua escassa noção das proporções. Trata-se de uma mistura de superstição e inteligência, vaidade e coragem, mentira e verdade que constitui a arenga de Julien Sorel. Vimos como sua forma argumentativa trilha a estrutura da má-fé; vejamos adiante de qual magma emotivo ela emerge:

> A sessão recomeçou. Quando o presidente fazia o seu resumo, deu meia-noite. O presidente foi obrigado a interromper-se; em meio ao silêncio da ansiedade geral, o ressoar do sino do relógio enchia a sala.
> Eis o último de meus dias que começa, pensou Julien. Logo sentiu-se inflamado pela ideia do dever. Até então havia dominado seu enternecimento e mantido a resolução de não falar; mas quando o presidente do tribunal perguntou-lhe se tinha alguma coisa a acrescentar, ele levantou-se. Via à sua frente os olhos da Sra. Derville que, às luzes, pareceram-lhe muito brilhantes. Acaso ela estaria chorando? Pensou.
> "Senhores jurados..." (*O vermelho e o negro*, II, 41)

Aqui não é possível cindir a audácia política de que fará prova Julien da ideia supersticiosa do destino que (pela terceira vez no romance) lhe suscitam as badaladas do relógio; ou então destrinçar seu corajoso senso de dever da complacência mundana com as lágrimas das espectadoras. É um grande mérito de Stendhal nos obrigar a ver juntas a nobreza e a miséria de seu herói; faz-nos compreender como até mesmo as façanhas mais altas embrenham suas raízes em emaranhados sórdidos — e como, inversamente, tudo isso não diminui a grandeza, mas, justamente, e muitas vezes, a torna possível.

Trata-se de uma combinação desconcertante (ninguém quer confundir santo com diabo) mas tem o mérito de manter viva uma imagem combativa da individualidade, portadora de desequilíbrio — "insatisfeita", para usar uma palavra-chave do *Fausto*, que Goethe levava ao fim nos anos de *O vermelho e o negro* e de *Onêguin*. E de fato, a ligação entre conflito subjetivo e mudança histórica explorada nesses romances faz-se mais interessante se lida em paralelo com o *streben* faustiano, que é sua versão sublime e, ao mesmo tempo, infinitamente mais otimista.

4. "*Streben*"

O *streben*, diz Mefistófeles sobre Fausto, "invicto, aspira para a frente" (*Fausto*, 1857), é aquela pressão singular direcionada a uma meta que não encontra jamais, ao ser alcançada, uma satisfação definitiva. "Não penso em alegrias, já to disse" (*Fausto*, 1765), exclama imediatamente Fausto; e ainda "*Geniessen macht gemein*" (*Fausto*, 10 259), o gozar torna ordinários, vulgares — prosaicos, como no fundo é Mefistófeles. E, no entanto, mesmo se não se trata de alegrias, nem por isso o *streben* — diferentemente do fantasma stendhaliano do dever — impede de alcançar a satisfação:

> *Pelo mundo hei tão só corrido;*
> *A todo anelo me apeguei, fremente,*
> *Largava o que era insuficiente,*
> *Deixava ir o que me escapava.*
> *Só desejado e consumado tenho,*
> *E ansiado mais, e assim, com força e empenho*
> *Transposto a vida;*
> (*Fausto*, 11 433-9)

Fausto profere esses versos em resposta à Apreensão em uma das últimas cenas da obra, na qual temos quase a impressão de que Goethe quis contrapor explicitamente dois diferentes princípios de movimento e extinguir, assim, as ambiguidades que no decorrer da obra haviam se adensado em torno do conceito de *streben*. Na versão da Apreensão, o *streben* recorda as fantasias melancólicas do mundo romanesco ("Quem possuo é meu a fundo,/ Lucro algum lhe outorga o mundo"; *Fausto*, 11 453-4): "Deve ele ir-se? Deve ir?", "indeciso eternamente", "Renunciar, dever sem fim".

Nas palavras de Fausto, ao contrário, o *streben* é uma espécie de versão radical da operosidade goethiana ("Aqui se quede. Firme, a olhar à roda;/ Ao homem apto, este mundo acomoda./ Por que ir vagueando pela eternidade?/ O perceptível arrecade": *Fausto*, 11 445-6). É um princípio concreto e produtivo, capaz de traçar — sempre "para a frente" — uma direção. Portanto é difícil concordar com Ladislao Mittner quando afirma que "mais do que uma verdadeira atividade, ou um impulso retilíneo, o *streben* é dinamismo incoercível, demoníaco, geralmente acompanhado, ou mesmo gerado, pela ansiedade".[42]

A questão aqui é malposta: o dinamismo do *streben*, de fato, é "incoercível e demoníaco" *precisamente porque* se traduz sempre em "atividade" e "impulso retilíneo". O traço infernal do percurso faustiano é — como o demonstra o destino de Margarida — justamente a facilidade com a qual os obstáculos são superados e os desejos satisfeitos. É rápido demais o percurso de Fausto, muito retilíneo:

Do amor, maldita a suma aliança!
Maldita da uva a rubra essência!
Maldita fé, crença e esperança!
E mais maldita ainda, a paciência!
(*Fausto*, 1603-6)

Essas são as palavras de Fausto, poucos instantes antes de fazer o pacto. E depois, no ápice do episódio de Margarida:

Não sou eu o sem lar, a alma erradia e brava,
O monstro sem descanso e ofício,
Que, em ávido furor, se arroja como lava,
De pedra em pedra, para o precipício?
[...]
À ardente espera, põe, demônio, fim!
O que há de ser, logo aconteça!
Possa ruir seu destino sobre mim,
E que comigo ela pereça!
(*Fausto*, 3348-51; 3362-5)

"O que há de ser feito, bem-feito será se feito o quanto antes": são as palavras de Macbeth antes do assassinato de Duncan. E Mefistófeles (que o jovem Marx viu, com razão, como uma metáfora do dinheiro) serve exatamente para isso: para abreviar os tempos e reduzir as distâncias. Se o mundo do romance é sempre cheio de entraves, protelações e desníveis, o de *Fausto* resume-se, ao contrário, à imensa planície final das terras arrancadas das ondas.

É um mundo que celebra a ideia da onipotência do pensamento: e então não é de admirar o fascínio do *streben*. Este reunifica duas aspirações igualmente importantes para a cultura moderna: a satisfação da meta alcançada, da absoluta plenitude com a qual Fausto vive as diferentes épocas históricas — e a liberdade de quem sempre anseia pelo novo, como o Fausto fervoroso e visionário do último monólogo. A genialidade de Goethe reside precisamente aqui: em declarar que essas duas aspirações não são contrapostas e inconciliáveis, mas sim complementares e homogêneas. Somente quem for sempre capaz de obter a felicidade pode, digamos assim, prescindir delas, e abster-se de gritar ao instante que se esvai a fatídica frase "Tu és tão lindo! Espera!". Nesse quadro, a mudança histórica é realmente um progresso, um "para a frente": não se renuncia a nenhuma etapa até que sejam plenamente expressas suas potencialidades — e uma vez alcançado esse objetivo, por outro lado, nada mais impedirá o homem de seguir adiante.

Somente da satisfação nasce a insatisfação: e, continuamente, esta será aplacada. Essa é sem dúvida uma imagem atraente da mudança histórica. Mas é plausível também? Isso é menos seguro. Em páginas memoráveis de *Além do princípio de prazer*, Freud percebeu que o único meio para manter vivo o ideal do *streben* — "esta benéfica ilusão" — consistia em reformular completamente suas causas. A mola do progresso humano não é a facilidade da satisfação — é a sua *impossibilidade*. Se existe uma pulsão inata, esta não nos leva "para a frente", em vez disso nos incita a parar e "pensar em alegrias". É o princípio de prazer como princípio da constância; equilíbrio, êxtase. Entregue a si mesmo, o homem de Freud gritaria o tempo todo ao instante "Tu és tão lindo! Espera"; o que o impede, segundo a desconsolada lucidez dos textos freudianos, não é a parte mais "espiritual" da sua natureza (Fausto será salvo porque "Quem aspirar, lutando, ao alvo,/ À redenção traremos": *Fausto*, II 936-7) — mas sim a dureza das circunstâncias externas, a inevitabilidade da dor, o fato de que, lemos no *Mal-estar na civilização*, no plano da criação, a felicidade do homem "não está prevista":

> As sensações de caráter prazeroso nada possuem de premente em si, mas as sensações desprazerosas têm isso em alto grau. Elas premem por mudança, por descarga e, portanto, referimos o desprazer a uma elevação e o prazer a uma diminuição do investimento de energia.[43]

Para Freud, a humanidade é *obrigada* à mudança e à liberdade que lhe é inerente: não só não as vê como valores a serem perseguidos em si, como aspira também a se desfazer delas o quanto antes para restabelecer o equilíbrio perdido:

O que observamos de incansável ímpeto rumo à perfeição, numa minoria de indivíduos, pode ser entendido como consequência da repressão instintual em que se baseia o que há de mais precioso na cultura humana. O instinto reprimido jamais desiste de lutar por sua completa satisfação, que consistiria na repetição de uma vivência primária de satisfação; todas as formações substitutivas e reativas, todas as sublimações não bastam para suprimir sua contínua tensão, e da diferença entre o prazer de satisfação encontrado e o exigido resulta o fator impulsor que não admite a permanência em nenhuma das situações produzidas, mas, nas palavras do poeta, "sempre impele, indomável, para a frente".[44]

Eis aqui a imagem do progresso humano que encontramos em Stendhal. O que é a segunda metade de *A Cartuxa* senão uma sucessão de "formações substitutivas" às quais Fabrice recorre na impossibilidade de se unir a Clélia? E então reapresenta-se mais uma vez o tema que já encontramos em várias formas diferentes: o sabor acre da *inautenticidade* que acompanha passo a passo o indivíduo moderno e instaura a sombra da paródia e da dúvida sobre os feitos mais nobres. Já não há mais o papel histórico vivido por Fausto de modo tão pleno e natural, mas sim a sensação de estar sempre mascarado, partido ao meio, de ser insincero.[45] E, é claro, de ser livre. Mas já não é mais a liberdade de dispor de um servidor onipotente. Não é mais a liberdade que nasce da felicidade e que consegue retornar a esta. É a "*vil* liberdade", dirá Onêguin.

5. "A nada unido"

No *Fausto* praticamente não existem cenas cuja função seja a de colocar premissas para a passagem daquilo que virá [...]

não há visões do passado e do futuro, mas exclusivamente a presença sensível de uma fase determinada.[46]

Lukács considera tal procedimento decisivo para o prevalecimento da técnica dramática sobre a "épica" e vislumbra uma analogia com a representação hegeliana da história. A *Fenomenologia*, entretanto, de modo algum ignora os momentos de transição de uma etapa a outra, às quais, aliás, são dedicadas algumas das seções cruciais da obra, como aquela sobre o senhor e o escravo ou sobre o espírito alienado de si mesmo. A razão por trás da escolha de Goethe reside provavelmente noutro lugar, e talvez exatamente na grande, mas implausível, concepção do *streben*. Tal noção funda-se, como vimos, sobre uma metafísica da identidade: Fausto quer "ir para a frente" porque realizou plenamente uma figura determinada, e para realçar o sentido de plenitude que caracteriza seu percurso, Goethe representa-o apenas quando ele já está imerso na figura seguinte. Como a humanidade de uma famosa passagem marxista, Fausto coloca para si apenas aqueles problemas que é capaz de resolver; e Goethe, por sua vez, mostra-o apenas quando de fato já os resolveu.

Embora mude continuamente de papel, Fausto não é, portanto, jamais hesitante ou dividido: além disso, não parece possuir aquela "interioridade" distinta do comportamento efetivo tão típica do homem moderno.[47] Ele é sempre "aquilo que é" em um momento determinado: a sua capacidade mágica de "dormir" e de esquecer (enquanto os heróis do romance geralmente são sempre um pouco insones) faz do passado um sonho e não tanto uma recordação; a facilidade igualmente mágica de realizar os próprios desejos abole o futuro enquanto potencialidade incerta. No *Fausto* não há, portanto, trama propriamente dita, mas antes uma sucessão de quadros independentes que excluem a representação do vir a ser. É o sonho de uma humanidade sempre ancorada no presente e ciente de si mesma.

Exatamente o contrário ocorre no romance daqueles anos. Aqui, poderíamos dizer, *apenas* a incerteza do vir a ser é representada e se dão apenas cenas de transição — jamais pontos de partida ou de chegada. Tudo é preparação e recordação; ilusão e desengano; esperança e recriminação; agir e querer desfazer aquilo que foi feito. Transposição diacrônica da duplicidade da má-fé, esse implacável vaivém torna o fim dessas obras particularmente problemático. O seguinte foi escrito sobre *O vermelho e o negro*:

> Poderíamos descrever o *tourniquet* sartriano do seguinte modo. O desejo trata cada etapa intermediária como antecipação do fim; e o reconverte em seguida em algo intermediário, esquecendo ou recolocando em discussão sua condição de "desfecho". O fim pode ser aceito apenas como processo; quando é encontrado no lugar que lhe compete (no final!), a sequência deve ser prolongada a fim de eclipsar sua finalidade de encerramento.[48]

Nos lembramos do *"besoin d'anxiété"** de uma epígrafe de *O vermelho e o negro*. A angústia da qual, para o Sartre de *O ser e o nada*, germina precisamente a má-fé e que, nas clássicas reflexões de Kierkegaard, pode conduzir a dois resultados opostos. O primeiro é aquele do "cavaleiro da fé": "firme, integramente dado ao infinito", ele "está presente realmente naquilo que faz". Soube escolher o caminho da "repetição", evitando assim a dupla e falaciosa bajulação da "esperança" e da "recordação" que marcam o destino oposto: "Quem não compreende que a

---

* Literalmente "a necessidade de ansiedade". Trecho da epígrafe do livro II, capítulo XII, de *O vermelho e o negro*. [N.T.]

vida é uma repetição, e que nisso consiste toda a beleza da vida, merece somente o destino que o espera: morrer". [49]

Esse destino que Kierkegaard vê simbolizado em Napoleão é "demoníaco", "taciturno", "imprevisível". Taciturnos e imprevisíveis, incapazes de "repetição", sempre vítimas de esperanças e de recordações, jamais firmemente enraizados naquilo que fazem — eis Julien e Fabrice, Onêguin e Pietchórin. Diferentemente do *streben* goethiano, sua mobilidade é de fato parente da ansiedade e da melancolia. Em vez de ser o fruto de uma felicidade alcançada e premissa para a felicidade futura, a irrequietude é aqui, claramente, aquilo que torna a felicidade *impossível*:

> *Uma centelha de ternura*
> *Em vós achei de forma pura,*
> *Ao conhecer-vos; não quis crer:*
> *Doces costumes fui contendo,*
> *Vil liberdade fui perdendo,*
> *Não a querendo ver morrer.*
> [...]
> *No mundo, só, a nada unido,*
> *Pensei que paz e liberdade*
> *Me fosse dar felicidade.*
> *Céus! Quanto errei e fui punido!*
> (*Eugênio Onêguin*, "Carta de Onêguin a Tatiana")

Essa antítese de felicidade e liberdade, em si, não é nova: ela já pode ser encontrada na forma clássica do *Bildungsroman*. Aquilo que muda é a hierarquia entre os dois valores e a estrutura narrativa que deve torná-la manifesta. Em *Wilhelm Meister* e *Orgulho e preconceito* a liberdade "desembocava" na felicidade: o herói vivia plenamente o próprio desejo de autoformação e, em seguida, cansado de sua inconclusão, "substituía-o" pela socialização exemplar de um casamento bem-sucedido. A liberdade demonstrava-se capaz de tudo, menos de produzir um final ao qual se pudesse dizer "Tu és tão lindo! Espera!": o ideal da *Bildung*, que pressupõe, ao contrário, um ponto de paragem que demonstre a maturidade alcançada, pode renunciar a esse de bom grado. Passada uma geração, o interesse desloca-se para o lado oposto do paradigma: em vez de buscar o que permite instituir os vínculos definitivos, o herói medita sobre a força que incessantemente efetua sua dissolução:

> Será, pensava, será que minha única missão na terra é destruir as ilusões alheias? Desde que me entendo por gente e tenho atividade, o destino sempre me conduz ao desenlace de dramas alheios, como se sem mim ninguém fosse capaz de morrer ou cair em desespero. Tenho sido o personagem necessário do quinto ato; venho desempenhar involuntariamente o mesquinho papel de verdugo ou traidor. Qual tem sido a finalidade deste destino?... Não terá me reservado de autor de tragédias mesquinhas ou romances familiares? (*O herói do nosso tempo*, "A princesinha Mary")

Pietchórin trama três ou quatro tragédias mesquinhas e mata em um duelo seu amigo. Onêguin separa Lenski de Olga e mata-o também em um duelo; destrói a tranquilidade rural de Tatiana e depois tenta roubá-la ao marido. Julien Sorel arruína a família de Rênal, separa Mathilde de seu pai, atira em Madame de Rênal e é a causa, apenas indireta, da morte dela e de Croisenois. Fabrice perturba por diversas vezes a relação entre Mosca e Sanseverina, e aquela entre ambos e a corte de Parma; coloca Clélia em conflito com seu pai e depois com o marido e causa a morte dela e do filho.

Essa é uma sequência impressionante; mas seria errôneo compreendê-la como um amontoado de crimes e ver seus responsáveis como heróis "malditos". Com efeito, aquilo que geralmente os faz agir não é a força de um desejo ilícito e, portanto, potencialmente "criminal" — mas sim um fraco senso do pacto social. Eles não violam os vínculos de amor, de amizade ou de família porque são motivados por um desejo apaixonado, mas sim porque todo vínculo lhes aparece, em si, indigno de ser preservado, ou até mesmo intolerável.[50] Daí a versão melancólica, mas violenta, do conceito liberal de liberdade: "freedom *from*". Pietchórin:

> Sou capaz de todos os sacrifícios, menos um; vinte vezes ponho em jogo a minha vida, até a minha honra... Mas não vendo a minha liberdade. Por que será que lhe dou tanto valor? Que representa para mim?... A que aspiro? Que espero do futuro?... Para falar a verdade, absolutamente nada. É uma espécie de pavor nato, de pressentimento inexplicável... (Ibid.)

O que oferece a liberdade? Nada. É apenas um princípio de privação, de desvinculação. E é natural que ele recue diante do casamento: diante daquela permutável e livre renúncia à liberdade que, entre os séculos XVIII e XIX, aparece como metáfora do moderno contrato social. Onêguin a Tatiana, depois de ter recebido sua carta de amor:

> *Se a quadro tão familiar*
> *Eu me deixasse cativar;*
> *A vós por noiva escolheria*
> *E a ninguém mais procuraria.*
> *[...]*
> *Seria feliz — tal como anelo!*
> *Mas essas tais satisfações*
> *Minha alma, certo, desconhece;*

Inúteis vossas perfeições:
Pois não sou eu quem as merece.
Nossa união (tenho certeza)
Traria angústia e só tristeza.
Inda por mais que vos amasse
Fatal seria que acabasse;
E logo, sim, vos choraríeis;
E eu não ficava comovido;
Nem nisso eu via mau sentido.
(*Eugênio Onêguin*, IV, 7 e 8)

"A alma" — escreve Stendhal no início de *Do amor* — "cansa-se de tudo aquilo que é uniforme, até mesmo da perfeita felicidade." Hábito, uniformidade: é isso que torna a felicidade indesejável. Uma vez que a felicidade convida a postergar, seria bom que durasse "para sempre", "Tu és tão lindo! Espera!"... Mas se assim fosse, então desapareceria aquela imagem "forte" da história — descontinuidade, contínua mudança das regras, imprevisibilidade — que essas décadas se viram forçadas a eleger, apesar de muitos reveses, como seu valor simbólico mais alto.

Uma felicidade indesejada — e, no entanto, especialmente em Stendhal, ainda assim desejadíssima. Essa é uma contradição que se define no paradoxo emotivo do amor-paixão: felicidade da infelicidade, ou também, como demonstrou Denis de Rougemont, sede de destino. E o destino (pelo qual todos esses heróis sentem-se marcados, ou gostariam de sê-lo, com uma intensidade única na história do romance), o destino, como se sabe, emite apenas sentenças. A busca da felicidade converte-se, assim, em ímpeto de autodestruição: em felicidade da não liberdade.

É essa a grande imagem stendhaliana da prisão feliz. A interpretação mais difundida, singularmente idílica, vê esta como o lugar que permite a Julien e Fabrice esquecer o mundo da "vaidade" e das "máscaras" para descobrir finalmente a "verdade" do próprio coração. Tal tese, entretanto — à parte algumas inexatidões — desvia o olhar do lado perturbador e talvez horrível da existência moderna que Stendhal teve a inteligência de iluminar. Podemos reformular a questão assim: para aqueles que quiserem valorizar de modo radical a aspiração à liberdade, a felicidade será concebível, não "também", mas *somente* na prisão: no aprisionamento.[51] Sobre a "verdade" do coração ele só poderá ter certeza *depois* que uma coerção externa o tiver privado da liberdade. Entregue a si mesmo, esse indivíduo não é capaz nem de "felicidade", nem de "verdade": ele se duplica, se desvincula, se disfarça, porque para ele o mundo das máscaras e da má-fé não é mais separável daquele da liberdade e da história.

6. Unhappy ending

Se o fim é talvez o aspecto mais problemático das obras de Púchkin e de Stendhal, que nos parecem mais "interrompidas" do que "concluídas", a razão é que, reparando bem, o único fim totalmente coerente é aquele aqui inimaginável, ou seja, o final *feliz*. No final feliz, de fato, a trama passa de mera sucessão cronológica a percurso intencional em que a finalidade (da história) e o fim (do protagonista, em geral) coincidem perfeitamente. O tempo é transfigurado pelo sentido que tornou possível sua instauração, e este, por sua vez, é sentido *imanente* ao mundo, assim como é configurado ao fim da obra: a atribuição individual não é mais arriscada e precária, mas sim um universo de valores compartilhados, cuja manifestação mais direta e compreensível é a reciprocidade do sentimento de amor. De modo circular, a felicidade finalmente alcançada faz desejar que o tempo pare e reforça o sentido de "encerramento" do desfecho. Justo o que acontecia fundamentalmente em *Bildungsroman* exemplares como *Os anos de aprendizagem* e *Orgulho e preconceito*, e talvez seja desnecessário dizer que o amálgama de tempo, sentido, felicidade e encerramento era especialmente adequado para enfatizar a passagem irreversível das experiências da juventude à identidade madura, e para representar a formação do indivíduo como um processo indissociável da — "em conclusão" — e coincidente com sua integração social.

Não sobrou nada de tudo isso em Stendhal e em Púchkin. A juventude não é uma trajetória teleológica que se conclui em uma maturidade superior; o sentido imanente ao mundo assim como é não pode ser compartilhado pelo protagonista nem o tornar feliz; a pressão por autonomia contrapõe-se aos ditames da socialização. Se um final convincente deve nos transmitir uma sensação de tranquilidade, equilíbrio, integração sistemática dos vários elementos de uma obra, aqui estes se tornaram tão conflituosos, duplicados e heterogêneos que um tal fim se revela inconcebível. E, no entanto, esses romances, como todos, também têm de acabar a um dado momento. E então, se não podem concluir sob o signo da união e da harmonia, acabam definitivamente do modo oposto. Acabam *mal*.

Assim como o final feliz implica uma certa forma de "sucesso", que se sublima em algo mais vasto, o final triste exige a morte do protagonista, mas ao mesmo tempo quer que esta possua características particulares. Deve ser antes de mais nada uma morte que o *isole*: não apenas de uma ordem social na qual nunca se sentiu à vontade, mas também, e sobretudo, daquelas tensões coletivas às quais permaneceu, apesar de tudo, sempre ligado, e às quais — talvez — confiou em seu íntimo o sentido mais profundo da própria existência. Assim Octave, em *Armance*, parte para combater na Grécia, mas suicida-se ao ver a costa. Julien morre em 1830, não naquelas jornadas de julho que reconciliaram o seu autor com Paris, mas sim numa obscura praça de província, sem que fique claro se foi guilhotinado pelos disparos na igreja ou pelo seu discurso.

Fabrice escapa a Waterloo, a uma prisão política e a uma revolta carbonária, para morrer em solidão na Cartuxa de um deus em que nunca acreditou. Quanto a Pietchórin, não se sabe nem mesmo onde morre, e como: morre e basta.[52]

Uma morte solitária, portanto (e na qual os piores sobrevivem: lembram as últimas linhas de *A Cartuxa*). E injusta:

> — [...] mande um mensageiro para Odíntsova, Ana Serguêievna, uma proprietária de terras desta região... Conhece? [...] Ievguêni, ou seja, Bazárov, mandou cumprimentos e mandou dizer que está morrendo. Fará isso?
> — Farei... Mas será mesmo possível uma coisa dessas, que você esteja morrendo, você, Ievguêni... Reflita! você mesmo! Depois de algo assim, onde poderá existir justiça?
> — Isso eu já não sei; simplesmente mande um mensageiro.
>
> (*Pais e filhos*, 27)

Esse esplêndido diálogo de Turguêniev demonstra quanto é discutível a tese benjaminiana segundo a qual a morte do herói do romance serve para garantir um sentido à narrativa:

> [...] o leitor do romance procura realmente homens nos quais possa ler o "sentido da vida". Ele precisa, portanto, estar seguro de antemão, de um modo ou de outro, de que participará de sua morte. Se necessário, a morte no sentido figurado: o fim do romance. Mas de preferência a morte verdadeira.[53]

Nesses romances, pelo menos, o contrário é verdadeiro: a morte do protagonista deve concluir a história porque, desse modo, esta poderá ser *desprovida* de sentido. Depois de algo assim, onde poderá existir justiça? Isso eu já não sei; simplesmente mande um mensageiro...

7. Ironia e irracionalidade

Com essas últimas considerações voltamos à imagem de "realidade" que toma forma em Stendhal e em Púchkin e aos problemas de "realismo" narrativo. Como já dissemos, tal "realidade" apresenta-se como aquilo que não precisa de justificação para existir. A identidade entre real e simbólico, legalidade e legitimidade, que caracteriza o *Bildungsroman* e a filosofia hegeliana da história, desmorona. A essência da realidade não reside na realização de valores explicitamente professados por uma determinada formação social — mas sim na gritante rejeição a essa tarefa e na derrisão daqueles que buscam realizá-la.

É por isso que a narrativa realista não pode aceitar a convenção do final feliz: esta demonstra a coincidência de valores e fatos, enquanto a nova imagem de realidade baseia-se na sua separação. Não deve existir justiça neste mundo: é preciso que a narrativa seja *desprovida de sentido, "signifying nothing"*. Embora alcance o fim, o final triste é, portanto, a escolha retórico-ideológica que funda o realismo oitocentista. Esses romances *devem* acabar mal: essa é uma necessidade tão ofuscante que sacrifica sem hesitação a própria verossimilhança narrativa. Se, de Balzac em diante, se buscará demonstrar que é preferível abandonar a confiança nos valores professados pela sociedade *porque* a realidade funciona segundo outros princípios que nos são minuciosamente descritos — Stendhal, Púchkin e, ainda, Turguêniev manipulam a trama de maneira altamente contraditória e improvável *para que* aquela confiança seja abalada.

Mais uma vez uma breve lista será suficiente. Em *Armance*, a causa do suicídio de Octave é um incrível emaranhado de cartas de amor interceptadas e falsificadas. Em *O vermelho e o negro*, recorre-se ao inexplicável impulso homicida de Julien. Em *A Cartuxa*, trata-se novamente de um novelo de verdadeiras e falsas doenças e ações estouvadas. Em *Onêguin*, Eugênio recém-chegado, é catapultado por uma duvidosa providência até Tatiana. Em *O herói do nosso tempo* não se tem o cuidado nem mesmo de explicar como e por que Pietchórin morre. Em *Pais e filhos*, finalmente, Bazárov contrai tétano porque, só para passar o tempo, decide fazer uma autópsia em um camponês.

Em todos esses casos, a morte (ou, para Onêguin, a infelicidade) não é jamais o produto da concatenação causal da história. É um ponto parado e ao mesmo tempo *necessário* e *arbitrário*. Um ponto parado, necessário e arbitrário. Agora — se o leitor tiver paciência de voltar um pouco atrás com o raciocínio — podemos finalmente resolver o problema colocado nos últimos parágrafos da primeira parte. Todo texto, dizíamos, deve oferecer ao leitor uma base de apoio, uma perspectiva razoavelmente segura com a qual poderá organizar a percepção e prosseguir a avaliação. Dado que o plano do discurso, irônico e multicêntrico, não oferecia esse apoio, havíamos avançado a hipótese de que ele se localizava no plano da história. Plano no qual, de fato, o encontramos: é o final triste. Mas uma vez dissipado esse problema, surge outro, ainda mais perturbador.

Se reunimos os dois planos dessas obras, nos vemos diante de Dr. Jekyll e Mr. Hyde. Descobrimos, de fato, que o sistema do discurso irônico — rico de sentido, aliás, riquíssimo — baseia-se em um sistema de história que encarna o princípio oposto: a negação do sentido. Uma cultura discursivamente aberta, crítica, democrática mostra-se inseparável de uma concepção da história enquanto mecanismo inexorável, irracional, cruel. É possível?

Sim — pelo menos nesses textos. Sim, porque uma cultura que valoriza a multiplicidade dos pontos de vista — a dúvida, a ironia — é também, necessariamente, uma cultura da *indecisão*. O gesto clássico da ironia consiste em parar o tempo: em recolocar em discussão aquilo que já havia sido decidido, ou reexaminar sob outra luz ações já realizadas. Mas não dará jamais um conselho sobre o que deve ser feito: pode *impedir* a ação, jamais encorajá-la. Viver, entretanto, é escolher, e a decisão não pode ser apagada da existência humana e da história. Por isso o paradigma da indecisão é obrigado a recorrer — sobre o eixo sintagmático da trama — ao seu contrário, a *decisões arbitrárias*. Se a racionalidade é totalmente votada a acentuar e usufruir as "complexidades" de uma obra, a inevitável simplificação desse sistema só poderá ser ditada pela irracionalidade.[54]

Desconcertante emaranhado que reside na origem de nossa cultura. E não apenas na origem: Henry James, e ainda mais Joseph Conrad, acentuaram magistralmente o fosso entre uma reflexão sofisticada, problemática, terrivelmente inteligente — e uma história rudimentar, brutal, com frequência obscura, implacável. A palavra "destino", que o século XVIII havia colocado fora de uso, readquire de chofre importância, precisamente no século do "progresso". Voltaremos a esse ponto em breve. Agora, façamos mais uma digressão a propósito do caráter antiteleológico da narrativa realista: sobre o seu modo de se apresentar simplesmente como "aquilo que aconteceu" — como "passado".

8. Declínio da sabedoria

Vorbei! Exclama Mefistófeles à morte de Fausto, "Passado!".

Passou! Que palavra estúpida!
Passou por quê? Tolice!
Passou, nada integral, insípida mesmice!
De que serve a perpétua obra criada,
Se logo algo a arremessa para o Nada?
Pronto, passou! Onde há nisso um sentido?
Ora! É tal qual nunca houvesse existido.
(*Fausto*, II 596-601)

Mefistófeles está errado. O passado existiu e, por conseguinte, é importante. Mas importante de que modo? A teoria narrativa desenvolveu algumas hipóteses a respeito. Para Bakhtin, por exemplo, o passado é significativo apenas no epos, que o apresenta como uma dimensão "inacessível" àquele que narra, a quem cabe "a disposição devota de um descendente". Este é, de fato, "passado absoluto"; é "uma categoria (hierarquia) de valores específicos. Para a visão do mundo épico, o 'começo', o 'primeiro', o 'fundador', 'o ancestral', o 'predecessor' etc., não são apenas categorias temporais, mas igualmente axiológicas e temporais".[55]

Não é essa, obviamente, a imagem do passado que buscamos; tampouco podemos encontrá-la naquilo que para Bakhtin é o tempo do romance — o "presente inacabado", o "devir" fluido e aberto à experiência. Precisamos de um passado "acessível", desprovido de qualidades axiológico-fundadoras e, ao mesmo tempo, já "congelado", fechado e hostil àquela experiência — a vida do protagonista — que deveria lhe ter conferido um sentido. É talvez o passado de que fala Roland Barthes em *O grau zero da escrita*?

> Romance e História tiveram relações estreitas no próprio século que viu o maior desenvolvimento de ambos. Essa ligação profunda [...] é, nos dois casos, a construção de um universo autárquico, que fabrica ele próprio suas dimensões e seus limites, e nele dispõe seu Tempo, seu Espaço, sua população.
>
> [...] a narração não é obrigatoriamente uma lei do gênero [literário]. Uma época pôde conceber romances epistolares, por exemplo; outra pôde praticar uma História por análises. Por conseguinte, a Narrativa, como forma extensiva ao Romance e à História, ao mesmo tempo, é geralmente a escolha ou a expressão de um momento histórico. [...]

Portanto o [pretérito perfeito] é, finalmente, a expressão de uma ordem e, por conseguinte, de uma euforia. Graças a ele, a realidade não é nem misteriosa, nem absurda; é clara, quase familiar [...]. Para todos os grandes narradores do século XIX, o mundo pode ser patético, mas não abandonado, pois é um conjunto de relações coerentes.[56]

Aqui o passado é ao mesmo tempo "contemporâneo", como o mundo de Stendhal e de Púchkin para os seus leitores, e "fechado". Aliás, fechado demais: esse seu modo de ser compreensível, organizado, "quase familiar", contradiz aquela brusca privação de sentido que devemos esclarecer. Mas estamos no caminho certo, e a solução reside no aprofundamento da menção de Barthes ao "pretérito perfeito" com o auxílio das pesquisas linguísticas de Émile Benveniste e Harald Weinrich.

Em um ensaio de 1959 — "As relações do tempo no verbo francês" —, Benveniste propôs aquela distinção entre "história" e "discurso" de que já nos servimos outras vezes: "Os tempos de um verbo francês não se empregam como os membros de um sistema único; distribuem-se em *dois sistemas* distintos e complementares [que] manifestam dois planos de enunciação diferentes, que distinguiremos como o da *história* e o do *discurso*".[57]

No caso da história — seja aquela dos romancistas ou aquela dos historiadores —, "o tempo fundamental é o aoristo, que é o tempo do acontecimento fora da pessoa de um narrador".[58] Este não exprime uma distância axiológico-temporal específica (como em Bakhtin), mas sim uma natureza particular, um comportamento em relação aos atos narrados. O seu objetivo, todavia, não consiste (e aqui nos afastamos das teses de Barthes) em construir um universo ordenado e quase coerente miticamente. Revela-se, pelo contrário, em uma posterior particularidade gramatical, isto é, na ligação entre o próprio aoristo e a forma de enunciação "em terceira pessoa". Esta, porém, já escrevera Benveniste em 1964, não é uma "pessoa" do mesmo tipo daquelas que fazem parte do duplo "eu"/"tu": "é inclusive a forma verbal que tem por função exprimir a 'não pessoa' [...] o 'ausente' dos gramáticos árabes".[59] Na narrativa histórica subsequente, portanto

> [...] não há mais, então, nem mesmo narrador. Os acontecimentos são apresentados como se produziram, à medida que aparecem no horizonte da história. Ninguém fala aqui; os acontecimentos parecem narrar-se a si mesmos. O tempo fundamental é o aoristo, que é o tempo do acontecimento fora da pessoa do narrador.[60]

O uso conjunto do aoristo e da terceira pessoa permite, portanto, dar vida a uma forma simbólica que nos faz olhar o mundo de um modo que não tem mais nada em comum com o discurso, com o "aqui e agora" em que se desenrola o diálogo entre um "eu" e um "tu". Mas a esfera do discurso, em cuja análise Weinrich foi mais adiante do que Benveniste, é a esfera do comentário, do juízo, da subjetividade que se mede, raciocinando e confrontando-se com tudo aquilo que considera importante para sua existência. É a esfera dos valores, das grandes opções simbólicas coletivas e individuais. O que aconteceu então?

Aconteceu que, com o romance realista, nasceu um novo comportamento em relação à vida — o comportamento "narrativo". E este cortou todo tipo de relação com o comportamento do "comentário" e do juízo atribuidores de sentido. É uma mudança histórica. Assim escrevem Benjamin e Weinrich sobre suas consequências:

> [...] a natureza da verdadeira narrativa [...] tem sempre em si, às vezes de forma latente, uma dimensão utilitária. Essa utilidade pode consistir seja num ensinamento moral, seja

numa sugestão prática, seja num provérbio ou numa norma de vida — de qualquer maneira, o narrador é um homem que sabe dar conselhos. [...] A origem do romance é o indivíduo isolado, que não pode mais falar exemplarmente sobre suas preocupações mais importantes e que não recebe conselhos nem sabe dá-los.[61]

[Nos contos de *As Mil e uma noites*] podemos certamente notar um vestígio da função que o narrador exerceu nas culturas antigas, especialmente nas culturas orientais. Nestas a narração constitui a forma em que a sabedoria amadurece completamente. O comentário e a narração não estão desligados um do outro; pelo contrário, comenta-se enquanto se narra. A sabedoria não é o produto de um processo mental discursivo: é fruto da narração.[62]

Também por esse caminho voltamos à disjunção entre história e sentido, realidade efetiva e juízo de valor. E uma vez ainda, como já foi o caso para a ironia, a situação nos apresenta duas faces contraditórias e complementares. Por um lado, o fato de que uma história não produza automaticamente sabedoria é liberador: significa que a autoridade da tradição perdeu sua influência. A capacidade de dar conselho, de fato, não se contrapõe apenas à ignorância irrefletida — como também ao risco, à imaginação, ao gosto pelas potencialidades ainda incertas: as aventuras de Robinson Crusoé, e do romance moderno, têm início logo que um filho não dá ouvidos às sábias palavras de seu pai.

A narrativa urdida com sabedoria — tal é inevitável — apresenta o "passado" sobre o qual fala como algo ainda atual e válido: isto é, apresenta um mundo em que ainda não existe distinção entre constatações de fato e juízos de valor. É uma forma simbólica que ainda não se livrou totalmente do substrato mítico — e é, de fato, ao mito que Weinrich decide se dedicar[63] para encontrar uma estrutura narrativa em que não se dê a cisão entre história e raciocínio.

Essa cisão, em resumo, é um pressuposto essencial da cultura moderna: ao anulá-la torna-se impensável, por exemplo, a multiplicidade de perspectivas da consciência irônica e o próprio éthos democrático. E, todavia, não podemos ignorar o reverso da medalha. Se por um lado é sem dúvida positivo que a narrativa não produza *automaticamente* sabedoria, o fato de que *nunca* a produza, por outro lado, deveria nos surpreender. E, no entanto, a narrativa liberada do juízo comporta exatamente isto: a arbitrariedade irracional do final triste, da qual acaba inevitavelmente dependendo, substitui um doloroso desconcerto ao raciocínio. Em vez de nos convidar a compreender, convida-nos a aceitar e a esquecer.

E também, nesse caso, ao recompormos os dois planos da obra, nos confrontamos com uma mensagem duplicada, dirigida a um homem em contradição consigo mesmo. O plano do discurso trata-o como um ser flexível, crítico, inteligente — talvez quase inteligente demais; mas o plano da história o quer inerme, estupefato e, não tem jeito, muito pouco sábio.

9. O paradoxo de Waterloo

Nos últimos anos, Christopher Lasch e Richard Sennett reafirmaram a relevância histórico-psicológica da tese marxista sobre a natureza ingovernável e irracional do desenvolvimento capitalista oitocentista. Aos homens da época a esfera das relações econômicas apresenta-se como um mecanismo impenetrável, tanto nos benefícios que continua a produzir como nas catástrofes que, de maneira cada vez mais ampla, acompanham seu funcionamento.

Essa época de extraordinário progresso material vê-se assim obrigada a reabilitar a ideia de "destino": o "poder soberano irrestrito, cego e sem exceções" da "segunda natureza" de

A teoria do romance. E se uma força histórico-social é vista como "destino" — isto é, se consideramos que ela permanecerá para sempre incompreensível e incontrolável —, então é melhor habituarmo-nos à sua presença, e procurar conviver com ela. Se outras épocas, portanto, sentiram a necessidade de representar a história (e, no seu interior, o percurso da vida individual) como uma trajetória destinada à realização de um objetivo, como um processo "dotado de sentido" — essa, como vimos, teve de aprender a imaginá-la como algo sem sentido, não porque a catástrofe fosse o destino de todos, obviamente, mas pela razão igualmente desconcertante de que ninguém poderia se sentir, individualmente, em segurança.

O destino retorna, portanto, no romance moderno, mas é um destino diferente daquele da Antiguidade e da tragédia. Ele não é anunciado por oráculos ou profecias, como para Édipo ou Macbeth; não é a *premissa* da história. Emerge apenas ex post, ao fim; para "distinguir" um homem — Mathilde tinha razão —, agora é preciso uma condenação à morte. E essa incluirá sempre aquele excesso de arbitrariedade ou causalidade que nos faz pensar inevitavelmente (reação inconcebível diante de uma tragédia) que as coisas *poderiam ter acontecido de outra maneira*. Mas que diz também que *aconteceram* assim, e que o veredicto, conquanto injustificado, é irreversível.

A forma narrativa baseada no final triste é, portanto, um modo de nos ajustarmos ao andar a um só tempo casual e inexorável do capitalismo oitocentista: e já prenunciado, aos olhos dos contemporâneos, pela combinação de grandes promessas e grandes tragédias do grande 25º aniversário revolucionário e napoleônico. E é exatamente no universo político que a escolha retórica do final "realista" encontra uma posterior e, em certo sentido, definitiva explicação.

Refiro-me àquele curto-circuito entre política e cultura que já evocamos várias vezes, e que poderíamos chamar de "paradoxo de Waterloo": no mundo dos fatos houve uma Restauração — naquele dos valores, jamais. A realidade política não possui uma cultura que a legitime; os princípios de legitimidade não têm força suficiente para se tornar realidade efetiva. Tal discrepância, que desde então nunca mais saiu do horizonte da consciência burguesa, tornou irreversivelmente problemático o conceito de "integração social". Esta, de fato, deve existir, e assim o princípio de realidade — que na verdade não é nada mais do que o princípio de prazer, destinado a assegurar uma existência normal, previsível, "feliz" — levará, cedo ou tarde, à renúncia daqueles valores de que o universo social, não obstante, declara depender sua legitimidade. Essa é uma renúncia *necessária*; fazer o quê, "é preciso viver". Mas também *injustificável*, uma vez que se trata dos princípios mais altos de toda uma civilização, cujo abandono jamais juízo de valor algum poderá legitimar.

"*To double business bound*",* um certo tipo de indivíduo moderno *deve*, portanto, livrar-se exatamente daquilo que *não pode* se livrar. E eis aqui a grande invenção do final realista em que pode acontecer, e de fato acontece, exatamente aquilo que *não deveria*. "Mas será mesmo *possível* uma coisa dessas, que você esteja morrendo, você, Ievguêni... Reflita! você mesmo! Depois de algo assim, onde *poderá existir justiça*?..."

Lembremos uma última vez dos enredos de *O vermelho e o negro* e de *Onêguin*. Se Stendhal e Púchkin quisessem alcançar um final eticamente "dotado de sentido" — mas certamente não feliz —, poderiam ter escolhido a solução que encontramos, por exemplo, em *O morro dos ventos uivantes*, isto é, fazer com que o protagonista degenere e atribuir a causa de

---

* "Como homem envolvido em empreitada dúplice./ Hesito e paro, sem saber por onde começar..." (*Hamlet*, III, 3). [Ed. bras.: W. Shakespeare, *Hamlet*. Trad. de Millôr Fernandes. São Paulo: L&PM, 1997.] [N.T.]

sua morte a esse processo. É significativo que ambos — com o episódio de Madame de Rênal e de Lenski — coloquem-se nessa estrada, mas depois bruscamente a abandonem, e restituam Julien e Onêguin aos seus lados melhores. E é exatamente *nesse momento*, quando não há mais nenhuma necessidade ética, que vem à tona a drástica "realidade" descrita por Lionel Trilling: narrativamente implausível, como vimos, mas assim é: existe e pronto.

O paradoxo de Waterloo é assim resolvido, não pela sua dissolução, mas sim do único modo possível: assentando-o sobre um duplo trilho da existência. Diante de um final construído dessa maneira, o leitor continuará acreditando nos princípios de legitimidade, já que não lhes foi contraposto nenhum outro valor superior: poderá então "conservá-los". E, ao mesmo tempo, não precisará "vivê-los": pois a imodificável realidade da narrativa lhe diz que estes são irrealizáveis e que, de todo modo, recai sobre eles uma ameaça próxima àquela do destino. E com o destino — consolação amarga, mas eficaz —, com o destino não se discute: ele anula a própria ideia de responsabilidade. E uma certa responsabilidade — ao aderir ao princípio de realidade/prazer da doxa e da tranquilidade — todos nós temos. Mas ninguém gosta de admitir tais coisas. É melhor pensar que teríamos podido viver de uma forma bem diferente e bem mais corajosa se — em dado momento — uma realidade "externa, dura, rudimentar e brutal" não nos tivesse imposto o seu "é assim".

Daí a estranha valorização da tristeza, típica do mundo moderno, a desconcertante tranquilidade com a qual acolhemos o final triste, o sentido paradoxal de segurança e solidez que advém da contemplação de um destino desmerecidamente amargo. Tal melancolia é, na verdade, o giroscópio que nos mantém em equilíbrio entre as duas vidas. É o preço daquela velha conhecida — a má-fé, que não é somente uma temática do romance realista das origens, como também o efeito que este, objetivamente, promove. E embora a má-fé não seja, decerto, um modo de ser do qual se orgulhar, estes tempos, em que não se tem nem mais lembrança dos princípios e das esperanças, nos fazem perguntar se ela é realmente um subterfúgio tão desprezível assim.

3.
A prosa do mundo

I

1. "*Parvenir*"

Pois bem, quer saber o que, para um político, está escrito no frontispício do século XIX de vocês? Os franceses inventaram, em 1793, uma soberania popular que se concluiu com um imperador absoluto. [...] Sans-culotte em 1793, Napoleão cinge-se com a coroa de ferro em 1804. Os ferozes amantes da Igualdade ou Morte de 1792 tornaram-se, desde 1806, cúmplices de uma aristocracia legitimada por Luís XVIII. No estrangeiro, a aristocracia, que hoje impera em seu Faubourg Saint-Germain, fez pior: foi usurária, foi negociante, fabricou pasteizinhos, foi cozinheira, granjeira, guardadora de carneiros. Portanto, na França, tanto em matéria de lei política como de lei moral, todos desmentiram o ponto de partida no ponto de chegada, suas opiniões por seu comportamento, ou o comportamento por suas opiniões. Não houve lógica, nem no governo nem entre os indivíduos particulares. Assim, vocês não têm mais moral. Hoje, em seu país, o sucesso é a razão suprema de todas as ações, sejam quais forem. (*Ilusões perdidas*, "Aula de moral por um discípulo do p. Escobar")

Cabe a Jacques Collin, aqui no papel do "cônego Carlos Herrera", formular o juízo histórico em que se baseia o universo balzaquiano. Em *Ilusões perdidas*, observará Lukács, a "época dos ideais" não termina, como em Stendhal, com a explícita vitória de seus inimigos: ela se dissolve sozinha, "se nega", se "desmente" com a pirotécnica inversão de cada valor em seu contrário. "As circunstâncias são variáveis, os princípios são fixos": mais uma vez é Jacques Collin ("Vautrin") que fala a seu primeiro discípulo. Os princípios não servem mais para estabelecer as fontes e os objetivos do poder, para torná-lo legítimo. São meros meios — palavras, em suma — para conquistá-lo e realizar assim "uma palavra escrita na testa e que eu li muito bem: Subir!" (*O pai Goriot*, "A entrada na sociedade").

Parvenir! A subitânea difusão dessa metáfora assinala uma nova fase na história da formação individual. Da autonomia stendhaliana, daquela sensação contínua de se sentir vinculado, apesar das mentiras e adequações às próprias "leis do coração", já não há mais nenhum sinal. Lucien de Rubempré já é um homem-radar, heterodirigido: "Você é clássico ou romântico?". E ele: "Quais são os mais fortes?" (*Ilusões perdidas*, "Os sonetos"). Um vínculo ideal, qualquer que fosse, entravaria aquela sua "maravilhosa capacidade de adaptação" admirada pela marquesa D'Espard; correria o risco de ofuscar a cintilante versatilidade do jornalista de sucesso. Chega, portanto, de "fantasmas do dever"; e basta também daquela felicidade em cuja órbita *Wilhelm Meister* chegava ao fim:

> Nossa felicidade, meu caro [diz Bianchon no diálogo sobre a admissibilidade do delito] estará sempre entre a planta de nossos pés e a nossa cabeça. Quer ela custe um milhão ou cem luíses por ano, sua percepção intrínseca, em nosso íntimo, será sempre a mesma. [...] As afeições do homem podem ser plenamente satisfeitas, tanto no menor círculo como numa imensa circunferência. (*O pai Goriot*, "A entrada no mundo")

Essa serena aceitação do limite ("Aqui, ou em parte alguma, está a América!", *Wilhelm Meister*, VII, 3) não pode mais satisfazer este imperioso verbo de movimento — *Parvenir!* Este exige um novo ídolo, e o encontrará na mobilidade social: na mobilidade social como um *fim em si mesma*.[1] Não mais como um meio para alcançar outra coisa — para conferir harmonia à própria personalidade, por exemplo, o que faz com que o "burguês" Wilhelm Meister deseje ser um "nobre". E nem mesmo, como no imaginário napoleônico de Julien Sorel, prêmio e consequência de "grandes ações" — ou então algo equívoco e quase vergonhoso.[2] Com Balzac, cessa toda hesitação, e o desejo de sucesso apresenta-se pela primeira vez como um impulso perfeitamente "natural", que não exige nenhuma justificação, enquanto o sistema social, por sua vez, mostra-se legítimo justamente porque torna possível a mobilidade individual. E o fato de que esta acentue as desigualdades e as injustiças já se tornou secundário: não é o acordo *sobre os princípios* que caracteriza o novo critério de legitimidade, mas sim a possibilidade "termidoriana" de satisfazer interesses imediatos, concretos e individuais.

Desaparece, assim, a antítese entre formação e socialização, a alteridade entre "alma" e "segunda natureza" de *A teoria do romance*. O herói balzaquiano deseja somente aquilo que *já existe* no mundo, e não deve mais decidir entre aceitar ou não as regras do jogo, mas apenas aprendê-las melhor do que os outros. Basta pensar em *O vermelho e o negro*, no qual as várias etapas da ascensão social de Julien eram colocadas em perspectiva pelo episódio tipicamente stendhaliano da "volta ao quarto de Julien": sozinho, de noite, inebriado, porém incerto, ele pensa consigo qual sentido dar a todos os eventos, e se questiona a respeito da legitimidade de sua própria conduta. Em *Ilusões perdidas*, as mesmas passagens são comentadas por um episódio de sentido oposto: o retorno *à sociedade* de Lucien, rodeado por uma panóplia de símbolos de status (roupas, cavalos, carruagens, mulheres...). O que dá sentido ao que aconteceu não é mais a interioridade fechada do herói, mas justamente a "sociedade": que o escruta, fala a seu respeito, tem em conta sua nova posição.

Fascinantes pelo modo como sabem enriquecer toda mudança social com muita repercussão, refrações e contraposições, esses episódios são como vários termômetros dispersos pela *Comédia humana*: medem a ascensão dos personagens, e nos dizem, inclusive, que "medir" e "julgar" são, a partir de então, uma coisa só. Essa é a certidão de nascimento do "realismo" balzaquiano: a simbiose de penetração intelectual e indiferença ética. Esse se propõe como a cultura de um mundo em que valores e significados são de fato sempre "relativos", uma vez que têm como único fundamento as relações de força entre as partes: relações instáveis e muitas vezes enigmáticas, e que devem ser esclarecidas continuamente. Trata-se de uma avaliação que perdeu de todo a consistência ética e a tendência ao finalismo — mas que também foi obrigada a adquirir uma atenção para o detalhe; uma agudeza de pensamento, uma capacidade de previsão antes desconhecidas, uma vez que o mundo da mobilidade social trará novos vícios, mas também novas grandezas e aquela nova palavra de ordem, sobre a qual devemos ainda nos debruçar mais um pouco.

"Subir" — tudo bem. Mas "para onde"? Isso não apenas não nos é dito como nos é sugerido que a pergunta em si é pueril. Assim como para o dinheiro, de fato, o fascínio da mobilidade social reside em seu caráter ilimitado: não se trata de alcançar *uma* posição, por mais elevada que ela seja — "Napoleão" —, mas sim de ter a sensação da possibilidade de se tornar "tudo o que se quiser". É a euforia da sociedade "aberta" em que tudo é relativo e mutável e na qual nasce, portanto, a necessidade, um tanto paradoxal, de uma máxima tão sugestiva quanto indeterminada — "subir" —, à qual rapidamente associa-se seu irmão gêmeo — "sucesso" —, que também deve sua fortuna a um núcleo semântico arredio, indefinível.[3] Até mesmo a gramática torna-se escorregadia diante dessa palavra: devemos dizer que uma coisa "é" um sucesso? Ou então que "tem" sucesso? Ou que é "de" sucesso? E quando passamos então ao conteúdo conceitual, os problemas só aumentam. Tomemos como exemplo um ensaio famoso de Karl Mannheim — o sucesso objetivo é: "Uma realização que influencia ou altera a vida ('o sendo') ou a conduta do homem ou dos grupos sociais [...]".

Algumas páginas mais adiante Mannheim retoma sua definição e especifica seu âmbito temporal: "Em geral, pode-se afirmar que a ambição é dirigida para aquela forma de sucesso subjetivo que parece permitir a melhor garantia de permanência e segurança".[4]

Uma realização profunda e permanente: é nisso que pensamos quando falamos de "sucesso"? Certamente não. Pois a história conheceu intermináveis mudanças desse tipo bem antes que se sentisse a necessidade de cunhar esse termo. Se "sucesso" se impôs ao uso comum, algo novo deve ter ocorrido — deve ter surgido uma maneira inédita de afirmação social que queremos distinguir daquela já há muito tempo conhecida.

Para esclarecer melhor a contraposição, tomemos uma das antíteses de base de *Ilusões perdidas*: D'Arthez, a grande literatura — Lucien, o jornalismo. O "sucesso" de D'Arthez faz pensar, de fato, naquele descrito por Mannheim: as suas obras mudarão profundamente o gosto e o pensamento do público parisiense. Não são fruto do "talento" — palavra de etimologia mercantil e que salta da boca de todos só de verem Lucien —, mas sim do "gênio". Este consegue esquivar-se das regras do jogo, e mudá-las, porque consegue dar-se *um objetivo*, como nos diz o próprio D'Arthez (*Ilusões perdidas*, "Um primeiro amigo"): e a cada vez que "as extravagâncias do destino" impõem "certa distância do objetivo", o gênio consegue retomar o caminho com "paciência", "luta" e "vontade".

Todavia, se o leitor de *Ilusões perdidas* aprende alguma coisa sobre o tema do sucesso, não é graças à história de D'Arthez (que Balzac, além do mais, evita narrar longamente). O herói da mobilidade social é outro, é Lucien, que com o seu talento satisfaz e corrobora o gosto existente, em vez de mudá-lo; e obtém deste uma afirmação que certamente não é nem profunda nem duradoura. Mas, em compensação, instantânea:

> Um livro, para eles, representa capitais a arriscar. Quanto mais bonito o livro, menores as chances de ser vendido. Todo homem superior se eleva acima das massas, portanto seu êxito está na razão direta do tempo necessário para se apreciar a obra. Nenhum livreiro quer esperar. (*Ilusões perdidas*, "Os bastidores")

Nenhum livreiro e nenhum Lucien de Rubempré. Porque a cultura da mobilidade social pode ter um objetivo vago: entretanto, qualquer que ele seja, o importante é alcançá-lo rapidamente. Uma noite no teatro, um artigo, e Lucien "subiu". "Para onde", não só não sabemos como já nem nos interessa mais, como aliás tampouco interessa a Lucien: é a *rapidez* que importa, e que fascina. E justamente por isso não é verdade que "em Paris o êxito é tudo, a chave do poder" (*O pai Goriot*, "Uma pensão burguesa"). O sucesso, muito pelo contrário, afasta do poder, uma vez que este último exige aquela estabilidade, aquele enraizamento permanente que o sucesso, com sua rapidez, gostaria de extinguir. Rastignac, que em um romance futuro se tornará ministro, não terá jamais um verdadeiro sucesso; Lucien, que o tem, e fulgurante, não terá jamais acesso ao universo do poder.

Em suma: o "sucesso" — essa palavra tão inextricável de toda ideia de mobilidade social — revela-se alheio e, aliás, inversamente proporcional ao "poder". A quais mecanismos sociais está, portanto, ligado e a qual "tempo" da história?

2. A fúria do desvanecer

Um detalhe curioso: Balzac nunca nos explica as razões do sucesso de Julien, ele reproduz alguns de seus artigos, mas é inútil procurar neles a chave de sua fortuna crítica repentina. Esta, de fato, não reside no conteúdo de seu trabalho, mas sim em sua *forma*: naquela nova atividade intelectual sobre a qual Balzac se debruça por dezenas de páginas, isto é, o jornalismo de opinião — que, em vez de evitar o aspecto efêmero do sucesso, potencializa-o, encoraja-o, ou até mesmo o inventa.

Se se quiser alcançar o sucesso em um dia, de fato, será necessário confiar naquilo que é destinado a durar por um só dia. Menos que nos introduzir no mundo do "poder" ou do "capitalismo" (como escreve Lukács: o que é verdadeiro, mas vago), Lucien nos introduz no universo da moda. Se em seus artigos não encontramos a explicação de seu sucesso, tal ocorre justamente porque a *moda*, observa Simmel, "enquanto forma é indiferente aos significados dos seus conteúdos particulares". Daí resulta uma "negligência das normas objetivas da vida" que a torna veículo ideal de uma afirmação rapidíssima, mas ao mesmo tempo incapaz de durabilidade ou profundidade:

> Por moda não se entende algo novo que tenha se difundido repentinamente na práxis da vida, se pensamos na sua ulterior durabilidade e no seu fundamento prático: define-a assim somente quem é convicto de que esse fenômeno desaparecerá com a mesma rapidez com que se afirmou. Por conseguinte, o progressivo enfraquecimento das grandes,

tenazes e incontestáveis convicções faz parte dos motivos que tornam tão grande o poder da moda sobre as consciências. Os elementos efêmeros e mutáveis da vida ocupam um espaço cada vez maior.⁵

É por isso que Stendhal, embora escreva nos mesmos anos de Balzac, dispensa a moda como uma tentativa entediante de escapar ao tédio, digna de medíocres aparições aristocráticas, mas alheia aos seus heróis e ao sentido profundo de sua obra. Stendhal é ainda um iluminista que combate o "enfraquecimento das grandes, tenazes e incontestáveis convicções". Balzac já está fascinado pelas consequências de tudo isso, pela propagação irrefreável da moda, pelo seu "poder sobre as consciências". E esse, como todo poder simbólico, afirma-se porque sabe preencher um vazio, responder a questões incômodas:

> A moda é uma sucessão ininterrupta e rápida de difusões repentinas sem razão de ser e de natureza efêmera [...]. A moda corresponde à necessidade da mudança pela mudança [...]. A moda, enquanto fenômeno evolutivo, reflete a mobilidade social [...] ela está de acordo com o motor fundamental das sociedades modernas. [...] ela é o jogo simbólico no qual as sociedades modernas reproduzem vertiginosamente aquilo que constitui a essência de seus sistemas. [...] Trata-se de inovar constantemente. Ora, o risco inerente ao progresso, sua aceleração e um futuro incerto, geram inquietude [...]. A moda [...] é a um só tempo o campo de treinamento e simbolização. [...] A sua função é nos habituar à novidade, desacreditando o velho.⁶

Visto sob essa luz, Lucien de Rubempré nos é apresentado, enfim, pelo que ele é, um artigo de moda: descoberto, lançado no mercado, triunfante; puído, jogado fora. É uma parábola passageira, absolutamente típica do "sucesso" metropolitano e que modifica alguns elementos essenciais da estrutura do romance de formação. Para começar, é a primeira vez que o protagonista da narrativa se identifica sem atritos com o "espírito do tempo". Wilhelm Meister, que foge da grande cidade mercantil, e Julien Sorel, que continua sendo uma figura de oposição, apresentam um comportamento apartado ou hostil em relação à "modernidade" de seu mundo. Mas Lucien precipita-se nela sem reservas: para ele, o único modo de "construir a si mesmo" é fundindo-se ao "motor fundamental" da sociedade balzaquiana.

O único modo para construir a si mesmo — e também o melhor modo para se autodestruir. A mesma flexibilidade que lhe permite estar constantemente "em sintonia com os novos tempos" impede-lhe também de se constituir como individualidade permanente: condena-o a jamais poder ser "si mesmo". Cedo ou tarde, todos os personagens próximos dele descobrem que não podem confiar em Lucien. Porque é egoísta? Certamente. Mas, ainda mais porque, no fundo, Lucien não existe — não existe como *pessoa*. É apenas um ser social, um "filho do século", uma figurinha transparente que recebe toda a sua cor de forças imensamente maiores do que ele, e que só precisam dele por pouco tempo. Por uma "estação", não mais do que isso, uma vez que o sistema da moda prospera — enquanto *sistema* — mesmo se os seus componentes individuais vão à falência, aliás: quanto mais levá-los negligentemente à ruína, melhor funcionará.

No reconhecimento "público" do sucesso, o indivíduo e o mundo parecem, por um instante, um só: mas apenas por um instante, e é inútil lhe pedir para esperar, porque o "tempo" da vida individual e o tempo do sistema tornam-se cada vez mais díspares. Exatamente naqueles lugares do "capitalismo" balzaquiano em que a modernidade é mais cintilante e dinâmica, e as promessas de mobilidade sociais mais convidativas — exatamente naqueles lugares onde parece se realizar a essência do indivíduo moderno, prepara-se, na verdade, a catástrofe.[7] Essa é uma descoberta repentina e perturbadora que modifica pela raiz a relação central do romance de formação, ou seja, aquela entre leitor e protagonista.

Quero dizer com isso que o caminho do leitor em direção à "maturidade" não prevê mais — como no *Bildungsroman* clássico — aquela identificação essencial que fazia com que ele acompanhasse a cada passo Wilhelm e Elizabeth no desabrochar de suas juventudes; e não implica mais nem mesmo aquela espécie de "diálogo" com Julien Sorel e Eugênio Onêguin, a que o leitor era estimulado pelos comentários polêmicos do narrador, sempre indecisos entre o desprezo e a admiração. Com Balzac, todas as pontes se rompem: Lucien de Rubempré — que sucumbe ao ritmo pulsante de Paris sem ter minimamente compreendido aquilo que lhe aconteceu — é, simplesmente, um exemplo a ser evitado. Um modelo em negativo, quase uma advertência — eis o que acontece àqueles que mergulham de cabeça na nova história; eles perdem sua juventude sem jamais se tornarem adultos.

A maturidade não deve mais ser buscada na comparação com aqueles que vivem "dentro" da narrativa, mas sim escutando aquele que, permanecendo *alheio* à história, pode, todavia, narrá-la. Aliás, entre "história" e "discurso" instaura-se uma relação inversamente proporcional: quanto mais desprevenido e desorientado for o herói, mais sábio e visionário será o narrador. Certo. Mas "quem" é o narrador balzaquiano?

3. "Nada me pode ser ocultado"

Quem conta uma história em *A comédia humana* sempre sabe muito mais de que quem a vive. Mas onde está esse narrador de mil olhos, e como ele adquiriu suas informações? É uma pergunta válida para toda narrativa — histórica e literária —, e a originalidade de Balzac reside em ter sabido combinar as duas posições extremas sobre o assunto. A primeira pode ser encontrada na *Introdução geral à filosofia da história*: a "consideração histórica", escreve Hegel, alcança um progresso decisivo quando se torna "memorial" de personagens como o cardeal Von Retz ou Frederico, o Grande: "Tais homens devem ocupar necessariamente uma posição elevada. Somente do alto é que se pode ter uma visão justa das coisas, não quando se dá uma olhada de baixo, através de uma fenda".[8]

A imagem final evoca, pelo contraste, a posição oposta. Bakhtin: "Diferentemente da vida pública, a vida puramente privada que entra no romance é por natureza *fechada*. Em realidade, pode-se apenas *espiá-la* e *auscultá-la*".

Daí várias soluções: "a utilização de categorias jurídico-criminais, no romance, como formas particulares de descoberta e revelação da vida privada" (técnica que alcança seu apogeu com Dostoiévski e o romance policial), mas sobretudo o recurso ao ponto de vista do *servidor* (o "eterno terceiro na vida particular dos amos. O servidor é testemunha da vida privada por excelência"), do *aventureiro* e do *parvenu*:

> [Estes] procuram ter sucesso na vida privada, construção da carreira, obtenção de riqueza, conquista de glória (do ponto de vista do interesse particular, "para si"), obriga-os a estudar essa vida privada, e revelar-lhe o mecanismo secreto, a espiar e auscultar-lhe os segredos mais íntimos. Eles começam suas carreiras por baixo (quando mantêm contato com criados, prostitutas, alcoviteiras, e por meio deles conhecem a vida "como ela é").[9]

Bakhtin tem indubitavelmente razão em sustentar que a esfera da ação do romance é a esfera privada, da sociedade civil e não aquela público-estatal da história hegeliana. A indiferença desdenhosa e apressada com que Hegel tratara o romance nasce, de resto, menos de uma suspeita estética que de uma prevenção filosófica: quer dizer, nasce da hostilidade em relação à ideia de que possa existir uma "história sem o Estado",[10] uma forma "pura" de autoconsciência da sociedade civil que produza, além do objeto da narrativa, categorias para organizá-la.

Sociedade civil, portanto: e quem foi o poeta dessa proteiforme criatura, senão Balzac? E no entanto, exatamente em *A comédia humana*, em que o "conhecimento da vida privada" assume uma intensidade jamais igualada, a tese bakhtiniana da "visão por baixo" não resiste à prova dos fatos e, ao contrário, Hegel parece estar correto: "Somente do alto é que se pode ter uma visão justa das coisas". "Ver", para a mentalidade oitocentista, é mais do que nunca um atributo do poder: da "estatística pessoal e moral do império" almejada por Napoleão ao *Panóptico* de Bentham, a ideia de uma "total regulamentação" (Polanyi) ganha cada vez mais espaço. O mote de Balzac — "fazer concorrência ao estado civil" — pertence a essa tendência; narrar significa assumir o ponto de vista do poder, ou até mesmo superá-lo.

Mas qual poder? Não nos deixemos enganar pela metáfora do estado civil: o lugar da onisciência, na *A comédia* assemelha-se a um banco, não a um ministério. Aqueles que conhecem a vida "como ela é" — os referentes sociais do "narrador" balzaquiano — são figuras como Jacques Collin, "o banqueiro dos forçados", ou como o usurário Gobseck, verdadeira potência financeira semilegal:

> Todas as paixões humanas, aumentadas pelo embate de vossos interesses sociais, desfilam diante de mim, que vivo na calma. [...] Julga o senhor que nada significa penetrar, desse modo, nos mais secretos refolhos do coração, esposar a

vida dos outros, e vê-la a nu? São espetáculos sempre variados: chagas apavorantes, pesares mortais, cenas de amor, misérias que as águas do Sena aguardam, alegrias de rapaz que levam ao cadafalso, risos de desespero e festas suntuosas. Ontem, uma tragédia [...]. Amanhã, uma comédia [...]. Muitas vezes uma rapariga apaixonada, um velho comerciante à beira da falência, uma mãe que quer ocultar uma falta do filho, um artista sem pão, um grande no declínio das boas graças do rei, e que, por falta de dinheiro, vai perder o fruto de seus esforços, fizeram-me estremecer com o poder de suas palavras. Esses sublimes atores representavam só para mim, e sem poder enganar-me. Meu olhar é como o olhar de Deus, atravessa os corações. Nada me pode ser ocultado. (*Gobseck*, II)

Não resta dúvida: quem fala aqui, por meio da boca de Gobseck, é o "narrador" de *A comédia*, que condensa em meia página o universo humano e os altos e baixos melodramáticos de seu mundo: certas menções são, de fato, resumos em uma linha de romances famosos. Mas o que confere onisciência a Gobseck?

Meu olhar é como o olhar de Deus, atravessa os corações. Nada me pode ser ocultado. Nada se recusa a quem abre e fecha os cordões da bolsa. [...] Somos uma dezena destes em Paris, reis silenciosos e desconhecidos, árbitros dos vossos destinos. [...] Nenhuma fortuna nos pode enganar, conhecemos os segredos de todas as famílias. Temos uma espécie de *livro negro* no qual são inscritas as notas mais importantes... (Ibid.)

Esse olhar irresistível e implacavelmente "realista", que nasce da sociedade civil e a domina, não precisa de maneira nenhuma "espiar e auscultar"; dar ouvidos ao coro que emerge de Paris já é suficiente: "Todos contam os segredos do vizinho. As paixões ludibriadas, as vaidades feridas, são tagarelas. Os vícios, os desapontamentos, as vinganças, são os melhores agentes da polícia" (Ibid.).

Para saber algo, a polícia balzaquiana deve se camuflar, deambular, corromper, ameaçar: Gobseck só precisa abrir a porta. O "sistema das necessidades" que é a sociedade civil do século XIX não é para ele — como para o Estado hegeliano — uma turbulência desconhecida e ameaçadora: esta se lhe revela com absoluta simplicidade, pois precisa justamente de seu dinheiro. Precisa dele para continuar vivendo, para poder ser aquilo que é: sem Gobseck, sem Jacques Collin, ou alguém como eles, não seria possível, em suma, a *narrativa* balzaquiana. Se todos os reis silenciosos e desconhecidos fechassem os cordões da bolsa, adeus *A comédia humana*.

A importância dessa realidade subterrânea e onipresente foi, aliás, muitas vezes apontada pela crítica.[11] Mas quando disse que se não existisse um Gobseck não existiria nem mesmo a narrativa balzaquiana, não me referia ao papel do usurário *no interior da trama*, mas sim à sua função de ponto de vista *sobre* a trama. Sobre Gobseck, pensando bem, não "há" quase nada a dizer: contudo, ele "tem" muitíssimo o que contar. Personagem medíocre, Gobseck é, em contrapartida, um excelente ponto de observação: em termos narratológicos, o seu verdadeiro mundo não é na história, mas sim no discurso, como convém, de resto, a todo narrador.

Mas podemos ir ainda mais longe. Menos que "pontos de vista" sobre a história, Gobseck ou Jacques Collin levam a pensar em verdadeiras "categorias transcendentais" da narrativa balzaquiana. Não é que eles nos fazem ver "melhor": é que, sem eles, não poderíamos ver *de jeito nenhum*. A trama de *A comédia* — este mundo que se torna cada vez mais complexo e ingovernável, em que destinos heterogêneos e extremos se intersecionam e se perdem; em que todo princípio é ofuscado e todo desejo transforma-se em seu contrário — poderia muito bem continuar sendo mero caos, ruído, confusa insensatez. Se tal não ocorre e, em vez disso, surge o grande enredo de *A comédia humana*, é justamente porque Balzac colocou o seu narrador sobre os ombros daquela classe social que lhe pareceu a única capaz de "ver" esse novo mundo: de reconhecer nele uma ordem e de poder narrá-la. Se, portanto, a começar por Marx, ninguém jamais poupou elogios à burguesia oitocentista por aquilo que soube "fazer", Balzac, de um modo um tanto atípico, a admira, e serve-se dela, por aquilo que ela soube *ver*.

"Burguesia oitocentista" — a pior, em Balzac: usurários, forçados, "linces", "caçadores sedentos de sangue" (Adorno). Além da "mobilidade espiritual", da lucidez "realista" ("compreender as fraquezas e os defeitos do ambiente") que caracterizam, para Sombart, a figura faustiana do "empreendedor",[12] esses personagens exibem, inevitavelmente, alguns dos traços mais repugnantes do mundo capitalista — cinismo, desumanidade, indiferença abstrata em relação ao destino alheio ou prontidão predatória em tirar vantagens dele. Balzac, como se sabe, não só não atenua tais aspectos como, ao contrário, os ostenta. Ele o faz em nome da famosa e "incorruptível integridade artística" à qual devemos o não menos famoso "triunfo do realismo"? Tenho minhas dúvidas. Me parece antes o desafio luciferiano de quem percebe que certas ações e certas ideias, não "a despeito" de seus traços horríveis, mas *por causa deles*, conferiram à nova classe um poder, e com este uma *amplitude de visão*, nunca antes vistos. Depois de meio milênio, elas tornaram novamente possível uma *narrativa universal* — uma "comédia" que ousa se comparar àquela divina. Essa comédia, não se esqueçam, é a visão de um usurário sem coração; mas se chama *A comédia humana*, e também não devemos nos esquecer disso.

4. "Na época atual, seria realmente um espetáculo maravilhoso..."

Uma geração depois, o demônio que havia falado através da boca de Balzac decide reencarnar. Dessa vez ele se chama Jacob Burckhardt:

> O espírito deve integrar em sua substância a recordação de sua passagem pelas várias eras passadas da Terra. O que, antigamente, foi fonte de júbilo e de lamento deve agora tornar-se fonte de reconhecimento, como sucede na vida individual.
>
> Dessa maneira, a frase *Historia vitae magistra* assume um significado ao mesmo tempo mais elevado e mais limitado. Por meio da experiência, queremos tornar-nos não só atilados (caso aconteça de novo a mesma coisa) como também sábios (para sempre). Até onde chega, porém, o resultado obtido pelo ceticismo? Sem dúvida, o ceticismo verdadeiro tem seu lugar num mundo em que o princípio e o fim são desconhecidos e o meio está em permanente mutação [...] mas o verdadeiro ceticismo não está sujeito a essas flutuações.[13]

Essa passagem, que poderia ser um comentário sobre *A comédia humana* pela semelhança do espírito que a anima, precisa a nova imagem da "maturidade" implícita na figura do narrador balzaquiano. "Na vida do indivíduo", como naquela da espécie, a maturidade é a partir de então uma coisa só: *conhecimento*.

> Os conceitos de maturidade e infortúnio [perdem] cada vez mais sua importância. "Ser maduro espiritualmente é o que importa acima de tudo." O objetivo dos homens capazes é, quer queiram quer não (*nolentium volentium*), o conhecimento e não a felicidade. Isto sucede não por indiferença

às vicissitudes e à angústia da condição humana — que é também a nossa —, que nos protege de uma fria objetividade, mas, ao contrário, porque reconhecemos a cegueira de nossos desejos e a dos povos que, além de variar constantemente, se contradizem e se anulam mutuamente.[14]

Essa é uma esplêndida declaração, talvez menos de ceticismo que de estoicismo moderno; e, no entanto, há algo que soa vazio, algo doentio, sustentará Nietzsche em *Sobre a utilidade e a desvantagem da história para a vida*. O destino dos "homens capazes" é o conhecimento: mas este perdeu todo seu aspecto *prático*, uma vez que a cega mutabilidade do curso histórico torna vão qualquer tipo de projeto racional. O conhecimento é maturidade, e "ser maduro espiritualmente é o que importa acima de tudo": significa "ser sábio (para sempre)" em vez de ser "atilado (caso aconteça de novo a mesma coisa)". Entretanto, esta pode ser a meta de quem está ainda vivo e vive no "meio da história", "em permanente mutação", em que haverá sem dúvida uma segunda ocasião para que "aconteça de novo a mesma coisa" e em que jamais haverá perspicácia suficiente? Qual valor podem ter uma maturidade e um conhecimento que não são úteis à vida?

Nenhum valor, responderá com Nietzsche a geração seguinte. Mas devemos antes de mais nada entender a origem desse novo paradigma e verificar se ele é realmente a um só tempo tão simples e absurdo como parece. Quanto à origem, Burckhardt a atribui ao advento da modernidade, àquele ceticismo, digamos, ontológico, que é a mudança ininterrupta de todas as instituições humanas: "Só nos contos de fadas crê-se que a 'felicidade' é um estado permanente. [...] devemos reconhecer que a continuação conduz à rigidez, à cristalização, e finalmente à morte: só a mutação, ainda que seja dolorosa, perpetua a vida".[15]

Ao transformar a felicidade enquanto "estado permanente" em "rigidez, cristalização e morte", Burckhardt resume impiedosamente o caminho que leva da última e radiante página de *Wilhelm Meister* ao mundo fechado e funesto de *As afinidades eletivas*. Dali em diante a vida é movimento, "ainda que doloroso": ainda mais doloroso, podemos acrescentar, quando o destino individual se amalgama e se identifica com o turbilhão do novo século. Esse é o caso, como vimos, de Lucien de Rubempré: um "filho dos tempos", e do movimento, caso tenham existido, e por estes obrigado a envelhecer e se matar, sem jamais ter crescido.

E assim o espaço narrativo da "maturidade" desloca-se, tornando definitivo aquilo que em Stendhal e em Púchkin era apenas um aceno hesitante e contraditório. A maturidade abandona a "história", renuncia ao entrelaçamento com a vida e à sua condução: aquelas "máximas" que, em *Wilhelm Meister*, conferiam sabedoria ao diálogo *entre os personagens*, em Balzac podem ser encontradas somente no mundo desencarnado do discurso *do narrador*. A maturidade balzaquiana não é mais a coroação de um crescimento, e tampouco a sabedoria diretamente gerada pela narrativa; ela funda-se, em vez disso, sobre uma ruptura: sobre o seu ser e em permanecer *alheia* ao mundo da narrativa. Assim como Lucien não se tornará jamais um adulto, Jacques Collin e Gobseck não podem jamais ter sido jovens. Não há um meio-termo entre "jovem" e "adulto", não há passagem nem desenvolvimento, mas somente antagonismo: como entre "sucesso" e "poder", "ilusão" e "ceticismo", "paixão" e "realismo".

Todas essas antíteses devem ser lidas em paralelo: e não por acaso o primeiro termo de cada par remete à "história" balzaquiana, e o segundo ao "discurso" de *A comédia*. O resultado é a ideia de que a maturidade é tanto mais plena e eficaz quanto mais distante e impermeável ela for relativamente à ebulição da existência moderna. Maturidade como *retirada da vida*: êxito paradoxal e perturbador de uma aceleração histórica que parecia transbordar de promessas e que revela, em vez disso, uma face ameaçadora. Voltaremos a esse ponto. Por ora vejamos se essa "sabedoria" é realmente, como parece, algo "definitivo": a consequência de um distanciamento realmente irreversível da história e da vida. Tanto Balzac como Burckhardt, naturalmente, encorajam-nos a pensar assim — mas logo em seguida desmentem-se, e de modo ainda mais aparente. Já vimos em relação a Balzac: o ceticismo de Gobseck ou do narrador é menos o *resultado* da narrativa que sua *premissa*. É aquilo que torna concretamente visível a tarefa narrativa mais extraordinária da era moderna: um ponto de partida, não um término. E quanto a Burckhardt, basta ler o parágrafo conclusivo — "definitivo" — das *Reflexões*, aquela passagem intitulada "O hino final do conhecimento" que poderia muito bem ser o maior manifesto teórico do realismo oitocentista:

> Já que vivemos num período em que a paz ilusória dos trinta últimos anos se desfez completamente há muito tempo e novas guerras se delineiam, imprecisas e ameaçadoras, num período em que as maiores nações civilizadas sofrem o abalo de sua estrutura política ou se encontram politicamente em uma fase de transição; agora que, com a difusão da cultura e das comunicações da consciência do homem por solucionar, seus problemas aumentam rápida e perceptivelmente; e, finalmente, na época atual em que as instituições sociais sofrem o impacto de movimentos externos — sem falarmos de inúmeras outras crises acumuladas durante muito tempo e ainda não solucionadas —, agora, seria realmente um espetáculo maravilhoso, embora não possa ser gozado por nós, pobres mortais desta época

agitada, o de podermos apreender em sua essência o espírito da humanidade, que paira acima de todos os acontecimentos terrenos e, no entanto, se encontra misteriosamente ligado a todos eles, construindo nas alturas sua nova morada! Quem se aproximasse desse estado indescritível, esqueceria completamente a felicidade e o infortúnio, para viver unicamente na beatitude desse supremo Conhecimento.[16]

Quem fala, aqui, não é um sábio. É um visionário: como, no fim das contas, é também Balzac. Mas para criar coragem, digamos, de sustentar uma tal visão "completamente objetiva", ele precisa pensá-la como "sabedoria": deve circundá-la, escorá-la e até borrá-la de "sabedoria". Esse é o preço que a modernidade impusera tanto a Balzac como a Burckhardt. O preço necessário para encará-la sem esquivas.

Encará-la até o ponto de se perder nela outra vez. Esse é o imenso círculo vicioso de *A comédia*, em que a "maturidade", tão alheia à vida, é o que nos permite enxergar a vida moderna — enxergá-la como um "espetáculo maravilhoso", que nos torna impossível qualquer tipo de distanciamento, que nos faz esquecer todo conhecimento, toda "sabedoria para sempre" em prol do "júbilo" e do "lamento", do "caso aconteça de novo a mesma coisa", do próximo ato daquele drama cósmico esboçado nas últimas linhas do livro de Burckhardt. Um círculo sem fim, ou talvez um equilíbrio e um compromisso entre as exigências, igualmente imperiosas, da proximidade e do distanciamento, da participação apaixonada e do conhecimento confiável. Um círculo sem fim: voltemos então ao cerne da visão balzaquiana, à fonte daquele "movimento doloroso" que move a *A comédia humana*, e busquemos compreender um pouco como funciona o "capitalismo" balzaquiano.

II

1. Capitalismo e narrativa

Em *Wilhelm Meister*, a "vida cotidiana" era um âmbito espaçoso e convidativo em que era possível testar livremente aquilo que o mundo tinha a oferecer e construir aos poucos a própria "personalidade". Em *O vermelho e o negro*, esse espaço tornou-se um lamaçal, e aquilo que podia dar um sentido à existência — o "amor-paixão", a política — era claramente alheio e avesso a um cotidiano sufocante e um tanto covarde. Com Balzac as coisas mudam mais uma vez, e cada ato da existência cotidiana — ampliar um negócio ou encontrar um trabalho, assim como comprar um par de botas ou cumprimentar um viandante — torna-se de repente um evento complicadíssimo e imprevisível, cheio de promessas, ou ameaças, ou quando menos, de surpresas. A prosa hegeliana do mundo tornou-se romanesca, ou até melodramática. Por qual razão? O que aconteceu?

Ocorreu aquela grande transformação que Fernand Braudel situa justamente na primeira metade do século XIX: pela primeira vez na história da humanidade a esfera da reprodução cotidiana, sempre fechada e propensa à inércia, foi invadida e abalada pela irrequietude cosmopolita e "brilhante" do grande capitalismo.[17] O mundo, observa outro historiador daquele período, tornou-se repentinamente muito maior (e isto é óbvio), mas sobretudo muito menor, porque tudo se liga a tudo, e instaura-se uma interdependência sempre mais estreita entre atividades, lugares e as coisas mais díspares.[18]

O lugar emblemático dessa densa "trama" de relações é a metrópole — Paris, onde se passam os romances fundamentais de *A comédia humana*; Paris, "a cidade em que transcorrem cem mil romances" (*Ferragus*). No centro dela, se é que ela possui algum, a bolsa de valores de então: lugar das apostas e das fraudes muito menos do que do cálculo racional onde Balzac celebra, como foi dito, o equívoco "casamento de capital e sorte".[19] União perturbadora, assim como aquela da "respeitabilidade burguesa fundada na sorte" apontada por Richard Sennett. O ponto é que, prossegue Sennett, para os primeiros dois terços do século passado o capitalismo, que se tornava cada vez mais dinâmico e mais invasivo, permanecia, contudo, "uma ordem econômica que nem vitoriosos nem vítimas entendiam".[20]

Um mundo a um tempo mais estreito e mais caótico: mais interdependente, mais indecifrável. Não é de surpreender então que ocorra o "declínio do homem público"; que a "maturidade" recue para observar o curso do mundo, em vez de tomar parte dele. Daqui não há escapatória, parece dizer Balzac, que relega ao esquecimento até mesmo um tema narrativo tão popular e eficaz como a "fuga" do herói. Daqui não há escapatória — esse universo densamente tecido é uma armadilha, um mundo de emboscadas, uma caçada. Todas essas metáforas revelam como a imagem balzaquiana da nova ordem social é indelevelmente ligada ao abrupto *advento* do capitalismo, e não ao seu "desenvolvimento" ou ainda, como em Lukács, ao seu "triunfo". O fato de um usurário levar sempre a melhor sobre um perfumista de nariz em pé, ou um banqueiro sobre um jovem intelectual indolente, não é evidentemente suficiente para falar em "consolidação" do capitalismo: sem querer ofender as teses marxistas mais difundidas, o que falta em Balzac é exatamente a "perspectiva" histórica de longo alcance, e certamente Adorno tem razão quando observa que o seu "realismo"

> vai em direção oposta à análise econômica. Como uma criança, encanta-o o pesadelo e a loucura do usurário [...]. O que é seriamente reacionário em Balzac não é a orientação conservadora, mas sim sua cumplicidade com a lenda

do capital rapace. A indignação em relação à *auri sacra fames* faz parte dos fundos eternos da apologia burguesa.[21]

Juízo histórico impecável; mas as últimas frases dão a entender que Adorno não é talvez a pessoa mais apropriada para fazer plena justiça à *Comédia humana*. Crítico do capitalismo enquanto sistema excessivamente racional e abstrato, Adorno só pode manter uma postura fria e um pouco cética ao vê-lo representado como um caos sanguinolento e passional. E, no entanto, Balzac não se deixa tão facilmente assim ser relegado ao passado; seja porque, de quando em quando, os traços "primitivos" do capitalismo se fazem vivos outra vez; seja porque exatamente aqueles traços permitiram a Balzac conceber uma retórica narrativa que é talvez a mais difundida dos últimos dois séculos e lhe permitiram, em poucas palavras, escrever finalmente o romance do capitalismo.

Capitalismo e narrativa — relação complicada e fugidia como poucas. Ao lermos inúmeras páginas de Marx — assim como as de Goethe ou Hegel ou de muitos outros ainda —, dir-se-ia que o ritmo infernal das novas relações sociais não poderia ter produzido uma cultura narrativa menos grandiosa, ou até épica.[22] Mas este não foi o caso. À medida que o capitalismo se difundia, a narrativa conheceu em geral um aumento da regularidade e da previsibilidade: um *obstáculo* à produção de histórias. Basta pensar naquela obra emblemática que é *A volta ao mundo em 80 dias*: a aventura se dá somente quando a ferrovia termina, e enquanto a pontualidade que o rei legou aos ingleses ainda não foi imposta; dá-se nos confins entre um mundo arcaico e a ordem do Império, mas não mais no interior deste e ainda menos em sua capital.

Mas o capitalismo de *A comédia* ainda não tem nada de regular e previsível, e com uma antevisão quase mágica, Balzac encontra, nas *Ilusões perdidas*, aquela forma produtiva — a moda — que por mais tempo, e de fato até hoje, conservará os traços anárquicos e febris do primeiro capitalismo. Fascínio pelo novo e descrédito do velho, enigmática alternância de sucesso e catástrofe, campo de batalha entre personalidades cintilantes e sem escrúpulos: se queremos ver o capitalismo como um gigantesco e fascinante sistema narrativo, efetivamente não há nada melhor do que observá-lo através do "filtro" da moda.[23]

No plano diacrônico, em outras palavras, a moda abriga e acentua os traços tumultuosos — a "narratividade" — do primeiro capitalismo. Mas no plano, digamos, "espacial", ela age em sentido contrário e permite refrear o sentimento de ameaça de que aquele mundo estava saturado. Oferecendo-se como o modelo em miniatura das novas relações sociais, a moda torna-as de fato concretamente representáveis — *visíveis*. Atenua a desorientação deste mundo estreitíssimo e enorme, retira aquele Minotauro da mentalidade oitocentista — o "mercado" — do seu remoto e enigmático anonimato. Graças ao esquema da moda, Balzac pode conceber uma totalidade sociológica completa em si mesma, na qual é novamente possível seguir o percurso de uma mercadoria, ou de um homem, do nascimento à morte. O melhor exemplo de tal condensação sociológica, o verdadeiro "mercado" ou bolsa de valores de *A comédia humana*, é o salão balzaquiano. Bakhtin:

> As reputações políticas, sociais e literárias são criadas e destruídas, as carreiras iniciam e fracassam, estão em jogo os destinos da alta política e das altas finanças, decide-se o sucesso ou o revés de um projeto de lei, de um livro, de um ministro ou de uma cortesã-cantora; nela estão representadas de forma bem completa (e reunidas num único lugar e num único tempo) as gradações da nova hierarquia social.[24]

O veredicto dessa assembleia pode, naturalmente, ser cruel e inconstante: mas pelo menos os juízes têm uma cara. Esse é um mundo perigoso, mas já não é mais incompreensível. E do mesmo modo, a narrativa balzaquiana: não mais angustiante, mas sim "fascinante". Se o seu suspense nos prende à leitura, a emoção que esta provoca assemelha-se apenas aparentemente à angústia — *Angst anxieté anxiety* — que caracteriza todo o século XIX. É algo fundamentalmente diferente, o que pode ser notado com particular clareza ao confrontarmos o modo como essas duas emoções se relacionam com o tempo.

A angústia vive cada instante como potencialmente definitivo: no entanto, já que lhe é desconhecido o que lhe compete, não possui nenhuma capacidade de previsão, e é como que fincada em um presente sem sentido e talvez eterno — ou permanece em inerme e cega espera de "outro" futuro irremediável. A sensação que estou buscando descrever baseia-se, ao contrário, em uma *retórica da presbiopia*: é uma forma de previsão, que já sabe discernir no presente os germens do futuro; e na verdade, praticamente só tem olhos para eles, como se a realidade que mal pode ser vislumbrada, e que ainda não é, fosse a única digna de atenção.

Eis aqui, finalmente, a técnica narrativa que soube apreender o ritmo daquela passagem famosa:

> Essa subversão contínua da produção, esse abalo constante de todo o sistema social, essa agitação permanente e essa falta de segurança distinguem a época burguesa das precedentes. Dissolvem-se todas as relações sociais antigas e cristalizadas, com seu cortejo de concepções e de ideias secularmente veneradas; as relações que as substituem tornam-se antiquadas antes de se consolidarem. Tudo que era sólido e estável se desmancha no ar, tudo o que era sagrado é profanado...[25]

Sim, essa agitação permanente e essa falta de segurança distinguem *A comédia humana* de todas as narrativas precedentes. Se cada episódio do ciclo "torna mais aguda a consciência do presente" (como, segundo Simmel, faz a moda), tal ocorre porque revela sua precariedade e fugacidade. O episódio balzaquiano é um vetor implacavelmente voltado ao novo, para além do qual um "novo" sucessivo já é vislumbrado, compelindo não apenas o presente, como até mesmo o futuro ainda não realizado na dimensão do passado. Basta pensar na primeira conversa entre Lucien ainda paupérrimo e desconhecido e Losteau: em poucas linhas já podemos pressagiar, além do futuro triunfo de Lucien, sua queda.

Trata-se precisamente da "fúria do desvanecer" que a *Fenomenologia* atribui ao espírito moderno; e Balzac, convencido, como Hegel, de que "os períodos felizes são as páginas em branco da história", certamente não é pródigo em felicidade para com seus heróis. E nem mesmo para com seus leitores, aos quais não concede jamais a satisfação da sequência narrativa bem-acabada, do significado evidente e estável: existem sempre prazos a serem cumpridos, fios em suspenso, pontos de vista diferentes a serem considerados — é sempre difícil, com *A comédia*, interromper a leitura com um razoável grau de certeza.

Esse mundo em que não há nada de duradouro é, novamente, o fruto do ceticismo balzaquiano: muito mais convincente na retórica narrativa do que nas máximas proferidas pelo narrador. Convincente? Melhor seria dizer imperioso. Se nos é difícil interromper a leitura, tal ocorre porque nossa percepção do texto — sempre atenta ao novo, e pronta para abandoná-lo por outra novidade — acabou assemelhando-se mais do que o previsto àquela de quem "vive" dentro do universo da moda e da sorte. Não se trata da reserva de um observador; do distanciamento sem o qual não pode nascer, para Balzac, o conhecimento. A promessa de aprender alguma coisa da cega aventura de Lucien de Rubempré não foi mantida: e nem poderia, uma vez que a trama de Balzac nos constrange a seguir adiante com um afã que impossibilita a interpretação e que após um tempo faz lembrar, e muito, o andamento demasiado inconsciente de seu jovem herói.

A meta de *A comédia humana* não é o "conhecimento": não o era no caso do narrador, não o é no caso da construção do enredo. Ela é, em vez disso, uma disposição perceptiva que criará fortes raízes na cultura moderna, regida por um desejo devorante pelo novo *enquanto tal*, independente de qualquer outra consideração. Trata-se de um sentimento que teria sido impensável para Goethe ou Austen, Stendhal ou Púchkin, e que inaugura, de fato, uma nova fase do romance europeu. Nasceu a necessidade de uma *narrativa em estado puro* — sem começo e sem fim, como é, de fato, *A comédia humana*.

2. Cinquenta mil jovens, cem mil romances

Uma narrativa "sem começo e sem fim". À primeira vista, isso parece bastante improvável. Para que haja história, pensa geralmente a narratologia contemporânea, é preciso um tipo de evento — o "inaudito" de Weinrich, a "violação" da ordem classificatória de Lotman — que infrinja o habitual e dê "início" a uma sequência insólita e imprevisível. Para motivar tal infração, é necessário que haja um personagem que, por um motivo ou outro, saia dos cânones dominantes. Os *rambling thoughts* de Robinson Crusoé, a interioridade multiforme de Wilhelm Meister, a combinação de orgulho e ambição de Julien Sorel, a generosidade irrefletida de Tom Jones — eis alguns exemplos de um procedimento muito difundido, e que parece, além do mais, ser particularmente apropriado para definir o quadro inicial do romance de formação.

Como todos os começos dignos de respeito, aqueles que mencionamos são em boa medida *arbitrários*: o mundo procedia segundo o seu ritmo normal, quando entra em cena alguém e decide que é necessário que faça-se a luz, ou que aquele casamento não pode ser feito, ou ainda que aquela águia sobrevoando o lago de Guarda é um convite a Waterloo. Sob essa perspectiva, a grande inovação de Balzac consiste em deslocar a origem do enredo de uma *violação individual* para um *mecanismo supraindividual*: o mecanismo da *concorrência* que, com a unificação dos mercados internos verificada na primeira metade do século XIX, passa de *exceção esporádica* à *regra* das relações entre os homens. E essa nova "trama" da existência associada é particularmente notável, mais uma vez, onde a concentração humana é maior. Paris, nas palavras de Jacques Collin:

> Uma fortuna rápida é o problema que se propõem resolver agora mesmo cinquenta mil rapazes que se acham na mesma situação que você. Você é uma unidade desse número. Avalie os esforços que terá de fazer e a ferocidade do combate. Como não há cinquenta mil bons lugares, vocês terão de se devorar uns aos outros como aranhas num frasco. (*O pai Goriot*, "A entrada no mundo")

Aqui já estamos completamente fora do sistema neoclássico de Lotman em que o herói já é um indivíduo moderno, mas o mundo ainda é a sociedade tradicional, "classificada". Esse modelo podia funcionar para *Wilhelm Meister*, e era perfeito para *O vermelho e o negro*, mas, na Paris de Balzac, o quadro se inverte: aqui quem produz a história não é o herói, mas sim o mundo com o seu conflito incessante e omnilateral. A narrativa não exige mais que as regras do jogo social sejam "violadas": ela já está *objetivamente inscrita* dentro delas, em uma "normalidade" que não gera mais nada de verdadeiramente "inaudito", mas em compensação torna *tudo* aleatório e imprevisível.

Na Paris de Balzac, em suma, é inútil *desejar* uma existência romanesca, pois quem quer que entre na cidade e faça o que quer seja, logo será *obrigado* a levar uma vida assim:[26] a tal ponto que, como vimos, nasce o desejo de "sair" do romance, de escapar de uma história demasiadamente envolvente. Se Balzac deve, portanto, recorrer a um ato arbitrário, não o faz para dar início à história — mas sim *para pará-la*. Um final narrativo convincente instaura (ou restabelece) de fato uma classificação *estável*, cujo significado essencial é justamente *permanecer aquilo que é*. Contudo, o sentido do sistema de *A comédia humana* reside *no ato de se tornar*: à medida que continua a se mover, a produzir "narrativa". Diante desse fluxo irrefreável, qualquer tipo de conclusão será sempre sentida como um corte infundado e arbitrário, e não por acaso alguns dos mais famosos "finais" balzaquianos — como aquele de *O pai Goriot*, ou das *Ilusões perdidas* — remetem a uma outra história; é o único meio de permanecer fiel àquela "monstruosa maravilha" que é a "cidade em que transcorrem os cem mil romances": cidade, justamente, sem começo e sem fim.

3. Sobre a gênese da tolerância

Aqueles jovens enclausurados como aranhas num frasco, ou a imagem recorrente de Paris como "arena" de combate até à morte, vão, entretanto, muito além da narratologia. Fazem-nos compreender que Balzac pretende se concentrar sobre aquela nova situação — a luta pela existência — que de Malthus em diante domina como poucas outras o pensamento do século XIX; e que, antes do darwinismo social, não alude tanto à guerra do lobo e do cordeiro, quanto àquela entre lobo e lobo (e entre cordeiro e cordeiro). *A origem das espécies*:

A dependência de um ser orgânico de outro, como a de um parasita de sua vítima, existe geralmente entre seres distantes na escala da natureza. Neste caso estão também às vezes os seres de que pode dizer-se rigorosamente que lutam entre si pela existência como no caso das diferentes espécies de lagostas e os quadrúpedes herbívoros. Mas a luta será quase sempre muito severa entre os indivíduos da mesma espécie, pois frequentam as mesmas regiões, precisam da mesma comida e estão expostos aos mesmos perigos.[27]

Frequentam as mesmas regiões, precisam da mesma comida e estão expostos aos mesmos perigos... Essa imagem nos faz pensar menos em adversários que em *amigos*. E de fato Balzac traçou um grande e problemático afresco da amizade moderna; desse sentimento que já não aproxima apenas *dois* indivíduos sob o signo da *complementaridade* e, muito geralmente, com um forte, embora oculto, fundo erótico —[28] mas que se faz mais aberto e indefinido, nutrido a um tempo de disponibilidade e independência, em sintonia com uma juventude incerta de si mesma e em busca de alguém que, como um espelho vivo, ajude-a a reconhecer suas próprias feições.[29]

O leitor de *Ilusões perdidas* deve se lembrar das várias páginas dedicadas a esse mútuo perscrutamento e reconhecimento, a essa mútua descoberta de pertencimento a uma "mesma espécie". Mas o mundo aberto da metrópole, que tornou possível tal sentimento, acaba bem cedo — "não há cinquenta mil bons lugares" — esmagando-o. O Cenáculo, reencarnação da harmonia organicista da Sociedade da Torre, é uma mentira férvida e marginal: a verdade sobre a amizade e o seu contrário, em *Ilusões perdidas*, será dita pelo mundo do teatro e do jornalismo, onde as pessoas que precisam da mesma comida travam uma luta feroz.

Desse modo, a temática "sentimental" da amizade se transformará em temática "política" da convivência. Como sobreviver e como se comportar diante do conflito generalizado da concorrência? Qual será o éthos mais adequado à nova sociedade mercantil? De onde vem e do que é feita a "tolerância"? Mas comecemos pelo princípio:

> Todo jornal é, como diz Blondet, um armazém onde se vendem ao público palavras da cor que ele quiser. Se existisse um jornal dos corcundas, ele provaria dia e noite a beleza, a bondade, a necessidade dos corcundas. Um jornal não é mais feito para esclarecer, mas para adular as opiniões. Assim, todos os jornais serão, mais cedo ou mais tarde, covardes, hipócritas, infames, mentirosos, assassinos; matarão as ideias, os sistemas, os homens, florescerão exatamente por isso. (*Ilusões perdidas*, "A ceia")

De acordo com passagens como essa, existem dois tipos opostos de jornalismo. O primeiro — infame, mentiroso, assassino: mero provocador de interesses em conflito — é aquele de Lousteau e Blondet, que em duas memoráveis cenas mostram a Lucien como escrever sem pestanejar um artigo favorável e outro contrário a um mesmo livro (*Ilusões perdidas*, "As primeiras armas"; "Um estudo sobre a arte de cantar a palinódia"). O jornalismo que "busca esclarecer as opiniões" é, por sua vez, representado por D'Arthez, que, quando Lucien é obrigado a derrubá-lo e não sabe ir além de uma "zombaria" que "desonra uma obra", aceitará escrever contra si mesmo, uma vez que "uma crítica grave e séria é às vezes um elogio" (*Ilusões perdidas*, "A semana fatal").

O equânime rigor de D'Arthez deveria ser bem superior aos modos precipitados e mercenários dos outros dois — e, afinal, acontece o contrário. Os textos de Lousteau e Blondet parecem "justos e cheios de bom senso" para Lucien (e provavelmente para todo leitor): são polêmicas ferozes, porém muito bem argumentadas. O artigo de D'Arthez (que Balzac não "transcreve"), quando lido por seu melhor amigo, Michel Chrestien (que não sabe que Lucien só o assinou), faz com que este saia à procura de Lucien para lhe cuspir na cara — "Aí estão os honorários por seus artigos" — precisamente para defender a ideia, cara a D'Arthez, do jornalismo como "sacerdócio respeitável e respeitado" (*Ilusões perdidas*, "A semana fatal"). Lucien desafia-o para um duelo, e desse momento em diante seu destino está traçado.

Claro, essa pode ser uma entre tantas outras incongruências de *A comédia humana*. Contudo, eu não excluiria a hipótese de que esse seja um modo bem eficaz para sugerir que quem quiser se colocar, como D'Arthez, acima do mecanismo da concorrência, não apenas não o conseguirá, como acabará acentuando o seu lado mais destrutivo, enquanto os que se submeterem a ele, mesmo nas formas mais mesquinhas, como Lousteau e Blondet, se verão obrigados a confeccionar produtos inteligentes e, no fim das contas, civis. *Interest will not lie*, o interesse não mente, parece dizer Balzac, em sintonia com a tradição liberal. É inútil querer "transcender" o antagonismo intrínseco à sociedade mercantil: é preciso antes aceitá-lo como uma realidade e então ele se revelará também como a base mais sólida para qualquer projeto de "sociedade" entre os homens.

Antes de mais nada é necessário, portanto, aprender a "ver" o interesse, a reconhecê-lo onde quer que se manifeste; e encará-lo. De modo impertérrito, Balzac nos obriga a nos familiarizarmos com o novo impulso. Faz com que o interesse transpareça em toda ação, em todo momento; engrandece-o, transformando-o em "paixão" melodramática. Enrijece-o na crueldade fria que circunda Goriot moribundo, quando em menos de cem linhas Restaud, Anastasie, Delphine e finalmente Madame Vauquier alegam ótimas razões para negar um último adeus ao moribundo, ou para lhe furtar algo pela última vez. Essa sequência é sem dúvida pouco plausível, pela perfeição com que nela se exprime o egoísmo, mas por isso mesmo indicativa da vontade de Balzac de imprimir de modo indelével em nossa mente não só a violência, como também a fundamentação, a "razoabilidade" do novo individualismo. À exclamação de exploradora de Madame Vauquier — "Seja justo, sr. Eugène. É a minha vida!" —, nem Rastignac, nem o narrador, nem, acredito, o leitor, sabem mais como retrucar.

Dadas essas coordenadas sociológicas, *A comédia humana* deveria ser o maior exemplo do romance tal como o concebeu Mikhail Bakhtin. Em passagens não muito frequentes, mas decisivas, Bakhtin relaciona de fato a "polifonia" do universo romanesco à nova situação criada pelo capitalismo, que, multiplicando as "vozes" dentro do universo social e colocando-as sobre um plano de potencial paridade, constrange-as a se encontrarem e a se medir: a *dialogar*. E dessa troca incessante e antidogmática decorre, segundo Bakhtin, o novo éthos que o romance introduz na vida moderna: um comportamento espiritual curioso, aberto, flexível, experimental.

Um comportamento, podemos concluir, *maduro* e *democrático*. Embora tal fato, até onde sei, tenha passado despercebido, Bakhtin efetivamente repropôs, em âmbito crítico-literário, algumas teses da base do pensamento liberal-democrático. O seu "diálogo" desempenha a mesma função que esse pensamento atribui à "discussão" política, e ambos realizam-se de fato (ou melhor, instituem) naquela nova esfera — *pública* e *racional* — em que um universo atomizado e conflitual adquire plena consciência de si e dá vida a um novo éthos, fundamentado naquela máxima virtude pública do mundo burguês-liberal que é a tolerância. Tolerância entendida como algo positivamente determinado, como uma *dupla presença*: "impulsos fortes", para usar as palavras de Mill, e, ao mesmo tempo, respeito inflexível das regras de convivência; profundíssimo apego às próprias ideias, mas também pronta disponibilidade para escutar argumentações contrárias. Será essa ideia de tolerância — por sinal muito cara ao autor destas páginas — corroborada pelas maiores representações romanescas da sociedade civil moderna?

Não. E por várias razões. Antes de mais nada, sugere Balzac, um mundo caracterizado por interesses em conflito e ideologias heterogêneas pode muito bem gerar "polifonia" e "diálogo", mas isso não significa que eles representem a consequência *principal* de tal estado de coisas. Em *A comédia*, a pluralidade aberta do universo capitalista se traduz, portanto, menos em *palavras* do que em *ações*. Balzac quer, acima de tudo, iluminar a *base material* de todos os possíveis "pontos de vista". Mostrá-la como uma *força ativa*, que se confronta com outras forças, e que na colisão alguém vence e alguém perde — e a voz de quem perde, aliás, sai para sempre do grande coro da polifonia.

Noutras palavras: na concepção de Bakhtin, o paralelogramo de forças no centro de todo romance serve fundamentalmente para dar vida a uma *configuração paradigmática*;[30] em Balzac, para construir uma *sequência sintagmática*. O enredo não é subordinado à figuração das várias "linguagens" do texto, mas sim o inverso: as "linguagens" sociais vão à arena e se traduzem inteiramente — impiedosamente — em enredo. Trata-se mais uma vez da incoercível propensão *narrativa* da obra balzaquiana: e dela decorre, para voltarmos ao nosso problema, uma genealogia da tolerância completamente diferente daquela debatida mais acima.

Ou para ser mais exato: dela decorre uma genealogia da *intolerância*, e o que resta da virtude originária nutre-se de valores bem diferentes daqueles imaginados pelo pensamento liberal; se reduz, em boa medida, à *indiferença* e ao *transformismo*.

Não devemos, portanto, falar em tolerância: mas sim em *transigência*. E, no entanto, essa queda também possui uma lógica própria, e o novo valor, por mais desagradável que possa parecer, uma — como dizer? — insubstituível função simbólica. Se, de fato, o "curso do mundo" torna-se — como ocorre em *A comédia* — um processo grandioso e impiedoso ao qual o indivíduo não pode de modo algum se opor, mas com o qual deve conviver, apesar de tudo, duas são suas possibilidades. Ser de ferro, como Jacques Collin, caso em que o caminho será o ceticismo: entender tudo e todos sem jamais vincular-se a ninguém. Ou então ser de uma liga mais leve, como Lucien, caso em que a lucidez amoral (que naturalmente não tem nada a ver com a tolerância) é inatingível; e para conviver com a ameaça é melhor não aguçar o olhar, mas sim ofuscá-lo. Essa é a terceira e última lição de jornalismo que Lucien recebe, mas que não consegue entender. Depois de ter escrito contra e a favor de Nathan, explica-lhe Blondet, é bom acalmar os ânimos com um terceiro artigo, em que Lucien deverá "não dizer nada": resumir os seus escritos anteriores, corrigir algumas falhas aqui e ali, acrescentar alguns inofensivos lugares-comuns e, sobretudo, evitar *assumir uma posição*.

Aqui a maturidade combativa da tolerância liberal já se tornou arte de contornar; o "diálogo" rico de sentido, uma troca de frases feitas — mais tarde, e sobre isso falará Flaubert, não haverá mais nada a esconder, uma vez que, do temor do conflito, lê-se numa esplêndida página de Horkheimer e Adorno, nasce a burrice.[31] Em vez de fundar-se e fortalecer-se no confronto — mesmo que seja um confronto sujeito a regras —, essa tórpida "tolerância" balzaquiana anseia evitá-lo; não induz ao "desmascaramento" das diferentes ideologias sociais; prefere que permaneçam veladas. Ela é uma virtude em negativo, uma edulcoração dos princípios, um ceticismo de almas fracas...

Sim, tolerância como transigência: vocação ao compromisso — acomodamento, aceitação do fato consumado, confusão ético-intelectual. Uma imagem pouco inspiradora, mas talvez significativa da característica secreta das cosmovisões [*Weltanschauungen*] modernas que somente em circunstâncias extremas colocam-se uma diante da outra em inconciliável alteridade de princípios. Porém, muitas vezes, aliás via de regra, são levadas, pela "normalidade" do contato e do conflito, a se contagiar mutuamente — a se assemelhar, a se aproximar, a se corromper uma com a outra. Aquele terceiro artigo tão inerte e conciliatório... Quantas vezes já o lemos e, talvez, o pensamos?

4. Narrar

Voltemos então à "semana fatal" de Lucien de Rubempré. Se quiséssemos transcrevê-la como uma sequência de oposições paradigmáticas, ela se afiguraria mais ou menos da seguinte maneira. Lucien possui somente um amigo verdadeiro, D'Arthez; deve tratá-lo como um inimigo; este lhe responde como um amigo, reescrevendo a resenha; mas ao fazer isso, o maior amigo de D'Arthez (e portanto, até então, também de Lucien) trata Lucien como um inimigo; Lucien o desafia, sai mortalmente ferido do duelo e obriga, de fato, Coralie a morrer por ele. Em contrapartida, ultrajado por Michel, Lucien cai nos braços de Rastignac e de Marsay; estes, que são talvez os seus inimigos mais acirrados, comportam-se aqui como seus mais verdadeiros e, de fato, únicos amigos.

Me desculpem a monotonia lexical: ela serve para colocar em destaque o procedimento de Balzac. Estamos diante da viravolta decisiva da vida de Lucien, a hora da verdade está prestes a chegar; e Lucien — o que, à primeira vista, é perfeitamente lógico — adota um paradigma "forte" de leitura dos eventos, a oposição inconciliável entre "amigo" e "inimigo". Todavia, tal oposição é falsa, uma vez que todos os personagens são as duas coisas a um só tempo, e ao defini-los de modo unívoco, traímos suas essências. E, além de falsa, é destrutiva: quem sabe, talvez Lucien pudesse ainda se salvar, e se não o faz é justamente porque projeta sobre os eventos um paradigma muito drástico.

Com sua cegueira autodestrutiva, Lucien demonstra — fraqueza fatal no mundo de *A comédia* — não saber ser *realista*. Assim como a "tolerância-transigência", o "realismo" balzaquiano (ambos aparentados) baseia-se na recusa das contraposições muito nítidas. Consciente de que o "curso do mundo" jamais se fixará sobre figura alguma, o realismo vê todo conflito como uma passagem obrigatória, mas transitória: e que não deve se vincular tanto assim. "Não existem princípios, existem apenas circunstâncias." Em termos estruturais, ser realista significa negar a existência de paradigmas *estáveis* e claramente opostos.

Negar a existência de paradigmas estáveis e claramente opostos. A teoria do realismo construída por Lukács nos anos 1930 (em sua vertente historiográfica, não na reflexão estética, que sinceramente não tem mais nada a nos dizer) já havia obtido um resultado análogo, quando identificava na derrota, na desilusão ou na corrupção que a experiência impõe ao "idealismo subjetivo" do herói o centro da narrativa do século XIX. Observação exata, e sem dúvida pertinente para o estudo do romance de formação. Mas ainda pode ser levada mais adiante. Podemos dizer, portanto, que a desestabilização paradigmática de *A comédia* implica também um momento, digamos, "construtivo". É desilusão e, ao mesmo tempo, nova ilusão — mais precisamente, *fascinação pelos sintagmas*.[32] E é natural que seja assim: pois quanto mais a classificação paradigmática de um universo narrativo é enfraquecida e perturbada — mais a ordem de um texto, seu significado, dependerá inteiramente, e quase excessivamente, do andamento incessante do enredo.

Para termos uma ideia, tomemos um episódio que ocorre quase de maneira idêntica em Balzac e em Maupassant (e que, além do mais, girando em torno de um adultério, apresenta um típico caso de classificação desestabilizada) e vejamos o que uma análise das variantes pode nos dizer. Em *A prima Bette*, o empregado Marneffe decide que o modo mais rápido para fazer carreira consiste em irromper, seguido de gendarmes, no lugar onde sua mulher está cometendo adultério com seu superior Hulot; e do mesmo modo, trinta anos depois, Bel-Ami. Mas a função da cena no interior do enredo é exatamente inversa. Em Maupassant, ela permite a Bel-Ami obter o divórcio (e se ver livre para contrair o casamento muito mais vantajoso com Suzanne Walter) e arruinar o Ministério do Exterior, aumentando, assim, o próprio poder. O episódio serve, portanto, para preparar a classificação conclusiva: para *simplificar* o enredo, seja em sentido "espacial" (dado que atribui aos personagens envolvidos sua posição definitiva), seja em sentido "temporal" (dado que aproxima o protagonista de sua meta). Em Balzac, ao contrário, a jogada de Marneffe *complica* o enredo: liga Hulot a chantagens de toda sorte, obriga-o a envolver personagens até então secundários, a trair os amigos e bajular os inimigos. Em suma: o episódio aumenta a "narratividade" do texto e torna sempre mais distante, implausível e caótica qualquer tipo de "classificação" conclusiva.

Considerações análogas valem para o episódio "simplificador" por excelência, o duelo. A vida de Bel-Ami, que se desenrola no mundo relativamente isolado da "carreira", faz com que a competição — por uma mulher ou por um cargo, pouco importa — dê-se sempre e somente entre dois combatentes, e se resolva com a eliminação de um dos dois. A trama do romance é uma longa série de duelos sociais até a última gota de sangue, particularmente nítidos e definitivos dado que o único duelo propriamente dito será uma inútil e inócua palhaçada. Em *O pai Goriot* ou em *Ilusões perdidas*, ou até mesmo em *A educação sentimental*, as coisas mudam. Como acabamos de ver, o duelo balzaquiano não coloca os dois "verdadeiros" inimigos cara a cara, mas em vez disso torna ainda mais indefiníveis as razões da contenda e obscurece a fisionomia das forças em jogo: é perigoso e cruel, sem ser nobre ou esclarecedor.

Assim sendo, é compreensível que, em *A comédia humana*, todos se esforcem para bater-se em duelo valendo-se de um mediador: seja Valérie Marneffe, a esposa inescrupulosa pequeno-burguesa com a qual a prima Bette arruína a família que a humilhou, ou o amigo desconhecido de Jacques Collin que — provocando etc. etc. etc. —, depois de uma reviravolta que envolve uma meia dúzia de personagens, colocará à disposição de Rastignac uma herança conspícua. O conflito assume, enfim, a forma mais *mediada* possível, conforme a máxima — "trate os homens como meios" — que ressoa em *A comédia* cada vez que nos aproximamos do tema do poder.

Mas em um ambiente em que todo indivíduo quer fazer do próximo seu próprio instrumento, é inevitável que alguém já esteja tramando o mesmo destino para ele. Em um labirinto de perspectivas em conflito que lembra a tragédia jacobina — exceto que, nesse caso, o universo social é estreito e imóvel, e precipita-se em carnificina, enquanto em Balzac é uma perpétua expansão, e a derrota não deve necessariamente levar à morte — cada personagem de *A comédia*, querendo ou não, sabendo ou não, é sempre, ao mesmo tempo, *causa* e *efeito* de uma trama infinitamente *policêntrica* em que nenhuma mão invisível conduz ao bem comum.[33]

Sobredeterminação — eis a palavra-chave da trama balzaquiana. Basta pensar naquela obra mais particularmente sobredeterminada que é *Hamlet*: e mesmo ali o desenvolvimento da ação se dá graças a um contínuo desimpedimento — por meio de Polônio, de Rosenkrantz e Guilderstern; por meio de Ofélia, de Laerte e Gertrude — para que possam enfim encontrar a sós o príncipe e o usurpador. E retomando *Ilusões perdidas* vemos que aqui o dia de batalha já se tornou uma "semana" fatal, e o "fato" não se manifesta como uma extrema simplificação paradigmática, mas sim, em sentido inverso, como uma brusca convergência e sobreposição de âmbitos heterogêneos — a competição no trabalho (os jornalistas), o conflito amoroso (Madame de Bargeton, Lousteau), a luta política (liberais e monarquistas), a hostilidade entre as castas (a velha aristocracia, os *dandies*), o interesse econômico nu e cru dos credores e até mesmo a amizade inflexível dos membros do Cenáculo.

Sequências como essa nos fazem entender que, em *A comédia humana*, nenhum evento jamais é "simples": são todos compostos, sobredeterminados por inúmeras forças que agem segundo projetos distintos. E dado que uma entre elas está sempre em ação, todo momento da existência, até mesmo aquele aparentemente mais pacífico e "classificado", pode se transformar em um evento romanesco. Estamos nos antípodas da situação descrita em uma passagem de Schlegel:

> Um renomado filósofo era da opinião de que em um governo realmente perfeito (quando o comércio fosse completamente fechado e o passaporte dos viajantes fosse munido de uma biografia completa e de um retrato fiel da pessoa) um romance seria absolutamente impossível, dado que não haveria nada na vida real que pudesse lhe servir de assunto, ou matéria semelhante.[34]

E onde o comércio for completamente aberto e os passaportes não forem muito acurados, *tudo* aquilo que se apresenta na vida real servirá de matéria narrativa: é impossível que *não* se dê romance. E essa grande reviravolta impressa por Balzac na construção narrativa impõe naturalmente um reexame da *teoria* narrativa, especialmente da atual.

Basta pensar, para começarmos por uma questão técnica, na distinção introduzida por Barthes e Chatman entre episódios-núcleo (indispensáveis para o prosseguimento da ação, dado que operam uma escolha entre duas direções incompatíveis) e catálises, ou episódios-satélite, que se limitam a acompanhar e a enriquecer o desenvolvimento escolhido. Parece uma antítese indisputável e, no entanto, a sobredeterminação de *A comédia humana* a atenua até torná-la quase prescindível: aquilo que seria um satélite na trama tecida por um personagem é, de fato, um núcleo na trama de outro personagem. Aliás, de modo geral, são exatamente os traços característicos do satélite — as palavras e ações "automáticas", e aparentemente "insignificantes", que seguem via de regra um ponto de viragem especialmente importante — que traem um personagem e oferecem ao seu adversário indícios preciosos para serem usados em um próximo núcleo. Nada passa despercebido, nada permanece sem ressonâncias nesse mundo cerrado e policêntrico. Esse mundo é uma sobreposição de perspectivas assimétricas e assíncronas que reduz ao mínimo a inércia semântica — a "insignificância" — de cada segmento do texto, e confere à *Comédia humana* sua fascinante e quase obsessionante "vitalidade" narrativa. Análogas considerações valem para a dupla primeiro plano e plano de fundo elaborada por Harald Weinrich. Assim como os núcleos, o primeiro plano é "a razão pela qual a história é contada, aquilo que está registrado no sumário [...] aquilo que substancialmente leva as pessoas [...] a escutarem uma história em que o mundo não é o próprio mundo cotidiano; para falar como Goethe, é *o fato inaudito*". O plano de fundo, assim como o satélite, é, ao contrário, "aquilo que não é um fato inaudito, aquilo que, sozinho, não levaria ninguém a lhe dar ouvidos, aquilo que, contudo, ajuda o ouvinte nesse ato facilitando-lhe a orientação no mundo narrado".[35]

Um pouco mais adiante, em um rápido *excursus* sobre o diferente peso dessas duas formas de "relevo narrativo" nos diferentes períodos históricos, Weinrich observa que de Balzac em diante o romance torna-se realista, o que significa sociológico. Os autores já não se contentam mais em contar uma história mais ou menos boa e emocionante, mas aspiram, de forma crescente, a dar ao mesmo tempo informações credíveis [...] sobre as condições sociais de seu tempo. [...] Com *A educação sentimental* [...] a relação entre primeiro plano e plano de fundo da narrativa começa a se inverter, de modo que o plano de fundo se torna o mais importante dos dois, e o primeiro plano o menos importante.[36]

Deixando por ora Flaubert de lado, e considerando que a tentativa de utilizar as convenções retóricas para entender melhor a história da cultura torna a pesquisa de Weinrich muito mais interessante do que a narratologia francesa, é preciso acrescentar também que, em *A comédia humana*, a situação parece ser diferente. Do mesmo modo que é árduo distinguir núcleos e satélites, é difícil identificar o fato inaudito e estabelecer quando um evento deve ser considerado em primeiro plano ou, ao contrário, em plano de fundo. E a razão disso é que as grandes forças sociais do mundo balzaquiano não são entidades estáticas a serem observadas como o "plano de fundo" de uma história, mas sim como agentes diretamente envolvidos na trama, que *produzem* a trama, e aquilo que aparece em primeiro plano não é nada mais do que o *resultado*, muitas vezes *inconsciente*, de seus movimentos. Se, portanto, com *A comédia*, "o romance torna-se sociológico", tal não ocorre porque Balzac nos "mostra" inúmeros banqueiros, editores ou negociantes: Lukács tem razão nesse ponto: Balzac não "descreve", ele "narra" e serve-se da sociologia *para a construção do enredo*. Ou melhor, para modificar *a própria concepção* do enredo narrativo, que não é mais "violação" das leis do mundo, mas sim sua plena e irresistível aplicação.

Daí também um novo tipo de herói romanesco. Lucien de Rubempré não é o protagonista de um dos maiores romances do século XIX porque é dotado de características consideradas significativas em si — como, pelo que sei, a versatilidade de Wilhelm Meister, o orgulho de Julien Sorel, a ingenuidade de David Copperfield —, mas sim porque não possui característica nenhuma, e exatamente essa transparência permite perceber com maior nitidez a grande jogada dos planos de fundo que se faz através dele. Todos "investem", todos "apostam" em Lucien ou contra ele: sua irmã e sua mãe, os jornalistas e os filósofos, os *dandies* e os empresários, as mulheres, os velhos, os santos, a canalha... Sua beleza imaculada e sua inteligência dúctil e impressionável exigem uma determinação de fora — um estímulo, digamos, que o arremesse ao primeiro plano para encenar o drama de um sucesso alcançado sem mérito e interrompido sem motivo.

O romance de Lucien não existiria independente da rede social na qual se move: entretanto isso não quer dizer que suas aventuras estejam, por assim dizer, a serviço daquele plano de fundo sociológico, que sejam um mero instrumento de "informações credíveis". Estamos dispostos a engolir as páginas iniciais sobre o desenvolvimento da técnica tipográfica, ou então o longo e derrisório capítulo da última parte — "Curso público e gratuito sobre contas de retorno para os que não estão em condições de pagar suas promissórias" — apenas porque acompanham e explicam as reviravoltas decisivas nas relações entre David Séchard e seu pai, ou entre Lucien, David e os irmãos Cointet. A técnica da impressão ou o procedimento bancário não são colocados em destaque *enquanto tais*; e o leitor não retém deles o que é necessário para seu conhecimento objetivo, mas somente aquilo que corresponde ao seu interesse *narrativo*.

Embora a primeira coisa que salta aos olhos lendo Balzac seja a extraordinária expansão do âmbito sociológico do romance — a novidade verdadeiramente histórica de *A comédia* consiste em ter subordinado esse mundo tão vasto e tão pleno à *forma narrativa*. Até mesmo as "descrições", como bem notou Auerbach, são aqui histórias condensadas; e se, em Balzac, nunca conseguimos distinguir grandes "páginas" isoladamente, ou então cenas explicitamente "simbólicas" (como é, ao contrário, a regra no romance), tal ocorre justamente porque, em *A comédia humana*, a vontade classificatória — instaurar *paradigmas* — abriu passagem para o fascínio que emana de uma cadeia ininterrupta e inextricável de *sintagmas*.

Voltamos assim, por outro caminho, a um ponto já discutido: toma forma, com Balzac, um comportamento novo, uma percepção da realidade refratária à *análise*, e literalmente enfeitiçada pela *pura narrativa*. Tentem "discutir" os romances de *A comédia:* vocês não farão nada mais do que os renarrar. Tornou-se impossível sair dessa narrativa complexa e cativante: em vez de ser um instrumento do conhecimento, ela se opôs a este, e lança uma luz inédita e perturbadora sobre aquele "conhecimento histórico" que foi o grande orgulho do século passado, e certamente do próprio Balzac. O confronto com Burckhardt já havia aberto questões tudo menos secundárias; para antecipar o que veremos em breve, podemos acrescentar que *A comédia humana* parece ter nos ensinado a olhar o "curso do mundo" com extrema atenção, com um envolvimento jamais antes visto: *mas sem nos perguntarmos mais qual o "sentido" dele*.[37] Importa-nos apenas que continue a correr, desencadeando um paradigma após o outro: somente assim ele nos parece "interessante" e digno de nossa atenção.

Essa não é uma mudança fácil. É outra imagem possível daquilo que chamamos "vida" e que nos parece com frequência tanto mais "real" e "viva" quanto mais movediça, indecifrável e complexa. Tanto mais nos fascina quanto mais nos envolve; incompreensível e, no fundo, avessa a qualquer tipo de compreensão. Narrar ou descrever?, perguntava-se Lukács. Narrar, decerto. Mas uma vez despertado, para onde o demônio da narrativa nos levará?

5. Defesa do pior Balzac

Antes de responder a essa pergunta temos que resolver uma dificuldade. Segundo uma corrente crítica de grande importância, a obra de Balzac seria dominada por um princípio oposto àquele que acabamos de descrever, ou seja, o verdadeiro fanatismo pela *causalidade*. Cada evento deve ser traduzido em conhecimento, como demonstra a martelação explicativa, direta ou indireta ("É por isso"; "Como todo jovem recém-chegado a Paris...") do narrador balzaquiano.

Causalidade. Em *Que é a literatura?* Sartre sustenta que na narrativa tal categoria "é a aparência e poderíamos designá-la por 'causalidade sem causa', e a finalidade é que é a realidade profunda".[38] Vinte anos mais tarde, Gérard Genette repropôs a distinção sartriana:

> Ao eterno "por quê" da crítica "verossimilhista", a verdadeira resposta é: "porque eu preciso disso" [...] o "de onde vem isso?" serve para fazer esquecer o "para que isso serve?" [...] A lei da narrativa [conclui Genette com maquiavélico aplomb] é simples e brutal: *o fim deve justificar o meio*.[39]

Dado que o "fim" da narrativa balzaquiana é a única coisa importante, é uma pena que Genette não gaste nem mesmo uma linha para defini-lo; mas o fim determina, justamente, os meios, e aquele de Genette consiste em defender uma poética da *arbitrariedade narrativa*:[40] uma vez desmascarados os seus dissimuladores verossimilhistas, fecham-se as cortinas e a festa acabou.

Se, contudo, por um momento tiramos as lentes das poéticas modernistas, levanta-se a questão inevitável: por que Balzac teria buscado e enfatizado a arbitrariedade narrativa? Ou, para dizer de outra maneira: quando o advento do capitalismo multiplica os aspectos aleatórios e angustiantes da existência e confere, portanto, ao curso histórico (e por seu intermédio à sensibilidade "narrativa" difundida) características já muito arbitrárias e ameaçadoras — é realmente de surpreender que convenções narrativas "defensivas" sejam elaboradas? Quer dizer, convenções que deem a impressão de que a arbitrariedade e a ameaça, mesmo continuando a existir, estão de alguma maneira "sob controle"?[41]

Não, não é de surpreender, ainda menos de indignar. Nem todos são *esprits forts* como os professores parisienses de hoje em dia, sempre prontos a velejar com serenidade pelas tormentas da história: e jamais satisfeitos com uma literatura que intensifica desconcerto e irrequietude. Mas o "prazer" literário, por sua vez, nasce, em contrapartida, da operação oposta — da percepção de uma forma capaz de reduzir, de "amarrar" as tensões e os desequilíbrios que caracterizam a experiência cotidiana. Aquilo que torna a literatura simbolicamente "necessária" é justamente sua capacidade de mediação e compromisso — sua capacidade de nos ensinar a "conviver" com presenças perturbadoras.[42] Essa é uma tarefa que a literatura cumpre de diferentes maneiras segundo as circunstâncias; no caso de *A comédia*, Roland Barthes tem certamente razão em enfatizar a função que nela desempenha uma forma nova e omnicompreensiva da *opinião comum*: "Se reunimos todos esses 'saberes', todos esses vulgarismos, forma-se um monstro, e esse monstro é a ideologia. [...] a verdade social, o código das instituições — o princípio da realidade".[43]

"Princípio de realidade": verdade social, código das instituições? Sim e não. Sim, na medida em que este é a opinião *comum*, crença normalizadora. Mas o princípio de realidade é sobretudo uma exigência *individual*. As instituições podem funcionar também em sua ausência, mas não o indivíduo que, sem este — sem um "Eu" —, seria desmembrado das forças superiores que, na imagem de Freud, sitiam-no por dentro e por fora.

Volta assim o tema já discutido nos dois primeiros capítulos: o aparato simbólico da socialização — componente fundamental do romance de formação — como necessidade do indivíduo, bem como do sistema. E com isso não pretendo de modo algum sugerir que a doxa balzaquiana seja na realidade "melhor" de quanto possa parecer. Não, no plano descritivo, Barthes tem razão quando a tacha de "uma mescla açucarada de opiniões correntes, uma camada sufocante de ideias recebidas...";[44] e Genette também tem razão quando mostra com argúcia a íntima e muitas vezes grosseira contradição.[45] Barthes e Genette, porém, não têm razão quanto à *função* que atribuem à doxa de *A comédia*, quando consideram que esta constitui uma *finalidade secreta* da obra balzaquiana, e que, por conseguinte, o "discurso" do narrador possui a "última palavra" de *A comédia* — a sua "verdade social".

E isso não é verdade. Assim como o "ceticismo" discutido a propósito do narrador e assim como o "realismo" e a "tolerância-transigência", a "opinião comum" encarnada nas inúmeras máximas de *A comédia* não possui nada de "conclusivo": não é um objetivo — é um meio. A opinião comum, longe de coroar a narrativa, permite-nos *retornar* a ela continuamente: enfrenta aquele "terremoto" que, na metáfora de Burckhardt, abala a história moderna, sem sucumbir ao pânico e sem se deixar cegar por ele.

Certamente, tal função mediadora da opinião comum não é simbolicamente "neutra". Contudo, seu sentido não reside tanto naquilo que ela é quanto naquilo que permite fazer, na imersão que nos encoraja a assumir dentro da grande trama de *A comédia*. E é ali — na "história" e não no "discurso" — que Balzac forja o seu "princípio de realidade"; não na doxa diligentemente reiterada pelo narrador. Esta última deve ser vista como uma espécie de andaime que permite a construção de um edifício ideológico bem mais imponente, a trama balzaquiana. Apontemos, portanto, pela última vez, os mecanismos narrativos de *A comédia* nos quais sua "verdade social" se manifesta quase despercebidamente e plasma, por conseguinte, muito mais a fundo nossa compreensão e nosso juízo.[46]

6. O mundo da prosa

Ao contrário do que é costume, em *A comédia humana* a moral tende a preceder a fábula em vez de derivar dela. O juízo sobre um personagem ou sobre um ambiente, e às vezes até mesmo os traços essenciais de seus destinos, nos são muitas vezes comunicados antes da sequência narrativa na qual eles figuram como protagonistas. E, em certo sentido, tal inversão vale também para *A comédia humana* como um todo: *A pele de onagro*, que é uma das primeiras obras do ciclo, prenuncia com tanta clareza o sentido de tudo aquilo que acontecerá que, precisando definir os grandes temas da obra balzaquiana, a crítica volta-se quase automaticamente à história de Raphael de Valentin — sobre cujo pano de fundo, de fato, "os cem mil romances" que virão aparecem como mera proliferação narrativa de uma situação de base já definida e avaliada em sua essência.

Por qual razão inverter a sucessão que poderia parecer a mais lógica (primeiro a história, depois o comentário) e é, certamente, a mais difundida? Precisamente porque em *A comédia* o ato de julgar — tanto em sentido cognitivo quanto em sentido normativo — não é mais uma verdadeira conclusão, assim como aquelas "máximas", que são seu veículo privilegiado, não têm absolutamente nada de "memoráveis". Quando se lê *Fausto* ou *Onêguin* ficam impressas na memória as infinitas tiradas de Mefistófeles, ou do narrador puchkiniano: mas quem é capaz de se lembrar de pelo menos uma das inúmeras máximas contidas em *Ilusões perdidas*? Não muitas pessoas, acredito, e com razão, uma vez que essas não servem para "marcar" de modo indelével nossa percepção e avaliação do texto, mas desempenham, ao contrário, uma tarefa mais modesta, quase acessória — ou talvez apenas menos visível. Garantindo que cada evento tenha verdadeiramente uma explicação e um sentido, as máximas nos dispensam de verificar se eles os têm de fato, e quais são eles: permitem-nos, portanto, degustar cada episódio de modo irrefletido, como um evento em estado puro, como parte de um fluxo narrativo a que podemos nos entregar "sem parar para pensar".

Trata-se da plena afirmação da bifurcação na narrativa moderna apontada por Weinrich, já discutida no capítulo anterior: "narrar" torna-se uma atividade independente e até mesmo inversamente proporcional ao ato de "julgar". Quanto menos uma história nos impele a uma tomada de posição, a um "comentário", mais consegue despertar nosso interesse. Basta pensar em *Ilusões perdidas* sobre o pano de fundo d'*O vermelho e o negro*. Para alcançar o sucesso, Julien Sorel e Lucien de Rubempré devem renegar alguns valores fundamentais.

Mas enquanto o texto stendhaliano é construído de modo a atrair sempre a atenção para o conflito entre ações e ideais, e a história é interrompida continuamente para permitir aquele "diálogo" a três no qual narrador e leitor sopesam as escolhas do herói, em Balzac acontece o contrário. Se Lucien trai um amigo, ou passa para o campo monárquico, não nos questionamos sobre a legitimidade de suas escolhas; interessa-nos apenas saber no que — narrativamente — isso dará. A problemática do valor transforma-se em desejo de suspense, e uma volta-face não suscita reações "éticas", mas apenas a espera, estritamente narrativa, por aquela vingança que, cedo ou tarde, não poderá faltar.

E é talvez precisamente a vingança — que no fim do ciclo, em *A prima Bette*, adquire a dimensão de um pesadelo — o tema mais adequado para estabelecer o sentido último da trama balzaquiana. Essa nos faz entender que, em um universo estreito e competitivo, cada ação é como uma pedrinha deixada pelo caminho num conto de fadas: transforma-se em uma avalanche, gerando uma miríade de ressonâncias e respostas que não é mais possível controlar ou deter. Toda ação, uma vez realizada, não pode mais ser desfeita, anulada. É o triunfo do princípio da prosa como já a entendia a retórica clássica: "A prosa é o 'discurso dirigido para a frente' (*provorsa*), que, ao contrário do verso ('volta, retorno'), não conhece nenhum retorno regular, à maneira da dança, de iguais cadências rítmicas".[47]

"Dirigida para a frente", sem hesitação ou concessões (a "volta para casa" de Lucien, perto do fim de *Ilusões perdidas*, provocará uma tragédia), a prosa d'*A comédia humana* coloca a história e a existência individual sob o signo da *irrevocabilidade*. Aquele futuro em direção ao qual o suspense narrativo atrai o nosso olhar não é mais o tempo das esperanças, ou das promessas: é um futuro em que somos *obrigados* por um passado que não concede tréguas. Muito mais do que o *streben* de *Fausto*, o suspense balzaquiano nos faz ver o dinamismo luciférico do século passado como um impulso a agir daquele que vive com o coração na mão. É a ideia de progresso como *constrição à mudança* que encontramos, aliás, nos grandes quadros traçados por Marx e Weber: com a consolidação das novas relações sociais, a "ética" burguesa passa do indivíduo ao sistema e, assim, de livre escolha transforma-se em imperativo objetivo, ao qual não é possível escapar.

E quem sabe: talvez essa "constrição ao futuro" tenha produzido resultados ainda maiores do que aqueles realizados por versões mais racionalistas e humanitárias da ideia de progresso; e em certos aspectos essa história que avança com passos de gigante, embora cegamente e quase sem meta, possui algo extraordinariamente fascinante. Há um ponto, entretanto, que soa vazio: o momento — bem conhecido de todos os heróis de Balzac, e de todos os seus leitores — no qual, sem pré--aviso, e quase sem motivo, sobrevém um enorme *cansaço*.

Lucien de Rubempré, que fica na cama até meio-dia, o leitor que deixa o livro abandonado e não consegue retomá-lo — por quê? Pelas centenas de boas razões que Balzac saberia listar, mas na realidade por uma só. Porque essa corrida interminável de aprendiz de feiticeiro pode funcionar para um sistema, para uma *sociedade*, mas não para um indivíduo. Este deve aprender a sair do jogo e se colocar à margem da corrente (mas isso é muito, muito difícil), ou então sairá acabado. Até mesmo Vautrin sai vencido, Nucingen beira a ruína e Gobseck enlouquece: e se essa é a sorte dos "reis invisíveis e silenciosos", que dizer dos outros? Precisamente porque levou tremendamente a sério o caráter sistemático e supraindividual da história contemporânea, Balzac viu-se obrigado a desmontar uma de suas máximas ilusões: a de que progresso social e desenvolvimento individual prosseguissem paralelamente, como aqueles trilhos reluzentes e voltados ao infinito dos quais esse século tivera tanto orgulho.

É ao grande mito do *Fausto* que Balzac coloca um ponto-final. Com *A comédia humana*, a ideia de que a humanidade possa ser pensada como "um homem só" dissolve-se. Aliás, essa sociedade tão dinâmica e vibrante mostra com absoluta clareza não ser "feita para o indivíduo". Não há tanto o que lamentar: analisando *Wilhelm Meister* vimos que um mundo em que o homem "é a medida de todas as coisas" exige um preço altíssimo, e talvez intolerável, para a consciência moderna. Balzac tem o mérito de ter nos mostrado o custo do modelo contrário, da sociedade ilimitadamente "aberta". Essa é uma antítese que acompanha todos os momentos da vida e se reapresenta até mesmo no modo como morremos: por uma espécie de sufocamento, como Ottilie e Eduard em *As afinidades eletivas*, dado que em um mundo protegido demais o ar acabará faltando — ou por apoplexia, como Goriot, demonstrando que o organismo humano está fatalmente em descompasso com a irrefreável pulsação da vida coletiva.

Várias vezes afirmei que o fim é o aspecto mais problemático de *A comédia*, do todo como das partes. E a razão última para isso talvez seja esta: do lado das transformações sociais, o final é simplesmente inconcebível, pois já não é mais possível pensar alguma meta que possa satisfazê-las — enquanto do lado individual é imaginável, mas doravante coincide com a morte, evento que, menos do que qualquer outro, pode ser visto como um objetivo distribuidor de sentido. Mais um ponto de viragem na história do romance de formação: a narrativa da juventude não é mais a forma simbólica que permite "humanizar" a estrutura social, como em *Wilhelm Meister*, ou então, como em *O vermelho e o negro*, que permite colocar em questão a legitimidade cultural. Ela serve apenas para pôr em relevo a força desumana e indiferente do novo mundo, que reconstrói — como se fosse uma autópsia — a partir das feridas infligidas ao indivíduo.

A sociedade do "individualismo possessivo" — imaginada, como fez Balzac, em sua forma "pura" — é, portanto, aquela em que o indivíduo é exposto às ameaças mais cruéis: e o "cansaço" evocado mais acima, a sensação repentina de "estar farto" da vida ou da leitura, é talvez o sinal codificado, a reação espontânea a esse estado de coisas. Uma retirada da vida: resultado inesperado, mas talvez inevitável de uma verdadeira indigestão de vitalidade. Trata-se de um novo dilema da consciência burguesa que Balzac coloca na zona mais distante de sua obra. Para Flaubert, esse será o ponto de partida.

III

1. Dialética do desejo

Em *Wilhelm Meister*, as experiências de Wilhelm começam com a recusa de se dedicar ao comércio; e o seu alter ego Werner, que faz, em contrapartida, a escolha oposta, é por isso mesmo condenado a um papel secundário e desprovido de "crescimento". Passadas algumas décadas, o romance de formação migra para a terra francesa e muitas coisas mudam, todavia Julien Sorel e Fouqué, Lucien e David Séchard, Frédéric Moreau e Martinon reiteram que o "romance" só pode se dar para aqueles que, chegada a "encruzilhada da vida" ilustrada por Jacques Collin a Rastignac, decidirem não confiar a própria identidade ao mundo do trabalho.

Como já se sugeriu no primeiro capítulo, esse paradigma contrapõe-se de modo cada vez mais persistente e explícito à tese bem conhecida segundo a qual a essência da cultura burguesa moderna estaria, em boa medida, em uma ética do trabalho. Se, de fato, uma das maiores novidades introduzidas pelo capitalismo consiste em tornar a produção autônoma em relação à satisfação imediata da necessidade — em que não conta mais o critério do homem como a "medida de todas as coisas" que, para Sombart, é típico de todas as formações sociais pré-capitalistas —,[48] então parece realmente inevitável que a legitimação da nova ordem tenha de se cristalizar em torno daquele trabalho abstrato que se tornou seu único fundamento reconhecível.

Contudo, o grande romance de formação europeu obstina-se a contar outra história. Quanto mais o capitalismo se desenvolve, mais a ética do trabalho é desvalorizada: ainda vibrante e quase poética em Werner, com Fouqué e David Séchard ela já é mais limitada, e é relegada à província; com Charles Bovary redundará em ingenuidade, com a qual o Martinon de *A educação sentimental* chegará à intriga servil e, se necessário, chantagista. Fechando a sequência, Bel-Ami: e a bênção do bispo que conclui o romance dá o efeito de uma verdadeira missa negra para aqueles que se recordam da sofrida e honrada *certitudo salutis** almejada pelo burguês weberiano.

---

* Literalmente "a certeza da salvação". Esta poderia ser alcançada, segundo Weber, pelo indivíduo moderno que comprovasse cotidianamente sua fé por meio de resultados objetivos, isto é, pela atividade profissional. [N.T.]

Mudemos a perspectiva e encaremos a questão pelo lado do herói do romance. Enquanto Wilhelm e Julien não recusam o trabalho, embora não aceitem lhe confiar o sentido de suas existências, Rastignac e Lucien procuram evitá-lo o máximo possível. Frédéric Moreau, por sua vez, abomina-o: em sua casa manda imediatamente abaixo uma parede para poder ampliar a sala de estar às custas do escritório, e está disposto a repetir a mesma operação na casa Dambreuse. Também aqui, quanto mais seguimos adiante, mais nos distanciamos da ética burguesa do trabalho.

No entanto, este novo herói romanesco — jovem, homem, recém-chegado na cidade, socialmente móvel — é o típico expoente daquela "classe do meio", em crescimento vertiginoso, que dá a marca à opinião pública metropolitana; sua fisionomia espiritual só poderia estar ligada ao desenvolvimento da "cultura burguesa". Mas se essa relação não se manifesta no trabalho, onde poderíamos procurá-la? Onde reside, em suma, a legitimação simbólica da nova ordem social?

Reside — com um deslocamento já florescente em *Wilhelm Meister* e que Balzac e Flaubert tornam definitivo — no mundo do *consumo*. Uma vez liberada da subserviência em relação a uma necessidade preexistente, a produção acaba depressa por *multiplicar* as necessidades, abre-lhes possibilidades impensáveis e lancinantes. Transforma as necessidades, termo que evoca a imagem estática de quem se reproduz sempre igual a si mesmo, em "desejos", termo que implica dinamismo, transformação, novidade. Esse novo campo de possibilidades, evidentemente, não se abre para todos, mas certamente se oferece ao tipo humano descrito acima, e o fato de uma época tê-lo escolhido como seu herói representativo nos dirá muito de como ela via o capitalismo, e o que via "no" capitalismo.

Ela via o capitalismo menos como um sistema de produção do que como um universo de consumo cada vez mais vasto. Essa é a antítese entre Londres e Paris, e a razão por que "a capital do século XIX" não foi aquela da "fábrica do mundo" e do império, mas sim Paris. Porque ali, muito mais do que em Londres, "o dinheiro podia comprar tudo";[49] e o ato fundamentalmente "econômico" de compra e venda foi circundado por aquele aparato multiforme — o cartaz publicitário e a manipulação da imprensa, a vitrine e o grande armazém —[50] que o transformou em uma empreitada carregada de traços emotivos e guiada precisamente não mais pela necessidade, mas sim pelo desejo.

Sim, o desejo moderno é, em boa medida, um *produto* do capitalismo, aliás, um de seus produtos mais típicos. Em *O vermelho e o negro*, em que as novas relações sociais não possuem ainda quase nenhuma importância, Paris não muda Julien: para o bem e para o mal, a sua identidade já está estabelecida, e assim seus (contraditórios) desejos. Mas Rastignac, Lucien, Frédéric chegam a Paris sem nem mesmo saber quem são ou o que querem: será Paris, essa ilimitada vitrine da nova riqueza social, que lhes ensinará o que significa "desejar" — desejar a todo momento e todas as coisas, a começar pelas inúmeras "futilidades necessárias" que continuarão sendo completamente enigmáticas para seus parentes que ficaram na província.

O queridinho dos anos 1970 — "o sujeito desejante" — é, portanto, o novo tipo humano gerado pela metrópole capitalista, e desde sempre em sintonia com ela. Seu desejo é avidez de ser admitido por ela, e fúria, caso fracasse. E é ainda mais surpreendente que tenha sido interpretado como uma força avessa à ordem social, deslegitimante ou até mesmo subversiva. Leo Bersani:

> O desejo é uma ameaça para a forma realista da literatura. O desejo pode subverter a ordem social; e pode em igual medida desestabilizar a ordem do romance [...]. Se a literatura

realista parece atribuir uma importância enorme aos desejos transgressivos, encarnando-os em seus protagonistas [...] admite os heróis do desejo com o único fim de submetê-los a verdadeiros ritos de expulsão.[51]

É claro que a derrota dos "heróis do desejo" é inegável: o que é incorreto é enxergá-la como a consequência de uma *disparidade de princípio* entre desejo e ordem social. No mundo de Balzac e de Flaubert deseja-se somente aquilo que o próprio mundo deseja que seja desejado: e da maneira prescrita por ele. "Nada é mais jesuítico que um desejo", lemos no início da história de Lucien (*Ilusões perdidas*, "Catástrofes do amor provinciano"). E mais adiante:

> Depois de manifestar a Lousteau a mais profunda repulsa pela mais odiosa partilha [de Florine com o velho Matifat que a mantém; e, portanto, implicitamente, pela partilha de Coralie com Camusot], caía naquele fosso, nadava num desejo, arrastado pelo jesuitismo da paixão. (*Ilusões perdidas*, "Coralie")

Rastignac, depois da grande conversa com Jacques Collin: "Que diabo! Minha cabeça já não funciona direito. Não quero pensar em nada, o coração é um bom guia". Vinte linhas depois dessa chamada à pureza de espírito:

> Eugène queria, com uma espécie de alegria interior, mostrar-se na casa da viscondessa, vestido como faria doravante. O que os moralismos chamam de abismos do coração humano são apenas os pensamentos falazes, os impulsos involuntários do interesse pessoal. Essas peripécias, motivos de tantas declamações, esses súbitos recuos são cálculos feitos em proveito de nossos prazeres. Ao ver-se bem-vestido,

bem enluvado, bem calçado, Rastignac esqueceu sua virtuosa resolução. (*O pai Goriot*, "A entrada no mundo")

Hipocrisia, jesuitismo, cálculo, interesse pessoal — é realmente possível falar em desejo transgressivo? Aqui até mesmo a dualidade da "má-fé" desapareceu, e aquilo que habita o "interior" do herói do desejo não se distingue em nada dos impulsos hobbesianos que prosperam na Paris burguesa. Se, portanto, o herói se arruína, não é por causa de sua irredutível "diversidade", mas antes, como haveria de ser, por um mero erro de cálculo. Não é a esperança que o faz naufragar, mas sim a ilusão, que no mundo de Balzac significa não conhecer o justo preço das coisas. Esse é o caso de Lucien, que antes se vende muito barato, e depois, quando já é tarde demais, exige um preço exorbitante.

Que fique claro: fazendo assim, Lucien — que retorna depois do primeiro passeio parisiense, gritando: "Meu Deus! Preciso de ouro, custe o que custar!" — não entra em conflito com a sociedade mercantil. Ele simplesmente não consegue compreender suas regras, como não o consegue a paixão balzaquiana, que não recusa de todo, em geral, a mediação do dinheiro, mas antes recorre a ela de modo economicamente irracional: *sobrestimando* seu objeto, ela constrange sempre a pagar muito caro por ele. A paixão é um mau negócio, mas no capitalismo predatório de *A comédia*, que ainda não aprecia a regularidade da troca de equivalentes, são exatamente os maus negócios que mantêm em movimento o conjunto. Se algum dia as ilusões fossem realmente perdidas, e o desejo apagado, seria o fim de um sistema que funciona somente em função deles — e que, portanto, longe de querer expeli-los, continua a suscitá-los e acendê-los sem parar.

Para um realismo econômico mais "frio" é preciso voltar-se para Flaubert: especialmente para a primeira das grandes cenas finais de *A educação*, o leilão dos bens dos Arnoux. Nesse episódio extraordinário, Flaubert nos convida a observar aqueles objetos que já nos são familiares (a mesinha de trabalho, as prateleiras de *L'Art Industriel*, os dois guarda-fogos, o tapete azul salpicado de camélias...) a partir de duas perspectivas simultâneas e opostas. Primeiramente pelos olhos de Frédéric que, para cada objeto, associa uma recordação, uma emoção, e talvez ainda uma promessa. Para ele, esses objetos não são coisas: são *símbolos* — veículos de um significado, *do* significado de sua vida. São objetos a que a intervenção da subjetividade confere um valor a mais — que ela sobrestima. Mas ao lado de Frédéric movem-se também os olhos de inúmeros compradores anônimos: os olhos do mercado. Por esse olhar profano, porém lúcido, os bens dos Arnoux não possuem um "sentido", só um preço. Não são símbolos, são *mercadorias* (mercadoria barata: ninguém quer o piano — "o piano dela!"). E essa é, no fim das contas, sugere Flaubert, sua verdade.

Balzac jamais teria conduzido a cena dessa maneira. Teria feito Madame Dambreuse comprar tudo às escondidas, projetando assim, sobre a ilusão que morre, uma vingança não menos apaixonada de uma ilusão futura. E embora a Madame Dambreuse de Flaubert compre (e pagando muito caro) até mesmo uma caixinha, seu gesto é um eco, uma homenagem ao grande predecessor, não o traço decisivo da cena, que não pretende conservar o valor simbólico suplementar incorporado naqueles objetos, deslocando-os de um personagem a outro —, mas sim dispersá-los no cálculo racional de compradores desconhecidos.

A amarga e súbita perda de "sentido" que nos é transmitida nesse episódio constitui uma nova versão daquele "realismo" que já encontramos em Stendhal: movimento brusco e definitivo com o qual declara-se que a "realidade", em si, é refratária e indiferente a qualquer investimento simbólico.[52] Com uma diferença, naturalmente. Em *O vermelho e o negro* a imposição do "curso do mundo" às "leis do coração" deixa, contudo, o texto sempre ambiguamente aberto, e o leitor irrequieto e indeciso entre a constatação dos fatos e o juízo de valor. Em *A educação sentimental*, ao contrário, a dissolução da ilusão diante do preço tem algo de irremediável, uma vez que esta nunca tivera coragem de colocar em questão a lei do dinheiro. A sua derrota poderá entristecer, mas é plenamente legítima e pronto.

É sabido, de resto, que entre todos os romancistas oitocentistas Flaubert é o mais desencantado. Mas desfazer o encanto já não produz mais conhecimento algum; produz, em vez disso, um brusco despertar do qual não advém um novo dia, mas apenas a certeza de que o sonho acabou (e que, ainda por cima, era um sonho medíocre). Só que os sonhos, especialmente os medíocres, são uma das coisas mais necessárias à vida:[53] como Flaubert não apenas sabia, como nos ensinou. Dissipar os sonhos, no fim das contas, não é tão difícil assim; difícil é entender como funcionam, por que são inevitáveis e a que preço se tornam possíveis. Aqui, muito mais do que na lucidez impiedosa de suas "conclusões", reside a grandeza de Flaubert.

2. "E com que ofício retribuo os teus?"

"Soprar a ação, é do diabo a oratória", diz Mefistófeles (*Fausto*, 6400). Soprar a ação, sugerir, sugestivo, *evocativo* — essa é a nova estratégia da surpresa e do imprevisto com a qual a inédita variedade de mercadorias que aparece em Paris captura a imaginação coletiva. Se Mefistófeles deve ainda muitas vezes "evocar" do nada aquilo que poderia despertar o desejo de Fausto, para Jacques Collin apontar com displicência aquilo que Paris oferece já é suficiente: e em *A educação sentimental* não há mais necessidade alguma de presenças diabólicas para que a metrópole apareça como supremo objeto de desejo. Embora "desejar" — primeiro problema — seja fácil demais nesse mundo, "escolher", em contrapartida, torna-se uma tarefa particularmente árdua. Se — segundo problema — o desejo confia totalmente na mediação do dinheiro, sua satisfação será acompanhada de inquietantes imprevistos. Busquemos então seguir tais questões na passagem de *Fausto* para *A educação sentimental*. Fausto:

> *Não penso em alegrias, já to disse.*
> *Entrego-me ao delírio, ao mais cruciante gozo,*
> *Ao fértil dissabor como ao ódio amoroso.*
> *Meu peito, da ânsia de saber curado,*
> *A dor nenhuma fugirá do mundo,*
> *E o que a toda humanidade é doado,*
> *Quero gozar no próprio Eu, a fundo*
> *Com a alma lhe colher o vil e o mais perfeito,*
> *Juntar-lhe a dor e o bem-estar no peito,*
> *E, destarte, ao seu Ser ampliar meu próprio Ser,*
> *E, com ela, afinal, também eu perecer.*
> (*Fausto*, 1765-75)

Aqui o desejo de Fausto alcança sua máxima expressão. Mas aquilo que o torna tão intenso não é um pensamento positivamente determinado, mas sim o anseio de coisas em si *contraditórias* — os oximoros dos primeiros versos. E por quê? Porque no "no próprio Eu, a fundo", Fausto quer gozar "o que a toda humanidade é doado": não esse ou aquele aspecto da história milenar, e que bem naquele momento está se tornando cada vez mais dinâmica e multiforme, mas sim essa história tida como "um todo". Paradoxalmente, o desejo torna-se tanto mais arrasador quanto mais *se recusa a escolher*. *Omnis determinatio est negatio*, e na escolha perderia qualquer importância aquela "ampliação do Ser" que inflama Fausto — e deixa, ao contrário, seu parceiro algo cético:

Podes crer-mo, esse Todo, filho,
Só para um Deus é feito [...]
Nomearia um cavalheiro como esse
Dom microcosmo — se o conhecesse.
(*Fausto*, 1780-1; 1801-2)

Dissipada sua aspiração inicial, Fausto parece perder o ânimo:

[Fausto] *Mas que é que eu sou, se me é vedado, pois,*
Granjear da humanidade o diadema,
Do Eu toda aspiração suprema?

[Mefistófeles] *No fim sereis sempre o que sois.*
Por mais que os pés sobre altas solas coloqueis
E useis perucas de milhões de anéis,
Haveis de ser sempre o que sois.
(*Fausto*, 1803-9)

Réplica memorável, e reproposta de modo esplêndido pelo prisma da ascensão do nazismo, no filme *Mephisto*. Mas o Mefistófeles de Goethe guarda também outra resposta, de teor oposto, com a qual entramos no segundo problema:

[Fausto] *Sinto-o, amontei debalde sobre mim*
Todos os bens da inteligência humana,
E quando estou a descansar, no fim,
Novo vigor do íntimo não me emana;
Não me elevei junto ao meu fito,
Nao me acheguei mais do Infinito.

[Mefistófeles] *Meu bom amigo, as cousas vês*
Como as vês sempre a tua laia;
Mais esperteza, de uma vez!

Antes que o bom da vida se te esvaia.
Com a breca! pernas, braços, peito,
Cabeça, sexo, aquilo é teu;
Mas, tudo o que, fresco, aproveito,
Será por isso menos meu?
Se podes pagar seis cavalos,
As suas forças não governas?
Corres por morros, clivos, valos,
Qual possuidor de vinte e quatro pernas.
Basta de andar cogitabundo,
Sus! Mete-te dentro do mundo!
(*Fausto*, 810-29)

Para um diálogo excepcional, excepcional comentário:

O que é para mim pelo *dinheiro*, o que eu posso pagar, isto é, o que o dinheiro pode comprar, isso *sou eu*, o possuidor do próprio dinheiro. Tão grande quanto a força do dinheiro é a minha força. As qualidades do dinheiro são minhas — [de] seu possuidor — qualidades e forças essenciais. O que eu *sou* e *consigo* não é determinado de modo algum, portanto, pela minha individualidade. *Sou* feio, mas posso comprar para mim *a mais bela* mulher. Portanto, não sou *feio*, pois o efeito da *fealdade*, sua força repelente, é anulado pelo dinheiro. Eu sou — segundo minha individualidade — *coxo*, mas o dinheiro me proporciona vinte e quatro pés; não sou, portanto, coxo; sou um ser humano mau, sem honra, sem escrúpulos, sem espírito, mas o dinheiro é honrado, portanto, também o seu possuidor. O dinheiro é o bem supremo, logo, é bom também o seu possuidor, o dinheiro me isenta do trabalho de ser desonesto, sou, portanto, presumido honesto; sou tedioso, mas o dinheiro é o espírito real de todas as coisas, como poderia seu possuidor ser tedioso? Além disso ele pode comprar para si as pessoas ricas de espírito, e quem tem o poder sobre os ricos de espírito não é ele mais rico de espírito do que o rico de espírito? Eu, que por intermédio do dinheiro consigo tudo o que o coração humano deseja, não possuo, eu, todas as capacidades humanas? Meu dinheiro não transforma, portanto, todas as minhas incapacidades (*Unvermögen*) no seu contrário?[54]

Paradoxal e repetitiva, a página do jovem Marx parece um eco da frase "Mete-te dentro do mundo!", de Mefistófeles: aquilo que guia essa página é uma indomável curiosidade de ver do que será capaz o dinheiro, quantos obstáculos conseguirá superar, quantas absurdidades tornará aceitáveis. Enquanto visão do poder "mágico" do dinheiro, ela é perfeita. Todavia, será possível que essa magia não tenha mesmo limite algum, e possa remodelar, *ab imis*,* não só as *relações* sociais, como também a *essência* (as "forças essenciais") de cada um de seus componentes individuais?

Para Marx não restam dúvidas: "O que é para mim pelo *dinheiro*, o que eu posso pagar... isso *sou eu*... Sou *feio*, mas posso comprar para mim a *mais bela* mulher. Portanto, não sou *feio*". Goethe fora mais cauteloso, mais reticente: a segunda resposta de Mefistófeles ("Se podes pagar seis cavalos,/ As suas forças não governas?") não anula a primeira ("No fim sereis sempre o que sois... Haveis de ser sempre o que sois"), mas, por assim dizer, suspende-a. Ao contrário de Marx, Goethe abstém-se diante da afirmação explícita de que a dimensão do "ter" substituirá plenamente aquela do "ser". Ele apenas a sugere: como quer a oratória do diabo — e o próprio espírito do tempo.

---

* Locução latina que significa literalmente "desde os mais profundos alicerces". Em sentido figurado, "de cima a baixo", "totalmente". [N.T.]

Tão fascinada quanto perplexa, a mentalidade oitocentista hesitou longamente diante desse impasse.[55] E certamente atribui progressivamente a construção da própria identidade individual à mediação do dinheiro; e nem poderia fazer de outro modo: de *Wilhelm Meister* a Balzac, e deste a Flaubert, a história do romance de formação também é testemunha da instantânea ascensão do novo "nexo social". Porém, se a esfera do "ter" ganha assim uma relevância inimaginável — já para as duas gerações anteriores —, no *Bildungsroman* goethiano, a cultura oitocentista permanece contudo relutante em resolver completamente a problemática do "ser"; embora essa segunda dimensão possa parecer sempre mais exígua e difícil de definir, à identidade baseada em "ter", com todo seu dinamismo e versatilidade, falta ainda assim alguma coisa.

Ou melhor, o problema não é "faltar" alguma coisa, mas sim que, com o crescente desenvolvimento da esfera do ter, o indivíduo acaba sendo *muitas* coisas ao mesmo tempo. Paradoxo típico da modernidade e já presente no sobrinho de Rameau,* em *Fausto* e no "espírito alienado de si mesmo" de *Fenomenologia do espírito*. Mas com eles ainda estamos no início da grande aventura, as novas promessas encobrem as dúvidas, e além disso essas figuras são miniaturas do Espírito do Mundo, capazes a priori de assimilar aquilo que é multiforme e mutável, ganhando assim vitalidade (embora Rameau, que é o mais "concreto" dos três, já beire a loucura). Basta, entretanto, chegar ao final do século, voltar a pensar em termos de "indivíduos" e não em entidades abstratas, para que a relação entre os dois lados do problema se inverta: "Os homens de culturas muito ricas e sobrecarregadas" — observa Simmel em *O conceito e a tragédia da cultura* — "*omnia habentes, nihil possidentes*".[56] E por quê? Porque

---

* *O sobrinho de Rameau*, texto célebre de Diderot. Trata-se de um diálogo imaginado entre o filósofo (Eu) e o sobrinho do músico Rameau (Ele). [N. T.]

esses conteúdos culturais [termo com o qual Simmel denomina os aspectos da produção social, dos objetos às ideias] encontram-se na situação paradoxal — e com a elevação da cultura cada vez mais — de terem sido criados por sujeitos e destinarem-se a sujeitos, mas, seguirem, na forma intermediária da objetividade, uma lógica de desenvolvimento imanente ["a fatídica compulsão interna de toda técnica, a partir do momento em que ela afastou seu desenvolvimento do emprego imediato"] e com isso se distanciarem tanto de sua origem como de sua finalidade.[57]

Cria-se, assim, uma situação altamente paradoxal. De um lado, o fascínio da modernidade reside antes de mais nada no extraordinário desenvolvimento da "cultura objetiva" e no fato de que, com a generalização da mediação do dinheiro, cada indivíduo torna-se potencialmente apto a se apropriar dessa cultura, isto é, pode — enquanto consumidor solvável — aspirar a ser o "Dom microcosmo". Contudo tal aspiração transforma-se depressa em uma corrida desgastante e sem esperanças na qual o desenvolvimento individual corre o risco fatal de permanecer na fase da "pluralidade desenvolvida", sem jamais chegar à "*unidade* desenvolvida" que constitui, segundo Simmel, a essência da cultura individual.[58] E quando as coisas chegam a esse ponto — quando "tudo temos e nada possuímos" —, a identidade individual, além de problemática, adquire um toque de irreal, de fugidio. Trilling:

> O indivíduo que vive sob essas novas circunstâncias está sujeito à constante influência, a um *in-fluxo* literal, dos processos mentais alheios, os quais, de acordo com o grau em que estimulam ou ampliam sua consciência, fazem com que ela lhe pertença menos. Ele julga cada vez mais difícil saber o que é seu próprio eu e no que consiste ser verdadeiro para com ele.[59]

Esse indivíduo chama-se Frédéric Moreau e em breve falaremos a respeito dele; mas antes de examinar as consequências da progressiva expansão da esfera do "ter" sobre a esfera do "ser", voltemos nossa atenção para as premissas de tal mudança. Se aceitamos a sugestão de Mefistófeles: "Se podes pagar seis cavalos,/ As suas forças não governas?", tudo parece tão fácil, tão natural! Mas isso dá certo apenas se estamos em condições de pagar. Fausto: "E com que ofício retribuo os teus?", e Mefistófeles: "Tens tempo, que isso não se paga à vista" (*Fausto*, 1649-50). A estipulação do contrato é colocada aqui em segundo plano pela "aposta", e por tantas outras coisas, mas, quando se relê essas linhas com atenção, é possível entrever uma tragédia, ou então apenas uma farsa um tanto triste, que caracteriza como poucas coisas os tempos modernos. É a tragédia do consumidor, e o primeiro a narrá-la foi Flaubert, em *Madame Bovary*.

Há, nesse romance, um detalhe narrativamente muito absurdo e ao mesmo tempo decisivo que merece atenção. Digamos, portanto, que Emma também tem o seu Mefistófeles, cujo nome é Lheureux e exerce, como era de esperar, o ofício de mercante. Lheureux importa da metrópole artigos "de moda" e os vende a Emma, que é de longe sua melhor cliente, afundando-a em um débito tão desproposital que acaba por levá-la à ruína e, por fim, ao suicídio. Ora, o ponto é que Emma *não tem nenhuma necessidade* desses objetos fatais. E, no entanto, os compra. Por qual razão?

É difícil dizer, mas talvez o motivo seja que, assim como o pacto com Mefistófeles permite a Fausto viver uma segunda vez ("Meus parabéns e avante ao novo teor de vida!", *Fausto*, 2072) — o adultério é, para Emma, uma segunda vida, tão diferente daquela da "Madame Bovary" que Emma, propensa demais a se perder em toda situação, não pode deixar de se perguntar como fará para governá-la; de que maneira, como o indivíduo moderno descrito por Trilling, poderá ainda considerá-la como "sua" vida. E a única resposta que ela consegue dar é: *comprando-a*. Enquanto eu puder pagar por esses objetos que me fazem sentir alheia a Yonville e a Charles, enquanto puder encher de despesas extravagantes meu amor com Léon — essa existência secreta será real, minha, inalienável.

Enquanto... "E com que ofício retribuo os teus?"; "Tens tempo, que isso não se paga à vista." Inserido na história de Emma, o mote de Mefistófeles faz transparecer o riso escarninho de um vendedor a prestações. Em *Fausto*, o vencimento era remoto, a aposta, metafísica: em Yonville, tudo é prosaico e escabroso, o tempo do crédito acaba e o pagamento é em dinheiro. O enorme poder que a esfera do ter concede ao indivíduo — colocar o seu ser entre parênteses e forjar um novo: ao que Emma, grande leitora de romances, tende desde o início — demonstra, como de resto os pactos, estar ligado à posse do dinheiro. A ética do consumidor pode prescindir de muitas coisas, desta não. Porque talvez o dinheiro não possa comprar o ser, mas sua essência, em contrapartida, obriga certamente a *não* ser. Ou seja, à morte.

3. "O que tivemos de melhor"

Ao discutir, em *A teoria do romance*, o "romantismo da desilusão", Lukács explica a "tendência à passividade" de Frédéric Moreau, sua "tendência de esquivar-se de lutas e conflitos externos", pelo fato de "a alma ser mais ampla e mais vasta que os destinos que a vida lhe é capaz de oferecer". A derrota do "indivíduo, portador da exigência utópica à realidade, [que] foi esmagado pela força bruta desta última", torna-se assim "o pressuposto da subjetividade"; de uma subjetividade, desnecessário dizer, que não pretende mais se voltar ao mundo exterior, dado que "o aspecto cósmico da interioridade a faz repousar em si, autossuficiente".[60] Os primeiros capítulos de

A educação sentimental parecem dar razão a Lukács. Se Frédéric não é exatamente "esmagado", ele é, ainda assim, rejeitado por um "mundo da convenção", repleto de protelações, equívocos, promessas não cumpridas. Aquilo que mais o amargura é que nada de decisivo acontece. Em termos narratológicos, logo que um evento está prestes a se transformar em um "núcleo" (unívoco, propulsor, irreversível), eis que ele retorna, pelos motivos mais variados, ao estatuto indeterminado de "satélite" de uma trama que nunca decola. De fato, temos a impressão de nunca avançar, especialmente com Madame Arnoux: e essa derrota sui generis encoraja Frédéric a fantasiar — a enfatizar "o aspecto cósmico" e "autossuficiente" de sua interioridade para que esta ressarça-o pela impossibilidade de alcançar o cosmo real.

Mas já no fim da primeira parte a situação muda de chofre: "Herdava!", de fato Frédéric Moreau herda, e já que o ouro, como uma vez dissera Gobseck, "contém tudo em germe, dá tudo realizado!", nada mais deveria impedi-lo de realizar seus desejos e de se livrar, assim, do cosmo vicário de suas fantasias. Contudo, como se sabe, tal não ocorre. Com Madame Arnoux sobretudo: diferente do longo texto da juventude de 1845 (a assim chamada *Primeira educação sentimental*), o adultério não será jamais "consumado". Metáfora apagada, mas que pelo menos uma vez diz muito sobre uma verdade nada banal: a real satisfação de um desejo é inevitavelmente menor do que sua satisfação fantasista. Toda determinação é negação, e a realidade é sempre determinada: entre suas vantagens jamais poderá figurar aquela *disponibilidade ilimitada* do objeto que é típica da fantasia. Atendo-se a esta última, o melhor a fazer é atribuir o desejo ao modo condicional, infinitamente moldável:

— Por que o céu não quis? Se tivéssemos nos encontrado!...
— Ah! Se eu fosse mais jovem — ela suspirava

— Não, se eu fosse um pouco mais velho.
E imaginavam uma vida exclusivamente amorosa [...] em que as horas tivessem desaparecido numa contínua efusão deles mesmos... (*A educação sentimental*, II, 6)

Essa aspiração a um mundo alternativo e inteiramente hipotético guia todas as ações de Frédéric. Dissemos que no início do romance ele se frustra — como ocorrera com Julien, Lucien ou ainda Rastignac — pela falta/ausência de núcleos, de viragens decisivas em sua vida parisiense. Mas, no momento em que tem dinheiro para impô-las, Frédéric dedica-se à tarefa oposta, e faz de tudo para impedi-las ou então atenuá-las. Diferente de seus antecessores, Frédéric *freia* a trama no lugar de acelerá-la. Ele é o homem da mediação, do compromisso: entre os dois Arnoux, entre Arnoux e Dambreuse, entre Dambreuse e a Revolução de 1848. Toda vez que a sociologia simplificada mas inexorável de *A educação* tende a polarizar as posições, lá está ele pronto para aproximá-las; toda vez que um personagem está prestes a desaparecer de cena, um empréstimo de Frédéric lhe permitirá seguir vivendo. Tanto no "espaço" como no "tempo" do romance, tanto nas relações econômicas como naquelas sentimentais ou ideológicas, em todo lugar em que for necessário escolher, isto é, separar e excluir, Frédéric intervém para afastar esse momento.

Assim faz porque é "bom", como lhe dizem, em diferentes momentos, os dois Arnoux? Acredito que não, Frédéric não é uma "alma bela" e não tem nada de positivamente generoso. O que o move é uma irreprimível repulsa por tudo aquilo que é *determinado*.[61] Se, portanto, ele "se esquiva de lutas e conflitos externos", tal não ocorre, como pensa Lukács, *porque* sua alma é mais "ampla" do que o mundo, mas, ao contrário, *com o fito* de torná-la assim. Trata-se de uma nova aspiração — uma aspiração ao "romantismo" como a definiu Carl Schmitt em *Romantismo político*: "ocasionalismo subjetivo", apropriação irônico-estética do existente, triunfo da categoria de "possibilidade" sobre aquela de "realidade".[62] Conceitos afins àqueles que Pierre Bourdieu — em uma análise sociológica de *A educação sentimental* da qual estas páginas são em grande medida devedoras — reagrupa no termo "imaginário" como "compossibilidade de todos os possíveis"; verdadeira pedra angular do comportamento espiritual e prático de Frédéric ao longo do romance.[63]

Esse esboço de Schmitt e Bourdieu é uma fenomenologia riquíssima, e muitos outros aspectos poderiam ser evocados aqui, do "diletantismo" de Frédéric à "antipoliticidade" romântica friamente enfatizada dos capítulos sobre 1848. Todavia, em vez de oferecer um resumo inevitavelmente incompleto, observemos alguns corolários do romantismo de Frédéric. O que, antes de mais, tornou *atraente* esse estado de espírito? O que, por outro lado, tornou-o *possível*? De que maneira, enfim, interveio na estrutura do romance de formação?

No que diz respeito à primeira pergunta, a resposta reside naquela crescente divergência entre desenvolvimento social e formação subjetiva examinada mais acima na esteira de Simmel. A oferta ilimitada de "conteúdos culturais", típica da metrópole capitalista, coloca o indivíduo diante de um paradoxo: construir uma identidade determinada, renunciando, porém, fatalmente aos frutos multiformes e sempre novos da modernidade; ou então lançar-se na grande aventura do "estranhamento de Si", mas sob o risco de uma desintegração psíquica e espiritual. Noutras palavras, é preciso renunciar a ser "moderno" ou renunciar a ser "indivíduo". Assim, graças ao comportamento irônico-estético, a antinomia desaparece: por um lado, de fato, a compossibilidade da fantasia mantém em vida e até mesmo potencializa além da medida todas as promessas do mundo à sua volta; por outro, tratando-se de uma dimensão meramente imaginária, e reformulável a bel-prazer, não obriga o indivíduo àquele vaivém de identificações concretas que, como já ocorrera a Rameau, o deixaria exausto e fragmentado.⁶⁴

Segunda questão: o que tornou possível, além de desejável ou necessário, tudo isso. Antes de mais nada, como já vimos, a adesão da imaginação moderna à esfera do ter, em que o dinheiro — mediador *universal* — coloca potencialmente toda e qualquer coisa à disposição de seu possuidor. E justamente essa universalidade do dinheiro leva a inverter a fórmula de Gobseck: o dinheiro não é importante porque "dá tudo realizado" — na realidade, o termo "tudo" não tem muito sentido — mas sim porque "contém tudo em germe". O dinheiro serve menos para realizar os desejos do que para poder *concebê-los*, e torna-se o fulcro paradoxal do novo ídolo da "possibilidade interior".

Mas para que este último se impusesse definitivamente era preciso outra coisa, além do dinheiro — juventude. Aquela dos últimos cem anos, da qual Frédéric Moreau é o primeiro representante: juventude *protraída*. Destino talvez inevitável, considerando o modo como o mundo moderno moldou essa fase da vida. Pois se ao indivíduo é concedida a proteção de uma "moratória psicossocial" na qual pode explorar as centenas de relações sociais e imaginar as inúmeras vidas futuras que se abrem diante dele — não é de surpreender se, a um certo ponto, o fascínio do experimento e do sonho leve a melhor sobre a descoberta e a escolha.

À medida que a juventude se oferece como campo de possibilidades ilimitadas — esta, e não outra, é a ideia de juventude típica do mundo burguês —, sua função acaba se invertendo: em vez de *preparar para outra coisa*, ela torna-se *um valor em si*, e a aspiração máxima é *prolongá-la*. O mote de Rastignac era "*Parvenir!*"; o de Frédéric Moreau é sem dúvida "protelar!". Se ele freia a trama e se esforça para desativar os núcleos, o faz justamente para conservar pelo tempo possível aquele estado de indeterminação psicossocial que, de campo de treinamento para a maturidade, passa a ser o *fim*, autônomo e ciosamente protegido, da juventude moderna.[65]

Mas se a juventude aspira apenas a "ser ela mesma" e, portanto, a conservar-se *enquanto juventude*, então não haverá mais necessidade do romance de formação. Com sua lucidez nua e fria, *A educação sentimental* conclui um século de tentativas, e aqueles seus personagens que nos parecem sempre tão inautênticos, como se estivessem interpretando um papel que não lhes interessa mais; aquela trama tão repisada, quase um remendo de trechos de romances precedentes; aqueles diálogos em que aquilo que havia sido problemático e vivo transforma-se na certeza banal dos lugares-comuns — todos esses elementos são sinais de um gênero literário que morre, de uma estrutura que não se sustenta mais.

Termina o *Bildungsroman* — e termina, podemos acrescentar, voltando ao seu problema inicial: a Wilhelm Meister, do qual Frédéric Moreau é apenas um pálido *avatar*. Wilhelm Meister, pensando bem, já prefere a fantasia à realidade, deixa-se arrebatar pelas circunstâncias, freia a trama e procura tornar todos partícipes. Mas sobretudo Wilhelm Meister já é um *diletante*, e não deseja de maneira nenhuma concluir seu aprendizado. Se, conquanto, tal ocorre, é porque o mundo de *Wilhelm Meister* não é ainda realmente aberto, e a benevolência coercitiva da Sociedade da Torre impõe a Wilhelm sua "felicidade": uma função social, uma residência, uma esposa, até mesmo um filho (aquele que também Frédéric conceberá com Rosannete, reencarnação da Philine goethiana, mas que em *A educação sentimental* morrerá cedo, para o alívio mal disfarçado de seu pai).

Em resumo, em *Wilhelm Meister* existe ainda uma autoridade capaz de decretar o fim de uma juventude que se quer interminável. Em *A educação* parece que já não há mais nenhum rastro desta última, e Frédéric pode prolongar sua juventude:

como sempre, graças ao dinheiro — graças às inúmeras promissórias que circulam pelo romance, demonstrando que até mesmo o *tempo*, a partir de então, pode ser comprado. "E com que ofício retribuo os teus?"; "Tens tempo, que isso não se paga à vista." Um certo tempo, não infinito — as últimas trinta páginas de *A educação* são inteiramente dedicadas a ilustrar essa simples verdade —, dado que as promissórias, um belo dia, expiram, e os bens dos Arnoux serão leiloados; o vazio de poder, na política, não é eterno, e Sénécal matará Dussardier; os cabelos de Madame Arnoux, diferente das mechas guardadas nos medalhões, tornam-se brancos e provocarão em Frédéric "desilusão", "repulsão" e, por fim, "desgosto":

> A despeito de suas ironias e paradoxos, o romantismo revela-se estar em uma constante posição de dependência [...] submete-se inconscientemente à potência exterior mais próxima e mais forte. A sua pretensa superioridade em relação a um presente que é assumido apenas ocasionalmente sofre assim uma inversão extremamente irônica: toda forma de romantismo está, de fato, a serviço de outras energias não românticas, e a sua pretensa grandeza em relação às definições e às decisões se converte em um acompanhamento servil de forças e de decisões que lhe são alheias.[66]

Aplicadas a Frédéric Moreau, essas últimas linhas de *Romantismo político* soam talvez muito ríspidas, mas indicam ainda assim que a esfera da interioridade jamais poderá de fato "constituir-se como cosmo autônomo e autossuficiente". A longo prazo, sua liberdade será paga com uma submissão ainda mais drástica, pois imprevista, às leis da realidade. Assim é para a juventude de Frédéric: apesar de todo o esforço, terminará — e terminará do *pior* modo possível, uma vez que ele chegará desarmado ao termo do prazo concedido. Brusco despertar ao qual não advirá um novo dia, essa juventude precipita-se de chofre em uma *velhice* cujo único alimento são as "esperanças" de uma época passada, esperanças já emboloradas, "recordações". Os vinte anos intermediários serão descartados por poucas linhas célebres ("Viajou. Conheceu a melancolia dos paquetes...") e glaciais. E é natural que seja assim, pois o romance de formação sempre esteve titubeante diante da definição de "maturidade": em certo sentido, nasceu como gênero literário exatamente porque o novo fascínio pela juventude havia ofuscado essa ideia, e tornava difícil esclarecê-la. Entretanto, essa é a primeira vez que nos é sugerido que a maturidade é... nada. Um vazio, um vão entre uma juventude um pouco vil e uma velhice imbecilizada.

"*E ce fut tout*" (*A educação sentimental*, III, 6).

4.
A conjuração dos inocentes

O romance de formação nos pareceu até agora como uma forma narrativa particularmente sensível às grandes mudanças históricas. A Revolução Francesa, a Restauração pós-napoleônica, a apoteose do capitalismo nas novas metrópoles: cada um desses fenômenos mudou radicalmente os termos da sua estrutura e obrigou três gerações inteiras de romancistas a recomeçar, a cada vez, quase do início.

Tal não ocorreu na Inglaterra. Se tomamos como exemplo um leque historicamente muito mais extenso de romances exemplares — de *Tom Jones*, de 1749, a *Grandes esperanças*, de 1861 —, convenções narrativas e assuntos culturais de base impressionam por sua estabilidade.[1] Existem, naturalmente, ótimas razões para que isso aconteça: na política, a revolução burguesa ocorrera entre 1640 e 1688, e a Inglaterra, que jamais fora tocada pelas armadas napoleônicas, talvez tenha sido a única nação europeia em que 1789 não se afigurou como o ano zero da modernidade. Quanto às grandes transformações especificamente inglesas — a Revolução Industrial —, não podiam ter, pelas razões várias vezes expostas, consequências de importância para a estrutura desse gênero literário.[2]

Estabilidade, portanto; e também, digamos desde já, conformismo. Mas uma cultura da estabilidade e do conformismo possui também suas razões de ser e suas técnicas: reconstruir o "mundo possível" do romance de formação inglês não será, espero, algo sem interesse.

I

1. A juventude sitiada

"I am Born", nasço: assim intitula-se o primeiro capítulo de *David Copperfield*, e ainda quatro desses seis romances (*Tom Jones, Jane Eyre, David Copperfield* e *Grandes esperanças*) atribuem um valor emblemático e duradouro, se não exatamente ao nascimento, ao menos à infância dos respectivos protagonistas. Essa é a primeira — das muitas — diferenças entre o romance de formação inglês e aquele "continental". Apenas a encenação natalícia de *Wilhelm Meister* dava de fato vida a um incipit análogo e de igual extensão temporal: primeiro espectador encantado e curioso, em seguida ator, diretor, autor de pequenos dramas; passada a infância, financiador, *capocomico*, novamente ator e diretor, teórico; em residências fidalgas, entre esperanças, desilusões, incertezas, reflexões e descobertas intelectuais, não restam dúvidas de que aquele primeiro espetáculo montado quase por acaso exerce uma influência formativa e duradoura sobre a vida de Wilhelm na província. Mas formativa e duradoura porque ele é infiel às impressões da infância, porque consegue se desvencilhar delas: sob o impulso modificador das "experiências", Wilhelm reconsidera continuamente sua relação com o teatro, até que um dia pode relegá-lo às memórias do passado e voltar-se a uma "maturidade" que se nutre de interesses bem diferentes.

Mas o cerne, por exemplo, em *Tom Jones*, é que para Tom é simplesmente impossível, não diria esquecer, mas pelo menos refletir sobre seu amor por Sophia. As inúmeras façanhas eróticas do jovem herói são o exato oposto daquelas que chamamos "experiências": são simples digressões, também do ponto de vista narrativo, que jamais conseguirão desviar Tom do bom caminho do amor assexuado, lançar uma luz diferente sobre o amor *da infância*. Diferentemente do que ocorre em *Wilhelm*

Meister, no romance inglês as experiências mais significativas não são aquelas que alteram, mas sim aquelas que *confirmam* as escolhas feitas pela "inocência" infantil. Mais do que romance de formação, ocorre chamá-lo romance de conservação — conservação de uma escolha de vida, no caso de Tom Jones; de uma escolha, digamos, hermenêutica no caso de David:

> Acredito que o poder de observação de números em crianças muito novas seja bem mais admirável por sua atenção e precisão. De fato, acho que se pode dizer, da maioria dos homens notáveis nessa área, que eles não perderam essa faculdade e não que a adquiriram. (*David Copperfield*, 2)

David poderá ter suas dúvidas se será "o herói de minha própria vida" (*David Copperfield*, 1), mas decerto é ele a bússola ético-cognitiva do romance. Ao primeiro encontro com qualquer outro personagem (um encontro que em geral ocorre na infância), David reage infalivelmente de tal modo que a "experiência" do leitor adulto revela-se completamente supérflua: ele só pode dar razão à percepção ingênua da criança. A verdadeira sabedoria da tia Betsey, de resto, consistirá em aprender a ver as coisas por meio dos olhos do pequeno David; e Allworthy, com toda sua experiência de juiz de paz, terá de se arrepender de não ter acreditado na sinceridade ingênua de Tom Jones.

Se, todavia, como acontece com Steerforth, o olhar da inocência revela-se errôneo — o azar é da experiência. O herói não terá de rever seu primeiro juízo, mas apenas se esconder e esquecer aquilo que aprendeu: a última imagem que David quer guardar de seu amigo (*quer* guardar: "*let me think of him so again*") é aquela, doce e inofensiva, de um garoto deitado com a cabeça no braço, "como eu o tinha visto tantas vezes na escola" (*David Copperfield*, 29). David acabou de saber da sedução de Emily, mas em vez de se questionar sobre o comportamento de Steerforth, o seu único impulso é de construir um cenário retroativo e puramente hipotético: "Mais pensei em tudo que havia de brilhante nele, mais abrandei meu coração por tudo o que havia de bom nele, mais fiz justiça às qualidades que podiam ter feito dele um homem de natureza nobre e um grande nome" (*David Copperfield*, 32).

A antítese com Uriah Heep nos fornecerá, mais adiante, uma razão sociológica para o "resgate" de Steerforth: mas para Dickens importa sobretudo resgatar, por intermédio de Steerfoth, o próprio David[3] e aquela *verdade* da visão infantil que exerce a função de fundamento ético-hermenêutico para todo o romance. Essa é uma decisão narrativa que não por acaso encontramos também noutro lugar: com o tempo, Blifil bem que poderia se tornar um pouco menos canalha, e Mrs. Reed, no leito de morte, poderia esquecer por alguns instantes o seu delirante sadismo. Seria natural, óbvio — mas se assim fosse, os juízos emitidos durante a infância teriam de ser revistos, assim como todo o sistema de certezas morais e intelectuais do romance de formação inglês.

Atesta-nos o *contrário* o único personagem de alguma relevância que David encontra *depois* da infância, quando jovem: Dora, e essa é a única vez que o juízo de David está tão fora da mira que (se não fosse por uma morte um tanto misteriosa) sua vida corre o risco de naufragar para sempre. Mas há, então, algo a mais por detrás da idealização do juízo infantil e da convergência deste e do juízo adulto: há uma drástica *desvalorização da juventude*. A "possibilidade" romântico-romanesca que alimenta a juventude europeia atrofia-se, tornando-se possibilidade (e aliás, certeza) de errar — Tom erra, ao fugir para Londres, e Waverley, sobre as Terras Altas escocesas; David erra (*"Blind, blind, blind!"*), e talvez até mesmo a imaculada Jane Eyre.

Erra mais do que todos, como é de esperar, aquele que mais do que todos nutre "*great expectations*" em relação à própria juventude. Bem munido de dinheiro e recém-chegado a Londres, Pip é colocado em condições análogas àquelas de seus confrades "parisienses", mas as metrópoles e o dinheiro só conseguem transformá-lo em um esnobe inapetente e inepto. Depois de levar uma vida de tanta dissipação vã, ele só deseja tornar ao seu primeiro amor, Biddy, exatamente como Tom ou David. Contudo, dado que Pip aceitou com alegria, diferentemente dos outros, a *chance* de se desligar do mundo da infância, Biddy lhe será negada. Quanto maiores forem as expectativas que fizerem da juventude uma fase significativa em si, menor será a felicidade e a autorrealização que o protagonista poderá obter quando adulto: as núpcias entre Biddy e Joe, o adulto que nunca deixou de ser criança, selam de modo exemplar o cerco de outras fases da vida à juventude.

Essa é uma mensagem corroborada por um ritual de natureza bem diferente, que projeta sua sombra sobre cerca de dois séculos de história escolar inglesa: o *flogging*, o chicote. Philippe Ariès: "Embora o chicote seja mantido, ele não é mais apenas uma punição, mas sobretudo um meio de educação, uma ocasião para o garoto de exercitar, ao sofrer o castigo, seu autocontrole, primeira virtude de um gentleman".[4]

Esses rapazotes que demonstram ter "crescido" por terem suportado em silêncio a punição de sua irrequietude; essas crianças mascaradas de adultos — eis aqui um retrato de uma juventude desautorizada. Desautorizada, primeiro, porque precocemente institucionalizada; canalizada para lugares e atividades bem excluídos do resto do mundo (as *boarding schools*, a grande invenção oitocentista que foi o esporte), essa juventude certamente não poderia se reconhecer nos valores simbólicos (indeterminação, mobilidade social e espiritual, "vertigem da liberdade") que, no continente, haviam encarnado sua essência.

Mas há também uma segunda razão para esse vazio simbólico que transcende a história "real" da juventude. Nós a vimos nos primeiros capítulos: quanto mais uma sociedade é, e se percebe, ainda como um sistema não bem-ordenado, de legitimação precária, mais plena e mais forte se tornará a imagem da juventude. Esta surge como uma espécie de *concentrado simbólico* das incertezas e das tensões de todo um sistema cultural; e a juventude do herói torna-se, por sua vez, a convenção narrativa, a *fictio* que permite explorar os valores em conflito, colocá-los à prova, "optar" entre um ou outro.

Mas a sociedade inglesa dos séculos XVIII e XIX — apesar da Revolução Industrial, apesar do cartismo — é de longe a mais bem-ordenada da Europa, e se orgulha disso. Sua hierarquia de valores é decididamente estável, e a propósito: a estabilidade coloca-se como um valor em si, e entre os mais robustos. Esse é um quadro em que o pensamento da mobilidade social não evoca figuras — decerto muito ambíguas, mas fascinantes e vitais — como Julien Sorel, Rastignac ou Bel-Ami, mas sim o rosto animalesco e viscoso de Uriah Heep, o comportamento fraco e esnobe de Pip. E quanto ao conflito ideológico, uma vez que o jacobino William Godwin deve motivar narrativamente a perseguição contra Caleb William, não pode nem sequer imaginar dar-lhe uma origem de algum modo política, e em vez disso, recorre automaticamente à trama policial-judiciária tão comum na narrativa inglesa.

Esse é um mundo compacto, seguro de si, bem consigo mesmo na continuidade que funde "tradição" e "progresso": um mundo que não pode e não quer se espelhar no espírito aventureiro e experimental da juventude moderna. Os jovens europeus da primeira metade do século XIX tiveram dois ídolos: um foi o imperador dos franceses, o outro, um inglês, mas um inglês no exílio.

2. O branco e o preto

Vocês conseguem imaginar uma criança que lê *Wilhelm Meister*, *O vermelho e o negro*, *Ilusões perdidas*? Impossível. Mas *Waverley* e *Jane Eyre*, *David Cooperfield* e *Grandes esperanças*... Eis aqui "a grande tradição" da literatura para a infância tardia (e a nossa época, menos intimidada pelo sexo, pode tranquilamente acrescentar *Tom Jones*). Como esse deslocamento de idade da literatura pôde acontecer? Será que a superfície "romanesca" dessas obras não emergiu ponto por ponto de uma estrutura mais antiga, mais "adequada" à infância, e por esta facilmente reconhecível? Será que esses romances não são, no fundo, contos de fadas? "O conto de fadas começa com o herói à mercê dos que o desprezam e às suas habilidades, que o tratam mal ou mesmo ameaçam sua vida."[5]

Essa é, justamente, a situação de base (se não sempre de partida) na qual se veem todos os protagonistas do romance de formação inglês; no caso de *Jane Eyre*, o incipit é até mesmo duplicado quando Jane, já adulta, foge de Thornfield e se vê faminta, febril, desconhecida e sem um tostão debaixo de uma chuva interminável. E uma situação de extrema dureza como essa assinala, como é de esperar, oposições tão paradigmáticas quanto extremas:

> As ambiguidades devem esperar até que esteja estabelecida uma personalidade relativamente firme na base das identificações positivas. [...] As figuras nos contos de fadas não são ambivalentes — não são boas e más ao mesmo tempo, como somos todos na realidade. Mas dado que a polarização domina a mente da criança, também domina os contos de fadas. [...] Um irmão é tolo, outro é esperto. Uma irmã é virtuosa e trabalhadora, as outras são vis e preguiçosas. [...] Um dos pais é todo bondade, o outro é malvado.[6]

Voltaremos depois aos pais: quanto aos "irmãos", ou figuras afins, não é difícil constatar a frequência — Blifil, Fergus, Steerforth e Uriah, os três Reed — com a qual estes atraem magneticamente para si os valores negativos do universo narrativo, tornando inevitável uma drástica polarização emotiva:

> Assim como os pais nos contos de fadas ficam divididos em duas figuras, representativas dos sentimentos opostos de amor e rejeição, também a criança internaliza e projeta num "alguém" todas as coisas ruins que são muito ameaçadoras para que sejam reconhecidas como parte dela mesma.[7]

Se o sintagma inicial do herói à mercê de seus adversários encorajava uma percepção paradigmática particularmente acentuada, esta exige por sua vez um sintagma final excepcionalmente definitivo, classificatório, que dissipe toda ambiguidade reminiscente e separe irreversivelmente o herói de seu alter ego. Assim Blifil é virtualmente exilado, Fergus decapitado, Steerforth afogado, Heep mandado para a prisão; assim os Reed acabam se suicidando, ou se tornando freiras e solteironas perversas.[8] O *happy ending* aqui certamente não é tudo. Contudo, a indelével separação entre o "bem" e o "mal" é sem dúvida uma premissa essencial:

> Tolkien, colocando-se a questão "Isto é verdade?", observa que "Não é para ser respondida apressada ou frivolamente". Acrescenta que, para a criança, a questão de maior preocupação real é: "Ele era bom? Ele era malvado? Quer dizer, (a criança) está mais interessada em definir o lado Certo e o lado Errado". [...] "Os contos de fadas", continua, "claramente não estão, em princípio, preocupados com a possibilidade, mas com a desejabilidade." A criança o reconhece claramente já que nada é mais "verdadeiro" para ela do que o que ela deseja.[9]

Evitemos qualquer mal-entendido: estabelecer quem está "do lado certo e quem está do lado errado", em si, não tem nada de infantil. Infantil e fantasioso é acreditar que um juízo desse tipo possa se dar *sempre* e em *todo lugar*: é acreditar que, no fundo, ele é a *única* forma relevante de juízo. Quando isso ocorre — e é esse o caso nesses romances-contos-de-fada —, as normas da moral corrente invadem todas as páginas, todas as mínimas ações; o mundo adquire sentido *somente se* é dividido implacavelmente entre o bem e o mal.

E vice-versa: o que, talvez, seja ainda pior. Se, de fato, por uma razão qualquer, o paradigma antagônico perde nitidez, dele resulta uma verdadeira *paralisia do juízo* e nos vemos absolutamente incapazes de enfrentar aquelas situações ambíguas, aqueles comportamentos indiscutíveis que — na vida adulta e no curso habitual dos eventos — são de longe os predominantes. Assim ocorre, como já vimos, com Steerforth: não podemos e não devemos entendê-lo, apenas esquecê-lo. E quando, em *Grandes esperanças*, Pip vê-se agraciado com uma fortuna sem particulares méritos morais, a única solução é arrancá-la até o último penny com os corriqueiros sortilégios legais. Dado que, na mesma obra, os confins entre os bons e os malvados ficaram muito turvos, torna-se impossível não somente um *happy ending* como um final qualquer, de modo que Dickens escreve dois diferentes, e nem ele sabe qual dos dois escolher.

O exemplo perfeito desse *impasse*, no entanto, é *Jane Eyre*, em que a máxima severidade e autocomplacência moral convivem com a máxima e simétrica evasão irracional perante o lado problemático da existência. Embora muitas vezes elogiado por sua dimensão "adulta", o romance de Charlotte Brönte é do começo ao fim preparado com ingredientes do conto de fadas: além daqueles já mencionados, existe um ativíssimo animismo feito de tempestades admonitórias (23), mensagens do além (27), vozes noturnas que atravessam o espaço (35, 37), bem como quadros e sonhos premonitórios (em todo o romance). Rochester vê em Jane o seu "bom gênio" (15), e promete revelar-lhe os seus segredos "quando estivermos casados há um ano e um dia" (25); quando estão prestes a se casar, Jane admite que "imaginar tamanha felicidade me faz pensar em um conto de fadas" (24); algumas páginas depois, Rochester explica a Adèle que "levará *mademoiselle* à lua [...] *mademoiselle* é uma fada" (24).

E ainda: qual é a razão daqueles diálogos tão insistentes (20, 23) nos quais Rochester tortura Jane listando as qualidades de Blanche Ingram, com a qual, segundo a opinião de todos, ele está prestes a se casar? Seria sadismo masculino e patronal? Sem dúvida, mas sobretudo construção de uma alternativa clara e inequívoca — a lady e a governanta, uma lindíssima e a outra normalíssima, uma rica e a outra pobre (Blanche, ainda por cima, é a cópia perfeita de Georgiana Reed, uma das inimigas de infância de Jane). Trata-se da lógica do tudo ou nada, sem gradações entre felicidade perfeita e absoluta miséria, típica do conto de fadas. Para que a mensagem seja completamente clara, e recíproca, Jane comporta-se da mesmíssima maneira ao voltar para Rochester (37), quando lhe incute a dúvida de que esteja a ponto de se casar com St. John Rivers, que é tudo aquilo que Rochester não é mais.

Mas para retornar é preciso antes ter partido — e por que Jane abandona Rochester? Porque, com o casal diante do altar, quando o sacerdote acabou de concluir a pergunta do ritual sobre a existência de algum impedimento (no tempo do conto de fadas somente os momentos culminantes são significativos: e estes não estavam de brincadeira) —, bem nesse instante descobre-se que Rochester já é casado, e que sua esposa Bertha está viva, incuravelmente louca, e reclusa no sótão da casa de Thornfield. A desumana baixeza moral de um mundo que, no entanto, fazia da moral a sua bandeira é iluminada indelevelmente pela representação de Bertha Mason: mas deixemos isso de lado. Perguntemos, em vez disso: por que Jane foge? Por que não fica com Rochester? Por que não lhe ocorre — *jamais* — que, talvez, essa seja uma situação em que sua conclamada humanidade teria a possibilidade de mostrar seriamente quanto vale?

A razão é muito simples: porque permanecer significa tornar-se uma *adúltera*, e um mundo intoxicado de dicotomias éticas não pode tolerar a ideia de uma situação *ambígua*, dividida entre dois códigos de valor, entre duas pessoas, duas vidas. Todas as grandes tradições narrativas trataram do tema do adultério, na França, na Alemanha, nos Estados Unidos e na Rússia; na Inglaterra, nada — absolutamente nada. Um romance de formação faria com que Jane permanecesse entre os espinhos de "Thornfield", mas isso implicaria lidar com o caráter imperfeito, incerto e até mesmo errado de toda escolha ética fundamental. O melhor é recomeçar do início, e já que o primeiro conto de fadas não deu certo, escrever imediatamente outro, com a órfãzinha deixada à beira da morte, mas recolhida e aquecida por duas boas fadinhas; dar a elas um irmão desumano, que quase devora Jane, mas para em seguida conceder-lhes uma herança de um tio distante e rico, e, paralelamente, matar Bertha Mason em um incêndio. E, finalmente, reconduzir Jane até Rochester, que se tornou cego, mas que recupera a visão ao se casar com Jane.

"É verdade?"
Bem...
"É certo?"
E como!
"É desejável?"
Se é isso o que desejas...

3. Very Common Persons

Dado que a vocação normativa do romance-conto-de-fadas já está totalmente depositada em sua estrutura — na oposição sem nuances entre personagens "bons" e "malvados"; no final que distribui recompensas e punições —, notando bem, não resta muito o que fazer ao protagonista do romance de formação inglês. Certamente não deverá instituir um universo moral já existente, externo e imutável, e muito menos colocá-lo em discussão. Ele contribuirá, mais passivamente, para torná-lo *reconhecível* para cada leitor: quanto mais o herói for uma pessoa qualquer, quem sabe também com um nome qualquer, como "Tom Jones", mais bem-sucedido será esse processo de identificação. Última citação de Bettelheim:

> Os mitos e histórias de fadas têm muito em comum. Mas nos mitos, muito mais do que nas histórias de fadas, o herói da cultura se apresenta ao ouvinte como uma figura com a qual deve rivalizar na sua própria vida. [...] Por mais que nós, os mortais, possamos empenhar-nos em ser como estes heróis, permaneceremos sempre e obviamente inferiores a eles. [...] O conto de fadas é apresentado de um modo muito simples, caseiro; não faz solicitações ao leitor. Isto evita que até a menor das crianças se sinta impelida a atuar de modo específico, e nunca a leva a se sentir inferior. Longe de fazer solicitações, o conto de fadas reassegura...[10]

O herói do mito, noutras palavras, é um modelo, uma figura *normativa*; o do conto de fadas, uma figura *normal*. Samuel Richardson já o havia notado em 1750, lamentando

> a boa Recepção de Sophia, este personagem fraco e insípido, esta fugitiva frequentadora de locandas. Nela, como

no personagem de seu bastardo Tom, não há nada a que Pessoas Completamente Ordinárias não possam se igualar; nada que possa soar como censura às Ações ou Conduta de quem possui as Qualidades absolutamente comuns, e leva uma Vida perfeitamente livre; enquanto o personagem de Clarissa, que poderia lhes parecer inigualável [...] será provavelmente considerado por estas como uma Censura muda.[11]

Inimizades à parte, Richardson tem razão, o que confirma o incorrigível Pip no retorno de seu primeiro encontro com Estella: "e ela dissera que sou vulgar [*common*], e eu sabia que era vulgar [*common*], e que eu queria não ser vulgar [*common*]" (*Grandes esperanças*, 9). *Common* é um termo cuja história é longa e complicada, e que desde uma famosa inversão de *Hamlet*[12] vive da sobreposição entre o âmbito semântico do "difundido", do "comum", do "ordinário", do "normal" e o âmbito do "não digno de nota", do "banal", do "vulgar" e até mesmo do "desprezível". Sensível como é às distinções de classe, e desejoso de criar sua própria imagem, Pip aprende automaticamente a acepção pejorativa do termo, e desta busca se esquivar. Assim fazendo, porém, diferencia-se da genealogia do herói romanesco inglês, que privilegia, ao contrário, e premia, o primeiro âmbito semântico: aquele socialmente "neutro" e, portanto, tendencialmente universalista. Às *Very Common Persons* que são Tom e Sophia poderíamos facilmente acrescentar Jane Eye, que todos insistem em definir como *plain* (termo cuja oscilação semântica é quase idêntica àquela de *common*), até o ponto em que ela mesma escreve essa palavra ("Retrato de uma governanta, sozinha, pobre e ordinária": *Jane Eyre*, 16) sobre seu autorretrato. E poderíamos seguir adiante com Walter Scott, que em uma recensão anônima sobre si, publicada em 1817 na *Quarterly Review*, depois de ter observado que "em poesia e na narrativa de invenção o herói deveria sobressair e dizer ou fazer algo que ninguém mais poderia ter dito ou feito", conclui melancolicamente que:

> Outro grave defeito desses romances [isto é, dos seus] é que o leitor não pode de modo algum canalizar o próprio interesse para a figura do protagonista. Waverley, Brown, Bertram em *Guy Mannering*, Lovel em *The Antiquary*, são todos membros da mesma família: jovens muito agradáveis e muito insípidos [...] os personagens principais jamais são atores, mas sempre movidos pelas circunstâncias.[13]

Conscientemente ou não, a última frase de Scott é um decalque quase perfeito das reflexões de Wilhelm Meister sobre o herói romanesco e das observações de Schiller sobre o romance goethiano, que já debatemos no primeiro capítulo. A analogia terminológica encobre, no entanto, uma diferença bem mais significativa. Wilhelm ou Lucien de Rubempré consideram a ação "movida pelas circunstâncias" como a *oportunidade* para construir a própria identidade: Waverley e todos os heróis ingleses percebem, ao contrário, a mesma situação como um *distanciamento* da própria e verdadeira identidade; como um processo que os arranca de suas existências *common*, e que desejam apenas que termine o quanto antes.

Trata-se novamente de uma redução da juventude a uma espécie de parêntese indesejado, mas também está em jogo outra coisa. A fidelidade à própria natureza *common* qualifica esses heróis como expoentes ideais daquela classe social do meio que, no romance europeu, era o correspondente "sociológico" da juventude: indeterminada, movediça, empreendedora, vital. Porém a *middle class* inglesa, observou Perry Anderson: "Nunca produziu instituições nem uma cultura remotamente comparável, em importância e especificidade, àquelas produzidas pela *upper class*, ou então, pelos trabalhadores assalariados".[14]

A classe dos heróis ingleses é menos uma classe "do" meio — irrequieta e indefinida, vivendo entre grandes esperanças e desilusões fatais — do que uma classe "no" meio: entre Steerforth e Heep, entre Prince Charles e King George. Não é a complexa combinação de um e outro extremo social, ou cultural: *não* é uma coisa *nem* outra. É uma dupla negação, aliás, uma negação generalizada, que recusa qualquer processo de particularização. Rastignac, explica Vautrin, é igual a outros "cinquenta mil jovens": *Pai Goriot* servirá justamente para diferenciá-lo, ligando-o, para o bem e para o mal, a um destino que é *seu* e de mais ninguém. Mas se o herói inglês quer um destino, terá, ao contrário, de *conservar* exatamente aquelas qualidades *common* — anônimas, ordinárias, difundidas — que o caracterizam desde o início; Pip, que as recusa, verá sua fortuna virar fumaça.

O herói *common* como requisito estrutural do romance-conto-de-fadas; em seguida, como imagem consentânea a uma *middle class* dotada de escasso empreendedorismo e opaca consciência de si. Resta ainda uma passagem: esse herói é o componente essencial de uma cultura *democrática*. Se existe uma ideia que nunca emergiu, ao se analisar o romance de formação europeu, essa ideia — democrática por excelência — é justamente aquela de *igualdade*; o herói inglês, com sua ordinariedade, consegue transmiti-la. Identificar-se com Julien, Rastignac ou Bel-Ami é árduo, arriscado, desagradável, mas as histórias de Tom e David, como nos é sugerido, poderiam acontecer com qualquer um — e todos, grosso modo, reagiriam exatamente como eles.

Essa é uma mensagem incolor, medíocre, *common* no sentido errado? Também, mas a democracia — Tocqueville, John Stuart Mill, Burckhardt já haviam notado — não visa potencializar as grandes individualidades; estas podem cuidar sozinhas de si mesmas, e de resto o capitalismo (que é diferente de democracia) lhes oferece um novo e imenso campo de aplicação. A democracia é, ao contrário, por vocação, anti-heroica; nutre-se de valores universalistas e generalizantes; deve, acima de tudo, criar em torno desses o maior consenso possível; e não se criam consensos difundidos sobre valores muito complicados, ou muito embebidos de parcialidade, desigualdade, "destino".

Quero sugerir, com isso, que uma cultura democrática produz necessariamente personagens como David Copperfield ou Jane Eyre? Não exatamente, é possível fazer melhor, mas sem dúvida o tecido simbólico que "mantém unida" a cultura democrática possui mais afinidade com David Copperfield do que com Julien Sorel. Tal constatação pode ser desagradável, e certamente não nos agrada no momento da leitura de um romance, mas *a democracia não está interessada na produção de bons romances*: busca antes *restringir* o âmbito do romanesco, contrabalançar as tendências desestabilizantes da modernidade. Procura reduzir a taxa de "aventura" das nossas vidas e, vice-versa, alargar o âmbito — narrativamente tão inerte — da "segurança".

A cultura do romance inglês foi a primeira a levar em conta esse estado de coisas: o fez de modo ingênuo, moralista, desarranjado; e também, como veremos, de modo amplamente incompleto, e até por demais impregnado de espírito de casta. Mas é importante compreender que todas essas falhas descendem da tentativa — de extraordinário interesse para a história da cultura — de conjugar os valores "democráticos" e os valores "narrativos"; "protagonismo" e "anti-heroísmo". Essa, talvez, é uma tarefa impossível, como misturar água e óleo, mas é sem dúvida a obsessão de fundo, a espinha dorsal de uma tradição narrativa inteira: Leopold Bloom e *Ulysses* também vêm daqui.

4. Jardim antropológico

Como se quisesse destacar o universalismo algo incolor do herói *common*, balanceando-o com outro sistema de valores, o romance inglês circunda o protagonista de uma densa legião de personagens — peculiares, maníacos, inconfundíveis — que encarnam o princípio oposto. Orwell:

> Dickens percebe os seres humanos de um modo extremamente intenso e vívido, mas os enxerga sempre como "caracteres", não como membros funcionais de uma sociedade: noutras palavras, enxerga-os estaticamente [...] sempre em uma única e inalterável atitude, como se fossem quadros ou objetos.[15]

Assim, em Dickens, mas também em formas mais articuladas, em Fielding e Scott, e em Sterne, naturalmente. Trata-se de um esquema perceptivo que nos faz enxergar a sociedade como uma espécie de grande tableau foucaultiano, no qual uma taxonomia impecavelmente sutil e aparente insere cada indivíduo em seu compartimento, e para sempre. É uma imagem abertamente pré-moderna, "uma hierarquia aparentemente 'feudal' de ordens e status [...] por sua essência apropriada a uma classe de proprietários de terras [...] expressão e instrumento da hegemonia de uma aristocracia de origens agrárias".[16]

Já Burke, polemizando com os revolucionários franceses, que "procuravam reunir, na medida em que estava em seu poder, todas as classes de cidadãos em uma mesma massa homogênea", elogiava a sabedoria dos "legisladores da Antiguidade" (emulados apenas pelos ingleses) em seguir "as grandes diferenças [...] entre os homens" e os "seus costumes", até consolidar tais distinções em um verdadeiro sistema; nas palavras de Burke, em uma "segunda natureza".[17] "Segunda natureza" é um termo realmente feliz e o enredo inglês não faz lembrar, talvez, uma visita ao zoológico, onde inúmeros e curiosos exemplares do homem são oferecidos ao nosso olhar, cada um deles bem preso em sua própria jaula? Raymond Williams observa que Dickens opera uma verdadeira "redução da humanidade a uma galeria de caricaturas", mas em seguida acrescenta:

> Dickens dera vida, explícita e deliberadamente, a um mundo em que as pessoas haviam sido privadas de sua identidade tradicional, mas no qual, paradoxalmente, tal privação fora uma espécie de liberação, em que poderiam ter lugar os desenvolvimentos mais fantásticos e idiossincráticos. As pessoas tinham de definir por si só sua própria identidade e posição no mundo.[18]

Uma espécie de liberação? Dir-se-ia, ao contrário, que Dickens conseguiu *manter em vigor* a rigidez taxonômica da sociedade feudal-tradicional mesmo depois do desgaste daquelas suas bases "materiais" que eram ainda muito evidentes no humorismo de Fielding e também no de Sterne. Aquilo que caracteriza a grande maioria dos personagens dickensianos é, na verdade, o egocentrismo ingênuo, inócuo e inalterável, o fato de não saberem "fugir de si mesmos", que em *Tom Jones* era atribuído à escolha da profissão, e em Dickens, que escreve de modo socialmente mais fluido, a algo extremamente individual. Mas a diversidade das motivações é secundária em relação à identidade do resultado: a grande maioria do gênero humano é aprisionada de uma vez por todas pela "segunda natureza", seja ela social ou individual.

Daí — dessa rigidez: dessa ênfase dada ao "automatismo", diria Bergson — vem a preponderância cômica a que o romance inglês deve grande parte de sua popularidade. Mas se uma classificação minuciosa e estável é o ideal para o cômico, tal não é de maneira nenhuma o caso em se tratando de criar um enredo narrativo, que é um sistema de relações *dinâmico* que exige, por conseguinte, exatamente aquelas mudanças de posição, aquelas interações transformadoras, aquelas hibridizações recíprocas que a ordem taxonômica, ao contrário, pretende excluir. Desse *impasse* deriva a necessidade, universalmente deplorada, mas não por isso menos imperativa, das *coincidências* narrativas.[19] Todavia, mesmo com as coincidências não se vai tão longe, e a dupla estaticidade de um protagonista serenamente ordinário e de um mundo classificado demais já nos faz prever que na origem do enredo inglês deve haver algo, se não exatamente extrassocial, socialmente *antinatural*: uma monstruosidade. Em breve veremos do que se trata. Por ora concluamos pela imaginação taxonômica e vejamos quais consequências ela comporta para a linguagem do romance. Bakhtin:

> A forma exteriormente mais evidente e, ao mesmo tempo, historicamente mais importante de introdução e organização do plurilinguismo é dada pelo assim chamado romance humorístico ["enciclopédia de todos os extratos e de todas as formas da linguagem literária"]; seus representantes clássicos na Inglaterra foram Fielding, Smollet, Sterne, Dickens, Thackeray etc. [...] Desse fundo básico da "linguagem comum", da opinião pública impessoal, também se destacam, no romance humorístico, as estilizações paródicas de linguagens características de gêneros, profissões etc.[20]

Tudo isso é verdadeiro, e é verdadeiro também para obras não exatamente humorísticas como as de Scott, mas a teoria do romance de Bakhtin, como se sabe, vai além e avança a hipótese de que o "plurilinguismo" gera necessariamente "dialogicidade" — interações incessantes e recíprocas modificações das diferentes "linguagens". E isso é tudo, menos evidente. No romance inglês, por exemplo, quanto mais numerosas e heterogêneas forem as linguagens, menor será o "diálogo" entre uma e outra, e mais insignificante será o influxo delas sobre a linguagem — sempre neutra e de todo comum — do herói. De resto, se não falamos a mesma linguagem, como é possível dialogar? Não é de estranhar, portanto, que domine nessas obras a troca linguística que é o oposto da comunicação: o *equívoco*, verdadeira regra das relações verbais em Sterne e Scott, mas igualmente frequentíssimo em Fielding e Dickens.

"Se não falamos a mesma linguagem": essa é decerto um exagero. O ponto, entretanto, é que, em si, o plurilinguismo representa um princípio *avesso* ao diálogo, e não somente por razões linguísticas. O seu habitat natural são justamente as sociedades tradicionais, as sociedades de status — aqueles universos rigidamente classificados em que germinam toda sorte de jargões locais e profissionais, de distinções e nuances quase suntuárias, de idiossincrasias expressivas e os arcanos da comunicação (o *latinorum* de *Os noivos*). E um mundo assim não suporta o diálogo, que, por sua essência, é *anti*classificatório: implica igualdade, mobilidade espiritual, intercambialidade das posições. Não por acaso, o diálogo na Inglaterra pode ser realmente encontrado somente em Jane Austen e George Eliot: os únicos casos — e não é decerto uma coincidência — em que o interesse classificatório-estático é amplamente superado pela atenção aos problemas da mobilidade social, do *improvement*, das "reformas", do recíproco acordo entre indivíduos, estratos sociais e culturas diferentes. "Falar entre si" ou então "conversar" torna-se, portanto, o instrumento essencial e a metáfora sucinta de um entendimento mais vasto. Mas, justamente porque nos falamos e nos entendemos, o "plurilinguismo" tende a sair de campo, deixando espaço para um tom linguístico *mediano*, potencialmente acessível a todos.

Para concluir: entre as grades taxonômicas do romance inglês não é apenas o diálogo que desaparece; é a própria linguagem que, de sistema de "signos", degenera-se em uma coleção de "símbolos".[21] A linguagem não serve para comunicar, mas sim para "exprimir" e reiterar os *peculiar habits* da segunda natureza social: é algo mais do que uma série de monólogos idiossincráticos, em que a fala tornou-se impermeável à escuta. De Square a Thwackum, deste a Partridge, de Uncle Tobby a Cosmo Comyne Bradwardine, deste a Micawber: todos os grandes personagens cômicos ingleses são sempre terrivelmente surdos e irremediavelmente tagarelas. E a razão para isso é que não falam, mas antes, digamos, secretam linguagem. Suas palavras não são signos potencialmente à disposição de todos: são símbolos, parte integrante de suas naturezas, assim como o são o aspecto físico, a profissão, o *hobby horse*. São — "in short", acrescentaria Micawber — *status symbols*: indicadores de casta. "Diga-me como falas e te direi quem és": esse inquietante provérbio bem que poderia ser o mote do reino do plurilinguismo.

5. "Nesta era tão iluminada..."

O herói normal, como dissemos, remete a valores de tipo democrático-universalista; a taxonomia humorística, por sua vez, é o indício de desigualdades sociais irremovíveis. Na origem do romance inglês, encontramos o mesmo desdobramento ideológico que percorre a Inglaterra dos séculos XVIII e XIX: tendência ao universalismo na esfera jurídico-política, fidelidade aos princípios de status dentro da sociedade civil. Mas quando dois sistemas de valores tão antitéticos conseguem conviver no mesmo texto (e no mesmo mundo), certa cumplicidade secreta deve haver entre eles, ou melhor, deve existir dentro deles certo mecanismo "atenuante" que consiga torná-los compatíveis. E à força de existirem um ao lado do outro, acabarão por contaminar-se ulteriormente entre si: no máximo, fundir-se-ão em um conjunto parcialmente novo. Já falamos do romance-conto-de-fadas e do romance-humorístico: vejamos se a teoria dos gêneros literários nos permite dar outro passo adiante. Ainda Bakhtin:

> [...] o que serve como base da linguagem no romance humorístico é o modo absolutamente específico do emprego da "linguagem comum". Essa linguagem comumente falada e escrita pela média de um dado ambiente, é tomada pelo autor precisamente como a *opinião corrente*, a atitude verbal para com seres e coisas, normal para certo meio social, o *ponto de vista* e o *juízo correntes*. De uma forma ou de outra, o autor se afasta da linguagem comum, põe-se de lado e a objetiviza, obrigando-a a que suas intenções se refranjam através do meio da opinião pública (sempre superficial e frequentemente hipócrita), encarnado em sua linguagem. [...] um problema dos mais fundamentais no romance: a denúncia de toda espécie de convencionalismo pernicioso, falso, nas relações humanas.[22]

A denúncia de toda espécie de convencionalismo: essa passagem parece aludir menos ao romance humorístico do que à *sátira*; e Bakhtin, como se sabe, é um defensor da continuidade genética e cultural entre esses dois gêneros literários. Mas, tomando como exemplo o século XVIII e confrontando a cultura narrativa inglesa com a cultura francesa, a relação entre sátira e romance nos parece, pelo contrário, inversamente proporcional. Na França de Montesquieu, de Voltaire e Diderot, o vigor da inteligência satírica não consente a consolidação da estrutura romanesca, que ocorrerá somente no século XIX (e depois do declínio da grande sátira). Na Inglaterra do *"rise of the novel"*, ao contrário, a sátira conta com apenas uma obra-prima, escrita no primeiro quartil do século por um intelectual declaradamente conservador.

A causa última da assimetria, desnecessário dizer, está nas diferenças entre as situações políticas dos dois países, o que confirma, justamente, que sátira e romance assumem funções simbólicas completamente diferentes. A sátira visa deslegitimar o existente, que declara obtuso e irreformável; ao "convencionalismo pernicioso, falso, nas relações humanas" opõe uma "naturalidade" violada, e almeja o desenvolvimento desta última; separa o "bom senso" do muito mais difundido "senso comum", que despreza como preconceito covarde ou interessado. Trata-se, em suma, de um gênero polêmico e desestabilizante: destruidor.[23]

Ao passarmos para o romance humorístico inglês, os pressupostos estruturais mudam um por um. O seu herói não é "natural" no modo hipotético-polêmico do Persiano, do Ingênuo ou de Cândido; a sua naturalidade indica, em vez disso, algo já existente, difundido e corriqueiro — é *normalidade*. Quanto ao mundo em que o herói se move, este é decerto pleno de abusos — de *ab*usos, justamente: não se trata de desmascarar suas convenções cotidianas, mas sim de colocar sob acusação aquilo que delas se afasta. E para fazer isso não há motivo algum para apartar o "bom senso" do "senso comum": é preciso, quando muito, reforçar as raízes comuns entre esses dois termos — demonstrar, de fato, quão bom é o "senso comum" e quão difundida é sua razoabilidade.

Essa posição não é exatamente avessa ao Iluminismo, mas declara-o, em terras inglesas, supérfluo, porque de fato já foi realizado, já se amalgamou com a "vida". Para recorrer a uma das páginas mais descaradas e inteligentes de Burke:

> Veja bem, senhor, que nesta idade iluminada, tenho suficiente audácia para confessar que experimentamos sentimentos naturais; que, em vez de rejeitar todos os nossos antigos preconceitos, nós os estimamos consideravelmente; que,

> para nossa maior vergonha, nós os estimamos porque são preconceitos; e que, quanto mais duram no tempo, quanto mais sua influência se generaliza, tanto mais os estimamos. [...]
> Muitos de nossos filósofos, em vez de desacreditarem os preconceitos gerais, empregam sua sagacidade em descobrir a sabedoria oculta que eles encerram. Se encontram o que procuram — e raramente falham —, consideram mais sábio perpetuar o preconceito com a razão que ele envolve do que tirar o invólucro do preconceito, deixando a razão nua.[24]

Tal frieza em relação à crítica iluminista não é de surpreender tanto assim: na Inglaterra a revolução constitucional era, afinal, história do século precedente. Já não é tempo de conflito de princípios, observa Burke noutra passagem, mas sim de compensações e ajustes — "*we compensate, we reconcile, we balance*" —[25]* que não excluem de modo algum aquele "reformismo" no qual Mario Praz, um crítico decerto não suspeito de hiperpoliticismo, identificou a tendência fundamental do romance inglês de Fielding a Dickens.[26]

E, no entanto, como já fora o caso da França, a revolução política, por mais excluída que seja da representação romanesca, confia-lhe, ainda assim, um conjunto de problemas e de comportamentos — uma espécie de cena primária da qual esta jamais conseguirá se livrar. Veremos na próxima seção o seu conteúdo específico e seus elementos constitutivos; por ora, atenhamo-nos ainda àquilo que a revolução inglesa *não* possui — àquilo que um leitor de hoje percebe como uma "falha". Perry Anderson:

> A herança ideológica da revolução foi quase inexistente. A sua expressão cultural mais combativa, o radicalismo puritano,

---

* "Compensamos, conciliamos, transacionamos." [N.T.]

foi o grande perdedor da restauração [...]. Por meio de seu caráter "primitivo", pré-iluminista, a ideologia da revolução não produziu nenhuma tradição digna de nota e não teve consequências culturais significativas. É o único caso na história em que uma grande ideologia revolucionária foi completamente neutralizada e absorvida.[27]

Para permanecermos no âmbito que nos interessa: uma revolução que não é inspirada pela "razão nua e crua" e não emite uma declaração de direitos abstratos só pode dar vida a um universalismo ético-político decididamente fraco. Se a temporada dos conflitos de princípio foi curta e rapidamente esquecida, dificilmente o bom senso poderá se desvencilhar do senso comum: até porque uma revolução ocorreu e o sentido comum se transformou e melhorou.

Trata-se, digamos, de um emaranhado de "princípios" fracos e "fatos" (práticas institucionais, comportamentos econômicos, atitudes cotidianas) fortes: a normalidade do herói romanesco, em que a valorização ideológica é morna e incerta, mas a constatação dos fatos explícita e resoluta, é seu fruto literário mais evidente e duradouro. Trata-se de um produto empírico, de ajustamento. Pouco laboriosa e pugnaz, a normalidade não se contrapõe à ordem social vigente em nome de princípios que não possui. Para ela já é suficiente que seja respeitado seu próprio direito a se propagar em paz: no longo prazo se imporá pela força das coisas. É por isso que não tem dificuldade em conviver com a rígida taxonomia sociocultural que a circunda em toda parte: o destino alheio não é seu de fato e, de resto, a humanidade é uma abstração duvidosa, e nada muda de chofre. Não é de espantar se durante a trajetória — de Tom, suponhamos, a David — o bom senso, a generosidade e a naturalidade se degenerem em senso comum, conformismo e mesquinhez emotiva.

Mas o processo de diluição funciona também em sentido oposto, suavizando as asperezas da classificação de status, que se mantém em vigor, como vimos, como estrutura fundamentalmente cômica. E embora o riso implique sempre um elemento de punição, aqui ele é bem diferente daquele que Dupréel chamou "riso de exclusão": quem excluiria quem quando, de fato, a comicidade abarca uma sociedade inteira, e toda a sociedade ri? A comicidade dominante age assim como um mecanismo de correção da ideologia taxonômica, inoculando-lhe uma dose daquele universalismo, daquela tolerância que lhe são alheios, mas que são, em contrapartida, imprescindíveis ao elemento tendencialmente democrático da cultura inglesa. Por conseguinte, a rigidez taxonômica enfraquece a "humanidade comum" do herói, porém não traça seriamente seu caminho; dessa forma, mesmo não tendo a força para se desfazer da jaula classificatória, a humanidade comum faz com que não a levemos muito a sério. Não é um mundo de fortes tensões ideais, mas sim de estratagemas empíricos, meios-termos entre possíveis extremos. Burke tem razão: "*we compensate, we reconcile, we balance*".

II

1. *The Devil's Party*

Ao passar da "estática" à "dinâmica" do romance de formação inglês, salta imediatamente aos olhos mais uma diferença em relação à sua contraparte continental. Na Alemanha, na França e na Rússia, o enredo tem origem em um desequilíbrio entre a constituição espiritual do protagonista e os valores implícitos do funcionamento corrente da sociedade. O primeiro motor do enredo poderá residir no herói, como em Stendhal, ou no mundo, como em Balzac, ou ainda situar-se a meio caminho entre eles, como em *Wilhelm Meister*, mas esses sempre são os dois polos magnéticos da história. Não por acaso as teorias narrativas de Lukács, Lotman e Weinrich, embora diferentes entre si, conservam uma estrutura fundamentalmente binária, e não por acaso nenhuma delas jamais gerou análises convincentes da tradição romanesca inglesa. Porque da Inglaterra, entre a tranquila normalidade do herói e um mundo estável e bem classificado, jamais sairá alguma centelha narrativa. É preciso alguma outra coisa.

Ou talvez um Outro. O antagonista como Adversário que envenena até mesmo a felicidade mais perfeita — Iago, Satã. E em seguida, prosaicamente, Blifil, Lovelace, Fergus, Murdstone, Steerforth, Heep, os Reed, Bertha Mason — como também Heathcliff, Kurtz... Frankenstein, Drácula, Moriarty...

Quantos "monstros" na narrativa inglesa — libertina e didática, realista, gótica, popular... O tempo, é claro, altera-lhes a fisionomia, e em *Copperfield* (pequena suma de teratologia, entre Murdstone, Creakle, Steerforth, Heep e Maldon) o *upstar** ávido e magro incute mais horror do que o aristocrático deslumbrante e cruel (embora uma estimativa grosseira dos mortos e desaparecidos nos mostre que Steerforth é de longe mais eficiente do que Heep). O essencial, todavia, não é essa compreensível rotação histórico-sociológica, mas sim o fato de que a ameaça vem sempre de cima ou de baixo: nunca do "meio", jamais da posição social em que, grosso modo, está o herói.

Trata-se novamente do modo peculiarmente "inocente" como a *middle class* inglesa quis se ver e se apresentar a si própria. Se na França, ou em Dostoiévski, essa classe identifica-se com a *mobilidade*, chegando assim até mesmo à transgressão ou ao delito, na Inglaterra ela torna-se paladina dos valores opostos: da segurança, da estabilidade, da transparência. A virtude principal do herói romanesco inglês, a sinceridade — que não era decerto a maior qualidade de Julien, Lucien ou

---

* "O arrivista." [N. T.]

Bel-Ami —, adquire também um sentido próprio nesse quadro histórico-cultural. Lionel Trilling:

> [...] a característica inglesa a que Emerson reagiu com tamanha vivacidade, devemos associá-la à arcaica intratabilidade da organização social inglesa: a sinceridade dos ingleses depende da estrutura de classes da Inglaterra. [...] Todos parecem afirmar que toda pessoa que aceita sua situação social, independentemente de qual seja, como condição determinada e necessária de sua vida, será sincera.[28]

O oposto da sinceridade é outra perfeita mentira: a linguagem do vilão. A sua linguagem, e a sua arma, uma vez que o vilão — como já na *Fenomenologia* — é aquele que representa a mobilidade social em um mundo que não lhe reconhece o direito de cidadania; ele deve se proteger, se disfarçar. E deve se disfarçar e mentir não apenas em nome de seus interesses pessoais, mas sobretudo por uma razão, digamos, ontológica: porque quem aspira a mudar de posição em um universo rigidamente classificado é percebido por este último como uma anomalia taxonômica — uma aberração, um "monstro".

Um monstro — e um sistema que se quer imutável. Um monstro *dentro* de um sistema imutável: eis que a dimensão narrativa se torna finalmente possível. Ou melhor: *inelutável*. Dado que a cada ato do vilão as anomalias se multiplicam, e com elas os desequilíbrios, as tensões, os imprevistos. Em suma, o vilão produz enredo pelo simples fato de existir. De resto, do seu ponto de vista, esse é o único modo para obter sucesso — ele precisa do enredo e a "história" é a sua dimensão. Mas isso também quer dizer que para o herói e seus aliados é verdadeiro o contrário: o enredo o golpeia como uma mera força "negativa", devastadora, eversiva. O enredo é uma violência, uma constrição, da qual os personagens aceitam participar com o único fim de evitar o definitivo desaparecimento da ordem violada: para impedir que sejam consumados os casamentos *antinaturais* de Blifil e Sophia, ou de Uriah e Agnes.

Em seus termos essenciais, o enredo inglês pode ser resumido, assim, à sequência dupla e espelhada de violação e restabelecimento da ordem, que não ajudou a entender a narrativa *da modernidade*, mas que se adapta admiravelmente a uma cultura mais "refreada". "Há, pois, uma espécie de antipatia profunda"— escreveu Lévi-Strauss — "entre a história e os sistemas de classificação":[29] o romance inglês é um exemplo disso. Se o vilão não o obrigasse a produzir histórias, o romance poderia viver sem elas: o *"awful Victorian plot"** unanimemente ridicularizado pela crítica é a consequência lógica dessa *relutância* inata em relação à dimensão narrativa. O enredo — e o devir histórico, do qual esse é a metáfora — não aparece aqui como o âmbito em que reside o significado da forma romance, assim como do mundo moderno. Ele é o produto da mentira, uma força negativa, um não ser que condena o herói, como veremos, a não ser.

Mas antes, encerremos o assunto pelo exame de outra peculiaridade estrutural desses romances: a rigorosa assimetria com a qual distribuem a função especificamente *narrativa* de originar os eventos (função desempenhada normalmente pelo vilão) e aquela *avaliativa*, desempenhada, inversamente, pelo herói (que em Godwin, Brontë e Dickens é também o narrador) ou por personagens próximos dele. Blifil calunia Tom, e Falkland, Caleb Williams; os Reed atormentam Jane, e Bertha impede-a de se casar com Rochester; Steerforth seduz Emily e Uriah arma uma cilada para Wickfield; mas vemos tudo isso através dos olhos de Tom, Caleb, Jane e David. Enxergamos automaticamente nas ações de seus antagonistas a afronta à moral corrente e não as razões para uma conduta diferente (e

---

* "O terrível enredo vitoriano." [N.T.]

talvez até pior, mas esse não é o ponto). Seria como se *O vermelho e o negro* fosse centrado em Madame de Rênal, ou *Ilusões perdidas* na irmã de Lucien; como se *Onêguin* fosse narrado pela ama de leite de Tatiana (que é aquilo que ocorrerá, grosso modo, em *O morro dos ventos uivantes*). E uma vez que a percepção possui sua lógica, que impele o leitor a afeiçoar-se a ela, a "tornar seu" o ponto de vista que lhe permite "ler" o texto — quando este coincide com uma ordem violada, torna-se inevitável desejar que as anomalias cessem e que a ordem volte a reinar.

2. Adeus, montes

Embora a violação operada pelo monstro seja uma verdadeira constante na narrativa inglesa, devemos acrescentar que ela não se manifesta sempre da mesma maneira. Em *O morro dos ventos uivantes*, *Frankenstein* ou em *Coração das trevas* — para citar exemplos muito distintos entre si — a ameaça permeia todo o universo narrativo, e de fato este (seja Yorkshire, a Suíça ou o Congo) tende a assumir conotações universais e autossuficientes de um autêntico microcosmo. Mas nos romances de formação (e até mesmo em *Waverley*) a ameaça concentra-se, ao contrário, infalivelmente sobre um único elemento: o protagonista. As conotações universais atenuam-se, e vemo-nos diante de inúmeros embriões de romances policiais, de *casos* — "o caso do bastardo difamado", "o caso do secretário curioso demais", "o caso da governanta desaparecida"...[30]

Como em todo romance policial que se preze, é necessária uma vítima e também algum tipo de crime; e se a vítima é o protagonista, o crime é normalmente uma *acusação injusta* a seu respeito. É esse o episódio decisivo na vida de Caleb Williams e Waverley; é a sombra que persegue Tom Jones de seu nascimento até os derradeiros capítulos londrinos.[31] Mas o mesmo vale para David nas partes dominadas pelos Murdstone e pela escola de Creakle, e para Jane nas sessões dos Reed e da escola de Lowood: assim como, com algumas modificações, para o resto de suas vidas. Sigamos então esta pista: um protagonista normal e inocente é injustamente acusado e, por uma razão ou outra, não se vê em condições de se defender e inocentar-se. O que acontecerá?

Ele será condenado ao exílio (Tom, Waverley), ou compelido à fuga (Caleb, Jane, David). Essa é a versão inglesa da metáfora narrativa da juventude mais difundida — a *viagem*. Porém, diferentemente de Wilhelm Meister, de Lucien de Rubempré ou de Frédéric Moreau, que ficam muito contentes em deixar os lugares da infância, e também de Julien Sorel e de Fabrice del Dongo, que são obrigados a partir por terem se colocado deliberadamente em conflito com seus mundos — os heróis ingleses partem sempre contra sua própria vontade, e sem ter de maneira alguma merecido tal sorte.[32]

A viagem e a mobilidade que lhes são inerentes não podem, portanto, lhes aparecer como a ocasião ideal para *experimentar novas identidades*: a viagem é, muito pelo contrário, um longo e desconcertante *desvio* no qual os papéis desempenhados com o tempo são apenas máscaras — antinaturais, por vezes repugnantes — impostas pela necessidade. Não importa se enquadradas em uma comédia de erros ou em uma epopeia cavaleiresca ou ainda em um pesadelo judiciário, as transformações do herói durante sua viagem permanecem de todo modo estranhas e avessas à sua natureza: quanto mais ele se afasta do ponto de partida, mais ele será devorado pela angústia de "não ser mais si mesmo". Vê-se obrigado aos disfarces cada vez mais teatrais de Caleb Williams em sua fuga rumo a Londres, ou precipita-se naquele crescendo de autoalienação que leva Jane a usar um pseudônimo, a aprender uma língua difícil e remota como o hindu e ver-se prestes a partir rumo a uma viagem sem volta para o além-mar.

E Waverley, por sua vez, na véspera da primeira batalha:

> Olhando ao seu redor, percebeu o quão primitivas eram as vestes e o aspecto de seus companheiros das Terras Altas, ouviu-os murmurar em uma língua selvagem e desconhecida, observou suas indumentárias, tão distintas daquelas que havia trajado desde a infância, e desejou despertar daquilo que, naquele instante, pareceu-lhe um sonho estranho, horrível e antinatural. (*Waverley*, 46)

Waverley e Jane à parte, o lugar em que os sonhos estranhos, horríveis e antinaturais alcançam máxima intensidade é, previsivelmente, Londres — a metrópole, a sede das identidades flutuantes e mutáveis. É ali que Tom Jones acaba pedindo em casamento uma mulher que não é Sophia e corre o sério risco de ir para o patíbulo; é ali que Caleb Williams, dando com um menestrel que lhe narra sua vida como uma sequência de atos sanguinários, compreende que agora está "sozinho contra um milhão de homens"; que Pip queima as pontes com o seu passado demasiado *common* só para despertar, depois de uma longa e grave doença repleta de pesadelos, e descobrir que sua vida está irremediavelmente arruinada. É em Londres, enfim, que David Copperfield vive sua experiência infantil mais traumática (o trabalho na fábrica de garrafas) e é em Londres também que encontra e se casa com Dora: um episódio que ele descreve inicialmente como um "sonho" (*David Copperfield*, 43), mas que se transforma rapidamente em um pesadelo obsessivo.[33]

Procuremos ser breves. Essa viagem — irreal, desnorteante, estéril, perigosa — continua sendo, apesar de tudo, a metáfora da *juventude*, e transfere para essa todos os seus atributos negativos. O desdobramento sintagmático do texto confirma, portanto, plenamente a desvalorização dessa fase da vida já implícita na ordem paradigmática. A juventude é um parêntese arriscado, infelizmente indelével: podemos apenas esperar que — como a rapidíssima viagem de Tom — passe o mais depressa possível, e sem muitos danos. Se o herói aprende algo nesse espaço de tempo, nunca é o que poderia ser, mas sempre e somente aquilo que não é, que não quer e não deve ser.[34] Essa é uma convenção narrativa que Bakhtin descreveu perfeitamente — mas falando de obras de 2 mil anos atrás, os "romances gregos de aventura de provações":

> Em tal tempo [desses romances] o homem só pode ser absolutamente *passivo* e absolutamente *imutável* [...] todas as ações dos heróis do romance grego reduzem-se apenas a um *momento obrigatório no espaço* [...].
> O equilíbrio inicial, rompido pelo acaso, restabelece-se no fim. Tudo volta a seu começo; tudo volta a seus lugares. [...] Todas as pessoas e todos os objetos passaram por algo que em verdade não os modificou, mas justamente por isso como que verificou e estabeleceu sua identidade, sua solidez, sua constância. [...] Esse é o sentido artístico-ideológico do romance grego [...].
> Na maioria dos romances os processos judiciários ocupam lugar considerável, no qual é feito um balanço das aventuras dos heróis e dá-se a confirmação jurídico-legal da identidade deles, sobretudo no seu momento principal, da fidelidade amorosa de um para com o outro [...].[35]

Com as últimas frases de Bakhtin já entramos no próximo assunto. A condição de desterrado ou foragido, como foi dito, é imposta ao herói por uma acusação injusta, seguida de uma condenação imerecida. Esta, porém, não é definitiva. Ou melhor: não o será com a condição de que a juventude permaneça um segmento vazio, "um hiato extratemporal entre os dois momentos do tempo biográfico".[36] Se o herói permaneceu "absolutamente *passivo* e absolutamente *imutável*"; se não sofreu nenhuma transformação vinculante — Dora! —, então poderá voltar atrás e gozar, ainda segundo Bakhtin, da "*reversibilidade dos momentos da série temporal*".[37] Poderá, em síntese, ser finalmente *reconhecido* por aquilo que sempre foi.

3. Ur-Novel

É verdade que Pip supera as barreiras de classe, mas compará-lo a jovens como Julien Sorel, que encontram seu caminho graças ao talento e à audácia, é definitivamente equivocado. O termo "espera" [*expectations*] é explícito e apropriado; no grupo da alta sociedade em que Pip foi colocado, cada um espera o próprio destino e o aceita. O dinheiro é o que conta, mas fazê-lo é vulgar; um jovem da boa sociedade deve de partida possuir uma fortuna, ou adquiri-la passivamente. Essa é uma das razões para a recorrência das fábulas na ficção de identidade descobertas e nos testamentos ocultos dos séculos XVIII e XIX: a herança é obtida somente ao final da história, mas de fato, o herói era o destinatário desde o início.[38]

É verdade, a sequência anagnórise-herança, praticamente inexistente na narrativa europeia, é, pelo contrário, a forma mais típica do *happy ending* inglês; e é, sobretudo, o modo como o romance de formação impõe à temática — caracteristicamente burguesa — da mobilidade social conotações explicitamente *aristocráticas*. Por meio da meta da mobilidade, mas também pela forma que imprime em todo o processo. Embora a burguesia nunca tenha desprezado testamentos e heranças, a ideia de que a riqueza por excelência é hereditária — e não produzida *do zero* — é, ao contrário, absolutamente típica da aristocracia fundiária. É natural, portanto, que o herói que usufrui dessa riqueza possua características burguesas um tanto murchas: quanto mais "neutra" for sua identidade social, mais facilmente ele poderá "ocupar" o papel que o espera. E que o conduz àquilo que ele sempre foi desde o nascimento: mais um motivo para não levar tanto em conta o que se faz durante a juventude.

Tudo isso é verdade. Mas há algo mais. Para começar, essas heranças não são privilégios concedidos por cardeais generosos e pecadores convertidos como em *Os noivos*. São algo a que Tom, Waverley, Jane *têm o direito*. E esse "algo" não é apenas uma vasta propriedade rural ou uma bela quantia de libras esterlinas, ou ainda um título: é, antes, sua identidade. Ou melhor, a identidade de alguém que é *dotado de direitos*. Eles foram privados, digamos, do direito a ter direitos: restituir-lhes esse direito não é nada mais do que um ato de justiça.

Justiça de conto de fadas, decerto, digna dos "romances familiares" sonhados na infância: os nossos pais não são nossos verdadeiros pais, mas sim impostores malvados que "interceptaram" aquilo que nos cabe e que pretendem nos defraudar.[39] Daí o inevitável contraste, no romance inglês, entre os pais ausentes, mortos, ou desnaturados, e a corte dos "tios" (Allworthy, Everard Waverley, Betsey Trotwood, Joe, John Eyre) que, infalivelmente, coloca as coisas em seu lugar. E por que sempre tios? Porque assim o princípio familiar-hereditário é respeitado e, ao mesmo tempo, adaptado de modo a evitar que entre em conflito com a justiça.

E aqui chegamos ao que interessa. Se a narrativa inglesa é tão afeiçoada assim à estrutura do "romance familiar", tal se deve à sua impressionante semelhança com um dos mitos histórico-ideológicos que constituíram a base da Revolução Inglesa. Christopher Hill:

> Edward Coke ofereceu aos ingleses um mito historiográfico da constituição inglesa bem semelhante àquele oferecido

por Foxe no âmbito religioso. Reza o mito que originariamente os ingleses tiveram ótimas leis (assim como sua igreja era absolutamente pura): mas a continuidade de tal estado de coisas havia sido infringida por Guilherme, o Conquistador (com o apoio do Papa) e por muitos de seus sucessores. Entretanto, como os heréticos haviam reagido, do mesmo modo haviam reagido os ingleses, e com um sucesso ainda maior.[40]

Esse autêntico *Ur-Novel** de origens traídas e heranças reconquistadas pode sem dúvida ter contribuído — como sugere Hill — para reforçar um estado de espírito revolucionário. O que é certo é que o *Ur-Novel* imprimiu-lhe um aspecto bastante particular e acabou encorajando uma interpretação paradoxalmente *conservadora* da própria revolução. Burke: "A simples ideia de fabricar um novo governo é suficiente para nos encher de repulsa e horror. Desejávamos, quando da Revolução, e desejamos ainda derivar do passado tudo o que possuímos, como *uma herança legada pelos nossos antepassados*".

E logo em seguida, depois de dizer que Coke foi o primeiro a demonstrar "a genealogia de nossas liberdades" (*the pedigree of our liberties*):

> Na famosa lei do terceiro ano de reinado de Carlos I, chamada "Petição de Direitos", o Parlamento diz ao Rei: "Vossos súditos herdaram esta liberdade", reclamando, assim, suas franquias não em virtude de princípios abstratos, como "os direitos dos homens", mas como os direitos dos homens da Inglaterra, e como um patrimônio legado pelos nossos antepassados.[41]

---

* O prefixo *Ur*, de etimologia germânica, designa primitivo, original, inicial. *Ur-text*, por exemplo, indica a versão original de um texto (*Urfaust*, *Ur-Hamlet*). *Ur-Novel* designa, então, o primeiro exemplo de um romance em forma moderna; um escrito em linguagem deliberadamente "primitiva", ou ainda, a primeira versão de um romance. [N.T.]

Estamos diante de um dos maiores contrastes simbólicos do mundo moderno. De um lado, a Revolução Francesa, legitimada pela abertura da história rumo ao futuro — uma fuga prospectiva que alimenta seu entusiasmo dinâmico, mas que instaura, ao mesmo tempo, o tormento da incerteza, do transformismo, da traição. Do outro, a Revolução Inglesa, que apresenta, no plano da legitimação simbólica, vícios e virtudes diametralmente opostos: fraco universalismo político, relutância em aceitar a modernidade, culto das origens e da tradição, como também uma admirável obstinação em exigir o mais rigoroso respeito ao pacto coletivo. Assim como para o enredo narrativo, emerge aqui um comportamento "defensivo" em relação ao evento histórico: seria melhor que não acontecesse nada — mas se um vilão começa a trapacear, então, naturalmente, "os ingleses reagem". É como se o termo "revolução" estivesse ainda preso a sua etimologia (o que é bem plausível no século XVI, século fascinado pela astronomia): *full circle*, um regresso à posição originária. A ruptura político-institucional não se legitima *enquanto ruptura* — mas sim como supremo ato de *continuidade jurídica*: de restabelecimento das regras do jogo.[42]

Uma revolução que reclama para si privilégios adquiridos, em vez de princípios normativos e universais! Uma revolução que não quer mudar as regras do jogo, mas punir quem as violou! Que aspira a ressuscitar o "contrato originário", não a desenhar utopias para os séculos seguintes! De fato, 1789 é um ano zero — e o comportamento dos revolucionários ingleses é tão remoto que parece quase incompreensível. E é mais do que razoável situar aqui — como fizeram Perry Anderson e Tom Nairn — "a origem da crise atual", o mal de precocidade que tolheu desde o berço a plena modernidade das instituições políticas e da cultura inglesa e invalidou gradualmente as capacidades hegemônicas da burguesia industrial e a autonomia cultural do movimento operário.

Em pelo menos um campo, porém, essa revolução imatura teve consequências simbólicas de longo alcance. *Exatamente porque* era imatura, e não podia fundar a própria legitimidade sobre conteúdos político-institucionais, nacionais ou sociais das revoluções sucessivas, foi levada a um fortíssimo investimento simbólico no âmbito menos "moderno" e menos "burguês" — o âmbito, como vimos, do direito.[43] Menos do direito em sentido técnico (cujo modelo será o *Code Napoléon*, enquanto a jurisprudência inglesa permanecerá por muito tempo lendariamente confusa) do que do direito em seu sentido mais amplo, enquanto "justiça".

Ver a revolução como um ato, por assim dizer, legal ofuscou, portanto, inevitavelmente seus aspectos revolucionários. Mas, em contrapartida, favoreceu a difusão pacata, mas firme, de uma "consciência jurídica" — de um orgulho pela intangibilidade dos próprios direitos e pelas garantias que eles oferecem contra os arbítrios do poder político — que com o tempo tornou-se um fator essencial da cultura democrática moderna. Trata-se de uma herança — essa sim — que a histórica e vibrante Europa continental, e certamente a Itália, não pode deixar de invejar à empoeirada Inglaterra.

4. O grande tribunal do mundo

Tal consciência jurídica deve parecer agora tão indiscutível e elementar, tão óbvia e até mesmo tão banal aos olhos ingleses que se torna, por vezes, imperceptível. Na violentíssima polêmica sobre o papel da revolução na história inglesa, ocorrida em meados dos anos 1960 entre Anderson, Nairn e Thompson — uma polêmica em que se fala do cardeal Newman e da "Bath Civilization", do romance "realista" e do utilitarismo —, nem uma única linha lhe foi dedicada. Passados dez anos — como em todo romance inglês que se preze —,

Edward Thompson intervém para endireitar os erros, escrevendo em *Senhores e caçadores* algumas páginas memoráveis de história da cultura inglesa:

> Pois o que observamos não se reduz à lei enquanto meio maleável, a ser torcido dessa e daquela forma por quaisquer interesses já detentores de um poder efetivo. A lei [*Law*] do século XVIII ia além. Além e por cima de suas maleáveis funções instrumentais, ela existia por direito próprio, enquanto ideologia; uma ideologia que, sob muitos aspectos, não só servia ao poder de classe, como também o legitimava. A hegemonia da fidalguia [*gentry*] e aristocracia do século XVIII expressava-se não pela força militar, nem pelas mistificações de um clero ou da imprensa, nem mesmo pela coerção econômica, mas sobretudo pelos rituais de profunda meditação dos Juízes de Paz, pelas Sessões Trimestrais, pela pompa das Sessões Judiciais e pelo teatro de Tyburn. [...]
>
> A retórica da Inglaterra do século XVIII está saturada da noção de lei. [...] fizeram-se enormes esforços [...] para projetar a imagem de uma classe dominante que estava, ela mesma, submetida ao domínio da lei, e cuja legitimidade baseava-se na igualdade e universalidade daquelas formas legais.[44]

A legitimidade de uma classe dominante, e por seu intermédio de uma inteira ordem social: não importa qual seja o seu âmbito — a dimensão "estética" da vida cotidiana em *Wilhelm Meister*, a política em Stendhal, a economia de mercado em Balzac e Flaubert —, esse tema constitui sempre o pano de fundo do romance de formação. Nenhum projeto de "socialização" do indivíduo será convincente se permanecer desprovido de uma legitimação simbólica — se não souber justificar-se com valores tidos como essenciais. E na Inglaterra, Thompson tem razão, esses valores giram em torno da ideia e da prática do direito.

Um rápido olhar sobre nossos romances oferece, sem sombra de dúvida, uma confirmação disso. *Caleb Williams* é uma sucessão de ações judiciárias amarradas umas nas outras, cosidas entre si pela interminável investigação sobre o crime de Falkland. A parte londrina de *Grandes esperanças* passa-se inteiramente no mundo da lei e termina com o confisco legal dos bens de Pip. O primeiro emprego de David Copperfield é na Corte Civil e o ápice do livro é o processo — ainda que "informal" — contra Uriah Heep, que aliás encontraremos na prisão. *Tom Jones* termina a um passo da forca, depois de uma maré de depoimentos falsos e verdadeiros; e *Waverley* com um duplo procedimento, o perdão para o protagonista e a condenação para Fergus. E, além disso, o ritual jurídico excede suas sedes apropriadas para se instalar em quase toda a sociedade civil. Se Micawber acaba assumindo o papel de Ministério Público, em *Caleb Williams* são os próprios reclusos que organizam um *mock tribunal* no pátio da prisão, como o fazem os bandidos da rua, em seus esconderijos. Em *Tom Jones* são os "ciganos" que dão prova de paixão e competência jurídica; em *Jane Eyre*, as professoras da escola.

Embora a presença do universo jurídico em sentido estrito seja tudo, menos negligenciável, nessas obras sua propagação na sociedade civil, até se transformar em uma espécie de paixão nacional, é sem dúvida seu aspecto mais interessante. Assim, se por exemplo tomamos diálogos desses romances e os confrontamos com diálogos continentais equivalentes, ficamos imediatamente impressionados com a altíssima frequência de frases interrogativas. Por quê? Porque não são diálogos, mas sim *interrogatórios* — o que é particularmente patente entre Rochester e Jane. E se tomamos *Tom Jones*, percebemos depois de um tempo que quase todo episódio — até mesmo uma desavença entre dois garotinhos — é estruturado como um caso judiciário em miniatura. Começa com a descrição do crime, escutamos a acusação, o réu é interrogado e, finalmente, em um crescendo de terminologia jurídica, chegamos à sentença e à pena.[45]

Essa invasão da lei na vida cotidiana — inevitável, considerando-se a centralidade do direito no universo simbólico inglês — suscita, não obstante, certa surpresa e, pelo menos de minha parte, uma certa resistência. A história do romance europeu (e também, com Defoe, a origem do romance inglês) parece, de fato, inspirar-se em um princípio totalmente diferente, expresso perfeitamente em uma frase do *Segundo tratado* de Locke: "A liberdade dos Homens submetidos a um Governo é a liberdade de seguir a própria vontade em tudo aquilo que não é regulado pela Lei [*in all things where the Rule prescribes not*]".[46]

A tradição narrativa analisada nos três primeiros capítulos parece justamente partir daqui, no anseio de demonstrar que esse espaço não regulamentado por leis precisas e vinculantes é, *precisamente por essa razão*, o mais significativo para a existência individual moderna: porque a liberdade dá asas, obviamente, mas sobretudo porque o indivíduo vê-se diante do problema francamente moderno da *escolha*. A ausência de *Rule* não implica, com efeito, que esse espaço fique "vazio", muito pelo contrário: nele multiplicam-se os valores, os gostos, os interesses e opções de toda sorte. Cada conduta faz-se subjetiva, transitória, discutível: nasce o problema de como avaliá-la; nasce, na retórica do romance, a fenomenologia multiforme das relações entre "história" e "discurso", narração e comentário.

Mas o romance de formação inglês parece estar aquém desses problemas: combinando obrigação e consolação, sugere que "*Rule prescribes everywhere*". Qualquer tipo de conflito ou de diversidade — seja de interesses ou de ideias, de escolhas éticas ou de preferências eróticas — é retirado da esfera do "discutível" e traduzido na oposição jurídica de *right* e *wrong* cara aos contos de fada.[47] E uma vez tomada essa direção, avaliar e comentar tornam-se atividades supérfluas: como no tribunal, basta apurar a verdade para que o julgamento ocorra naturalmente. "*Justice*" — diz um lugar-comum da cultura jurídica inglesa — "*is as simple as truth*."[48]

"*Justice is as simple as truth*." A essência e o ponto em comum entre verdade e justiça é sua "simplicidade"; e aquilo que é simples contrapõe-se ao que é, ou parece, "complicado". Esse é um paradigma que encontramos em uma famosa dupla conceitual da teoria narrativa formalista: *fábula* e trama. Esta última é dilatória, incompleta, arbitrária, salteada e enganosa — em suma, artificiosa e "complicada" como o movimento do cavalo no xadrez. A *fábula*, ao contrário, é lógica, completa, cronologicamente consequencial, objetiva — em uma palavra, "simples".[49]

Ou melhor: simples, se não fosse pela distorção imposta pelo enredo, ao qual o vilão soube conferir uma realidade efetiva, de modo a induzir ao erro não somente o leitor (como acontece, digamos, no romance policial), como também os vários juízes presentes *no* texto (Allworthy, Forester, rei Jorge e assim por diante). O enredo aqui não é apenas um artifício literário: é uma verdadeira contra*fábula*, uma versão mentirosa, mas eficaz, dos eventos, votada a esmagar a verdade originária. Será necessário então detê-lo e ativar aquele mecanismo espaço-temporal que caracteriza o romance inglês em todos os níveis: o retorno *ao passado*, o retorno a um lugar, a uma idade, a um personagem, a um episódio que permite restabelecer a verdade sobre si e sobre sua própria vida.

E eis então a história dos embustes de Uriah Heep que havíamos visto de modo fragmentado, e de pontos de vista sempre incompletos. Eis aqui a explicação dos mal-entendidos e das imposturas que haviam levado Waverley às Terras Altas, sob a acusação de traição. Eis aqui a história completa — e finalmente ouvida — do homicídio cometido por Falkland, que explica e põe um fim à perseguição de Caleb Williams. Eis a reconstrução das fraudes de Blifil, e dos inúmeros equívocos que delas resultaram. E o que são todas essas histórias? É evidente que são outras tantas *fábulas* — já são aquelas reconstruções incontestáveis dos eventos que se tornaram famosas, e repetidas ad infinitum por Sherlock Holmes e Hercule Poirot.

Essa escolha retórica pode parecer perfeitamente inocente: na verdade, ela confere à narrativa um sentido bem particular. Em outras tradições de romance a *fábula* permanece, de fato, escondida na história: no romance inglês a sua descoberta é, em contrapartida, um verdadeiro *episódio narrativo*; mais do que isso, é o episódio final, definitivo. Quando, de fato, um enredo é construído sobre a mentira e sobre o equívoco, o que resta a dizer, uma vez restabelecida a verdade? Nada. É claro. Mas resta uma dúvida: essa contraposição tão não problemática de mentira e verdade; essa certeza serena de que possa haver um conhecimento histórico-narrativo absolutamente neutro e objetivo — são assuntos culturais que tornaram significativa a forma do romance? Não será preciso algo mais para lhes dar sentido?

5. "*Narratio*" versus romance

Estamos no final da viagem, escreve Fielding no capítulo que abre o último livro de *Tom Jones*:

> Não ignora ninguém que, nesse momento, são postos de lado todos os chistes e remoques; sejam quais forem as personagens [*characters*] que alguns dos passageiros arremedaram, por amor da galhofa, são todas elas abandonadas, e a conversação é, usualmente, simples e séria.
>
> Da mesma forma […] neste último livro […] tudo consistirá numa simples narrativa [*plain narrative only*]. (*Tom Jones*, XVIII, I)

Não poderíamos resumir melhor a antítese de *fábula* e enredo e mostrar como, nessa tradição narrativa, o enredo constitui — do ponto de vista estrutural — sempre um *interlúdio*; talvez enorme, mas que se dissolve, literalmente, com o surgimento da *fábula*. Esta, por sua vez, é *plain*, como o rosto de Jane Eyre: sem um traço de maquiagem, limpa, natural. É uma *oratio recta*; ou melhor, *ordo naturalis*: "À situação normal do pensamento e da linguagem chama-se *ordo naturalis*, que, por exemplo, se apresenta na sucessão de acontecimentos que corresponde ao decorrer histórico desses mesmos, na narrativa".[50]

"*Narratio.*" A cultura greco-latina desmorona, mas a um dado momento esse termo volta a florescer. No âmbito literário? Não. No tribunal:

> A audiência começava quando o réu aparecia diante da corte e o requerente expunha sua denúncia. Nas cortes reais a denúncia era feita em francês, em um *counte* (*narratio* em latim), ou seja, uma história [*a tale or a story*] [...]. Já na primeira metade do século XIII nasce uma profissão nova, aquela do "narrador" [*counter or narrator*], que se encarrega de compor e pronunciar os *countes* [...]. Numerosas coletâneas escritas de *narrationes* foram produzidas nos séculos XIII e XIV.
>
> Nos primeiros tempos, a audiência começava e se encerrava com um *counte*. O requerente devia simplesmente negar [*defend*] o conteúdo do *counte*, e então se passava às provas.[51]

Aqui os fios do nosso assunto começam a se ligar. Os depoimentos falsos do vilão e as confissões sinceras do herói; o culto da inocência e o contraste generalizado de *right* e *wrong*; a convicção de que é possível contar uma história de maneira completamente "natural" e incontestável, de modo que o "sentido" do ocorrido emerja automaticamente e o "julgamento" seja, naturalmente, unânime... Mas isso não é um romance: é um processo. É a imagem "popular" de como um processo deveria confirmar dramaticamente a "simplicidade" da justiça.[52]

Muito além dos "conteúdos", a aliança entre literatura e lei na legitimação simbólica do existente está inscrita e articulada na estrutura retórica do romance de formação inglês: este parece, com efeito, justificar-se enquanto forma na medida em que copia e imita o desenvolvimento de um processo. É por isso que, no último livro de *Tom Jones*, como nos adverte Fielding, não haverá mais espaço para o *entertainment* (*Tom Jones*, XVIII, I) — é chegada a hora de servir a uma causa mais séria do que o prazer do texto:

> É inerente ao caráter específico da lei, como corpo de regras e procedimentos, que aplique critérios lógicos referidos a padrões de universalidade e igualdade. É verdade que certas categorias de pessoas podem ser excluídas dessa lógica (como as crianças ou os escravos), que outras categorias tenham seu acesso vedado a partes da lógica (como as mulheres, ou para muitas formas de direito do século XVIII aqueles sem certos tipos de propriedade) e que os pobres muitas vezes possam ser excluídos, pela miséria, dos dispendiosos procedimentos legais. Tudo isso, e ainda mais, é verdade. Mas, se um excesso disso for verdade, as consequências serão francamente contraproducentes. A maioria dos homens tem forte senso de justiça, pelo menos em relação aos próprios interesses. Se a lei é manifestamente parcial e injusta, não vai mascarar nada, legitimar nada, contribuir em nada para a hegemonia de classe alguma. A condição prévia essencial para a eficácia da lei, em sua função ideológica, é a de que mostre uma independência frente a manipulações flagrantes e pareça ser justa. Não conseguirá parecê-lo sem preservar sua lógica e critérios próprios de igualdade; na verdade, às vezes *sendo* realmente justa. E, ademais, não é frequentemente que se

pode descartar uma ideologia dominante como mera hipocrisia; mesmo os dominantes têm necessidade de legitimar seu poder, moralizar suas funções, sentir-se úteis e justos.[53]

Os romances sobre os quais discutimos constituem um grande corpus que sustenta essa ideologia da justiça, introduzindo-a em todos os âmbitos da existência com o fito sobretudo de demonstrar, com inflexões explicitamente igualitárias, que *todos* — bastardo, criança, mulher, bêbado, foragido ou pobre — têm o direito de contar a própria versão, de ser ouvidos e receber justiça. Ou melhor, esses romances não apenas afirmam que todos têm "direito" à justiça como defendem que todos, efetivamente, *recebem* justiça. Essa diferença é a responsável pelo irremediável aspecto de conto de fadas desses romances, ao qual nem mesmo Godwin soube escapar ao reescrever o final de *Caleb Williams*, transformando a descrição *"things as they are"* (como lemos no subtítulo) do romance em um voto de *"things as they should be"*.

E nessa altura, cada leitor deve escolher com quais lentes olhar a história do romance de formação inglês de Fielding a Dickens. Se assumimos o ponto de vista do crítico literário, bem, não há muito o que fazer; vemo-nos diante de um único e longo conto de fadas com final feliz, incomparavelmente mais parvo, elementar e limitado do que seus equivalentes continentais. Mas se assumimos o ponto de vista do historiador da cultura — e da cultura política em sentido amplo —, é outra história. Defrontamo-nos com uma tradição que assimilou e propagou uma das aspirações mais essenciais para a sociedade liberal-democrática: o desejo de que o universo do direito seja acessível, seguro, universal, dotado de mecanismos de correção e de controle.[54]

Podemos nos perguntar, naturalmente, se era realmente inevitável que tais aspirações se encarnassem em *contos de fadas* em vez de encontrar uma expressão mais "adulta", menos simplificada e moralista. Quem sabe, talvez fosse possível, e as razões para que tal não tenha ocorrido ainda nos escapam. Todavia, tais aspirações *se encarnaram* em contos de fadas: mais vale levar isso em consideração. E acrescentar eventualmente que — talvez — uma cultura jurídica realmente *difundida* só poderia se nutrir de certezas, proibições, castigos e recompensas; só poderia ser uma cultura em branco e preto, povoada apenas por inocentes e criminosos. Se assim é — e não estou certo disso, mas acredito que a questão merece permanecer em aberto —, se assim é, então o conto de fadas pode revelar-se o gênero narrativo mais adequado para tal intento; e a infância (ou os resíduos infantis que sobrevivem, sonolentos, em todas as idades) pode muito bem ser a fase da vida mais apta para absorver uma estrutura particularmente clara e indiscutível de valores.[55]

Com isso não pretendo negar que o romance de formação inglês nos deixa, por assim dizer, de estômago vazio. Divertimo-nos, mas não nos apaixonamos; encontramos tantas certezas, mas não há meios para colocar em questão um problema. É verdade: mas como se sabe, um processo é menos emocionante do que um duelo, e um júri não pode se pronunciar de forma problemática. O comportamento jurídico é, de resto, como observou Max Weber, mais antigo do que o narrativo — se, como acredito, a narrativa é aparentada à história. O direito aspira à sólida certeza das regras, não às dúvidas palpitantes da mudança. Esse é um universo que não está interessado em analisar os comportamentos, mas sim em julgá-los e proibi-los e assim por diante. Digamos então que, por uma conjuntura histórica irrepetível, o romance nasceu na Inglaterra exatamente quando a ideologia do direito reinava soberanamente: desse encontro sai o pior romance do Ocidente e a consciência jurídica mais combativa. *Unicuique suum.**

---

* Literalmente "Dar a cada um o que é seu". Trata-se de uma locução latina e um dos principais preceitos do Direito Romano. [N.T.]

III

George Eliot… e tudo muda. Junto a Jane Austen ela é a única escritora que soube renunciar ao modelo do conto de fadas judiciário e se mediu com a problemática europeia do romance de formação, levando-a adiante a ponto de, como veremos, conduzir o romance ao seu natural esgotamento. Mas, antes de chegarmos a esse aspecto, detenhamo-nos na *pars destruens** de sua obra, e nas modificações substanciais que esta acarretou para a tradição narrativa inglesa.

O que muda, em primeiro lugar, é a fisionomia intelectual dos protagonistas, no sentido de que agora, queira Deus, eles têm uma. Nem "inocentes", nem "insípidos", Felix e Dorothea, Lydgate e Deronda (assim como Esther, Harold Transome, Will Ladislaw, Bulstrode, Gwendolen Harleth) possuem uma personalidade enérgica e acentuada que o mundo ao redor percebe como insólita e até mesmo preocupante. O propósito de Felix Holt — "Nunca me casarei" (*Felix Holt*, 5) —, que ecoa de maneira mais ou menos explícita em Dorothea, Gwendolen, Lydgate, Will e Deronda, é um indício de uma natureza exigente, consciente do próprio valor e inteiramente tomada por um sonho solitário que, de um modo ou de outro, tornará árduo o seu entendimento com a realidade.

Esse sonho — a ideia de que a própria identidade pode ser construída, em vez de "herdada" e aceita — nos conduz ao início de nossa investigação, isto é, àquele ideal de *Bildung* que George Eliot, ótima conhecedora de *Wilhelm Meister* e da cultura alemã, reformula como "vocação". Vocação política, religiosa, social, científica e artística. Vocação como síntese da expressão individual e benefício coletivo: quanto mais

---

* Expressão latina que designa a parte negativa da crítica em uma argumentação. [N. T.]

o indivíduo conseguir ser "ele mesmo", mais alto será o resultado objetivo — o progresso — que, em todos os campos, será possível realizar.

Ou melhor: isso é o que o ideal da vocação *promete*. E é uma meta ainda mais ambiciosa do que aquela da complementaridade do livre desenvolvimento individual e feliz integração social proposta pelo *Bildungsroman* clássico. Essa meta podia, de fato, ter lugar contanto que se atenuasse a natureza plenamente *histórica* do mundo romanesco: que se imaginasse, como vimos, que o século XVIII poderia também não ter terminado com a Revolução Francesa. Contudo, para George Eliot — como indica a mais clara e difundida de suas palavras-chave: *reform* —, a síntese entre o indivíduo fortemente motivado e a estrutura social pode ser realizada, ao contrário, somente se a história seguir adiante, só com o progresso. Trata-se de uma convicção exigente e destinada a se medir com a dura realidade dos fatos: não por acaso, é exatamente nesse ponto que sua obra se bifurca; de um lado, *Middlemarch*; e do lado oposto, *Felix Holt* e *Daniel Deronda*.

Mas antes de vir a isso, outra diferença entre Eliot e seus predecessores deve ser realçada. Dado que o herói não é mais uma criança inocente, mas sim um jovem adulto que luta por valores ainda não aceitos, o enredo narrativo pode finalmente se desfazer do arcabouço do conto de fadas judiciário. Nada de identidades alegremente redescobertas ou heranças que retornam aos seus legítimos proprietários: Esther e Will Ladislaw rejeitam tranquilamente as fortunas que lhes são enviadas dos céus pelos fantasmas de Dickens; *Daniel Deronda*, por sua vez, direciona para baixo o vetor sociológico do "romance familiar". Chega de antagonistas ocultos, de complôs luciféricos: os personagens que mais prejudicarão o herói serão sempre aqueles livremente escolhidos por ele — Casaubon para Dorothea, Rosamond para Lydgate, Grandcourt para Gwendolen e, ampliando um pouco o conceito, a multidão em rebelião para Felix

Holt. Finalmente, sem mais equívocos e perseguições de que era preciso sair perfeitamente imaculado: Felix é (quase) condenado injustamente, mas a ênfase já não cai mais sobre a antítese de injustiça mentirosa e verdade simples. Agora, são exploradas as consequências, talvez injustamente dolorosas, de um ato importante exatamente porque discutível, aberto a avaliações diferentes e realizado em plena consciência.

A mudança do enredo alcança, por fim, os personagens menores, do plano de fundo, que, apesar de manterem em larga medida uma conotação cômica e forte propensão à imobilidade, não formam mais uma pinacoteca colorida a ser contemplada à distância, mas sim forças ativas do enredo, com as quais é impossível não interagir. Forças ativas, exatamente por sua *inércia* sociocultural, que as coloca, por meio de mediações complexas, em contraste com os protagonistas exatamente como, em *A teoria do romance*, a "segunda natureza" opõe sua "mera existência" ao anseio da "alma" encarnada pelo herói. Uma vez que, no entanto, isso vale sobretudo para *Middlemarch*, e as analogias entre os três romances de Eliot que aqui nos interessam são aliás infinitas, chegou a hora de analisar separadamente os dois diferentes modelos do *Bildungsroman* eliotiano.

1. "Mudar um pouco o mundo"

Além de ser de longe o mais belo de todos os romances do século XIX inglês, *Middlemarch* é também o único que aborda o grande tema do romance de formação europeu: o insucesso, o fracasso de um projeto de vida. Nesse caso específico, o fracasso da vocação, sobre o qual George Eliot oferece uma riquíssima fenomenologia: o imperdoável diletantismo da aventura política de Brooke, a amarga parábola da falta de talento de Casaubon, a violência ainda quase bárbara do senso de eleição de Bulstrode e, naturalmente, as histórias de Will, Dorothea e Lydgate, que reapresentam a verdadeira antítese, já presente em Goethe, entre as características *históricas objetivas* da ideia de vocação e aquilo que é, ao contrário, *significativo para a narração do romance*. Alan Mintz:

> É possível distinguir no romance dois critérios de avaliação claramente distintos entre si. Segundo o critério da vocação, um indivíduo é avaliado com base na sua contribuição para a sociedade, para a cultura e para a história; noutras palavras, com base nas obras cujo valor reside nas próprias obras. O outro critério de avaliação — que poderíamos chamar de a-histórico, ou romanesco — julga, ao contrário, as pessoas com base na sua contribuição à vida moral individual daqueles que lhe são mais próximos (no sentido de proximidade, não em sentido afetivo) [...]. Esses dois critérios de juízo, pela configuração essencial de seus valores, correspondem, grosso modo, a dois tipos de ética econômica descritos por Weber — a ética tradicional e a ética antitradicional. O critério romanesco enfatiza os valores da família e da comunidade, e vê o trabalho apenas como um meio para manter as bases materiais dessas instituições. O critério da vocação, ao contrário, enfatiza o melhoramento das próprias condições materiais, desconsiderando os antigos vínculos; e exige que todo homem seja julgado com base nas suas conquistas terrenas.[56]

Ao lado desse contraste de valores podemos acrescentar a contraposição verdadeiramente clássica, e também já presente em Goethe, entre *Beruf* e

> ídolos cujo culto ocupa hoje destacado lugar em todas as esquinas e em todos os jornais. Esses ídolos são a "personalidade" e "a experiência pessoal" [*Erlebnis*].

> Senhoras e senhores. No campo da ciência somente quem se dedica exclusivamente ao trabalho ao seu alcance tem "personalidade". E isso é válido não só para o campo da ciência; não conhecemos nenhum grande artista que tenha feito qualquer outra coisa que não fosse servir à sua obra, e apenas a ela. [...] No campo da ciência, porém, o homem que faz de si mesmo o empresário do assunto a que se devia dedicar, e aparece em cena em busca de legitimar-se por meio da "experiência", [...] não é uma "personalidade".
> [...] a dedicação íntima à tarefa, apenas ela, deve elevar o cientista ao auge e à dignidade do assunto a que se devia dedicar.[57]

O que interessa a Weber aqui, como em tantas outras passagens análogas, é iluminar a separação "trágica" que o mundo moderno efetuou entre a "vida" e a "profissão" (ciência, política, economia, arte: não faz diferença). No âmbito desta última, racionalização e especialização já são tão acentuadas e irreversíveis que qualquer pessoa que se dedicar a ela terá de abandonar suas exigências subjetivas e obedecer, com submissão bíblica, a *suas* regras. Trata-se do mesmo dilema que havíamos encontrado em *Wilhelm Meister* e que Goethe havia resolvido ao construir, com a harmonia "estética" da vida cotidiana, um âmbito capaz de conciliar as duas pressões opostas. Mas, passado um século, a síntese já não é mais possível: tal o demonstra Will Ladislaw, uma tentativa malograda de protagonista de *Middlemarch*, verdadeira encarnação (até mesmo pelo nome de batismo) do Wilhelm goethiano, avesso a toda profissão em razão daquela "unilateralidade" que ameaça entravar o percurso rumo à *self-culture* (*Middlemarch*, 21 e 46). Will não ocupa, como outrora Wilhelm, o centro do romance: permanece na periferia, em um *subenredo* que adquire sentido somente ao se conjugar à história de Dorothea. A síntese não é mais possível, e aquela espécie de androginia já presente em Wilhelm e ainda mais marcada em Will parte-se — como se quisesse sublinhar com a ajuda da "natureza" a ruptura entre as duas partes da existência a que alude a última frase do romance — no destino "feminino" de Dorothea e naquele "masculino", de Lydgate.

É Dorothea, portanto, que com o seu "espírito teórico" almeja a "concepções majestosas e elevadas do mundo", mas de modo (e nem uma vírgula sequer desune as duas aspirações) a "incluir sem hesitar a paróquia de Tipton e a sua conduta pessoal naquele lugar" (*Middlemarch*, 1). Embora seus familiares reputem-na muito "abstrata", a verdadeira vocação de Dorothea consiste em levar toda abstração à concretização: a conceber suas "reformas" sociais e morais como processos capazes de formar imediatamente um todo com a existência cotidiana: "Gostaria de tornar a vida bela — quero dizer, a vida de todos. E então, todos esses enormes tesouros artísticos [estamos em Roma], que parecem estar de alguma maneira fora da vida, e não melhorar o mundo, me fazem sofrer". (*Middlemarch*, 22)

Aquilo que transcende a vida e a experiência pessoal não interessa a Dorothea *porque* as transcendem, mas sim porque — na sua opinião — pode ser reabsorvido por elas. Não por acaso, a declaração mais enfática sobre a própria vocação sai de sua boca quanto à ideia do *casamento*: "Não haveria nada de trivial em nossas vidas. As coisas de todo dia, no nosso caso, seriam coisas extraordinárias. Seria como casar-se com Pascal" (*Middlemarch*, 3).

Casaubon não é Pascal, mas o erro de Dorothea — sugere o texto — reside menos em ter constrangido a temática da vocação dentro das quatro paredes domésticas do que em ter escolhido o marido errado. Quando, no fim, se casa com Will, sua contribuição para "melhorar o mundo" é limitada, mas indiscutível. O último parágrafo do romance:

A sua natureza transbordante [...] desperdiçou-se em canais que não têm um grande nome para o mundo. Mas o efeito de sua existência naqueles que a circundavam teve um alcance incalculável: dado que o melhoramento do mundo depende em parte de ações que não ficam para a história; e que as coisas não vão tão mal para mim e para você como poderiam, devemos pela metade a todos aqueles que levaram uma vida escondida com seriedade e fé, e repousam em túmulos que jamais ninguém visitará. (*Middlemarch*, "Final")

Seria tolo desvencilhar-se dessas palavras como se se tratasse de nada mais do que hipérboles consoladoras; ou subestimar o âmbito no qual Dorothea é realmente superior ao seu mundo — o âmbito, ético, de sua influência sobre "aqueles que lhe eram próximos": Casaubon, Lydgate, Rosamond, Will. A questão é outra. Os *unhistoric acts* elogiados nessa passagem podem possuir um valor elevadíssimo, mas indicam, contudo, um *deslocamento de perspectiva* em relação à problemática da vocação. Para o bem ou para o mal, esta comporta despersonalização, objetividade, estranhamento em relação à "experiência vivida": sugerir que relações interpessoais possam concretizar-se na cotidianidade significa, inevitavelmente, distorcer seu significado. E significa também remover a "outra metade" do romance — a esplêndida e dolorosa reconstrução do *conflito* entre vocação e *everyday* que é a vida de Tertius Lydgate.

Por que esse jovem biólogo que estudou em "Londres, Edimburgo e Paris" (*Middlemarch*, 15) e sonha descobertas de alcance internacional vai a Middlemarch? Sua formação científica e toda sua cultura, sua inteira personalidade — incluídos os "rastros de vulgaridade" e a desatenção para com as dinâmicas pessoais — fazem dele o personagem mais moderno do romance, um personagem eminentemente *urbano*. Mas em Londres a medicina é dominada por "intrigas, invejas, arrivismo servil" (ibid.), então melhor é ir para Middlemarch: não exatamente pelo que Middlemarch é, mas pelo que permite evitar.

E este é o problema: Lydgate, diferente de Dorothea, não consegue de maneira nenhuma levar Middlemarch a sério, e não tem medo, não obstante Farebrother chame amigavelmente sua atenção, de que essa pequena cidadezinha povoada de gente medíocre possa de algum modo entravar seus projetos. Com total *indiferença*, Lydgate começa então a frequentar a "sociedade" do lugar, e já que "os jovens daqui não são decerto à sua altura" (*Middlemarch*, 31), acaba fazendo com que se apaixone e se case com ele *"the prettiest girl in town"* (*Middlemarch*, 63). Verdadeira quintessência da mentalidade de Middlemarch, como de resto cai bem à mais bela da cidade, Rosamond Vincy é a reencarnação volitiva e vital da Dora dickensiana e se encarrega de levar a bom porto aquele processo lento e quase imperceptível, mas tenaz, no qual George Eliot enxerga a verdadeira ameaça das vocações juvenis:

> Na multidão de homens de meia-idade que se confrontam com suas profissões [*vocation*] seguindo uma rotina cotidiana tão imutável quanto o nó da gravata, há sempre um bom número que, outrora, pretendia dar forma às próprias ações, e mudar um pouco o mundo. A história de como se uniformizaram à maioria, bem preparados para um tratamento bruto é raramente contada, até mesmo em suas consciências [...]. Não há nada no mundo de tão sutil como o processo de suas mudanças graduais! No começo, talvez, inalaram-na inadvertidamente; vocês e eu podemos ter contribuído para infectá-los com nosso respiro, dando voz às nossas mentiras conformistas, ou tirando conclusões tolas: ou talvez isso começou com as vibrações de um olhar de mulher. (*Middlemarch*, 15)

E outra passagem, também dedicada a Lydgate:

Will sentiu-se inefavelmente mais triste, e não disse nada. […] Tinha a impressão de contemplar, através de um panorama mágico, um futuro em que ele também cairia, cedendo sem prazer algum às mínimas exigências das circunstâncias, que é uma história de perdições bem mais difundida do que aquelas que têm início com um pacto grandioso. (*Middlemarch*, 79)

"*A commoner history of perdition than any single momentous bargain*": na aparente negação do *Teufelspackt*, George Eliot acaba confirmando sua essência. De Fausto a Adrian Leverkühn, passando pelo "demônio" weberiano, a vocação exige, para ser realizada, a morte da "vida" — a morte do "amor", de Margarida, de Nepomuk. Aqui ocorre o inverso, mas a simetria não altera o paradigma: o arrebatamento de Lydgate diante das lágrimas de Rosamond — "as vibrações de um olhar de mulher" — liga-o à vida e arrasa sua vocação. Se a "perdição", a maldição de Fausto, consiste em fazê-lo matar a vida ao realizar-se em sua vocação — aquela de Lydgate, perfeitamente espelhada, faz com que ele mate suas próprias aspirações e, junto com elas, a si mesmo, ao presentear uma segunda juventude a Rosamond. Em um caso como no outro, vida e vocação estão em guerra: entre ceder ao meneio facundo de um demônio ou ceder às mudas súplicas de um anjo, não parece, francamente, haver muita diferença.

Uma diferença que, ao contrário, merece ser ressaltada é o modo como a parábola de Lydgate repropõe o tema romanesco do fracasso e da desilusão. No mundo totalmente urbano de *A comédia* — para citar o caso mais evidente —, as relações sociais são um sistema de forças supraindividuais, que se disputam sem tréguas, que tornam a vida cotidiana uma sucessão de catástrofes repentinas, que constrangem o protagonista aos piores pactos com o diabo — e em seguida, depois de tê-lo empurrado para o primeiro plano, desfazem-se dele enxotando-o da esfera do poder. No mundo provincial de *Middlemarch*, ao contrário, as relações sociais e os vínculos pessoais são ainda uma coisa só que forma um gigantesco organismo — a "teia de aranha" evocada pela própria Eliot — em que os indivíduos, como vários membros, comprometem-se uns com os outros. E quando entra em contato com um corpo estranho — com um Lydgate —, esse organismo o envolve, suga aos poucos toda a sua vitalidade até que, por fim, o engole.

Dito de outro modo: o romance francês indaga as contradições *internas à modernidade*; George Eliot — escrevendo o maior romance de todo o século XIX inglês — analisa, em vez disso, o conflito *entre modernidade e tradição*; entre cultura urbana e *provincial life*, entre vocação abstrata da *Gesellschaft* e viscidez cotidiana da *Gemeinschaft*.* Admito ter nutrido por muito tempo uma forte e indefensável decepção por *Middlemarch* se passar onde se passa, e não em Londres: e não há dúvidas de que a ambientação prejudicou a (fracassada) fortuna internacional do romance. Mas é evidente que, com essa escolha, George Eliot apreendeu um *punctum dolens*** da cultura oitocentista inglesa: em razão da singular composição da classe dominante e dos valores a que esta aspirava, a cultura especificamente urbana não conseguiu se impor na Inglaterra; e o novo fascínio da metrópole jamais obscureceu os atrativos ligados ao modelo da vida do *countryside*.

"Vida de província", diz o subtítulo de *Middlemarch*. Mas essa não é a província do romance francês (Verrières, Angoulême, Yonville); nao é o teatrinho titubeante onde se macaqueia em vão a capital distante: não são aparas de metal — mas sim,

---

* *Gemeinschaft* e *Gesellschaft*: comunidade e sociedade, respectivamente. Trata-se da clássica distinção entre dois tipos de organização social operada por Ferdinand Tönnies. [N.T.] ** Expressão latina com a qual inicialmente indicava-se um ponto doente, dolorido. Hoje a expressão é usada apenas em sentido figurado para designar "o ponto fraco". [N.T.]

ainda uma vez, o ímã simbólico de toda uma formação social.[58] A história de Tertius Lydgate, que, em respeito às vontades dessa elegante teia de aranha, torna-se "aquele que pode ser chamado um homem de sucesso", embora "nunca tenha deixado de se considerar um fracasso: não havia feito aquilo que, um dia, tinha o intuito de realizar" — essa história é o amargo tributo à força da *provincial life*.

2. O narrador eliotiano: Maturidade como humorismo

No caso de Lydgate, os frutos de uma vida de trabalho são um tratado sobre a gota. Mas o narrador produziu *Middlemarch*, cuja realidade palpável indica que — pelo menos em um caso — a vocação tornou-se realidade.[59]

Verdade: e assim é porque o narrador — diferente dos personagens, e especialmente de Lydgate — nunca se iludiu com a ideia de poder "mudar um pouco o mundo". A sua tarefa consiste antes em dar forma e voz à desencantada interiorização das asperezas da realidade: empreitada que permite a George Eliot acabar com a rígida separação de páthos e comicidade típica da narrativa inglesa e substituí-la por aquele comportamento sintético que é como, nas últimas páginas de *O chiste*, Freud define "humor": "O humor pode ser compreendido agora como a mais elevada dessas operações defensivas. Ele se recusa a subtrair à atenção consciente o conteúdo de representação ligado ao afeto doloroso, como faz a repressão, e supera assim o automatismo da defesa".[60]

Ao encarar o afeto doloroso, prossegue o raciocínio de Freud, o comportamento humorístico revela toda sua maturidade: "A exaltação do seu Eu de que o deslocamento humorístico dá testemunho — cuja tradução seria: 'eu sou muito grande (admirável) para que essas coisas me afetem' — ele [o adulto] poderia tirar da comparação de seu Eu atual com o infantil".[61]

Esse confronto e distanciamento do próprio Eu infantil, contudo, é ainda mais significativo quando não se aquieta no prazer de um sentido de superioridade dado de uma vez por todas — como aquele que, por exemplo, nos transmitiam os inúmeros adultos-crianças de Fielding, Scott e Dickens. O humor traduz uma consciência diferente, e aos seus olhos a maturidade não aparece como uma conquista definitiva e inalterável, mas antes como um interminável processo de autossuperação — do qual, enquanto houver esperanças e, por conseguinte, desilusões, não será possível escapar:

> É possível pensar, inclusive, que a conexão com o infantil novamente lhe coloque à disposição os meios para essa realização [transformar os desprazeres em prazeres]. Somente na vida infantil houve afetos dolorosos intensos dos quais o adulto sorriria hoje, do mesmo modo como, enquanto humorista, ri dos seus atuais afetos dolorosos.[62]

Um último esclarecimento, e voltaremos a George Eliot. Se a "ironia" que discutimos em Stendhal, em Púchkin e em Balzac apresenta como equivalentes pontos de vista extremamente contraditórios, e resolve-se, por conseguinte, com desconcerto ou problematicidade, o "humor" de que estamos falando consegue, ao contrário, diminuir a tensão psíquica, uma vez que institui uma clara *hierarquia* de pontos de vista. O ponto de vista do narrador, do adulto, da consciência absorve o do personagem, com os seus traços muitas vezes infantis e seu narcisismo ferido ou angustiado. Absorve-o e tem direito a rir dele, pois o compreende, em vez de reduzi-lo a uma caricatura e, finalmente, trata-o com uma tolerância alheia a todo desejo rudimentar de exclusão ou censura.

Pois bem, passado cerca de meio século, o raciocínio de Freud encontra um eco inconsciente no elogio do *"mature genius"* de George Eliot tecido por F. R. Leavis. Tal maturidade não é jamais definida explicitamente, parece antes ser sem dúvida: "Complexidade e completude, capacidade de ver plenamente e reagir com igual plenitude [...] inclusão — saber fazer frente à complexidade da realidade em sua inclusão".[63]

Essa é, em suma, uma maturidade que possui dois aspectos complementares. O primeiro é de tipo *cognitivo*: é a *"fulness of vision"* graças à qual, escreve Leavis à maneira de Burke, "George Eliot vê muito a fundo e possui um sentido de realidade forte demais [...] para ser uma escritora satírica". Há, em seguida, o aspecto *ético*, a *"fulness of response"* que, depois de contornada a Cila da sátira, permite também fugir da Caríbdis do esteticismo.[64] Traço comum entre as duas vertentes, a maturidade coincide sempre com uma *ampliação da consciência*: a palavra-chave é sempre *fulness*, e ainda mais *inclusiveness*. É a mesma palavra que, na época de T. S. Eliot e I. A. Richards, havia sido elevada a critério máximo de avaliação estética: Leavis estende seu âmbito de aplicação para a esfera intelectual e moral, transformando-a então em um critério de valor capaz de enriquecer e guiar a "vida".

Mas tal extensão é plausível? Voltemos àquilo que, nesse parágrafo, era implícito desde a primeira citação: o portador do humor e da maturidade é — o narrador. Personagem sui generis, que reitera o deslocamento já encontrado em Balzac: a maturidade não se manifesta mais *na história*, mas tão somente na reflexão sobre ela — no discurso. E a relação entre os dois planos funciona de modo inversamente proporcional, como uma ampulheta: quanto mais distorcidos e arruinados forem os projetos de Dorothea e Casaubon, de Bulstrode e Lydgate, mais relevante será o autodomínio do narrador. E a ênfase recai aqui sobre a *descontinuidade* entre maturidade e vida,[65] e não sobre seu amálgama. Somente aquele que a retórica narrativa exclui da história poderá alcançar a autoconsciência humorística que nos faz reconhecer uma alma adulta.

Em suma: a verdadeira maturidade, em *Middlemarch*, não pode ser explicada e buscada no plano dos comportamentos: reside inteiramente, e somente, na *consciência* de seus significados. O que se faz é muito menos importante do que ter ou não consciência das próprias ações. Nasceu o paradigma — que será de Henry James e T. S. Eliot — que coloca a ampliação da consciência acima de qualquer outro valor. E, é claro, trata-se de um resultado respeitável: mas é claro também que o aspecto reflexivo-contemplativo prevalece amplamente sobre o aspecto prático-ativo. Sem querer ofender Leavis, Freud já observara que o humor "que produzimos por nós mesmos em nossa vida, costumamos fazer à custa da irritação, em vez de nos irritarmos":[66] e irritar-se não é talvez um comportamento muito maduro, ele é sem dúvida eminentemente prático — e as civilíssimas intervenções do narrador de *Middlemarch* o desencorajam talvez um pouco demais. Talvez. O que é certo, no entanto, é que imediatamente depois de *Middlemarch* — movida por aquilo que Lukács teria chamado "incorruptível integridade estética" —, George Eliot colocou à prova o seu ideal de maturidade. Colocou-o à prova em circunstâncias mais difíceis, mas muito mais probatórias: transferindo-o do discurso à história, e atribuindo-o a um personagem, digamos, de carne e osso. Quiçá essa fora uma escolha deliberada... É como se Eliot quisesse verificar se aquela maturidade podia realmente se entrelaçar com a vida. Disso resulta *Daniel Deronda*, e Daniel Deronda: o mais irreal de seus romances, o mais opressor de seus heróis.

3. *Rien ne va plus**

Felix Holt, The Radical e *Daniel Deronda* — os dois romances eliotianos em que o protagonista tem fé na própria vocação e, no fim, parece pronto a realizá-la — possuem uma estrutura sociológica e actancial quase idêntica. A cena é nitidamente dividida entre um polo aristocrático (os Transome; Grandcourt e Gwendolen) e o polo oposto do mundo artesanal-operário (Felix) e da *lower class* hebraica (Mordecai e Mirah). No meio, Esther e Daniel: filhos de pais desconhecidos, que poderiam entrar nesses dois mundos e se casarem com o representante de maior relevo narrativo. Depois de ter descoberto, graças às incríveis coincidências até mesmo para a época vitoriana, a própria e verdadeira identidade, Esther e Daniel acabarão escolhendo o mundo socialmente inferior.

Dadas essas analogias, e visto que, depois de *Middlemarch*, qualquer romance de Eliot é um anticlímax, poderíamos falar quase da mesma maneira tanto de uma obra como da outra: existe, além disso, um acordo universal, do qual compartilho plenamente, segundo o qual ambos os romances são divididos entre uma seção decididamente interessante (os Transome; Gwendolen) e uma friamente didática (Felix; Daniel, Mordecai e Mirah). Aqui, todavia, me ocuparei substancialmente de *Daniel Deronda*, cujo protagonista reúne em si características e funções narrativas que em *Felix Holt* são distribuídas entre Esther (indecisão entre duas escolhas opostas; repentina e perturbadora descoberta do próprio passado) e Felix (polo "positivo" da história; representante da ética da vocação).

---

* "*Rien ne va plus, les jeux sont faits*": expressão em francês utilizada pelo crupiê no jogo da roleta para comunicar aos jogadores o momento em que não é mais possível colocar as fichas na mesa do jogo. Literalmente a expressão significa "Nada mais é válido, o jogo está feito". [N.T.]

Daniel, como nos é dito na minuciosa apresentação do capítulo XVI, impressiona por sua excepcional "simpatia pelo seu próximo, o que fazia sem grande efusão, mas mediante atos de consideração". Esses são, como antecipei no capítulo anterior, os mesmos dotes do narrador de *Middlemarch*:[67] e numa passagem posterior, em que eles voltam à ribalta, George Eliot chama a nossa atenção para aquelas consequências ético-práticas que, indispensáveis no caso do narrador, não podem mais ser silenciadas quando lidamos com um personagem "real":

> A sensibilidade prematura e a reflexão desenvolveram-se numa afinidade de muitos aspectos, que ameaçavam impedir qualquer tomada de ação. [...] Sua imaginação acostumara-se de tal modo a ver as coisas como elas provavelmente pareciam aos outros, que uma forte tomada de posição, a menos que fosse contra uma opressão repentina, tornava-se uma deslealdade para ele. [...] Uma solidariedade muito reflexiva e difusa colocava em perigo a paralisação daquela indignação contra o que era errado e aquela seletividade de amizade, que são as condições para a força moral. (*Daniel Deronda*, 32)

À força de observar "o mesmo problema a partir de muitos pontos de vista", havia notado John Stuart Mill em seu diário em 1854, "mais nenhum membro das classes cultas parece possuir opiniões próprias, ou acreditar realmente naquelas que professa ter".[68] Em vários pontos da primeira metade do romance poderíamos esperar que *Daniel Deronda* se transformasse justamente em um *case study* sobre a indecisão ético-intelectual das classes altas, e que o próprio Daniel saísse desse impasse como uma via intermediária entre a alma bela e Frédéric Moreau, parasitismo social incluso:

> Não que ele estivesse passando por uma fase sentimental; era mais uma fase contemplativa, talvez mais comum nos jovens de nossos dias que consideravam se valeria a pena ou não participar da batalha da vida, quero dizer, os jovens que exerciam a tarefa improdutiva de questionar, a qual era subsidiada por três ou cinco por cento do capital que alguém lutara para conseguir. (*Daniel Deronda*, 17)

Essas linhas sugerem o que poderia ter sido talvez um romance mais interessante, que, no entanto, também poderia ter iluminado com uma luz demasiadamente crua as "bases materiais" de algumas virtudes do narrador eliotiano. E assim — enquanto Deronda está remando no Tâmisa, preocupado "com as próprias incertezas que permeavam toda sua vida", e "nessa passividade solene que vem com o cair do dia" — George Eliot decide mudar de gênero literário. Do resgate de Mirah ao encontro com Mordecai; do misterioso pedido de um desconhecido na Sinagoga de Frankfurt ("Quem são os seus parentes, a família de sua mãe e seu nome de solteira?") à conversa com a mesma mãe, até então desconhecida, Deronda torna-se o herói de um conto de fadas melodramático cujo último ato — a descoberta de que ele é judeu — permite-lhe a um só tempo casar-se com Mirah (o que, como para as mais banais princesinhas, exige identidade de sangue) e enraizar-se definitivamente na cultura hebraica.

Essa cultura opõe-se àquela da alta sociedade inglesa — ou da Inglaterra tout court, uma vez que as personagens moralmente louváveis do romance são todas estrangeiras — assim como a *Gemeinschaft* à *Gesellschaft*; como identidade, pertencimento, continuidade étnica supraindividual a fingimento, conflito, acordos geralmente injustos, individualismo possessivo. O casamento de Grandcourt e Gwendolen "era um contrato no qual todas as vantagens ostensivas estavam do lado dela"

(*Daniel Deronda*, 54), e um contrato que se dissolve somente quando Grandcourt se afoga, e Gwendolen deixa de intervir naquele breve momento em que — talvez — teria sido possível salvá-lo. Daí o vínculo de Daniel e Mirah, que começa com um episódio exatamente oposto e se consolida no abraço com Mordecai moribundo ("Eu não soprei a minha alma dentro da sua? Nós viveremos juntos", *Daniel Deronda*, 70): símbolo comum daquele "*stronger something*" que frustrara o desígnio de "assimilação" da mãe e reconduzira Daniel à sua raça.

Essa é uma antítese já presente na esplêndida cena de abertura do romance: Gwendolen na mesa de roleta, onde, primeiro, ganha muitíssimo e depois perde tudo, enquanto Deronda observa-a (e ainda por cima lhe traz má sorte). Tempos depois, quando voltam a se encontrar, Deronda explica a Gwendolen por que havia "julgado errado (*wrong*) que ela jogasse":

> Acho revoltante amontoar uma pilha de dinheiro e se sentir satisfeito, enquanto outras pessoas estão perdendo. Chamaria até de vil, se fosse mais do que um simples lapso esporádico. Há muitas mudanças inevitáveis na sorte que nos forçam a ver nosso ganho como resultado da perda dos outros. Esse é um dos aspectos feios da vida. Dever-se-ia reduzir isso tanto quanto possível e não se divertir com o exagero. (*Daniel Deronda*, 29)[69]

Qualquer comentário seria supérfluo: basta observar que o único personagem que gosta de jogar é o pai de Mirah, o judeu assimilado, que sequestrou sua filha e buscou prostituí-la. Mas se a mesa de jogo leva a isso, os valores da *Gemeinschaft* — ilustrados integralmente por Mordecai na discussão filosófica do capítulo 42 —[70] oferecem felizmente perspectivas muito diferentes, e George Eliot não esconde que as considera como imensamente superiores. Superiores, claro, do ponto de vista de uma sociedade *possível* — mas na sociedade *real*, desprezados e até mesmo reprimidos, como de resto são os valores, bem semelhantes, nos quais se inspirava Felix Holt. Voltamos então à problemática da vocação como "reforma"?

Apenas em aparência. No caso de Daniel e Felix, de fato, ao contrário de Dorothea ou Lydgate, a vocação não possui mais nada de universalista: parte de uma parcialidade, étnica ou social, que pretende *conservar e acentuar como tal*. Daí a aversão por toda e qualquer forma de assimilação em *Daniel Deronda*, e os comícios anticartistas de Felix contra a extensão do sufrágio: não lhes interessa expandir a esfera pública, as várias formas de diálogo e conflito que poderiam ter lugar — interessa-lhes enrijecer as barreiras, e em seguida purificar um campo restrito. Interessa-lhes, em suma, fortalecer-se em uma *subcultura* permeável à dinâmica do grande mundo: e que, exatamente por isso, e só por isso, pode conservar os seus traços comunitários. "Onde grandes coisas não podem ter lugar [segundo uma declaração ideológica final de Felix] o que me interessa são as coisas muito pequenas, aquelas que jamais serão conhecidas para além de alguns sótãos ou oficinas." (*Felix Holt*, 45)

Essas são palavras praticamente indistinguíveis daquelas que encerravam *Middlemarch*: ali, porém, o abandono da dimensão pública era admitido, ainda que a contragosto, enquanto aqui, e em *Daniel Deronda*, é mascarado por vagas e grandiosas intimações proféticas. À espera das quais, em seus *enclaves* encantados — com a mulher amada, com um bom trabalho e tantas boas leituras —, Felix e Daniel permanecerão ao abrigo das fascinantes tentações que, de Julien Sorel em diante, haviam tornado precárias, contudo vivas, tantas resoluções firmes.

Sim, são péssimos romances. Mas sintomáticos, por razões opostas àquelas de *A educação sentimental*, do fato de que as condições histórico-culturais que haviam tornado possível e necessário o romance de formação haviam chegado à beira do abismo. Em Flaubert, tal forma simbólica era desestruturada por uma hipertrofia cada vez mais irreal e atônita da personalidade individual, por uma discrepância cada vez mais covarde e acidiosa entre destino individual e coletivo: à força de inflar-se e isolar-se, a ideia mesma de "indivíduo" esvaía assim aquela autonomia combativa e irredutível que a havia tornado cara a boa parte da cultura oitocentista.

Com *Felix Holt* e *Daniel Deronda* floresce, porém, o processo histórico oposto: o sacrifício da individualidade típico da "era das massas" — dos grandes movimentos sociais e étnico-nacionais aos quais alude a *Gemeinschaft* das duas obras eliotianas. E mesmo se o sacrifício é aceito de bom grado — Felix — e compensado com pagas de conto de fadas, ainda assim é sacrifício. É o que demonstram as personalidades de Felix e Daniel, que coincidem perfeitamente com suas funções objetivas: não se tornarem homens votados a um ideal, mas sim *funcionários* de uma ideia. É óbvio que suas vocações não comportam a dolorosa cisão descrita por Weber: já não há mais nada fraturado, já não é preciso renunciar a nada. A multiplicidade das esferas da vida, fascínio e danação do herói do *Bildungsroman*, desabou como um castelo de cartas; o "desacordo" com o mundo — a individualidade como risco, e peso, e porventura paródia — fez-se inimaginável pelo organismo comunitário; a embriaguez da mobilidade social, os altos e baixos a que nos conduzem os fluxos da história foram anestesiados pela espera supersticiosa de palingêneses monumentais. A juventude, por sua vez, volta a ser "aprendizagem" em sentido mais estrito: *escola*, cheia de professores e lições de casa.

E para terminar: em se tratando da autora de *Middlemarch*, não é a falta de talento que explica tamanho desastre. Foi justamente, quando muito, porque tinha bastante o que vender, que George Eliot foi levada a tentar o impossível — isto é, a querer capturar a essência de uma nova fase histórica com a forma simbólica mais significativa da época que já findava. Não podia realizar tal empreitada, e de fato não o fez: "lendo" a era das massas com as lentes do *Bildungsroman*, conheceu apenas um novo e encantado exílio para a individualidade — e viu-se impelida, assim, a trair a essência histórica de ambos os fenômenos. Mas isso não importa, os romancistas não são videntes, e se *Felix Holt* e *Daniel Deronda* não nos ajudam a compreender o nascimento do nosso mundo — fazer o quê?

O que esses romances, no entanto, nos permitem compreender é que a forma simbólica "central" desse novo mundo não poderia mais ser o romance de formação, que em todas as suas variantes sempre manteve, apesar de tudo, a ideia firme de que *o ponto de observação mais significativo para compreender e avaliar o curso histórico era a biografia individual de um jovem*. Essa foi talvez a convenção artística mais alta jamais produzida pelo Ocidente moderno: sem dúvida a mais típica. Mas nenhuma convenção sobrevive à queda de seus pressupostos. E quando as ciências do homem começaram a desmantelar a imagem unitária do indivíduo; quando as ciências sociais dedicaram-se à classificação e fragmentaram a percepção sintética do curso histórico; quando a juventude traiu a si mesma aspirando a não terminar nunca mais; quando difundiram-se ideologias segundo as quais o sujeito figurava imediatamente como parte de um todo — aí então o século do *Bildungsroman* chegou verdadeiramente ao fim.

"Uma nostalgia inútil de mim mesmo"

A crise do romance de formação europeu, 1898-1914[1]

Juventude, de Joseph Conrad, de 1898. *Tonio Kröger*, de Thomas Mann, de 1903. *O jovem Törless*, de Robert Musil, de 1906. *Jakob von Gunten*, de Robert Walser, de 1909. *Os cadernos de Malte Laurids Brigge*, de Rainer Maria Rilke, de 1910. *Retrato do artista quando jovem*, de James Joyce, escrito entre 1904 e 1914. *O desaparecido ou Amerika*, de Franz Kafka, escrito entre 1911 e 1914.

É surpreendente que uma constelação de obras-primas como essas não dê início a uma nova fase na história do romance de formação europeu, mas antes encerre-a de chofre. E salta aos olhos o ano em que Joyce completou *Retrato do artista* e Kafka abandonou *Amerika*: 1914. "Dessa guerra" — escreve um voluntário alemão — "todos nós voltaremos mudados; pessoas diferentes." E, com efeito, como mostraram Fussell e Leed, em 1914 a juventude europeia sente-se parte de um imenso rito de passagem coletivo: sensação que, entretanto, a guerra destrói em pouco tempo; porque a guerra mata de verdade, e em vez de renovar a existência individual, declara sua insignificância. Se nos questionamos sobre o desaparecimento do romance de formação, a juventude de 1919 — mutilada, dizimada, afásica, traumatizada — nos dá, portanto, a resposta. A história político-social não exerce apenas uma influência criativa sobre a evolução literária: ela destrói também. Assim como torna necessárias algumas formas, outras declara impossíveis, e é exatamente isso que a Guerra Mundial fez com o romance de formação. Ou talvez, mais precisamente, a guerra é um ato final de um processo já em curso: o apocalíptico golpe de misericórdia no gênero literário que, na virada do século, já tinha os dias contados. Mas antes de debruçarmo-nos sobre isso, recapitulemos rapidamente as razões para a centralidade cultural do romance de formação.

No curso do século XIX, o romance de formação cumpre três tarefas simbólicas fundamentais. Tem sob controle a imprevisibilidade da mudança histórica, centrando-a na representação da juventude, que é um momento muito turbulento da existência, é claro, mas também breve e bem delimitado no tempo. No plano micronarrativo, a estrutura do episódio romanesco coloca em foco a natureza nova, flexível e antitrágica da "experiência" moderna. Por fim, o herói romanesco, multilateral e anti-heroico, afirma uma forma inédita de subjetividade: cotidiana, terrena, flexível — "normal". Uma história menor e pacífica em que um Eu a um só tempo fraco e versátil cumpre seu aprendizado: excelente combinação para a Grande Socialização das classes médias europeias. Mas as questões da história mudam, e as velhas soluções param de funcionar. Voltemos então ao nosso grupo de romances — que, na falta de um termo melhor, chamarei de "romance de formação tardio" — e busquemos compreender quais são os novos problemas.

Ao passo que durante todo o século XIX o romance tende a personalizar as relações sociais, apresentando-as como relações entre indivíduos, no romance de formação tardio são as instituições que são apresentadas enquanto tais: a burocracia dos negócios em *Amerika*, a Igreja no *Retrato do artista* e, sobretudo, a escola de Mann e Musil, Walser e Joyce. O crescimento das instituições fora, naturalmente, um evento histórico de primeira importância, e uma convenção "realista" não poderia, por conseguinte, ignorá-lo, mas descobre que tomar consciência disso não é menos difícil. "Mas não devemos dizer isso a nós mesmos" — reflete Törless. — "Tudo o que fazemos o dia inteiro na escola... O que na verdade, faz algum sentido? De que nos adianta? Quero dizer, [...] sabemos [...] que aprendemos isto e aquilo [...] mas permanecemos vazios." Mas dentro permanecemos... Eis o defeito da escola: ensina "isto e aquilo", dedicando-se ao lado objetivo da socialização — a integração funcional dos indivíduos *dentro* do sistema social. Mas ao fazer isso esquece o lado subjetivo do processo, que foi um dos grandes resultados do romance de formação: a legitimação *do* sistema social "dentro" da mente do indivíduo. A escola dedica-se aos meios, não aos fins; às técnicas, não aos valores. Um aluno não precisa acreditar na verdade da lição, o importante é sabê-la. E a socialização moderna, ao contrário, prevê justamente que o sujeito julgue simbolicamente justo aquilo que se vê obrigado a fazer: se isso não acontece, e os valores compartilhados são substituídos pela simples coerção (quantas punições arbitrárias nestes romances!), a socialização permanecerá inacabada, porque o indivíduo não se sentirá "em casa" no mundo. E eis Tonio Kröger voltando para a casa de sua infância, para encontrar no lugar dela uma biblioteca pública; Karl Rossman, o desaparecido, banido pelos pais e enviado para o outro lado do Atlântico; Törless, expedido ao internato militar ("Era uma pequena estação de trens, no caminho para a Rússia. Quatro trilhos de ferro corriam paralelos, interminavelmente, na direção dos dois lados..."), e Stephan Dedalus, que escolhe o exílio. "Esta é a época" — escreve por sua vez Malte Laurids Brigge — "em que tudo foge das casas..." Não é de surpreender que *A teoria do romance*, escrita em 1916, fale de "perda da pátria transcendental": tese discutível para o século XIX, mas muito verdadeira para o duro e inóspito mundo do romance de formação tardio. A solidão angustiante de Malte, a abjeta submissão de Jakob, a vazia condescendência de Karl, o desdenhoso autoisolamento de Stephen: eis aqui algumas modulações do estado de coisas descrito por Lukács. E tal constatação é ainda mais verdadeira para a fria violência de Törless: tão inteligente, tão alheia à noção de uma humanidade comum. "Só uma coisa ainda: como se sente? [...] Sente dor? [...] Só assim, simplesmente dor? Você sente que sofre e quer fugir? Sem maiores complicações?" E pensar que é o melhor aluno da classe de um "famoso internato" aquele que prenuncia os camisas-negras — que desastre para as instituições civilizadoras da Europa liberal!

Lothario e Jarno em *Wilhelm Meister*, De la Mole e Mosca em Stendhal, Jacques Collin em *A comédia humana*, o narrador de Austen e Eliot: no século XIX a sabedoria dos adultos é um contraponto constante às aventuras do herói. Mas de Thomas Mann em diante uma estulta estirpe de professores sugere que, tão logo tornam-se mestres de profissão, os adultos não têm mais nada para ensinar. A juventude começa a desprezar a maturidade e a autodefinir-se em oposição a ela. Encorajada pela lógica interna da escola, onde o mundo externo desaparece e as várias classes exacerbam cada mínima diferença de idade, a juventude procura assim o próprio sentido dentro de si mesma: gravitando cada vez mais longe da idade adulta e cada vez mais perto da adolescência, ou da pré-adolescência, ou ainda mais para trás.[2] O baricentro simbólico desloca-se, e passa do crescimento à regressão. O mundo dos adultos recusa-se a ser um reduto hospitaleiro? Então o será a infância — o reino perdido, o "Domaine Mystérieux" do Meaulnes de Alain-Fournier. Daí a saudade que Malte sente de sua mãe, e o grito final de Jakob ("Ser e permanecer pequeno"). Sob um prisma mais militante, esse é o senso de onipotência de Törless: característica regressiva e destrutiva, em torno da qual se desenvolverá — com *O bosque das ilusões perdidas* (1913), *O diabo no corpo* (1923) e *O senhor das moscas* (1954) — uma tradição de verdadeiros anti*Bildungsromans*. "Mas são as crianças que ditam as leis aqui?" — pergunta o herói d'*O bosque das ilusões*. Sim, são elas, e quem leu Golding conhece o êxito da história em que a infância age como metáfora biológica para o fenômeno, historicamente inédito, do comportamento de massa. Para a Europa liberal, a regressão da juventude à adolescência e desta à infância é, no fim das contas, a história de um colapso antropológico: da individualidade autônoma ao indivíduo como mero membro da massa. Nesse quadro cultural, o cenário político pós-bélico não poderia, decerto, encorajar um renascimento do romance de formação, pois a possibilidade de que os movimentos coletivos pudessem contribuir para a *construção* da identidade individual, e não apenas para sua anulação, nunca foi explorada pela narrativa ocidental.

Desenraizada, narcisista, regressiva: essas feições da juventude do século XX já nos são familiares. A rapidez da metamorfose permanece, entretanto, surpreendente: apenas quinze anos antes da guerra, a fisionomia espiritual de Marlow e Kröger é ainda completamente diferente. Embora problemático, o mundo deles ainda não é disciplinado: "A escola terminara" — lê-se na primeira página de *Tonio Kröger*, em perfeita antítese ao *Törless* — "Por sobre o pátio cimentado e pelo portão corriam os bandos de libertados...". E quanto à *Juventude*, o navio de Marlow — trindade britânica de escola, exército e fábrica em um só lugar —, é convenientemente queimado para conceder ao jovem, segundo de navegação, a independência de "ver o Oriente pela primeira vez comandando um pequeno bote". Sim, aqui o poder das instituições ainda é limitado, e Marlow e Kröger são uns dos últimos heróis romanescos a alcançar a maturidade. O que significa que os romances de Conrad e Mann são morfologicamente mais próximos de Goethe do que, por exemplo, de Kafka ou Joyce: o que quer dizer, dito doutra maneira, que um decênio produziu mais inovações formais do que um século inteiro. Surpreendente?

Talvez, para aqueles que acreditam em uma literatura ontologicamente autocrítica, dedicada a uma espécie de revolução permanente das próprias estruturas. Não muito — se partimos da ideia de que a inércia domina a literatura assim como muitas outras coisas, e que o ritmo da evolução literária é então necessariamente descontínuo: longos períodos de estabilidade "pontuados" (como diriam Gould e Eldredge) por repentinas explosões de mudança como aquela que estou tentando descrever. Como e por que tal mudança ocorre, é um assunto ao qual voltaremos após um breve parêntese técnico.

Segundo Barthes e Chatman, a narratologia contemporânea tende a agrupar os episódios narrativos em duas categorias fundamentais: os "núcleos", escolhas rápidas e irreversíveis entre opções muito diferentes, e os "satélites" (ou "catálises"), episódios subordinados que acompanham e enriquecem o percurso escolhido sem, todavia, modificá-lo. De acordo com suas funções, os satélites são aparentados (como diria Harald Weinrich) com o "plano de fundo" narrativo, que representa o curso regular do mundo, enquanto os núcleos, produzidos normalmente pelo herói, ocupam o "primeiro plano" e desfrutam, por isso, de uma nítida preeminência estrutural em numerosas formas narrativas — do epos da tragédia à narrativa breve. A partir do século XVIII, porém, com o crescimento da regularidade e interdependência da vida em sociedade, o romance começa a transpor o fosso entre plano de fundo e primeiro plano: na desaceleração que resulta desse processo, o papel dos núcleos declina e o dos satélites, cresce. O romance de formação entra em cena exatamente no momento em que a nova tendência e as velhas convenções estão em equilíbrio: conjuntura histórica única e bem-aventurada que gera um episódio narrativo de extraordinária flexibilidade. Um episódio organizado como *oportunidade*: um satélite, sem nada de restritivo ou ameaçador, portanto; um satélite tão rico de potencialidades que o herói tem muitas vezes o interesse em transformá-lo em núcleo. Oportunidade que é oferecida pelo plano de fundo social ao livre desenvolvimento do sujeito: veículo ideal para uma história de socialização e crescimento — de socialização como crescimento individual. E uma excelente maneira de libertar uma palavra-chave da modernidade — "experiência" — de sua prisão metafísica, oferecendo uma forma concreta ao seu sentido de descoberta livre do perigo e à ideia de uma renovação profunda, e até mesmo sem traumas. Se não fosse o episódio do romance, que nos ensinou a reconhecer as feições da experiência, talvez esta seria, para nós, menos importante.

Crescimento, experiência. Mas o mundo do romance de formação tardio enrijeceu-se em instituições impessoais, e a juventude, por sua vez, tornou-se mais vulnerável e avessa ao crescimento. Desse modo, as ocasiões transformam-se em incidentes: em núcleos que não são mais produzidos *pelo* herói como em tantas outras reviravoltas de seu livre amadurecimento — mas sim *contra* ele por um mundo completamente indiferente ao seu desenvolvimento subjetivo. Já nas "provas" escolares — abstratas, muitas vezes inutilmente dolorosas —, a socialização individualizada do Ocidente moderno parece voltar atrás até os ritos de iniciação arcaicos; de modo mais informal, episódios aparentemente inócuos revelam-se, sobretudo em Kafka, provas irreversíveis e cruéis.[3] "Traumas", em suma: metáfora que, para o *Oxford English Dictionary*, cristaliza-se em 1916. Em antítese à experiência, no trauma, o mundo externo é demasiadamente forte para o sujeito; violento demais: como com frequência o são as instituições (sejam estas dirigidas por jesuítas irlandeses, burocratas austro-húngaros ou *managers* norte-americanos), até mesmo sem querer sê-lo, e até mesmo sem se dar conta disso. E à medida que o processo de socialização se torna mais violento, a regressão torna-se mais aguda: com tantas probabilidades de ser ferido, é bastante razoável que o indivíduo tente ser, por assim dizer, cada vez menor. Nas trincheiras da Primeira Guerra, sob fogo de artilharia, a posição mais segura era a posição fetal.

Essa centralidade dos traumas — e dos núcleos, que são seu equivalente narrativo — permite lançar luz sobre um aspecto frequentemente mal compreendido da evolução literária. Para a historiografia dominante de hoje, a mudança literária ocorre, de fato, não apenas com ritmo constante (em vez de pontuado), como também em forma de linha reta ideal: um passo depois do outro, uma forma seguida de outra. À primeira vista, o início do século corrobora essa hipótese, sugerindo, com evidências biográficas, uma continuidade entre romance de formação, sua versão "tardia", e o Modernismo: e, de fato, Musil e Rilke, Kafka e Joyce herdam a convenção oitocentista, trazendo-lhe algumas mudanças, e passam em seguida "desta" "para" o Modernismo. Mas se abandonamos a biografia em nome da morfologia, logo notamos que a questão muda de todo. Tomando a estrutura interna do episódio narrativo como um bom terreno de verificação da evolução literária, temos três dados à nossa disposição: o episódio oitocentista, em que as funções do satélite e do núcleo estão em equilíbrio; o episódio do romance de formação tardio, que é muito mais próximo de um núcleo; e o episódio modernista, cujo melhor exemplo é *Ulysses*, que nada mais é do que um satélite extraordinariamente expandido. Podemos dizer então que essas três formas constituem um continuum, tendo o romance de formação tardio como ponte intermediária entre século XIX e Modernismo? É claro que não: é preciso aqui outro modelo geométrico — não uma linha reta, mas sim uma "árvore", com ramificações que permitam que os gêneros divirjam uns dos outros. Quando o equilíbrio do episódio oitocentista entra em crise, acontece o seguinte: a narrativa pode privilegiar os núcleos *ou* então os satélites. O romance de formação tardio escolhe os primeiros, o Modernismo os segundos: de um ponto de partida comum, ambos se lançam, por conseguinte, em direções *opostas*. Aqui os "dados" biográficos não importam, não há continuidade morfológica alguma. Aliás, sou tentado a dizer que, ao dedicar-se às histórias de traumas, o romance de formação tardio não preparou o Modernismo, mas antes o *retardou*. Mas sobre isso falaremos mais adiante.

Um romance em que prevalecem traumas e núcleos: uma criatura desse tipo é possível? Para usar os termos de *A alma e as formas*, a obra-prima crítica daqueles anos, os "acontecimentos isolados" e os "instantes inesperados", observa o jovem Lukács, caracterizam o conto ou a novela, tornando-as formas mais "rigorosas" do que o romance e, exatamente por isso, inadequadas para representar "o desenvolvimento de um ser humano" —* a formação, que é prerrogativa do romance. O certo é que o Zeitgeist deveria estar do lado da novela, e em contraste manifesto com Goethe e Austen, Stendhal e Eliot, e até mesmo com Balzac e Flaubert, que haviam demonstrado pouco ou nenhum interesse pelas formas narrativas breves. Todos os autores do romance de formação tardio são extraordinários escritores de contos a ponto de terem tentado uma espécie de experimento alquímico — as grandes "novelas de formação" que são *Juventude* e *Tonio Kröger* (e também, com algumas incoerências a mais, *Törless* e *Jakob von Gunten*). Para combinar novela e formação, Conrad e Mann recorrem ao mesmo artifício, a "variação": os vários naufrágios de Marlow, as frustrações emotivas de Tonio. Conjugando a

---

* G. Lukács, "O instante e as formas". In: *A alma e as formas*, pp. 175-7. [N.T.]

clareza simbólica do "instante inesperado" do conto e a variedade empírica da "existência" romanesca, uma história construída sobre o princípio da variação parece mesmo a solução ideal: só que não é realmente uma história, porque suas partes não são ligadas por relações cronológicas, mas sim pela afinidade semântica percebida pela *mémoire volontaire*.* E era esse, naturalmente, o problema: para a geração mais jovem, de fato, essa maturidade retrospectiva, tão próxima do espírito do *Bildungsroman* goethiano, já não era mais atraente — ou melhor, não tinha mais sentido algum. Já em 1904, no primeiríssimo esboço do *Retrato do artista*, Joyce rejeita a voz omnicompreensiva que havia tornado possível *Juventude* e *Tonio Kröger*: "Somos tão mal acostumados" — escreve — "que não conseguimos mais conceber um passado que não seja uma forma ferreamente ligada à recordação. Entretanto, não há dúvidas de que o passado implique uma fluida sucessão de presentes...".

Uma fluida sucessão de presentes: "Ontem ainda Basini era um rapaz como ele próprio; abria-se, porém, um alçapão e Basini despencara". *Törless* é uma verdadeira antologia de tais revelações traumáticas: os números imaginários e a duplicidade ética, o universo infinito, o desejo homossexual, a "segunda vista"... E assim o significado do romance não se situa mais na relação diacrônica (narrativa) *entre* um evento e outro — mas sim *dentro* de cada presente, percebido como uma entidade autônoma. A adolescência de Törless não é uma história, mas sim um fio de momentos líricos: sua perturbação maior não diz respeito, de resto, às palavras; ou melhor, às metáforas com as quais esclarece as próprias descobertas? Depois da *Bildungsnovelle*, portanto, a crise do episódio oitocentista gera outro híbrido: o romance lírico. Embora seja bastante raro encontrar um poeta capaz de escrever bons romances, nesses

---

* "A memória voluntária." [N. T.]

anos Rilke foge à regra com *Malte* (sem contar *Ewald Tragy*, de 1898), que coloca problemas simbólicos de uma tal natureza que só serão resolvidos com os versos das *Elegias de Duíno*. Quanto a Joyce, já em *Stephen Herói* é mencionada a *Vida nova* de Dante — em que a história é, literalmente, pré-texto para as líricas — como um possível modelo; e a teoria da epifania de *Retrato do artista* será uma tentativa ainda mais explícita de subordinar a sequência narrativa à descontinuidade lírica.

Romance lírico, portanto. Mas quais são os momentos privilegiados em que nasce a poesia? Trata-se, mais uma vez, dos momentos dos traumas: devastadoras descobertas de desejos sexuais socialmente ilícitos, mas emotivamente irresistíveis. Terminada a juventude e a experiência, a força alheia do Id leva à ruína o pouco que restava do romance de formação: a unidade do Eu. E assim, aquilo que Tonio aprende de seu amor proibido por Hans Hansen é muito mais importante "do que os ensinamentos que lhe impunham na escola". É no quarto de uma prostituta que Törless, levemente nauseado, se dá conta pela primeira vez da "segunda vista" que será sua grande descoberta intelectual. E é ao se aproximar de uma prostituta que Stephen "desperta de uma letargia de séculos" e sente a "obscura presença" da poesia que está por vir. Nesses episódios (que não possuem equivalentes no romance de formação do século passado) anuncia-se a nova realidade — o inconsciente, em sentido lato — que desempenhará um papel decisivo na constituição do indivíduo do Novecentos. E em sua socialização, podemos acrescentar, que será cada vez mais uma tentativa de "colonizar" sua parte submersa: tarefa em que os materiais inconscientes não são mais obstáculos, mas sim instrumentos de integração simbólica, dos quais o Modernismo é, sem dúvida, o lado estético. Em nossos romances, contudo, tais desenvolvimentos ainda não são visíveis. Neles encontramos o problema, não a solução, e o inconsciente ainda é a terrificante descoberta de uma inesquecível página rilkiana, em que Malte, criança, vê-se aprisionado em roupas alheias, e diante de um espelho: "Durante um segundo tive uma nostalgia indescritível, dolorosa e inútil de mim mesmo. [...] pois agora ele era o mais forte e eu o espelho. Olhei fixamente esse desconhecido [*Unbekannte*] grande e terrível diante de mim e me pareceu horrendo estar sozinho com ele". Uma criança diante de um espelho, e que prova novas roupas... Duas cenas arquetípicas da construção da identidade ocidental: mas a emergência do "desconhecido" inverte o significado, transformando-o no trauma de *Além do princípio de prazer*, contra o qual, escreve Freud, serão postos "em movimento todos os mecanismos de defesa".[4]

"Ora, todos esses pensamentos, todo esse anseio, essa busca, esse estender as mãos à cata de um sentido. Que seja sonho, que durma. Deixo simplesmente que aconteça. Que aconteça, pois!" Esse é Jakob; e Törless: "— Mas há pouco tempo você era tão carinhoso comigo. — Não fale nisso... Não era eu... Era um sonho... Um capricho". Não era eu! A negação de Törless vale para o gênero como um todo: desde sempre dedicado à representação da autoconsciência, o romance de formação só poderia se retirar desconcertadamente diante de uma realidade inconsciente; e assim fecham-se os caminhos para os grandes experimentos técnicos do século XX. Como muitas vezes acontece, os pontos de força de uma forma transformam-se em suas amarras.

"Estou entre dois mundos; não me sinto à vontade em nenhum dos dois e por isso tenho um pouco de dificuldade..." Embora a carta de Tonio à sua amiga russa pareça anunciar as cisões emotivas dos próximos anos, sua história é bastante diferente, e sugere que o artista de sucesso, que é também um burguês impecável, sente-se à vontade em *ambos* os mundos. "Mas o que se passara durante o tempo no qual se tornara o que era hoje? Torpor, solidão, gelo; e espírito! e arte!..." Torpor — e arte! O segredo da narrativa de Mann reside nessa simultaneidade: as humilhações sofridas pelo jovem Tonio transformadas continuamente pela esplêndida linguagem do Kröger maduro. Essa não é apenas uma história de traumas mantidos sob controle: é o próprio *estilo* de Mann que é antitraumático. Para citar novamente *Além do princípio de prazer*, trata-se de um estilo que não deixa nunca de conduzir tal simultaneidade ao "nível da consciência", ordenando-a como tantas outras "vivências" dentro da memória voluntária, aqueles *choques* que para a geração seguinte se sucederão como tantos "presentes" inesperados e sem relações. E isso ainda é mais verdadeiro para *Juventude*, em que Marlow anula os traumas transformando-os, por assim dizer, em recordações instantâneas: "Bombeávamos, turno após turno, em luta pela vida: e a luta parecia durar meses, anos, toda a eternidade, como se tivéssemos morrido e descido a um inferno para marinheiros [...]. Mas num lugar bem dentro de mim havia um pensamento fixo: por Deus do céu, que aventura! Igual àquelas que lemos nos livros! E era a minha primeira viagem como segundo piloto — e eu tinha apenas vinte anos — e ali estava resistindo tão bem [...]. Estava contente. Por nada deste mundo trocaria aquela experiência". Mas num lugar bem dentro de mim havia um pensamento fixo: e como é distante esse "lugar bem dentro de mim" de Marlow do "sonho" de Törless e da "*Unbekannte* de Malte! Trata-se de um apoio amigável e reflexivo para a identidade individual; não de uma ameaça. À "nostalgia de mim mesmo" de Malte, ao "Não era eu!" de Törless, Marlow contrapõe ainda o seu confiante "*here I am*".

Rilke, sobre os traumas: "Se existiam palavras para esse acontecimento, eu era muito pequeno para encontrá-las". Em um famoso ensaio de Benjamin, os traumas obrigam o poeta baudelairiano a gritar de dor; em Musil, os traumas são circundados por um labirinto de figuras retóricas; em Kafka, são escondidos por uma névoa de cláusulas restritivas. Em todos esses casos, o sinal mais claro de que o trauma ocorreu reside no fato de que a linguagem não funciona mais tão bem (é impossível encontrar palavras adequadas à realidade da guerra, balbuciarão milhares de veteranos). Em Conrad e em Mann, ao contrário, as palavras certas nunca faltam. Enquanto o navio de Marlow explode, e quase o mata, "a paz que reinava no céu e a tranquilidade do mar eram surpreendentes". Em uma só frase Conrad consegue combinar hipérbole e ceticismo, perigo e distanciamento, juventude e maturidade: o trauma foi superado porque foi *estilizado*. E o estilo, naturalmente, é a ironia: "De outro lado, ele mesmo sentia que fazer versos era extravagante e um tanto inconveniente, e tinha que dar razão, por assim dizer, a todos aqueles que achavam estranha essa ocupação. Porém...". A vocação de Tonio foi nutrida por uma série de traumas, e sua descoberta foi também um trauma: mas as palavras de "todos aqueles que achavam estranha essa ocupação", as palavras prosaicas da opinião comum estão ali, prontas para contrabalançar tudo isso. É esse o antirradicalismo da ironia tão apreciado pelo jovem Mann: ironia como mediação, como artifício diplomático para manter as crises sob controle. Ironia como estilo da boa educação, do decoro burguês: "Como artista sempre se é, interiormente, aventureiro suficiente. Exteriormente a gente deve vestir-se bem, diabo! e comportar-se como homem decente...". E por que não se servir também de um estilo sensato e civil...

E comportar-se como homem decente: dominando, antes de mais nada, os próprios impulsos animais, diria Norbert Elias. É exatamente por isso que as boas maneiras à mesa são uma prova tão basilar da boa educação — e que a cerimônia do jantar foi tão importante para a forma do romance. Mas *Retrato do artista* começa com um jantar que é um fiasco, e a primeira reviravolta de *Amerika* é anunciada, novamente durante o jantar, pela violação de todos os códigos físicos e verbais. Chega o crepúsculo para o jantar ocidental, e não se trata (apenas) de uma brincadeira, uma vez que este respondia a uma necessidade social de grande importância: a necessidade de *espaços neutralizados*, onde é possível encontrar-se sem receios, sob a proteção de regras claras e inatacáveis (as regras em si, obviamente, nunca são neutras, porém aplicam-se imparcialmente a todos). Quando instaura-se então os Cem Anos de Paz (como disse Polanyi a respeito da história europeia entre 1815 e 1914), os espaços neutralizados tendem a se multiplicar e a ocupar uma parte cada vez mais vasta da existência: o romance de formação, por exemplo, realiza-se quase por inteiro dentro deles, naturalmente, pois em tais áreas o crescimento individual é protegido, mais fácil, menos doloroso. Quando, portanto, o comportamento de Mr. Green à mesa sugere a Karl Rossmann que a "ligação social entre eles iria se produzir com o tempo, com a vitória ou com a destruição de um dos dois", a página kafkiana está mostrando que o espaço neutralizado por excelência voltou a ser um campo de batalha: desse lado também nada mais protege o sujeito de encontros traumáticos.

Áreas livres e homogêneas — mas no interior de uma sociedade que é até o oposto. Há algo que soa tão falso nos espaços neutralizados, que sua destruição, por mais ameaçadora que possa ser, possui, entretanto, um quê de libertador. Como no paradigma trágico, a dor do trauma é o preço da verdade, o preço da descoberta de um poder violento por detrás da fachada de uma civilização imparcial; das "Relações de classe", como Jean-Marie Straub intitulou sua impiedosa versão cinematográfica de *Amerika*. E, no entanto, sempre falta algo nessas epifanias sociais: a *claritas*,* diria Stephen. O momento da verdade é também um momento de extraordinária ambiguidade — sobretudo em *Amerika*, em que as formulações titubeantes e contraditórias funcionam como duplos enigmáticos das reviravoltas da ação (tanto que Straub, para reafirmar sua leitura, suprimiu quase por completo o diálogo kafkiano, preservando somente a lógica narrativa). Essas epifanias são signos, sim; mas signos de uma linguagem desconhecida: "[Törless] pensou nos antigos quadros que vira em museus, sem entendê-los bem. Esperava alguma coisa, como sempre esperara diante daquelas pinturas... Algo que jamais acontecia... O quê? Algo surpreendente, jamais visto [...] as palavras não exprimem isso". E Malte: "Se existiam palavras para esse acontecimento, eu era muito pequeno para encontrá-las. [...] [antevi] de algum modo impreciso, que a vida seria assim: cheia de coisas singulares que são pensadas apenas para *um indivíduo* e que não se deixam dizer".

A promessa de um doloroso conhecimento converte-se assim em um doloroso enigma. Ainda Rilke: "Que diabo queria de mim aquela velha que [...] se arrastara para fora de um buraco? [...] Pois entendi bem que não era o lápis que estava em questão: senti que era um sinal, um sinal para iniciados, um sinal que os repudiados conhecem [...]. Isso foi há duas semanas. Mas agora quase não passa um dia sem um encontro desses. Não apenas nas horas crepusculares; ao meio-dia, nas ruas mais movimentadas, acontece que surja subitamente um homenzinho ou uma velha, acene com a cabeça, me mostre

---

* Segundo a teoria estética de Stephen Dedalus, de inspiração tomista, essa seria a última das três etapas que constituem o processo de apreensão artística. As duas primeiras — *integritas* e *consonantia* — correspondem à apreensão, respectivamente, da inteireza e da harmonia da obra. Já *claritas* corresponde ao momento de assimilação da "radiância de uma imagem estética", epifania em que a essência do objeto se desvela. [N.T.]

alguma coisa e desapareça...". Estamos tão acostumados a lamentar a insensatez da vida que à primeira vista é difícil perceber que, aqui, Malte está sufocando por um *excesso* de sentido: há signos demais no mundo, e os signos são uma ameaça, porque neles se oculta "*der Unbekannte*", o desconhecido ("Tudo/ Não é si mesmo", dirão os versos das *Elegias de Duíno*). Tal angústia semiótica produzirá então uma forma de regressão própria: o desejo de um mundo livre da pluralidade das significações e, por conseguinte, das incertezas; um mundo de Antissignos. Daí a nostalgia das coisas "simples e irrelevantes" sentida por Tonio Kröger; a esperança impossível de Kafka, tão bem descrita por Sartre, de um segmento de natureza insignificante; o impulso, de Jakob, de suprimir todo signo pessoal sob um uniforme. Mas a figura-chave ainda é a "mãe" de Rilke: a "*erklärer*" de Malte e das *Elegias de Duíno*, que lança uma luz mágica sobre os signos e os transforma em coisas. Aquilo que era suspeito à noite é dessemiotizado: em seu lugar ressurge a sólida realidade daquelas "coisas costumeiras, cordiais, que aí estão [*ohne Hintersinn*] sem sentidos ocultos, boas, simples, inequívocas...".

"Até aquele momento não conhecera quão bela e pacífica a vida podia ser. O halo verde de papel pregado em volta da lâmpada refletia uma sombra meiga. Sobre o aparador estava um prato de salsichas e um pudim branco e, sobre a prateleira, havia ovos. Tudo aquilo seria para o almoço de amanhã, depois da comunhão na capela do colégio. Pudim branco, ovos, salsichas e xícaras de chá. Afinal de contas, quão simples e bela era a vida!" Essa é a noite mais obediente da vida de Stephen Dedalus, e as suas palavras parecem ressoar a alegria de Malte pela falta de um sentido inerente às coisas boas, simples. Mas é só por um momento, e no confronto entre signos e antissignos *Retrato do artista* alinha-se com os primeiros. "Muitos, hoje em dia" — lemos no esboço de 1904 — "não podem escapar à escolha entre sensibilidade e obtusidade." A simplicidade como obtusidade: a sensibilidade como coragem diante do Desconhecido rilkiano — "uma forma alada voando por sobre as ondas e vagarosamente escalando o ar". Antes mesmo que o grande momento epifânico de *Retrato do artista* se dê, Stephen coloca para si a mesma questão — "Que significava isso?" — que havia paralisado seus predecessores. Mas no seu caso, a enigmática significância de "uma garota contemplando o mar" é um "instante de êxtase", e sua menção às iluminuras medievais — signos produzidos por signos — demonstra o quanto Stephen sente-se à vontade no labirinto da semiose ilimitada. Em um episódio rimbaudiano de iniciação e renascimento (um núcleo perfeito de todos os pontos de vista), a epifania redime a insensatez do passado, revelando que a juventude de Stephen sempre tivera um objetivo secreto — a descoberta de sua "alma" de artista — e que ele finalmente o alcançou. Não poderíamos esperar uma conclusão melhor para o ambicioso *Künstlerroman* do jovem Joyce.

Exceto que, como se sabe, *Retrato do artista* continua, e o capítulo seguinte, comparado a todos aqueles que o antecedem, é estranhamente plano e sem escopo. Não há nada de visões ou renascimentos, mas apenas conversa fiada e ociosa para passar o tempo; nada de instituições traumatizantes, mas tão somente uma cotidianidade banal; o vidente tornou-se um jovem pedante que vê a epifania apenas como uma saborosa charada filológica. Em todos os aspectos esse quinto capítulo parece ter a função, simplesmente negativa, de invalidar aquilo que até aquele momento havia sido proposto como o sentido do romance. E aqui, naturalmente, poderíamos dizer que todos os textos, com sua aspiração a uma feliz ilegibilidade, comportam-se assim: e então já não há mais problemas, e o caso é encerrado. Eu, no entanto, penso que a literatura não serve para multiplicar as tensões simbólicas, mas sim para reduzi-las e mantê-las sob controle: e já que o final de *Retrato do artista* parece contradizer tal hipótese, tenho que encontrar uma explicação. Por que essa desaceleração, esse anticlímax? Por que desfazer a significativa irreversibilidade do quarto capítulo? Noutras palavras: por que Joyce decide escrever o quinto capítulo de *Retrato do artista*?

Talvez a última pergunta seja estúpida e pronto. Mas talvez assim o fosse somente se todo romance fosse uma obra perfeitíssima, inspirada de cima a baixo por um desígnio unitário e coerente: nesse caso, tudo aquilo que está na obra deveria de fato estar nela, e a ideia de um elemento inútil seria simplesmente inconcebível. Como quase tudo aquilo que é humano, porém, é bem provável que o romance seja mais semelhante à bricolagem do que aos projetos do engenheiro: imagens, episódios ou capítulos inteiros seriam então produtos contingentes, que estão presentes, mas que poderiam também não estar. E poderiam também não funcionar muito bem na estrutura do conjunto. Os escritores fazem literatura, claro: mas em condições que não são escolhidas por eles, e com os materiais colocados à sua disposição pela tradição literária.

Joyce *bricoleur*, portanto. E que começa, como é de esperar, com os escombros do romance de formação: com a flaubertiana prosa do mundo, da qual desaparecera toda ideia de experiência e maturidade. "*Retrato do artista*" — escreve Pound em 1917 — "assemelha-se à *Educação sentimental* mais do que qualquer outro texto." É verdade: só que, para revitalizar o romance de formação, Joyce precisava também de um antídoto para a cotidianidade insignificante de Flaubert. E o que há de melhor do que a poética do trauma, que nasce com Baudelaire e se radicaliza com Rimbaud — "*the artist as a young man*" como antonomásia do século precedente? De modo análogo ao Baudelaire benjaminiano, a epifania para Joyce é o instrumento capaz de lidar com os traumas e sua turbulência linguística; o instrumento capaz de dominá-los e colocá-los ao serviço da descoberta de si.

Flaubert e Rimbaud. Uma possível matriz para a bem conhecida oscilação de *Retrato do artista* entre "obtusidade" e "sensibilidade": entre um cotidiano insignificante (em geral na abertura dos capítulos) e revelações significativas (preferivelmente no fim dos capítulos). Flaubert e Rimbaud... ou antes, Flaubert ou Rimbaud. Suas versões da experiência moderna eram tão incompatíveis que "no fim das contas" não era possível conciliá-las: Joyce tinha de escolher. Mas segundo qual critério? Para renovar o romance de formação, a escolha era clara: Rimbaud, os núcleos, a epifania, o quarto capítulo. Mas a escolha encorajada pelo desenvolvimento do conjunto da narrativa ocidental era igualmente clara: Flaubert, os satélites, a obtusidade prosaica, o quinto capítulo. A dupla escolha de Joyce, ou até mesmo duplicada no final do quinto capítulo, era sinal de um *double bind*:* de uma contradição que nem mesmo o mais escrupuloso dos *bricoleurs* (o que, sem dúvida, Joyce era) poderia resolver. O mérito de *Retrato do artista* reside justamente em não ter resolvido o próprio problema constitutivo. Ou, em poucas palavras: o mérito de *Retrato do artista* reside em seu evidente fracasso.

Retrato do artista como bricolagem, como bricolagem malograda; como fracasso estrutural. Ainda bem. Se tivesse sido de outra maneira — se, suponhamos, *Retrato do artista* fosse assim tão bem-feito como *Tonio Kröger*, não teríamos *Ulysses*. A bricolagem de Thomas Mann, mediação ensaísta entre realismo narrativo e pensamento trágico alemão, teve tamanho

---

* "Duplo vínculo", termo da psicologia cunhado por Gregory Bateson em 1956, que designa relacionamentos contraditórios em que convivem comportamentos de afeto e agressão e em que as pessoas envolvidas não conseguem se desvincular uma da outra. [N.T.]

êxito que a fórmula permaneceu inalterada por meio século, o que fez com que não houvesse grandes novidades na evolução literária. A inércia é a força dominante, também em literatura, e enquanto uma forma funciona não há motivos para mudá-la: é somente quando fracassa que a mudança *se torna necessária*. Basta prestar atenção na articulação morfológica do romance de formação tardio: de um lado, temos a forma bem-acabada de *Juventude* e *Tonio Kröger*, do outro, os mosaicos instáveis e incompletos de *Malte*, *Amerika* e de *Retrato do artista* (e *Törless* e *Jakob von Gunten* de alguma maneira no meio do caminho). Em termos histórico-evolutivos: de um lado, temos um romance de formação que ainda funciona bem e, portanto, o longo século XIX de Conrad e Mann; do outro, estruturas desequilibradas e vacilantes, e, portanto, o Modernismo vindouro de Rilke, Kafka e Joyce. Os quais, em suma, foram obrigados, por seu fracasso com a grande forma anterior, ao Modernismo. Sem fracassos, insisto, não existiria evolução literária, *pois não seria preciso que ela existisse*. Então chega de fingir que os fracassos são obras-primas pouco conhecidas: aceitemos essas obras assim como elas são e busquemos entender sua insubstituível função histórica.

À pergunta inevitável — "Bem, mas no que consiste um fracasso literário?" — responderei, sumariamente, que é aquilo que ocorre quando uma forma simbólica enfrenta um problema que é incapaz de resolver. Essa definição pressupõe, naturalmente, a ideia de que as formas são substancialmente mecanismos *problem solving*: capazes de dissolver (ou ao menos reduzir) as tensões e os paradoxos gerados pelo conflito social e pela mudança histórica ("Função social" da literatura e "prazer estético" coincidem aqui: resolver problemas é útil e doce). Todas essas hipóteses, que busquei expor em outro texto, são certamente discutíveis: se, no entanto, o leitor as compartilha, estará de acordo também que, quando uma forma enfrenta problemas que se revelam insolúveis, vai em direção a um duplo fracasso; um fracasso estético e social. Para o romance de formação tardio, o problema insolúvel foi o trauma. O trauma torna a temporalidade narrativa descontínua, colocando a representação romanesca da experiência para fora do jogo e gerando pressões centrípetas em direção ao conto e à lírica; destrói a unidade do Eu, desautorizando a linguagem da autoconsciência; desmancha os espaços neutralizados, gerando uma angústia semiótica de inevitáveis consequências regressivas. Afinal, não sobra mais nada da velha forma simbólica: uma fase da socialização ocidental chega a seu fim; uma fase que o romance de formação havia ao mesmo tempo representado e promovido. A força daquele modelo — a sua obstinação — pode ser vista claramente na obra de Joyce, que dedica um primeiro romance ao jovem Stephen Dedalus, em seguida um segundo romance, e depois o início de um terceiro romance... Mas a individualidade oitocentista, *Stephen Herói*, não pode mais sobreviver no novo contexto e, com uma mudança histórica, a subjetividade descentrada de Leopold Bloom — forma mais flexível e mais "desenvolvida" de identidade burguesa — apresenta-se como o novo modelo da socialização do Novecentos.

Uma última observação sobre *Retrato do artista*. Como dizíamos, este se desarticula, por um lado, em um campo flaubertiano, feito de repetições, satélites e insignificância — e por outro, em um rimbaudiano, feito de epifanias, núcleos e significância. A primeira menção de epifania, em *Stephen Herói*, entretanto, havia instituído um paradigma bem diferente: "Essa banalidade lhe deu a ideia de recolher muitos episódios do tipo em um livro de epifanias. Por epifania entendia uma repentina manifestação espiritual, *na* banalidade do discurso ou da ação". Como confirma o narrador, aqui estamos lidando com um "fato insignificante": um satélite completamente ordinário, e não um renascimento visionário. E, no entanto, de alguma maneira, esse nada cotidiano também é significativo: e o seu sentido reside na "banalidade do discurso ou da ação", não em seres legendários que vão embora voando. O significado do insignificante: aquilo com que Stephen Dedalus depara-se numa "noite nebulosa, quando passava — *of all places* — por Eccles St." é, naturalmente, *Ulysses*. Mas o encontro chegou cedo demais, e o oximoro insignificante significativo ainda era muito vago: desde aquela página de *Stephen Herói*, Joyce começa a tomar distância das epifanias "superficiais", que logo serão substituídas por aquelas "profundamente profundas" de *Retrato do artista*. Todavia, aquela página juvenil havia sido escrita, e já que Stanislaus Joyce teve a ótima ideia de conservá-la, poderíamos usá-la para compreender que a evolução literária não prossegue em linha reta (*Stephen Herói*, em seguida *Retrato do artista* e depois *Ulysses*), mas sim como uma sucessão de bifurcações (*Stephen Herói*, em seguida *Retrato do artista* ou então *Ulysses*). Joyce tomou o caminho de *Retrato do artista*, como se sabe, mas não levava a lugar nenhum. Em vez de preparar *Ulysses*, *Retrato do artista* acabou adiando-o por quase dez anos, e com o fito de dar vida a Leopold Bloom, Joyce teve de esquecer o seu *Künstlerroman* e voltar atrás até aquela primeira encruzilhada nos arredores de Eccles St. É esse arabesco que ilustra bem toda a questão sobre a qual nos debruçamos: todo processo evolutivo possui, de fato, becos sem saída, e a forma inteligentíssima, porém estéril, do romance de formação tardio, foi exatamente isso.

Notas

Prefácio de 1999 [pp. 9-23]

1. "Durante a segunda metade do século, nos países mais avançados do continente, a engrenagem articulada da instrução e do serviço militar obrigatório se reveste de uma função de disciplinamento social que compensa amplamente a desordem potencial derivada da concessão do sufrágio universal. Escolas modeladas a partir de quartéis: a literatura da época documenta os efeitos traumáticos das mil punições arbitrárias impostas aos jovens alunos por docentes mais severos que qualquer sargento." (S. Luzzatto, "Jovens rebeldes e revolucionários: 1789-1917". In: G. Levi e J.-C., Schmitt (Orgs.), *História dos jovens: A época contemporânea*, vol. II. Trad. de Claudio Marcondes, Paulo Neves e Nilson Moulin. São Paulo: Companhia das Letras, 1996, p. 197.)
2. Sobre a crise do romance de formação, ver o ensaio "Uma nostalgia inútil de mim mesmo: A crise do romance de formação europeu, 1898-1914", neste livro, pp. 345-67.
3. G. W. F. Hegel, *Cursos de estética*, vol. I. Trad. de Marco Aurélio Werle. São Paulo: Edusp, 2001, p. 174.
4. Ibid., p. 180.
5. M. Bakhtin, "O romance de educação e sua importância na história do realismo" [1936-8]. In: *Estética da criação verbal*. Trad. de Paulo Bezerra. São Paulo: Martins Fontes, 2003, p. 222. Este ensaio, como se sabe, é tudo o que resta do livro sobre o *Bildungsroman* escrito por Bakhtin no final dos anos 1930, e depois destruído.
6. Em geral, a relação entre as duas burguesias possui escassa relevância no *Bildungsroman*, enquanto é central na forma paralela, e muito alemã, do *Künstlerroman*, ou romance de artista (ao qual Herbert Marcuse dedicou sua tese de doutorado *Il "romanzo dell'artista" nella letteratura tedesca. Dallo "Sturm und Drang" a Thomas Mann*: [O "romance de artista" na literatura alemã. Do *Sturm und Drang* a Thomas Mann]. Turim: Einaudi, 1985).
7. Dito de outro modo: se em relação ao trabalho a diferença entre a burguesia e a velha classe dominante é evidente, *fora* do trabalho ela se

dissolve completamente. No mundo da "sociabilidade burguesa" (como a chamou Agulhon), ou naquele, muito similar, da "familiaridade cotidiana" (que é descrito neste livro), não encontramos, portanto, comportamentos novos e "burgueses", antes uma democratização daquelas atividades que, em âmbito aristocrático, possuíam um caráter exclusivo (a conversação, por exemplo). Buscar *exatamente aqui* a novidade da existência burguesa conduz, portanto, a êxitos perversos, como no ensaio de Wolfgang Kaschuba sobre a *Bürgerlichkeit* ("os comportamentos mentais e os fatores culturais da existência burguesa"). Lendo esse ensaio, dir-se-ia que, quanto mais Wilhelm Meister se aproxima do mundo aristocrático, mais *bürgerlich* torna-se o seu modo de vida, o que é claramente absurdo (W. Kaschuba, "Deutsch Bürgerlichkeit nach 1800. Kultur als symbolische Praxis". In: J. Kocka (Org.), *Bürgertum im 19. Jahrhundert*. Munique: Deutscher Taschenbuch Verlag, 1988, vol. III.) Discordâncias à parte, o ensaio de Kaschuba é repleto de achados interessantes.

8. M. Bloch, "Para uma história comparada das sociedades europeias". In: *História e historiadores*. Lisboa: Teorema, 1998, p. 143.

9. Difícil, não impossível. Existe, por exemplo, uma vertente feminina do romance de formação (a linha Austen-Eliot; Charlotte Brontë), porém só na Inglaterra. Em culturas diferentes, outros gêneros literários parecem desempenhar uma função de "suplente" simbólico, como, por exemplo, o romance de adultério, que é, em certos aspectos, um equivalente feminino do *Bildungsroman* — da "*nouvelle puberté*" que Rodolphe suscita em Emma Bovary até o "despertar" ("começava a enxergar as coisas com seus próprios olhos") descrito por Kate Chopin. Quanto ao espaço extraeuropeu, certas histórias de metamorfose mágica (*Macunaíma*, de Mário de Andrade; *A minha vida no bosque dos espíritos*, de Amos Tutuola) parecem se situar no ponto de encontro entre rito de passagem, narrativa mítica e, precisamente, romance de formação.

10. Em *Judas, o obscuro* (de Thomas Hardy, 1896), o protagonista é um pedreiro da Inglaterra meridional; *Martin Eden* (de Jack London, 1909) é um marinheiro de San Francisco; e Paul Morel de *Filhos e amantes* (de D. H. Lawrence, 1913), vive, por sua vez, na região mineira de Nottinghamshire.

11. M. Perrot, "A juventude operária: Da oficina à fábrica". In: G. Levi e J.-C. Schmitt (Orgs.), *História dos jovens*, p. 84. Quanto às garotas, outro historiador da juventude chegou, por outras vias, a conclusões análogas: "O desenvolvimento de uma personalidade autônoma é subordinado à existência de um leque de possibilidades de escolhas e de decisões [...]. *Por motivos morais, o raio de ação das garotas era bem mais limitado*" (M. Mitterauer, *I giovani in Europa dal medioevo a oggi* [1986]. Ed. italiana: Roma-Bari: Laterza, 1991, p. 44; grifo meu).

12. Ibid., p. 90.

13. A parte do livro que hoje me suscita maior frieza, ou seja, o final do capítulo sobre *Wilhelm Meister*, e o início daquele sobre Stendhal — como se fosse um rastro geológico do projeto original —, demonstra o quão despreparado eu estava para essa descoberta. Nela sente-se a vontade de unir *diretamente* história literária e história ideológica (e sobretudo as ideias políticas): hipótese perfeitamente legítima, mas errada — e que, portanto, requer exaustivos "rodeios" teóricos.
14. Trata-se do ensaio "L'evoluzione letteraria", publicado em *Nuova Corrente*, n. 102 [1988]. [Ed. bras.: "Da evolução literária". In: *Signos e estilos da modernidade: Ensaios sobre a sociologia das formas literárias*. Trad. de Maria Beatriz de Medina. São Paulo: Civilização Brasileira, 2007, pp. 307-27.] Foi somente após ter lido Darwin (e Gould) que me dei conta de que a teoria literária havia trabalhado a fundo sobre a imperfeição morfológica nos anos mágicos do formalismo russo (sobretudo graças aos estudos de Viktor Chklóvski sobre *Dom Quixote* e *Guerra e Paz*). Mas esse aspecto da teoria formalista é tão alheio à vocação normativa (e panglossiana) da crítica literária, que até hoje ele é universalmente ignorado.
15. M. Bloch, "Para uma história comparada das sociedades europeias", p. 143.

O *Bildungsroman* como forma simbólica [pp. 27-40]

1. Por razões que serão esclarecidas no primeiro capítulo, de agora em diante reservarei o termo *Bildungsroman* para o modelo narrativo construído por Goethe e Jane Austen, e falarei de "romance de formação" para indicar o novo gênero literário em sua totalidade. Como veremos, "romance de socialização" seria talvez preferível — mas é inútil deter-se em considerações minuciosas sobre as etiquetas, até porque "romance de formação" é uma expressão suficientemente elástica para acolher, sem dificuldades, as variações de ênfase.

    Aproveito a ocasião para justificar, mesmo que brevemente, uma dupla exclusão que não seria desprezada pelo general Charles de Gaulle: a do romance russo (representado aqui somente por autores próximos da tradição europeia-ocidental, como Púchkin e Turguêniev) e a do romance americano (completamente ausente). Em relação à Rússia, a razão está na conservação de uma fortíssima dimensão religiosa (seja na versão "político-nacional" de *Guerra e Paz*, seja naquela ético-metafísica de Dostoiévski), visto que a existência individual adquire sentido seguindo vias inimagináveis no mundo completamente secularizado do romance de formação ocidental e europeu. O mesmo vale para a narrativa americana, na qual, além disso, a "natureza" conserva um valor simbólico estranho à temática fundamentalmente urbana do romance europeu; e na qual a experiência decisiva do indivíduo, diferentemente daquilo que ocorre na Europa, não se dá pelo confronto com o "desconhecido", mas sim com o "estranho" — seja ele indígena, negro ou "selvagem".

2. K. Mannheim, "O problema sociológico das gerações" [1927]. In: Marialice M. Foracchi (Org.), *Karl Mannheim: Sociologia*. Trad. de Cláudio Marcondes. São Paulo: Ática, 1982, p. 93.

3. É particularmente notável a antipatia que sempre reinou entre a escola e o romance: a primeira não tolera que os estudantes passem o seu tempo lendo romances, que julga deseducativos — e o romance, por sua vez, impõe ao seu herói abandonar os estudos na primeira ocasião, e trata a escola como um parêntese irrelevante que não tem nada a ensinar.

Essa antítese indica a natureza de duas faces da socialização moderna: processo de especialização-objetiva, ou "integração funcional" na ordem social, que é precisamente o objetivo da escola; processo de generalização-subjetiva, ou "legitimação simbólica" da ordem social, que é precisamente o objetivo da literatura. Dito de outro modo: instituições como a escola proveem a socialização dos comportamentos, sem se preocupar com a adesão subjetiva (na escola é necessário *saber* a lição, mas não ter certeza da sua verdade). Instituições como o romance encarregam-se de socializar aquela que *A teoria do romance* chama a nossa "alma": proveem aquela "reconciliação" mais ou menos consciente que assegura a continuidade entre existência individual e estrutura social. O enigmático sucesso do *Teufelspakt* na cultura moderna — que certamente não tem medo do inferno — é uma espécie de alegoria desse segundo processo: o homem moderno não somente tem uma alma, como pode vendê-la, e encontra sempre um comprador.

4. E. Panofsky, *La prospettiva come "forma simbolica"* [1927]. Ed. italiana. Milão: Feltrinelli, 1979, p. 47. [Ed. bras.: E. Panofsky, *A perspectiva como forma simbólica*. Trad. de Elisabete Nunes. Lisboa: Edições 70, 2000.]

5. Isso explica também a predileção do romance de formação por heróis pertencentes à classe média: pois enquanto nos dois extremos da escala social as condições são normalmente mais estáveis (grande riqueza e grande miséria permanecem por muito tempo, em boa medida, hereditárias), "no meio" tudo é confuso e cambiante: ali um homem pode se fazer sozinho, ou por si só se perder, e a vida pode facilmente parecer um romance. Aquilo que faz da classe média o sismógrafo ideal da modernidade é a *coexistência* de esperanças e desilusões: o contrário, portanto, do que sustenta a dita *"middle class theory of the novel"*, de matriz anglo-saxã, que explica a conjunção de romance e classe média pela "ascensão" desta última, ou seja, pela *consolidação* da sua posição social. Quando isso se tornar realidade — com a grande burocratização

dos últimos cem anos —, será o fim da forma originária do romance ocidental: os seus dois principais subversores, Kafka e Joyce, representaram, ambos com extraordinária intensidade, entre outras coisas, as metamorfoses da classe média do século XX.
6. No plano temático, esse processo de dominação exprime-se na socialização do herói romanesco. Jovem, homem, provinciano, solteiro, intelectual, socialmente mutável e indefinido, esse herói encarna a modernidade em toda sua turbulência: exatamente por isso é ele, e não os seus coetâneos sem cor, que deve se submeter a uma "forma" — também ao preço, como é frequentemente o caso, de acabar humilhando os seus aspectos mais vivos.
7. Os aspectos problemáticos da construção do Eu são também reformuláveis dentro do quadro dos quatro principais modelos do romance de formação. Passa-se, assim, do temor preliminar, típico dos ingleses, à ameaça que o mundo externo constitui para a identidade individual, ao ideal goethiano da harmonia como delicada conciliação de esforços heterogêneos; enquanto a tradição francesa percorre uma estrada indireta e sublinha — mais do que a dinâmica que preside a constituição do Eu — os perigos representados pela excessiva força do Supereu ou do Id, no "fantasma da obrigação" stendhaliano e na "paixão" balzaquiana (nesses últimos casos — em que, no plano da "história", o Eu é manifestamente mais fraco que nos precedentes —, é sintomático que adquira relevo a esfera do "discurso", em que a doxa do narrador permite restabelecer aquele equilíbrio perdido das aventuras do herói).
8. "Vida cotidiana", "normalidade", "antropocentrismo", "personalidade", "experiência", "oportunidade": todos esses termos serão discutidos longamente no primeiro capítulo, pois encontram sua manifestação mais coerente e plena na forma clássica do *Bildungsroman*. Embora a análise desses termos deixe ainda muito a desejar, decidi não abandoná-los, mesmo vacilante; parece-me, contudo, um primeiro passo em uma direção pouco explorada e promissora.
9. Dostoiévski, que é o romancista das verdades universais e das circunstâncias trágico-excepcionais, *por essa mesma razão* — observou mais de uma vez o próprio Bakhtin — nunca escreveu romances de formação. E Adorno, que tem como poucos insistido na vocação da arte à verdade, nunca se interessou muito por essa forma, ou pelo romance de maneira geral.
10. Não é de admirar, então, se em *Meta-história: A imaginação histórica do século XIX*, reconstruindo as retóricas narrativas implícitas na grande historiografia do século XIX, Hayden White mencione comédia, *romance*, sátira e tragédia — mas nunca *novel*. Embora romance e historiografia deem o melhor de si no mesmo período, o romance inventa, de fato — com a

"vida cotidiana" e a "normalidade" — uma espécie de *temporalidade paralela* que a historiografia oitocentista não reconhece como propriamente histórica. Desnecessário lembrar que a história das mentalidades e da longa duração inverteu tal paradigma, de modo que o objeto, e algumas vezes também as categorias de muita historiografia contemporânea, revelam uma fortíssima afinidade com aqueles do romance.

1. O bem-estar da civilização [pp. 41-124]

1. W. Dilthey, "Goethe e a fantasia poética". In: *Filosofia e educação: Textos selecionados*. Trad. de Alfred Joseph Keller e Maria Nazaré de Camargo Pacheco Amaral. São Paulo: Edusp, 2010, p. 321.
2. Id., *Esperienza vissuta e poesia* [1905]. Ed. italiana: Milão: Istituto Editoriale Italiano, 1947, pp. 198-9.
3. Goethe começou a escrever *A missão teatral de Wilhelm Meister* em 1777, e a interrompeu em 1785.
4. *Orgulho e preconceito* pode ser resumido em uma fórmula praticamente idêntica: Elizabeth encontra finalmente a si própria quando reconhece a "superioridade" de Darcy — e este, por sua vez, demonstra a própria nobreza usando o seu dinheiro e as suas informações secretas (poder e onisciência unem Darcy à Torre) não para humilhar Elizabeth, mas para permitir a ela concluir felizmente a sua juventude. Sobre esse argumento, Lionel Trilling: "[Como observou um resenhista em 1870] Jane Austen estivera, nas palavras do crítico, 'saturada' de uma 'ideia platônica': seu compromisso era com o ideal do 'amor inteligente', segundo o qual a relação mais profunda e verdadeira possível de existir entre os seres humanos é a relação pedagógica. Essa relação consiste na troca de conhecimentos sobre a conduta certa, na formação do caráter de uma pessoa por outra, na admissão de ter o outro como guia do próprio crescimento" (L. Trilling, *Sinceridade e autenticidade: A vida em sociedade e a afirmação do Eu*. Trad. de Hugo Langone. São Paulo: É Realizações, 2014, p. 96).
5. É a expressão empregada por H. S. Maine, *Ancient Law* [1861] e retomada por T. Tanner, *Adultery in the Novel. Contract and Transgression*. Baltimore: Johns Hopkins University Press, 1979, p. 5.
6. "Entre indivíduo e mundo." Os casamentos se contraem, sem dúvida, entre dois indivíduos: mas para Wilhelm e Elizabeth (e a constrição retórica dos dois romances obriga o leitor a compartilhar do seu ponto de vista) trata-se de algo bem mais amplo, uma vez que o casamento resume e estabiliza o conjunto das suas relações sociais. Natalie (por intermédio das suas ligações com a Torre) e Darcy são, de fato, "representantes" exemplares do sistema de poder típico do *Bildungsroman*.

7. F. Furet, "A Revolução Francesa terminou". In: *Pensando a Revolução Francesa*. Trad. de Luiz Marques e Martha Gambini. Rio de Janeiro: Paz e Terra, 1989, pp. 61 e 17.
8. Ver, sobre essa questão, H. Weinrich, "Retorica della felicità". In: *Retorica e critica letteraria*. Org. L. Ritter Stanini e E. Raimondi. Bolonha: Il Mulino, 1978.
9. Também em Hegel a família apresenta-se como o primeiro passo em direção à superação da "sociabilidade insociável" da moderna esfera econômica: "O elemento arbitrário das exigências particulares do indivíduo e da ambição do desejo na propriedade abstrata transforma-se aqui em previdência e aquisição para um ser coletivo, em algo, portanto, objetivamente moral" (G. W. F. Hegel, *Princípios da filosofia do direito* [1821]. Trad. de Orlando Vitorino. São Paulo: Martins Fontes, 1997, pp. 157-8, § 170). Análogas considerações em R. Sennett, *O declínio do homem público*. [Recurso eletrônico] Trad. de Lygia Araujo Watanabe. Rio de Janeiro: Record, 2014, pp. 269 e 265: na família exprimem-se apenas *measured apetites*, desejos delimitados a priori que indicam, portanto, a possibilidade de uma "unidade funcional da espécie humana" baseada na rede das "afinidades naturais".
10. Depois de ter declarado que a vida da dona de casa oferece o mais alto exemplo da autorrealização da humanidade — pela "harmonia consigo mesma", domínio "dos meios que conduzam a nossos fins", possibilidade de suscitar a felicidade em si e nos outros —, Lothario não hesita, portanto, em propô-la como modelo "ao homem que toma parte nos negócios do Estado" (*Wilhelm Meister*, VII, 6). O fato de Lothario pronunciar esse discurso — o mais aventuroso e extrovertido dos personagens de *Wilhelm Meister* e também o mais dedicado a toda espécie de atividade pública — faz com que ele se torne ainda mais significativo daquele processo de "irradiação" que estou tentando descrever.
11. I. Lotman, *A estrutura do texto artístico*. Trad. de Maria do Carmo Vieira Raposo e Alberto Raposo. Lisboa: Estampa, 1978, p. 390.
12. A. Heller, *Sociologia della vita quotidiana* [1970]. Ed. italiana: Roma: Riuniti, 1975, p. 24.
13. "O homem nasceu para uma situação limitada; é capaz de discernir objetivos simples, próximos e determinados, e se habitua a empregar os meios que estão a seu alcance imediato; mas, tão logo ultrapasse esse limite, já não sabe o que quer nem o que deve fazer [...]" (*Wilhelm Meister*, VI, "Confissões de uma bela alma"). Essas palavras são pronunciadas pelo tio da alma bela, que está na origem da Sociedade da Torre e, por conseguinte, do inteiro projeto sociocultural de *Wilhelm Meister*: um pouco antes, ele tece também um longo elogio do campo, que declara ser imensamente superior à cidade do ponto de vista da autorrealização humana.

14. "Comove-nos o relato de toda boa ação, comove-nos a contemplação de todo objeto harmonioso; sentimos então que não estamos de todo em país estrangeiro, imaginamos estar mais perto de uma pátria, pela qual anseia impaciente o que temos de melhor e mais íntimo." (*Wilhelm Meister*, VII, 1)
15. "É com o trabalho que conseguem sanar, pelo menos provisoriamente, a loucura do Harpista: [...] considero muito simples os métodos de curar os dementes. São exatamente os mesmos que empregamos para impedir as pessoas sãs de enlouquecer. Procuramos estimular-lhes a atividade pessoal, habituá-los à ordem [...] uma vida ativa leva a tantos acontecimentos que em breve ele haverá de sentir que não é possível senão através do trabalho eliminar-se toda sorte de dúvidas." (*Wilhelm Meister*, V, 16)
16. W. von Humboldt, *Os limites da ação do Estado: Ideias para um ensaio a fim de determinar as fronteiras da eficácia do Estado*. Trad. de J. Correia. Rio de Janeiro: Topbooks, 2004, p. 162.
17. F. Schiller, "Carta VI". In: *A educação estética do homem*. Trad. de Márcio Suzuki e Roberto Schwarz. São Paulo: Iluminuras, 2013, pp. 40-1.
18. Ibid., "Carta XXVII", p. 134.
19. W. Sombart, *Il borghese. Lo sviluppo e le fonti dello spirito del capitalistico* [1913]. Ed. Italiana: Milão: Longanesi, 1978, pp. 4 e passim.
20. H. Lefebvre, *Critique de la vie quotidienne*, vol. I. Paris: L'Arche, 1958, p. 108.
21. K. Kosik, "Metafísica da vida cotidiana" [1963]. In: *A dialética do concreto*. Trad. de Célia Neves e Alderico Toríbio. Rio de Janeiro: Paz e Terra, 1976, p. 80.
22. A. Heller, *Sociologia della vita quotidiana*, p. 57.
23. Ibid., p. 52.
24. G. W. F. Hegel, *Lezioni sulla filosofia della storia* [1837]. Florença: La Nuova Italia, 1947, p. 92.
25. Ibid., pp. 91-2.
26. "Nossa comparação entre romance e drama mostra que a forma de figuração do romance é mais *próxima* da vida, ou melhor, do modo normal de manifestação da vida, que a do drama." (G. Lukács, *O romance histórico*. Trad. de Rubens Enderle. São Paulo: Boitempo, 2011, p. 173.) Exatamente porque essa afirmação refere-se ao romance histórico, ela se torna, me parece, ainda mais significativa.
27. A. Heller, *Sociologia della vita quotidiana*, p. 66.
28. Ibid., pp. 407-8.
29. Ibid., p. 408.
30. A. Moles, *O Kitsch: A arte da felicidade* [1971]. São Paulo: Perspectiva, 2001, pp. 32-3, 40.
31. Ver, mais adiante, a terceira parte do terceiro e quarto capítulos. Quanto às vicissitudes da dimensão estética na vida do século XX, discuti-as em

"De *A terra desolada* ao paraíso artificial". In: *Signos e estilos da modernidade: Ensaios sobre a sociologia das formas literárias*, pp. 243-79.
32. Ph. Ariès, *L'enfant et la vie familiale sous l'Ancien Régime*. Paris: Plon, 1960, pp. 270-1.
33. G. Simmel, "O conceito e a tragédia da cultura" [1911]. In: *Simmel e a modernidade*. Org. J. Souza e B. Öelge. Brasília: UnB, p. 81.
34. G. Lukács, *A teoria do romance: Um ensaio histórico-filosófico sobre as formas da grande épica*. Trad. de José Marcos Mariani de Macedo. São Paulo: Editora 34, 2007, pp. 140 e 144.
35. J. Baudrillard, *A sociedade de consumo* [1974]. Trad. de Artur Morão e Luís Abel Ferreira. Lisboa: Edições 70, 2010, p. 25.
36. P. Hamon, "Por um estatuto semiológico da personagem" [1972]. In: R. Barthes, *Masculino, feminino, neutro: Ensaios de semiótica narrativa*. Trad. de Tania Franco Carvalhal. Porto Alegre: Globo, 1976.
37. O protagonista do romance não pode mais ser apresentado como o herói da épica clássica — Ulisses, o astuto, Aquiles, o mais rápido, Nestor, o sábio. Deve ser suficiente, e de fato o é, o nome de batismo — "Wilhelm", "Elizabeth". Designativo que denota uma grande familiaridade e sugere, por conseguinte, um perfeito e quase "natural" conhecimento da pessoa em questão: e que, sobretudo, deixa ao nosso conhecimento o máximo de liberdade. Não o penhora, não o orienta a uma direção determinada, não o liga a um conteúdo claramente definido. É um "conhecimento" que acopla um máximo de certeza e um mínimo de compromisso: é tão aberto e inexaurível que não pode jamais ser colocado realmente à prova. Acontece com os heróis do romance aquilo que acontece com os nossos familiares: nós os conhecemos, mas de fato não sabemos quem são.
38. "Uma das últimas formas da crítica da vida cotidiana, nos dias de hoje, foi a crítica do *real* mediante o *surreal*. O surrealismo, saindo do cotidiano para encontrar o maravilhoso e as surpresas [...], tornou a platitude insuportável." E ainda: "Sob o signo do maravilhoso, a literatura do século XIX lança um ataque contra a vida cotidiana que não perdeu em nada sua força" (H. Lefebvre, *Critique de la vie quotidienne*, pp. 37 e 117).
39. K. Kosik, "Metafísica da vida cotidiana", p. 80.
40. "[...] o esquema completo dos ritos de passagem admite, em teoria, ritos preliminares (separação), liminares (margem) e pós-liminares (agregação)": Assim explica Arnold van Gennep em sua clássica análise da iniciação primitiva (A. van Gennep, *Os ritos de passagem* [1909]. Trad. de Mariano Ferreira. Petrópolis: Vozes, 2011, p. 30). O espaço da "margem" — em geral associado à juventude — parece-nos um tanto quanto limitado, rigidamente regulamentado e funcional à passagem da agregação infantil àquela adulta: uma vez que esta é cumprida, a "margem" perde todo valor. Esse é um esquema ainda plenamente válido para

A flauta mágica, cuja hierarquia será, contudo, explicitamente invertida em *Wilhelm Meister:* onde a "margem" da juventude é vasta, vive-se em plena liberdade e, sobretudo, transforma-se na parte *mais significativa* de toda a existência, isto é, aquela que, justamente, "merece ser narrada". Análoga reviravolta é encontrada na relação entre aquele típico período de margem que é o noivado e o casamento. Nas sociedades arcaicas o noivado precede cronologicamente o casamento, mas, do ponto de vista lógico, é em verdade sua consequência: é preciso se casar e, por conseguinte, noivar. O valor do noivado acaba aqui, é puramente funcional. No mundo moderno, e no romance, vale o contrário: o casamento é a consequência de um noivado satisfatório. Se o *Bildungsroman* termina com casamentos, ele narra, todavia, noivados: o centro de gravidade emotivo e intelectual decididamente se deslocou.

41. Assim Wilhelm diz ao "sr. de C." que está prestes a partir em guerra (*A missão teatral,* IV, 2): "Ó feliz sois vós que, conduzido pelo destino em que um homem pode invocar suas melhores forças, em que tudo aquilo que se tornou na vida, tudo aquilo que aprendeu se transforma, num só instante, em ação e aparece no seu máximo esplendor!". Inútil acrescentar que o sr. de C. tem, a esse respeito, uma opinião completamente diferente, e que a sua resposta arrefece os entusiasmos épicos de Wilhelm.

42. Essa dialética de significado e episódio é a base do capítulo do romance. Mecanismo extraordinário de autossegmentação do texto, o capítulo instaura um equilíbrio entre a satisfação por aquilo que aprendemos (o significado que foi atribuído a um evento) e a curiosidade por aquilo que ainda ignoramos (esse significado é geralmente sempre incompleto). Podemos então continuar a leitura (deixando-nos levar pela curiosidade) ou suspendê-la (declarando-nos satisfeitos): a estrutura narrativa autoriza ambas as escolhas, e torna, assim, simbolicamente plausível o ritmo irregular de suspensões e retomadas ao qual o leitor é, todavia, forçado pela própria dimensão de um romance. Graças a esse verdadeiro milagre de autorregulação que é o capítulo, o romance confere à fruição literária um caráter completamente inédito, e que o Poe da *Filosofia da composição* julgou autodestrutivo: "Se alguma composição literária é longa demais para ser lida de uma só vez, temos que concordar em abrir mão do efeito imensamente importante que deriva da unidade de impressão — pois, se forem necessários dois momentos de leitura, os assuntos do mundo interferem e qualquer intenção de totalidade é destruída na mesma hora" (E. A. Poe, *Filosofia da composição.* Trad. de Léa Viveiros de Castro. Rio de Janeiro: 7letras, 2008, pp. 20-1). Aquilo que Poe não conseguiu ver é que o romance, na realidade, *almeja* que os assuntos do mundo interfiram. Diferentemente do conto, ou da lírica, o romance não vê as ocupações cotidianas como algo heterogêneo às próprias convenções, mas

sim seu objeto de eleição, ao qual ele deve também "materialmente" se mesclar — com o ritmo paciente de uma leitura que é interrompida e retomada — a fim de lhe conferir uma forma e um significado. Trata-se das duas grandes diretrizes — uma diurna e doméstica, outra lunar e desnorteante — da literatura moderna. E não apenas da literatura moderna: se muitos efeitos do cinema encontram uma surpreendente prefiguração nos escritos teóricos de Poe, rádio e televisão, em contrapartida, prosseguem por outros meios a colonização da existência cotidiana desencadeada pelo gênero romance. (É um paralelo que poderia continuar até o infinito: para usufruir do cinema é necessário sair de casa; rádio e televisão nos trazem o mundo para dentro de um quarto... No cinema, três minutos de atraso já são uma pequena tragédia; da televisão nós podemos nos afastar continuamente com absoluta tranquilidade... No cinema, tudo deve permanecer no escuro, com exceção da tela; assistimos à televisão com pelo menos uma luz acesa, quase como se quiséssemos lembrar a todo custo o contexto doméstico no qual está inserida...) Já que entramos no assunto: a principal novidade dos filmes de Wim Wenders consiste justamente em ter "enfraquecido" o episódio cinematográfico e a concatenação narrativa, a trama, aproximando assim uma e outra ao modo de composição do romance. Coincidência ou não, o segundo filme de Wim Wenders [*Movimento em falso*, de 1975] foi uma reconstrução de *Wilhelm Meister*.

43. Ver ainda Ph. Ariès, *L'enfant et la vie familiale sous l'Ancien Régime*, especialmente a segunda parte.
44. "Durante a maioria das cerimônias de que falamos, e sobretudo nos períodos de margem, emprega-se uma língua especial, que às vezes inclui um vocabulário inteiro desconhecido ou não usual na sociedade geral, e às vezes consiste apenas na proibição de empregar certas palavras da língua comum" (A. van Gennep, *Os ritos de passagem*, p. 145). No *Bildungsroman*, veremos, parece vigorar, ao contrário, a *obrigação* do uso da língua comum.
45. A conversa é, portanto, algo completamente diferente do "plurilinguismo" de Bakhtin: a vocação socializadora do *Bildungsroman* comporta a redução da pluralidade das linguagens sociais a uma convenção "média" na qual todos podem facilmente se encontrar.
46. Ver o quarto capítulo de *O declínio do homem público* e sobretudo os capítulos iniciais de J. Habermas, *Mudança estrutural da esfera pública: Investigações sobre uma categoria da sociedade burguesa* [1962]. Trad. de Denilson Luis Werle. São Paulo: Unesp, 2014.
47. P. Brooks, *The Novel of Worldliness: Crébillon, Marivaux, Laclos, Stendhal* [1969]. Princeton: Princeton University Press, 1969; a citação é de Richelet, p. 54.

48. A. Heller, *Sociologia della vita quotidiana*, p. 106. Sobre a persistente implicação de vida cotidiana, pensamento antropomórfico e produção artística, ver também os capítulos da *Estética* de Lukács [1963]. Ed. italiana: Turim: Einaudi, 1975.
49. K. Kosik, "Metafísica da vida cotidiana", p. 85.
50. A. Tocqueville, *O antigo regime e a revolução*. Trad. de Yvonne Jean. Brasília: UnB, 1997, p. 145.
51. Desde *Robinson Crusoé* do superpolitiqueiro Defoe, cujo protagonista — "nasci em 1632, na cidade de York" — permanece na Inglaterra até 1650. Mas sobre a guerra civil, que afinal lhe permite ser um comerciante em santa paz, nem uma palavra sequer.
52. Ver R. Koselleck, *Crítica e crise: Uma contribuição à patogênese do mundo burguês*. Trad. de Luciana Villas-Boas Castello Branco. Rio de Janeiro: Contraponto, 1999.
53. Apud R. Koselleck, *Crítica e crise*, p. 78.
54. Essa hipótese foi levada adiante anos atrás por F. Mulhern, "Ideology and Literary Form — A Comment", *New Left Review*, n. 91, pp. 86-7, 1975.
55. É por isso que o romance (e também o romance histórico) acaba sempre exilando os personagens históricos para a margem da narrativa. A nossa cultura acha tais personagens fascinantes por sua violenta unilateralidade: representá-los no curso da vida cotidiana faria com que o romance acabasse em bisbilhotice.
56. G. W. F. Hegel, *Fenomenologia do espírito*. Parte I. Trad. de Paulo Meneses. Petrópolis: Vozes, 1992, p. 31.
57. Uso o termo "ponto de vista" na acepção proposta por S. Chatman, *Story and Discourse: Narrative Structure in Fiction and Film* [1978]. Nova York: Cornell University Press, 1968, cap. 4.
58. Essa convergência de narrativa e leitura foi notada por Karl Morgenstern já no primeiro quartel do século XIX: "É correto que o *Bildungsroman* se chame assim, sobretudo por meio do seu material temático, dado que representa a *Bildung* do protagonista do início até a realização de uma notável completude; e em segundo lugar porque, graças a tal representação, encoraja a *Bildung* do leitor bem mais do que qualquer outro tipo de romance" (Apud M. Swales, *The German Bildungsroman from Wieland to Hesse*. Princeton: Princeton University Press, 1978, p. 12).
59. Sobre isso, ver a introdução de Tonny Tanner à edição Penguin de *Pride and Prejudice*.
60. J. W. von Goethe, *Sämtliche Werke*. Edição Comemorativa. Stuttgart/Berlim: J. G. Cotta, 1902-1907, vol. XXI, p. 288.
61. E. Burke, *Reflexões sobre a revolução na França*. Trad. de Renato de Assumpção Faria, Denis Fontes de Souza Pinto e Carmen Lídia Richter Ribeiro Moura. Brasília: UnB, 1982, p. 113.

62. G. W. F. Hegel, *Fenomenologia do espírito*, p. 67.
63. Id., *Princípios da filosofia do direito*, pp. 294-5, § 320.
64. P. Ricœur, *Da interpretação: Ensaio sobre Freud* [1965]. Trad. de H. Japiassu. Rio de Janeiro: Imago, 1977.
65. J. Culler, "Literary, History, Allegory and Semiology", *New Literary History*, n. 2, p. 263, 1976. Considerações análogas em P. De Man, *La retorica della temporalità* [1969], trad. it., *Calibano*, 3 [1979].
66. Da mesma forma, uma célebre reflexão goethiana sustenta que: "Há uma grande diferença entre esses dois fatos: o poeta procura o particular no geral ou vê o geral no particular. Do primeiro fato nasce a alegoria, em que o particular vale unicamente como exemplo do geral; no entanto, o segundo é, propriamente, a natureza da poesia: ela exprime um particular sem pensar a partir do geral e sem o indicar. Mas aquele que apreende vivamente esse particular recebe, ao mesmo tempo, o geral, sem disso se aperceber, ou apercebendo-se apenas mais tarde" (J. W. von Goethe, *Sämtliche Werke*, vol. XXXVIII, p. 261: apud T. Todorov, *Teorias do símbolo*. Trad. de Maria de Santa Cruz. Lisboa: Edições 70, 1979, p. 208).
67. T. W. Adorno, "Anotações sobre Kafka". In: *Prismas: Crítica cultural e sociedade*. Trad. de Augustin Wernet e Jorge de Almeida. São Paulo: Ática, 1998, p. 240.
68. Análoga afinidade com a estrutura profunda do *Bildungsroman* pode também ser atribuída a uma versão levemente diferente do conceito de símbolo que Todorov assim resume: "[...] a relação ideal [...] [é] aquela em que um elemento é simultaneamente parte e imagem do todo, em que ele 'participa' sem por isso deixar de se 'assemelhar'" (T. Todorov, *Teorias do símbolo*, p. 187). Assim Wilhelm Meister, por um lado, "participa" do projeto global da Torre, por outro, "espelha-o" na harmonia multilateral da própria personalidade. (Tal alternância entre participação e semelhança reapresenta-se em uma das mais altas composições musicais nas décadas do final do século XVIII e início do XIX: o concerto para instrumento solista e orquestra.)
69. Ao contrário de Wilhelm Meister — filho de um comerciante —, Elizabeth Bennet não pertence à burguesia, mas sim à pequena *gentry* das aldeias. É, todavia, plausível considerar que a extrema modéstia da renda dos Bennet fosse vista como uma característica, em sentido amplo, "burguesa", sobretudo porque continuamente comparada com a enormidade da riqueza fundiária de Darcy. Além disso, os verdadeiros acompanhantes e "ajudantes" de Elizabeth ao longo da história não são os pais, mas sim o casal Gardiner, eles sim burgueses (e ainda por cima de Cheapside): um detalhe sociológico que adquire sentido à luz das hipóteses aqui propostas.
70. "No tempo da Revolução Francesa, nada era tão importante para o sistema social inglês quanto a relativa facilidade de recrutamento da classe

aristocrática: isso tornava a Inglaterra um caso único entre as nações europeias [...]. O esnobismo de Emma [protagonista do homônimo romance de Jane Austen] nada mais é, portanto, do que uma explícita contravenção da melhor — e, tendo em vista os tempos, mais segura — tendência da vida social inglesa." (L. Trilling, "Emma and the Legend of Jane Austen". In: *Beyond Culture* [1955]. Londres: Secker and Warburg, 1966, pp. 41-2.) "Entre as duas civilizações em contraste [o capitalismo agrário e o capitalismo industrial] não era possível 'compromisso' ou 'aliança' — embora esses sejam, normalmente, os termos usados. Entre forças sociais de tal complexidade e amplitude não era possível dar um acordo tático, um ajuste provisório. A única possibilidade real residia no amálgama: na fusão das diferentes classes com suas respectivas culturas em uma ordem social unitária, capaz de assegurar a estabilidade social e ter o proletariado firmemente sob controle." (T. Nairn, "The British Political Elite", *New Left Review*, n. 23, p. 20, 1964.) Essa tese é desenvolvida com grande riqueza analítica por R. Williams, *The English Novel from Dickens to Lawrence* [1970]. Londres: Chatto and Windus, 1973, p. 21.

71. G. Baioni, *Classicismo e rivoluzione. Goethe e la rivoluzione francese*. Nápoles: Guida, 1969 (sobretudo o quinto capítulo).
72. Em âmbito marxista, as teses com as quais me sinto mais próximo a esse respeito são aquelas desenvolvidas por Louis Althusser na sua interpretação da ideologia como ilusão necessária (prefigurada, aliás, por uma tradição filosófica que remonta pelo menos à *Ética* de Espinosa). Não me convence, por outro lado, a tese althusseriana segundo a qual arte e literatura "desnaturalizam", "desmascaram" — em suma, constituem objetivamente uma "crítica" da produção ideológica (como sustentaram, além de Althusser, aqueles críticos literários que, como Macherey e Eagleton, inspiraram-se em sua obra). Para mim parece verdadeiro exatamente o contrário, e procurei demonstrá-lo em "L'anima e l'arpia. Sugli scopi e metodi della storiografia letteraria", *Quaderni Piacentini*, n. 5 [1982], ora em "A alma e a harpia: Reflexões sobre as metas e os métodos da historiografia literária". In: *Signos e estilos da modernidade: Ensaios sobre a sociologia das formas literárias*, pp. 11-57.
73. A composição do público dos séculos XVIII e XIX corrobora essa hipótese. Enquanto no nosso século o típico leitor de romances é o adolescente, em cuja leitura é plausível ver uma espécie de "preparação para o futuro", naquela época o percentual de adultos leitores era muito maior (sem contar que os indivíduos tornavam-se "adultos" muito mais cedo do que agora), e é muito provável que o romance servisse sobretudo para "reler o passado" e para constatar, com satisfação, que as escolhas que, não obstante, tinham de ser feitas eram realmente as melhores possíveis.

74. G. Lukács, *Teoria do romance: Um ensaio histórico-filosófico sobre as formas da grande épica*, p. 62.
75. A carta de Darcy a Elizabeth tem a forma de um depoimento jurídico: "É preciso pois que me perdoe a liberdade com que exijo a sua atenção; sei que os seus sentimentos a concederão com relutância. Mas eu o exijo da sua justiça. Duas foram as acusações que me fez ontem à noite"; "[...] a severidade das censuras que foram feitas", "quanto à verdade de tudo que ficou aqui relatado, posso apelar particularmente para o testemunho do Coronel Fitzwilliam" (*Orgulho e preconceito*, 35). Como em um processo, é preciso averiguar *o que aconteceu*: feito isso, a avaliação moral virá automaticamente.
76. Para a distinção entre "sentido" entendido como "valor" e "sentido" entendido, ao contrário, como "significado", ver o clássico ensaio de G. Frege, *Über Sinn und Bedeutung* [1892]. As questões enfrentadas nessas páginas assumem uma evidência ainda mais marcada no filão dominante do romance inglês sete-oitocentista, sobre o qual me debruçarei integralmente no quarto capítulo.
77. A esse respeito ver G. Preti, *Retorica e logica*. Turim: Einaudi, 1968, em particular o quarto capítulo.
78. A tragédia renascentista consiste, justamente, na inesperada e incompreensível disjunção do mundo dos fatos — a *fábula* dramática — do sistema de valores que deveriam comentá-los e legitimá-los. É uma tese que expus longamente em "Le grande eclissi. Forma tragica e sconsacrazione della sovranità", *Calibano*, n. 4, 1979, ora em "O grande eclipse: A forma trágica como desconsagração da soberania". In: *Signos e estilos da modernidade: ensaios sobre a sociologia das formas literárias*, pp. 57-103. O romance — sobretudo o *Bildungsroman* — herda a cisão trágica: mas trabalha para recompô-la. Ver o belo ensaio de E. Heller, "Goethe e l'elusione della tragedia". In: *Lo spirito diseredato* [1952]. Ed. italiana: Milão: Adelphi, 1965.
79. G. Lukács, *A teoria do romance: Um ensaio histórico-filosófico sobre as formas da grande épica*, pp. 64-5.
80. Ver R. Williams, *The English Novel from Dickens to Lawrence* [1970], p. 22, e o verbete "Improve" [ed. bras. "melhorar"] em R. Williams, *Palavras-chave: Um vocabulário de cultura e sociedade*. Trad. de Sandra Guardini Vasconcelos. São Paulo: Boitempo, 2007.
81. À ansiosa pergunta de Edmund — "Como minha honestidade poderá ascender a alguma distinção?" —, sua interlocutora, Mary Crawford, responde de modo evasivo. Jane Austen, por sua vez, não tem dúvidas a respeito: Edmund e Fanny Price permanecem honestos até o fim, porém, se não exatamente pobres, acabarão ficando muito menos ricos do que se poderia esperar.

2. Waterloo Story [pp. 125-202]

1. Stendhal, *Vita di Napoleone* [1838]. Ed. italiana: Milão: Bompiani, 1977, p. 67.
2. Ibid., p. 282.
3. No seu mais importante escrito crítico, *Racine e Shakespeare*, Stendhal idealiza uma literatura capaz de representar as grandes crises políticas: passam-se alguns anos, começa a escrever romances e imediatamente abandona a ideia.
4. A propósito da relação entre esse texto e os romances, ver F. Rude, *Stendhal et la pensée sociale de son temps*. Paris: Plon, 1967, pp. 115-80; e G. Mouilland, "Sociologia dei romance di Stendhal: Prime ricerche" [1968]. In: AA.VV, *Sociologia della letteratura*. Roma: Newton Compton, 1974.
5. "[...] falar da 'carreira' de Napoleão só seria aceitável num sentido metafórico. Qualquer campo em que seja possível a 'carreira' no sentido em que utilizamos a palavra, constitui ponto pacífico e relativamente imperturbável dentro da sociedade como um todo. A verdadeira luta social processa-se, então, fora desse ponto; o que vemos nele é tão só uma luta competitiva entre os membros de um grupo bem-sucedido pela maior parcela de posições de influência disponíveis e à disposição com base em cédulas de racionamento." (K. Mannheim, "A natureza da ambição econômica e seu significado para a educação social do homem". In: *Sociologia do conhecimento: II volume*. Porto: RES-Editora, pp. 79-80.)
6. J. Habermas, *A crise de legitimação no capitalismo tardio*. Trad. de Vamireh Chacon. Rio de Janeiro: Tempo Brasileiro, 1980, p. 144.
7. Essa antítese entre Tradição e Razão explica por que o romance nunca se tornou, diferentemente do epos antigo, o centro do nosso sistema cultural. Se uma configuração social é legitimada pela tradição, então o seu "documento" fundamental será aquela narrativa das origens que é, justamente, o epos. Mas se a legitimidade reside em um paradigma discursivo subtraído do tempo, a forma da narrativa não poderá jamais abranger os "primeiros fatos", mas apenas aqueles posteriores, ou secundários. É por isso que o romance "não sabe" lidar com as revoluções, e se concentra, em vez disso, sobre suas *consequências*, nas quais se estabelece a relação problemática entre "alma" e "segunda natureza", valores professados e funcionamento efetivo da realidade.
8. N. Elias, *O processo civilizador: Uma história dos costumes*, vol. I. Trad. de Ruy Jungman. Rio de Janeiro: Zahar, 1994, p. 242. Para evitar equívocos, os impulsos de que fala Elias, muito semelhantes às pulsões examinadas por Freud em *O mal-estar na civilização*, são necessidades físicas elementares ou mesmo impulsos agressivos elementares; em Stendhal, aquilo que deve ser reprimido é uma crença política abstrata e articulada. Me parece, contudo, que o essencial não é a natureza daquilo que deve ser

reprimido, mas o fato de que a repressão forme a "verdadeira identidade". Ou melhor: exatamente porque são abstratos, os ideais de Julien têm maior probabilidade de se unirem com a consciência de "seu próprio ser". Ademais, é justamente o episódio do retrato de Napoleão (que Madame de Rênal acredita ser o retrato de uma amante de Julien) que nos faz entender como pode ser ingênuo identificar "interioridade" e "intimidade".
9. Púchkin é mais explícito ao indicar a contrariedade como a essência e o fascínio do novo herói romanesco: "Senti-me a ele vinculado,/ Por traços seus fui atraído:/ Aos sonhos pura devoção/ Inimitável, esquiva ação/ Enregelada e afiada mente" (*Eugênio Onêguin*, I, 39). Mais adiante (III, 10) observa-se que Eugênio "por certo um Grandison [o herói sublime] não era" tampouco o vampiro maldito de Polidori. E não é nem mesmo, evidentemente, um ser intermediário. "Não há meio-termo para você" (*O vermelho e o negro*, II, 1), dirá o abade Pirard a Julien. Ele é, quando muito, uma e a outra coisa juntas, a união dos extremos, "Um ser estranho e perigoso,/ Cria do inferno ou então do céu,/ Será demônio ou anjo ao léu,/ Ou então quem é?" (*Eugênio Onêguin*, VII, 24).
10. Caso, acredito, único na história do romance: Julien, Fabrice, Onêguin e Pietchórin participam dos conflitos políticos da época, e todos do mesmo lado. Derrotados, conseguem, todavia, sobreviver mantendo viva aquela irrequietude que a Europa "pacificada" gostaria de esquecer.
11. J. de Gaultier, *Le Bovarysme*. Paris: Mercure de France, 1902, pp. 66-7, 13, 16, 32, 157. Uma redação mais breve e anterior da obra fora lançada em 1892.
12. O. Mannoni, *Clefs pour l'imaginaire ou l'Autre Scène*. Paris: Seuil, 1969, p. 172.
13. Ibid., pp. 10-1.
14. J.-P. Sartre, *O ser e o nada: Ensaio de ontologia fenomenológica* [1943]. Trad. de Paulo Perdigão. Petrópolis: Vozes, 2007, pp. 101-2, 104.
15. Esse é um problema que tratei mais amplamente, assim como outros assinalados nestas páginas, em "Kindergarten", *Calibano*, n. 6 [1981]; e em *Signos e estilos da modernidade: Ensaios sobre a sociologia das formas literárias*.
16. Sobre a distinção entre "história" e "discurso", que remonta a Émile Benveniste, ver S. Chatman, *Story and Discours: Narrative Structure in Fiction and Film* e H. Weinrich, *Tempus: Le funzioni dei tempi nel testo* [1964]. Ed. italiana: M. P. La Valva e P. Rubini. Bolonha: Il Mulino, 2004.
17. É particularmente esclarecedora, a esse respeito, uma comparação entre Onêguin e Fausto. Ambos são homens do "grande mundo", e as moças confinadas e quase destinadas ao "pequeno mundo" apaixonam-se por eles. Fausto seduz Margarida e a leva ao homicídio, à loucura e à morte: mas ao seu despertar, na segunda parte, "Pulsa da vida o ritmo palpitante" (*Fausto*, 4679), e Margarida não é mais nem mesmo uma

recordação. Onêguin recusa-se a seduzir Tatiana e ao seu modo a "salva", depois apaixona-se quase perdidamente por ela.
18. Ver, a título de exemplo, a "Introdução" de Franco Fortini para sua tradução italiana do *Fausto*. Milão: Mondadori, 1980, especialmente as pp. 28-30.
19. L. Trilling, "Manners, Morals, and the Novel" [1947]. In: *The Liberal Imagination*. Londres: Secker and Warburg, 1951, p. 215. Ver também, para antecipar um tema discutido no próximo capítulo, o que Jameson escreve a propósito do "realismo" balzaquiano: "O real é portanto — praticamente por definição no mundo caído do capitalismo — aquilo que resiste ao desejo, aquele fundamento contra o qual o sujeito que deseja conhece a desintegração de suas esperanças" (F. Jameson, "Realismo e desejo: Balzac e o problema do sujeito". In: *O inconsciente político: A narrativa como ato socialmente simbólico*. Trad. de Valter Lellis Siqueira. Rio de Janeiro: Ática, 1992. p. 185).
20. "[o eu] se esforça em fazer valer a influência do mundo externo sobre o Id e os seus propósitos, empenha-se em colocar o princípio de realidade no lugar do princípio de prazer, que vigora irrestritamente no Id. A percepção tem, para o Eu, o papel que no Id cabe ao instinto. O eu representa o que se pode chamar de razão e circunspecção, em oposição ao Id, que contém as paixões" (S. Freud, "O eu e o id". In: *Obras completas*, vol. 16: *O eu e o id, autobiografia e outros textos*. Trad. de Paulo César de Souza. São Paulo: Companhia das Letras, 2011, p. 31).
21. "[...] o domínio do princípio de prazer (e de sua modificação, o princípio de realidade)" (S. Freud, "Além do princípio de prazer". In: *Obras completas*, vol. 14: *História de uma neurose infantil* ("O homem dos lobos"), *Além do princípio de prazer e outros textos*. Trad. de Paulo César de Souza. São Paulo: Companhia das Letras, 2010, p. 285). Paul Ricœur comenta: "O homem só é homem se adia a satisfação, abandona a possibilidade de gozo, tolera provisoriamente um certo grau de desprazer na via indireta do prazer [...] essa admissão do desprazer em toda conduta humana como o longo desvio que toma o princípio de prazer para se impor em última instância" (P. Ricœur, *Da interpretação: Ensaio sobre Freud* [1965], pp. 236-7).
22. S. Freud, *O mal-estar na civilização* [1929]. Trad. de Paulo César de Souza. São Paulo: Penguin Companhia, 2011, p. 31.
23. Id., "O eu e o id". In: *Obras Completas*, vol. 16: *O eu e o id, autobiografia e outros textos*, p. 70.
24. Ver sobretudo R. Barthes, *S/Z*. Trad. de Lea Novaes. Rio de Janeiro: Nova fronteira, 1992, e G. Genette, "Verossimilhança e motivação" [1968]. In: *Figuras II*. Trad. de Nicia Adan Bonatti. São Paulo: Estação Liberdade, 2015.

25. I. M. Lotman, *A estrutura do texto artístico*. Trad. de Maria do Carmo Vieira Raposo e Alberto Raposo. Lisboa: Estampa, 1978, pp. 431, 441.
26. Ibid., pp. 437-8.
27. B. Constant, *Des effets de la Terreur* apud J. Starobinski, *1789: Os emblemas da razão* [1979]. Trad. de Maria Lucia Machado. São Paulo: Companhia das Letras, 1988, p. 51.
28. Ibid.
29. F. Furet, "A Revolução Francesa terminou", pp. 90-1.
30. A. O. Hirschmann, *As paixões e os interesses: Argumentos políticos a favor do capitalismo antes do seu triunfo*. Trad. de Lúcia Campeio. São Paulo: Paz e Terra, 1979.
31. "Do caráter do indivíduo, na medida em que afeta sua própria felicidade; ou da prudência": "[...] a segurança é o primeiro e principal objeto de prudência. É avessa a expor nossa saúde, nossa fortuna, nossa posição ou reputação a qualquer espécie de perigo. É antes cautelosa que empreendedora, e mais preocupada em conservar as vantagens que já possuímos do que disposta a nos incitar à aquisição de vantagens ainda maiores. [...]. Se [o homem prudente] entra em novos projetos ou empreendimentos, provavelmente serão bem planejados e preparados. Jamais pode ser apressado ou impelido a eles por alguma necessidade, pois sempre dispõe de tempo e ócio para deliberar sóbria e lucidamente sobre quais serão suas prováveis consequências" (A. Smith, *Teoria dos sentimentos morais* [1759]. Trad. de Lya Luft. São Paulo: Martins Fontes, 1999, pp. 266-9, parte VI, seção I). E, para Schumpeter: "[...] a civilização capitalista é racionalista e 'anti-heroica'. É claro que as duas coisas seguem juntas. O êxito na indústria e no comércio exige um bocado de energia, mas a atividade comercial e industrial é essencialmente anti-heroica no sentido do cavaleiro [...] e a ideologia que glorifica a ideia da luta e da vitória compreensivelmente murcha em um escritório, no meio das colunas de números. [...] não compartilhando ou mesmo discordando da ideologia do guerreiro conflitante com seu utilitarismo 'racional', a burguesia comercial e industrial é fundamentalmente pacifista e inclinada a insistir na aplicação dos preceitos morais da vida privada às relações internacionais". (J. Schumpeter, *Capitalismo, socialismo e democracia* [1942]. Trad. de Luiz Antonio Oliveira de Araújo. São Paulo: Unesp, 2017, p. 169.)
32. W. Sombart, *Il borghese. Lo sviluppo e le fonti dello spirito capitalistico* [1913]. Ed. italiana: Milão: Longanesi, 1983, pp. 159-64.
33. Ver F. Rude, *Stendhal et la pensée sociale de son temps*, pp. 195-209.
34. A. Tocqueville, *A democracia na América: Sentimentos e opiniões, livro II*. Trad. de Eduardo Brandão. São Paulo: Martins Fontes, 2014, p. 402.

35. J. S. Mill, *Sobre a liberdade* [1859]. Trad. de Alberto da Rocha Barros. São Paulo: Companhia Editora Nacional, 1942, pp. 109-10.
36. Não sou um grande perito no assunto, mas me parece que Benjamin Franklin deve sua fama a razões bem mais simbólicas do que técnicas. Invenção insuperavelmente burguesa, o prudente para-raios, por antonomásia, nos protege do desconhecido: faz sentido que ele tenha substituído a cruz sobre os tetos de nossas casas.
37. G. Lefebvre, *Napoléon*. Paris: Nouveau Monde, 2005, p. 89.
38. I. M. Lotman, "The Origins of Plot in the Light of Typology [1973]. In: *Poetics Today*. Trad. de Julian Graffy, vol. 1-2. Durham: Duke University Press, 1979, p. 16.
39. Cf. H. Weinrich, *Tempus: Le funzioni dei tempi nel testo* [1964], especialmente o quinto e o quarto capítulos.
40. J. Starobinski, "Stendhal pseudonyme". In: *L'Œil vivant*. Paris: Gallimard, 1961.
41. E. Z. Friedenberg, *The Vanishing Adolescent* [1959]. Nova York: Dell, 1970, pp. 29-34.
42. L. Mittner, *Storia della letteratura tedesca: II. Dal pietismo al romanticismo (1700-1820)*. Turim: Einaudi, 1964, p. 544.
43. S. Freud, "O Eu e o Id". In: *Obras completas*, vol. 16: *O eu e o id, autobiografia e outros textos*, pp. 26-7.
44. Id., "Além do princípio de prazer". In: *Obras completas*, vol. 14: *História de uma neurose infantil ("O homem dos lobos"), Além do princípio de prazer e outros textos*, p. 299.
45. Se o herói do romance nunca é "ele mesmo" nos vários papéis que representa, Fausto, ao contrário, sempre o é: "A unidade de sua figura" — escreveu Cesare Cases — "é dada pela permanência do '*streben*', mas este encarna-se repetidas vezes em diferentes empreitadas e paixões às quais ele, diferentemente de seu triste companheiro, entrega-se totalmente. [...] Cada etapa é cumprida em si e aparece na próxima, quando muito, como uma recordação fugaz" (C. Cases, "Introduzione". In: J. W. von Goethe, *Faust*. Trad. de Barbara Allason. Turim: Einaudi, 1965, p. 53).
46. G. Lukács, *Goethe e il suo tempo*. Trad. de Enrico Burich. Florença: La Nuova Italia, 1974, pp. 317-8.
47. Uma única exceção é o episódio de Margarida, que não por acaso é o mais "romanesco" do poema, e aquele em que a conjunção de *streben* e mudança histórica é mais atenuada.
48. A. D. Miller, *Narrative and Its Discontents*. Princeton: Princenton University Press, 1981, p. 211.
49. S. Kierkegaard, "La Ripresa" [1843]. In: *Timore e tremore*. Ed. italiana: Milão: Comunità, 1977, p. 158. As citações precedentes são de *Timore e tremore* [1843], pp. 61-2.

50. O mesmo vale para todos os comportamentos de Onêguin no baile (V, 39-VI, 2). Ele seduz Olga não porque a deseja, mas para se "se vingar" de Lenski que, conduzindo-o à festa, o forçou a rever Tatiana.
51. Nesse sentido, a tentativa de homicídio de Madame de Rênal nos parece como um casamento de missa negra, uma profanação excessiva do rito matrimonial que, não por acaso, ocorre na igreja, e num domingo. O ato de Julien é, ao mesmo tempo, expressão de uma liberdade que se quer absoluta e sua definitiva autossupressão.
52. A única tentativa em sentido contrário é o décimo capítulo de *Onêguin*, em que Eugênio teria tomado partido na Revolta Dezembrista. Púchkin destruiu esse final por medo da censura, e poderíamos ver nesse episódio a paradoxal confirmação do paradigma do isolamento. A censura, de fato, estabelece com a força aquilo que é "aceitável" e aquilo que não é. Se Stendhal, e depois Liérmontov, haviam "interiorizado" a impossibilidade de um destino político significativo, Púchkin foi movido, ao contrário, por uma coerção externa: de forma mais ou menos "civilizada" o espírito do tempo conseguiu, contudo, evitar a conclusão indesejada.
53. W. Benjamin, "O narrador: Considerações sobre a obra de Nikolai Leskov". In: *Magia e técnica, arte e política: Ensaios sobre literatura. Obras Escolhidas*, vol. 1. Trad. de Sério Paulo Rouanet. São Paulo: Brasiliense, 1994, p. 214.
54. Daí a necessidade de episódios incompreensíveis/irracionais como a tentativa de homicídio de Madame de Rênal e, de maneira geral, a importância, em todas essas obras, da paixão de amor: esta, de fato, permite imprimir na história reviravoltas peremptórias sem necessidade alguma de motivações racionais, e postula até mesmo a priori seu princípio irracional.
55. M. Bakhtin, "Epos e romance: Sobre a metodologia do estudo sobre o romance" [1938]. In: *Questões de literatura e estética: A teoria do romance*. Trad. de Aurora F. Berardini. São Paulo: Unesp/Hucitec, 1998, pp. 405-7.
56. R. Barthes, *O grau zero da escrita*. Trad. de Mário Laranjeira. São Paulo: Martins Fontes, 2004, pp. 43 e 45.
57. É. Benveniste, "As relações do tempo no verbo francês" [1959]. In: *Problemas de linguística geral*. Trad. de Maria da Glória Novak. São Paulo: Edusp, 1976, pp. 261-2.
58. Ibid., p. 267.
59. Id., "Estrutura das relações de pessoa no verbo" [1946], pp. 250-1.
60. Id., "As relações do tempo no verbo francês". In: *Problemas de línguistica geral*, p. 267.
61. W. Benjamin, "O narrador: Considerações sobre a obra de Nikolai Leskov", pp. 200-1.
62. H. Weinrich, *Tempus: Le funzioni dei tempi nel testo* [1964], p. 183.
63. Id., "Le strutture narrative del mito" [1970]. In: *Metafora e menzogna: La serenità dell'arte*. Bolonha: Il Mulino, 1976, pp. 211-2.

3. A prosa do mundo [pp. 203-76]

1. Para citar um dos primeiros estudiosos do fenômeno (P. Sorokin, *Social Mobility*. Nova York/Londres: Harper and Brothers, 1927, p. 516): "Se, por um lado, a mobilidade amplia a mente e torna nossa vida mental mais intensa, por outro, ela facilita a superficialidade [...] somos atraídos pela versatilidade e pelos atalhos às expensas da profundidade e da verdade". É o retrato de Lucien de Rubempré.
2. Julien alcança a "fama" somente após sua tentativa de homicídio de Madame de Rênal, e Fabrice apenas quando, consumido pelo desejo por Clélia, perturba toda a Parma com seus sermões ascéticos e desesperados. De modo extremo, essas situações nos dizem que o momento do "sucesso" é aquele em que o herói stendhaliano é mais alheio a si mesmo e ao seu papel público: antítese entre aspiração subjetiva e êxito objetivo que é inconcebível no mundo de Balzac.
3. Originalmente "sucesso" é sinônimo de "sucessão", a um cargo ou a algo semelhante; passa em seguida (mudança ainda perceptível no alemão, *Erfolg*) a significar o êxito de uma ação, que não deve necessariamente ser favorável (*good* ou *ill success*); e se estabiliza, enfim, no século XIX, embora os primeiros exemplos remontem a três séculos anteriores, com o significado atual, que é de longe o menos preciso de todos.
4. K. Mannheim, "A natureza da ambição econômica e seu significado para a educação social do homem". In: *Sociologia do conhecimento*, pp. 64-70.
5. G. Simmel. "La moda" [1895]. In: *Arte e civiltà*. Milão: Isedi, 1976, pp. 20, 22-3, 28-9.
6. M.-A. Descamps, *Psychosociologie de la mode*. Paris: PUF, 1979, pp. 15-6, 207-8.
7. A essa altura, é impossível não dizer nada a respeito de *Bel-Ami*, em que o sucesso individual não leva à catástrofe alguma, muito pelo contrário; ele conduz à plena consagração social. Basta pensar no fim do romance, quando o arrivista sem escrúpulos, que se casa com a garota cuja mãe ele seduziu por divertimento, recebe na Igreja da Madeleine a bênção do bispo: "Vós, senhor, que vosso talento eleva acima dos outros, que escreveis, que ensinais, que aconselhais, que dirigis o povo, vós tendes uma bela missão a cumprir, um belo exemplo a dar..." (*Bel-Ami*, 10). Ou então naquele breve episódio, quase uma alegoria, em que a família Walter descobre a extraordinária semelhança entre Bel-Ami e o Cristo de um quadro famoso: um Cristo que caminha sobre as águas — que "sobe" para onde ninguém teria acreditado, com a mesma leveza sobrenatural com a qual Georges Duroi ascende na pirâmide social... Sem dúvida o sucesso tem aqui um destino diferente daquele em Balzac: e pode tê-lo, pois o universo social de Bel-Ami é diferente. Em *A comédia humana*, o mundo

é uma "arena" em que milhares de homens e mulheres movidos pelos mais variados motivos se combatem; em *Bel-Ami* é mais uma escada em que se encontra um rival por vez, e ainda por cima estes são poucos e bem pouco vitais. Em Balzac, o sucesso vai e volta de um momento para outro; em Maupassant o herói "sobe" na vida, de maneira mais modesta, porque liberam-se cargos já existentes — de redator, de marido de Madame Forestier, de proprietário de jornal, de marido de Suzanne Walter. Em uma palavra: o mundo de *Bel-Ami*, no fim das contas, é um escritório; o sucesso, uma carreira. Os traços marcantes desse romance encontram-se um a um na análise da carreira burocrática realizada por Mannheim no ensaio sobre a ambição econômica: e compreende-se assim por que uma obra francamente insossa e desleixadamente implausível tenha conseguido tocar tão profundamente a imaginação da França oitocentista. A carreira estatal no século passado fora sem dúvida a forma mais difundida da mobilidade social, mas nunca se tornara um tema narrativo relevante: revestindo-a de Eros e aventura, Maupassant conferiu um fascínio opaco a um percurso que de fascinante não tinha absolutamente nada.

8. G. W. F. Hegel, *Lezioni sulla filosofia della storia*, vol. I, p. 197.
9. M. Bakhtin, "Formas de tempo e de cronotopo no romance: Ensaios de poética histórica". In: *Questões de literatura e estética: A teoria do romance*, pp. 243-5.
10. "Só o Estado traz um conteúdo que, além de ser adequado às provas da história, até mesmo a produz com este [...] só no Estado, com o conhecimento das leis, dão-se ações claras e com elas a clareza da consciência que destas se têm, e que fornece a capacidade e a exigência de as conservar sob forma [histórica]." (G. W. F. Hegel, *Lezioni sulla filosofia della storia*, vol. I, pp. 167-8.)
11. Um exemplo especialmente significativo: "o esforço para produzir uma representação dotada de sentido passa pela temática do mecanismo oculto, daquilo que está 'por detrás', e pelos modos como este se manifesta e se revela [...]. A existência é controlada e manipulada por um mundo secreto e muitas vezes conspiratório: apenas através dele é possível explicá-la e conferir-lhe um sentido" (P. Brooks, *Melodramatic Imagination*. New Haven: Yale University Press, 1976, pp. 119-20).
12. W. Sombart, *Il borghese. Lo sviluppo e le fonti dello spirito dello capitalistico* [1913], p. 159. O fato de que os "empreendedores" de Balzac são geralmente "banqueiros", "usurários" e afins deve-se muito provavelmente à consequência óbvia da predominância do capital financeiro do jovem capitalismo francês. Mas essa escolha sociologicamente obrigatória tem ainda a importantíssima consequência simbólica de fundamentar a narrativa sobre a forma culturalmente mais "movediça" e "cética"

do poder econômico: sobre um poder, acrescenta Sombart, que pode se conservar apenas se consegue ser "conhecedor dos homens, e conhecedor do mundo". Quando, de resto, Jacques Collin descobre Rastignac ou Lucien, e decide apostar no sucesso deles, o seu gesto é a miniatura de um investimento especulativo de alto risco: não por acaso a primeira coisa que faz é emprestar volumosas somas de dinheiro aos seus protegidos.

13. J. Burckhardt, *Reflexões sobre a história*. Trad. de Leo Gilson Ribeiro. Rio de Janeiro: Zahar, 1961, p. 17.
14. Ibid., p. 271.
15. Ibid., pp. 262-3.
16. Ibid., p. 272.
17. F. Braudel, *A dinâmica do capitalismo* [1977]. Trad. de Álvaro Cabral. Rio de Janeiro: Rocco, 1987.
18. E. J. Hobsbawn, *A era das revoluções 1789-1848* [1962]. Trad. de Maria Tereza Teixeira. São Paulo: Paz e Terra, 2010; e *A era do capital 1848-1875* [1975]. Trad. de Luciano Costa Neto. São Paulo: Paz e Terra, 2009.
19. C. Prendergast, *Balzac. Fiction and Melodrama*. Londres: Edward Arnold, 1978, pp. 50-2.
20. R. Sennett, *O declínio do homem público*, pp. 403 e 63.
21. T. W. Adorno, "Lettura di Balzac". In: *Note per la letteratura* [1943-1961]. Turim: Einaudi, 1979, pp. 142-3, 147.
22. Para uma excelente reconstrução do potencial "narrativo" introduzido pelo capitalismo na mentalidade oitocentista, ver M. Berman, *Tudo que é sólido desmancha no ar: A aventura da modernidade*. Trad. de Carlos Felipe Moisés e Ana Maria L. Ioriatti. São Paulo: Companhia das Letras, 1986.
23. De Harold Robbins a *Dallas*, as formas narrativas mais populares dos últimos vinte anos retomaram esse aspecto da obra balzaquiana. Personalizado e piorado, o grande capitalismo volta a ser imprevisível e a restabelecer o tempo sincopado da moda, quando não se trata da moda propriamente dita, ou quando desta se é quase indistinguível — como o cinema da trilogia de Robbins, verdadeiras *Ilusões perdidas, absit iniuria verbis*, da narrativa contemporânea. Até mesmo a interminabilidade dos *serials* televisivos já havia sido prefigurada, aliás, pela estrutura policêntrica e em contínua expansão d'*A comédia humana*.
24. M. Bakhtin, "Formas de tempo e de cronotopo no romance: Ensaios de poética histórica", p. 351.
25. K. Marx e F. Engels, *Manifesto comunista* [1848]. Trad. de Álvaro Pina. São Paulo: Boitempo, 2005, p. 43. Para uma excelente análise filológica e conceitual desse texto, ver ainda M. Berman, *Tudo que é sólido desmancha no ar: A aventura da modernidade*, pp. 85-117.
26. Discuti mais a fundo a função narrativa da metrópole em Balzac em "*Homo palpitans*. Come il romanzo ha plasmato la personalità urbana",

Quaderni Piacentini, n. 3, 1981. [Ed. bras.: "*Homo palpitans*: Os romances de Balzac e a personalidade urbana". In: *Signos e estilos da modernidade: Ensaios sobre a sociologia das formas literárias*, pp. 131-55.]

27. C. Darwin, *A origem das espécies* [1859]. Trad. de André Campos Mesquita. São Paulo: Escala, 2009, p. 74.

28. O aspecto homossexual da amizade, expresso geralmente com toda franqueza pela cultura clássica, se manifesta aqui com um deslocamento tão exíguo e regular do objeto erótico que dificilmente pode ser considerado como um acaso: Werner se casa com a irmã de Wilhelm e este com a irmã de Lothario; Darcy e Bingley se casam com duas irmãs, como talvez aconteceria com Arkádi e Bazárov (se Bazárov não morresse) e com Lenski e Onêguin (se este último não o assassinasse depois de ter "seduzido" sua namorada); duelos à parte, haverá, de uma certa forma, um eco de tal situação na relação entre David Copperfield e Steerforth. Em *Ilusões perdidas*, David Séchard se casará com a irmã de Lucien, mas o verdadeiro drama da amizade será consumado em Paris.

29. Para Hegel a amizade nasce "quando os indivíduos ainda vivem suas relações efetivas numa indeterminação comum" (G. W. F. Hegel, *Cursos de estética*, vol. II. Trad. de Marco Aurélio Werle e Oliver Tolle. São Paulo: Edusp, 2000, p. 304). Tönnies a situará no âmbito da *Gesellschaft* urbana, onde o enfraquecimento dos laços familiares e tradicionais encoraja a criação de vínculos de um tipo diferente, baseados em "um modo de pensar concordante" e em "semelhanças da profissão e da arte" (F. Tönnies, *Comunità e società* [1887]. Trad. de Giorgio Giordano. Milão: Comunità, 1979, p. 58).

30. "O próprio argumento submete-se à tarefa de correlação e da descoberta mútua das linguagens. O argumento do romance deve organizar o desmascaramento das linguagens sociais e das ideologias, mostrá-las e experimentá-las." (M. Bakhtin, "A pessoa que fala no romance". In: *Questões de literatura e estética: A teoria do romance*, p. 162.)

31. M. Horkheimer e T. W. Adorno, "Sobre a gênese da burrice". In: *Dialética do esclarecimento* [1947]. Trad. de Guido de Almeida. São Paulo: Zahar, 1985, pp. 210-1.

32. O modo como a "desilusão" realista sucumbe ao fascínio da narrativa, que já se tornou familiar para nós, é analisado de maneira mais extensa no ensaio de A. D. Miller, "Balzac's Illusions Lost and Found", *Yale French Studies*, n. 57, 1984.

33. A frase preferida de Jacques Collin — "eu assumo o papel da Providência": ele a diz seja em *O pai Goriot*, seja em *Ilusões perdidas* — condena-o a jamais levar a melhor. Onde todos buscam prover, não há espaço para "a" providência; e quando Balzac, em *Esplendores e misérias das cortesãs*,

concentra sua história em apenas duas "providências" em luta entre si, desenterrando, com efeito, o esquema do duelo, escreve um romance chato que se acende somente quando entra em contradição com suas próprias premissas. Vem em mente o teatro jacobino que se deleitava com a metáfora do xadrez, mas que conseguia ser grande apenas quando os "jogadores" desapareciam e cada parte prosseguia por sua conta; quando, ao contrário (como em *Game at Chesse*, de Middleton), a metáfora era levada a sério, o resultado era bastante enfadonho.

34. A passagem é citada e comentada por V. Strada, "Introduzione". In: G. Lukács, M. Bakhtin et al. *Problemi di teoria del romanzo*. Turim: Einaudi, 1976, p. 30.
35. H. Weinrich, *Tempus: Le funzioni dei tempi nel testo* [1964], p. 129.
36. Ibid., pp. 135-6.
37. Em *S/Z*, Roland Barthes defende repetidas vezes que o "realismo" balzaquiano funda-se sobre a manifestação de um "sentido" unívoco e conclusivo. Isso pode ser verdadeiro para *Sarrasine*, que é um conto sob forma de enigma, mas é sem dúvida falso para a maior parte de *A comédia humana*. Confesso que nunca entendi por que Barthes escolheu um texto tão atípico para construir uma teoria do realismo narrativo.
38. J.-P. Sartre, *Que é a literatura?* [1947]. Trad. de Carlos Felipe Moisés. São Paulo: Ática, 2004, p. 45.
39. G. Genette, "Verossimilhança e motivação" [1968], pp. 91-4.
40. Ibid., p. 88: "As determinações [em Balzac] são quase sempre, aqui, pseudodeterminações [...] e cuja abundância suspeita só sublinha, para nós, o que queriam mascarar: *a arbitrariedade da narrativa*".
41. Sugestões nesse sentido em S. Chatman, *Story and Discourse: Narrative Structure in Fiction and Film*, caps. 2 e 5.
42. Examinei de maneira mais aprofundada este assunto e outros a ele associados em *Signos e estilos da modernidade: Ensaios sobre a sociologia das formas literárias*.
43. R. Barthes, *S/Z*, pp. 125, 204.
44. Ibid., p. 223.
45. G. Genette, "Verossimilhança e motivação" [1968], p. 87.
46. Se tal desvalorização do plano do discurso e da função do narrador, como veículos da ideologia balzaquiana, parece muito apressada, basta pensar em como funcionam os vários gêneros de literatura de massa. Nesse terreno sem confins da ideologização da realidade, que toma forma — será por acaso? — nos decênios balzaquianos, o narrador não possui praticamente função alguma, e o sentido do texto é inteiramente confiado à organização da trama.
47. H. Lausberg, *Elementos de retórica literária*. Trad. de Raúl Miguel Rosado Fernandes. Lisboa: Fundação Calouste Gulbenkian, 1972, p. 267.

48. W. Sombart, *Il borghese. Lo sviluppo e le fonti dello spirito del capitalistico*, p. 4.
49. E. J. Hobsbawm, *A era das revoluções 1789-1848* [1962], p. 205.
50. R. Sennett, *O declínio do homem público*, caps. 7-8, e J. Hobsbawm, cap. 10. Em sua paródia do *Bildungsroman* — *Confissões do impostor Felix Krull* —, Thomas Mann não deixa de enfatizar este novo fenômeno: "Imaginem um adolescente, vestido de maneira modesta, sozinho e sem amigos, perdido na multidão, varando aquele meio estranho e colorido! Não tem dinheiro para participar das alegrias da civilização [...]. Mas os sentidos estão despertos, o espírito atento; ele olha, saboreia, assimila [...]. Que feliz é o arranjo das vitrines, e o fato de lojas, bazares, salas de comércio, lugares de venda de artigos de luxo, não guardarem egoisticamente seus tesouros, mas os exibirem ampla e ricamente atrás de magníficas vidraças" — Krull, naturalmente, saberá estilhaçar toda e qualquer vidraça: este não é o caso de Frédéric Moreau, que parece ilustrar uma mistura de mobilidade fantasista e real imobilidade que irremediavelmente nos surpreende diante desse feliz arranjo das vitrines.
51. L. Bersani, "Realism and the Fear of Desire". In: *A future for Astyanax*. Londres: Marion Boyar, 1978, pp. 66-7.
52. Em sua primeira análise semiológica das convenções realistas — "L'Effet du réel", *Communications*, II [1968]. [Ed. bras.: R. Barthes, "Efeitos de real". In: VV. AA. *Literatura e semiologia*. Trad. de Célia Neves Dourado. Petrópolis: Vozes, 1972, p. 41.] —, Roland Barthes encontra o "efeito de real" justamente naqueles elementos do texto que revelam "uma resistência ao sentido; essa resistência confirma a grande oposição mítica do vivido (ou do vivente) e o inteligível". A única objeção que faria a esse esplêndido artigo é sua visão "intersticial" do realismo ("o realismo é somente parcelar, errático, confinado aos detalhes"). Para mim, ao contrário, o realismo manifesta o seu sentido ideológico-retórico mais particular nas macroestruturas do enredo, do ponto de vista e do final.
53. "Sim, é muito engraçada esta coisa terrível. Um homem que nasce cai num sonho como um homem que cai no mar." (*Lord Jim*)
54. K. Marx, "Dinheiro". In: *Manuscritos econômico-filosóficos* [1844]. Trad. de Jesus Ranieri. São Paulo: Boitempo, 2008, p. 159.
55. Cf. L. Trilling, *Sinceridade e autenticidade: A vida em sociedade e a afirmação do eu*, pp. 121-4.
56. G. Simmel, "O conceito e a tragédia da cultura", p. 102.
57. Ibid., p. 100: "Os objetos têm uma lógica própria de desenvolvimento — reitera Simmel mais adiante — em consequência da qual eles se desviam da direção na qual eles poderiam se adaptar ao desenvolvimento pessoal da alma humana [...]. O homem torna-se agora o mero

portador de constrangimentos, com o qual esta lógica domina os desenvolvimentos e os conduz como que à *tangente* do caminho, na qual eles retornariam ao desenvolvimento cultural dos homens vivos".

58. Além das observações que acabamos de citar, ver o que escreve Simmel em "A metrópole e a vida mental" (In: G. O. Velho (Org.), *O fenômeno urbano*. Rio de Janeiro: Zahar, 1977, pp. 11-2): "Os problemas mais graves da vida moderna derivam da reivindicação que faz o indivíduo de preservar a autonomia e a individualidade de sua existência em face das esmagadoras forças sociais, da herança histórica, da cultura externa e da técnica de vida". E mais adiante: "O desenvolvimento da cultura moderna é caracterizado pela preponderância do que se poderia chamar de o 'espírito objetivo' sobre o 'espírito subjetivo' [...]. O indivíduo, em seu desenvolvimento intelectual, segue o crescimento desse espírito muito imperfeitamente e a uma distância sempre crescente". (p. 23)
59. L. Trilling, *Sinceridade e autenticidade: A vida em sociedade e a afirmação do eu*, pp. 75-6.
60. G. Lukács, *A teoria do romance: Um ensaio histórico-filosófico sobre as formas da grande épica*, pp. 117-8, 123.
61. Com grande perspicácia, Flaubert situa o momento mágico de seu herói nos primeiros meses de 1848, quando o vazio de poder e o atônito equilíbrio entre classes e opiniões diferentes exige apenas "representantes" do tipo de Frédéric: que decerto teria sido eleito ao Parlamento como candidato de mediação entre as bancadas opostas, se, como sempre, não tergiversasse demais.
62. C. Schmitt, *Romanticismo politico* [1924]. Trad. de C. Galli. Ed. italiana: Milão: Giuffrè, 1981, passim.
63. P. Bourdieu, "L'invention de la vie d'artiste", *Actes de la Recherche en Sciences Sociales*, vol. 1, n. 2, p. 69, mar. 1975.
64. Vale sublinhar que esta, vamos chamá-la assim, esperteza, não tem nada de cerebral ou de excêntrica: assim como Frédéric é, no fim das contas, um personagem absolutamente mediano, sua aventura interior não é nada excepcional. Mais do que atraente, como a defini anteriormente, a fantasia é necessária ao homem moderno é a única saída para escapar ao "dilema do consumidor" —, e é por isso rapidamente incorporada à sua existência normal. O que levará essa história adiante, um século e meio após Flaubert, será *Ulysses*: onde a complexíssima fantasia do *stream of consciousness* [fluxo da consciência] (secretamente associada às técnicas da publicidade) já se tornou universal, espontânea, imperceptível, até mesmo banal, e exerce perfeitamente a função de contrapeso em uma existência em que a categoria de possibilidade *real* já não tem mais cabimento. Debati mais detalhadamente essa questão em "L'incantesimo dell'indecisione" em *Linea d'ombra*, 4 [1984]; ora em

Signos e estilos da modernidade: Ensaios sobre a sociologia das formas literárias, e sobretudo em *Opere mondo*. Turim: Einaudi, 1994.
65. O ensimesmamento da juventude é impiedosamente reiterado na última página de *A educação*. Frédéric e Deslauriers, agora velhos, relembram um episódio da primeira adolescência, a visita ao bordel da Turca: "Mas o calor que fazia, a apreensão do desconhecido, um certo remorso, e até o prazer de ver, de uma só vez, tantas mulheres à sua disposição, o emocionaram tanto que ele [...] fugiu; e como Frédéric é que tinha o dinheiro, Deslauriers foi mesmo obrigado a acompanhá-lo". Já aqui, diga-se de passagem, o dinheiro não é mais "a prostituta comum de todo gênero humano" do *Timão de Atenas* e correlato comentário marxista: em vez de induzir à *realização* do desejo, atua na direção contrária (como escolher quando há "tantas mulheres à sua disposição", ou melhor: *por que* escolher?). O mais importante, porém, é o gracejo com que Frédéric comenta o episódio: "Foi isso que nós tivemos de melhor". Essas palavras, as últimas do romance, com sua nostalgia por uma experiência que não teve lugar, assinalam o advento de uma ideia de juventude — "covarde", escrevera Flaubert a George Sand — em que o desafio da novidade se transformou em "apreensão diante do desconhecido", e onde não há mais espaço para um crescimento que seja desprendimento irreversível do mundo protegido dos primeiros anos de vida: Frédéric é, entre tantas outras coisas, o único protagonista de um romance de formação que volta a morar no lugar onde passara a infância.
66. C. Schmitt, *Romanticismo político*, pp. 238-9.

4. A conjuração dos inocentes [pp. 277-344]

1. O que foi dito não se aplica a George Eliot, que tratarei separadamente na terceira seção deste capítulo. Nas primeiras duas partes, examinarei os dois grandes modelos do romance de formação inglês (*Tom Jones* e *David Copperfield*) e suas variantes respectivamente "pública" e "íntima" (*Waverley* e *Jane Eyre*), e aquele obstinado contramodelo que é *Grandes esperanças*. Farei referência também, porém de maneira menos frequente, a *Caleb Williams*, que — por força das convenções — é menos diferente dos outros romances citados do que, muito provavelmente, teria desejado o seu autor.
2. É sugestivo que Raymond Williams discuta a *industrial novel* em *Culture and Society* [Ed. bras.: R. Williams, *Cultura e sociedade*. Trad. de Stephania Matousek. Petrópolis: Vozes, 2011.], livro em que se ocupa da história das ideias, e a ignore em *The English Novel from Dickens to Lawrence*, que, à primeira vista, poderia parecer sua sede mais idônea. Entretanto

é uma escolha mais do que justificada pela opacidade com a qual o romance sempre rodeou o mundo do trabalho, e que se estendeu àquele fenômeno imediatamente "coletivo" — estritamente imbricado com a própria Revolução Industrial — que foi o nascimento do movimento operário. Voltarei a este assunto no fim do capítulo.

3. A morte de Steerforth é cheia de detalhes altamente implausíveis (os cabelos cacheados e o chapéu vermelho, reconhecíveis até mesmo em meio à tempestade, os acenos alegres e inconscientes, até o cadáver levado à orla "deitado com a cabeça no braço, como o tinha visto dormindo na escola": *David Copperfield*, 55), mas indubitavelmente mais eficazes quando se quer que o leitor se separe de Steerforth conservando a mesma imagem que David recusou colocar em discussão. De resto, enquanto todos os personagens menores de *David Copperfield* voltam a se encontrar com David, tal nunca é concedido a Mr. Mell, a primeira vítima da altivez destrutiva de Steerforth. Para poupar David de uma conversa desagradável, Dickens despacha Mell da Inglaterra diretamente para a Austrália, o que é uma bela de uma viagem.

4. Ph. Ariès, *L'enfant et la vie familiale sous l'Ancien Régime*, p. 293.

5. B. Bettelheim, *A psicanálise dos contos de fadas* [1976]. Trad. de Arlene Caetano. Rio de Janeiro: Paz e Terra, 1992, p. 159.

6. Ibid., p. 17-8.

7. Ibid., p. 87.

8. Nesse ponto, a aversão de George Eliot aos seus predecessores exprime-se de maneira explícita: "Bem longe de ser realmente moral é o então chamado *dénouement* moral, no qual recompensas e punições são distribuídas segundo aquela ideia de justiça que o romancista teria sugerido para governar o mundo, caso fosse consultado no momento de sua criação. A emoção ou a satisfação que o leitor sente quando o vilão morre por alguma doença hedionda [Falkland, Mrs. Reed, Bertha Manson] ou é esmagado por um trem [Caker em *Dombey and Son*] não é essencialmente mais moral do que a satisfação que se sentia outrora quando flagelavam os culpados" (G. Eliot, "The Morality of Wilhelm Meister" [1885]. In: *Essays of George Eliot*. Org. T. Pinney. Londres: Routledge and Kegan Paul, 1963, p. 145).

9. B. Bettelheim, *A psicanálise dos contos de fadas* [1976], p. 148.

10. Ibid., pp. 34-5.

11. S. Richardson, "Carta do dia 22 de janeiro de 1750". In: R. Paulson e T. Lockwood (Orgs.), *Henry Fielding. The Critical Heritage*. Londres: Routledge and Kegan Paul, 1969, p. 215.

12. *"Thou know'st' tis common — all that live must die"*; *"Ay, madam, it is common"* (*Hamlet*, I, 2) ["Sabes que é sorte comum — tudo que é vivo morre"; "Sim, madame, é comum", W. Shakespeare, *Hamlet*. Trad.

de Millôr Fernandes. Sobre a história semântica de *common*, cf. R. Williams, *Palavras-chave: Um vocabulário de cultura e sociedade*.
13. A passagem é citada em A. Welsh, *The Hero of the Waverley Novels*. New Haven: Yale University Press, 1963, pp. 49-50. Em inglês, naturalmente, *hero* significa tanto "herói" como "protagonista", e o jogo de palavras sobre o "protagonista não heroico" é não raro frequente. Basta pensar na primeira frase de David Copperfield: "Se serei o protagonista de minha própria vida, ou se...". Sobre essa questão, cf. M. Praz, *La crisi dell'eroe nel romanzo vittoriano* [1952]. Florença: G. C. Sansoni, 1981.
14. P. Anderson, "Origins of Present Crisis", *New Left Review*, n. 23, p. 33, 1964.
15. G. Orwell, "Charles Dickens" [1939]. In: S. Orwell e I. Angus (Orgs.), *Collected Essays, Journalism and Letters*. Hammondstown: Penguin, 1969, vol. 1, pp. 485-500.
16. P. Anderson, "Origins of Present Crisis", pp. 39-40.
17. E. Burke, *Reflexões sobre a revolução na França*, pp. 177-8.
18. R. Williams, *The English Novel from Dickens to Lawrence*, p. 53.
19. O vigário de Goldsmith, cândida alma, mas consequente, interpretará as coincidências como a urdidura da Providência, sem a qual a própria vida de todos os dias correria o risco de se desmantelar: "E aqui devo me deter e refletir sobre aqueles encontros acidentais que, conquanto aconteçam todos os dias, nos surpreendem apenas ao criar a ocasião de eventos extraordinários. De qual conjunto de coincidências fortuitas não somos devedores por todos os prazeres e comodidades da nossa vida! Quantos eventos aparentemente casuais devem acontecer para que nós possamos nos nutrir e nos vestir! O camponês deve ter vontade de trabalhar, a chuva deve cair, o vento deve inflar as velas do mercador..." (O. Goldsmith, *The Vicar of Wickefield* [1776]. Londres: Dent, 1979, p. 207).
20. M. Bakhtin, "O plurilinguismo no romance". In: *Questões de literatura e de estética: A teoria do romance*, pp. 107-8.
21. Sobre essa definição, cf. R. Sennett, *O declínio do homem público*, pp. 75-88.
22. M. Bakhtin, "A pessoa que fala no romance", p. 108, e "Formas de tempo e de cronotopo no romance: Ensaios de poética histórica", p. 277. Ambos em *Questões de literatura e de estética: A teoria do romance*.
23. "Parece que" — observa o implacável Burke — "os legisladores franceses colheram suas impressões e opiniões em todas as profissões, empregos e situações, nas declarações e piadas dos satíricos [...]. Ao escutar apenas esses homens, os seus chefes passam a olhar só o lado ruim das coisas e veem esses vícios [...] o fato de que aqueles que se dedicam exclusivamente a descobrir e a mostrar os defeitos das coisas não possuem as qualidades necessárias para reformá-las". (E. Burke, *Reflexões sobre a revolução na França*, pp. 167-8.)

24. Ibid., p. 108. Essa passagem oferece, além disso, mais uma motivação histórico-cultural para a convergência do juízo "adulto" e do juízo "infantil", tão característicos do romance de formação inglês. Na infância, quando a capacidade de análise crítico-racional ainda não se tornou autônoma, podemos absorver apenas preconceitos; com a juventude — como para Kant, com o Iluminismo — saímos do estado de minoridade para entrar na idade da razão. Porém, intervém Burke, a forma mais alta e definitiva de exercício da razão consiste na subsequente redescoberta dos preconceitos originários. Assim como a juventude, a razão é um parêntese, ou uma ponte que conduz da aceitação inconsciente à aceitação plenamente consciente dos preconceitos do senso comum.
25. Ibid., p. 167.
26. M. Praz, *La crisi dell'eroe nel romanzo vittoriano*, p. 19.
27. P. Anderson, "Origins of Present Crisis", p. 33.
28. L. Trilling, *Sinceridade e autenticidade: A vida em sociedade e a afirmação do eu*, p. 129.
29. C. Lévi-Strauss, *O pensamento selvagem* [1962]. Trad. de Maria Celeste da Costa e Souza e Almir de Oliveira Aguiar. São Paulo: Companhia Editora Nacional, 1970, p. 266.
30. O romance policial só poderia ter se afirmado na Inglaterra, e como forma de extremismo dos procedimentos retóricos que estamos descrevendo — maniqueísmo do conto de fadas, "normalidade" ameaçada, universo social rigidamente classificado, identificação de "história" e crime, total falta de interesse pelo "ponto de vista" daquele que instaura a violação.
31. Se fosse pelo Captain Blifil, Tom não chegaria nem mesmo ao segundo ano de vida, e se salva apenas porque Allworthy objeta que "por mais criminosos que fossem os pais [dos bastardos], eram os filhos, sem dúvida, inocentes" (*Tom Jones*, II, 2).
32. Como sempre, *Grandes esperanças* inverte o paradigma dominante e substitui a condenação imerecida por um prêmio igualmente imerecido. A partida de Pip rumo a Londres é tudo menos desconsolada, e é digno de nota que o único personagem que fica feliz em viajar seja também o único que terá a infelicidade como destino. Uma das célebres páginas de Manzoni ditou a partida como constrição: "Adeus, montes nascentes das águas [...]. Quão tristes são os passos daquele que, crescido por vós rodeado, de vós se distancia [...]. Daquele que, separado por um tempo dos mais caros hábitos, e incomodado nas mais caras esperanças, deixa esses montes para seguir os rastros de desconhecidos que jamais desejou conhecer, e que não pode com a imaginação chegar ao momento estabelecido para o retorno. Adeus, casa natal..." (*Os noivos*, cap. 8). É impressionante a quantidade de

analogias estruturais entre o modelo narrativo que estamos reconstruindo e aquele d'*Os noivos*: infelizmente terei de me limitar aqui a um aceno marginal.

33. O caso de Dora exemplifica outro fator constante no enredo inglês: a ideia de que seria melhor se o herói — que durante a viagem "não é si mesmo" — não estreitasse nenhum tipo de relação com aqueles que o acaso coloca em sua estrada durante os anos da juventude. Esse é o tema da "dupla escolha" erótica: Sofia/Lady Bellaston, Rosa/Flora, Rochester/St. John Rivers, Agnes/Dora, Biddy/Estella. Em todos os casos o par "perfeito" é sempre aquele que foi encontrado primeiro; em seguida, à medida que o enredo se desenvolve, o herói encontra o par errado e corre o risco de permanecer ligado a este para sempre (como Pip, para variar). De forma geral, uma viagem em que é preciso interagir o menos possível com os personagens que se encontram pelo caminho faz com que o herói inglês pareça menos um ator do que um *espectador* do grande teatro do mundo. Em perfeito acordo com a cultura classificatória, aprender a "conhecer" a sociedade significa desenvolver as próprias capacidades taxonômicas, fazer com que estas funcionem à primeira vista, não buscar interações significativas. A viagem juvenil degenera-se assim em *turismo* social, tanto mais que os lugares e as pessoas se apresentam "espontaneamente" sob a forma de um esboço, de um retrato de álbum fotográfico. A companhia de cigarros Player's, conta Orwell, imprimiu diferentes séries de figurinhas dos personagens de Dickens; aqueles de Scott têm o próprio nicho no mausoléu de Edimburgo, e algo parecido foi feito em um edifício em Milão para os personagens d'*Os noivos*.

34. Assim, na última página d'*Os noivos*, Renzo Tramaglino recapitula o sentido de suas várias viagens: "Aprendi [...] a não me meter em assuadas; aprendi a não predicar em praça pública; aprendi a olhar nos olhos da pessoa com quem falo; aprendi a não beber muito; aprendi a não segurar a aldraba das portas, quando ao meu redor há gente de cabeça quente; aprendi a não amarrar guizos aos pés antes de pensar naquilo que daí pode resultar". Antes tivesse aprendido a *fazer* alguma coisa, em vez de aprender o que *não* fazer! Para Manzoni também, incidentalmente, o lugar onde menos se é "si mesmo", e onde mais se corre o risco da própria ruína, é a grande cidade, Milão.

35. M. Bakhtin, "Formas de tempo e de cronotopo no romance: Ensaios de poética histórica", pp. 228-9, 231.

36. Ibid., p. 215.

37. Ibid., p. 224.

38. R. H. Dabney, *Love and Property in the Novels of Dickens*. Califórnia: University of California Press, 1967, pp. 137-8.

39. Ver o famoso artigo de S. Freud, "O romance familiar dos neuróticos" [1909]. In: *Obras completas*, vol. 8: *O delírio e os sonhos na Gradiva, Análise da fobia de um garoto de cinco anos e outros textos* [1906-1909]. Trad. de Paulo César de Souza. São Paulo: Companhia das Letras, 2015, pp. 419-25.
40. C. Hill, *Intellectual Origins of the English Revolution* [1965]. Londres: Panther, 1966, p. 257.
41. E. Burke, *Reflexões sobre a revolução na França*, pp. 67-8.
42. Esse princípio contratualista, já ativo no processo contra Carlos I, torna-se ainda mais explícito no Ato que, de fato, constringe Jaime II à abdicação: "O rei Jaime II, tendo tentado *subverter* a constituição do reino ao infringir o *contrato originário* entre o rei e o povo [...], e tendo violado as leis fundamentais, *abdicou* do governo, e o trono é, por conseguinte, vago" (Apud E. Burke, *Reflexões sobre a revolução na França* [1790]). Não quero me exceder, mas a ideia de fazer um rei abdicar e substituí-lo por outro rei não é muito diferente daquela de negar um pai em favor de um tio. Em ambos os casos, parte-se do princípio de uma forma de autoridade fortemente hierárquica, mas o direito "constitucional" a eliminar eventuais malfeitores é mantido.
43. É claro que entre 1640 e 1660 a motivação religiosa foi de longe a mais importante, mas já em 1688 a supremacia passou para a ideia de "contrato", e com o passar do tempo a *forma mentis* do puritanismo revolucionário torna-se cada vez mais inexpressiva, enquanto a mentalidade constitucionalista se fortalece. Seria mais adequado dizer, portanto, que a legitimação "jurídica" da revolução é menos obra de seus protagonistas do que de seus herdeiros: mas isso, evidentemente, não invalida uma reflexão sobre a cultura dos séculos XVIII e XIX. O direito possui, além disso, uma natureza tendencialmente bem mais universalista e igualitária do que a ideia protestante de eleição, e tal fato sem dúvida deve ter influenciado na diferente fortuna histórica das duas ideologias.
44. E. P. Thompson, *Senhores e caçadores: A origem da lei negra*. Trad. de Denise Bottman. Rio de Janeiro: Paz e Terra, 1987, pp. 353-4.
45. Cf. *Tom Jones*, I, 6-7; II, 6; III, 4 e assim por diante até o livro XVIII, 12: "Creio, sr. Jones — retrucou ela —, que posso quase confiar no vosso próprio senso de justiça, e deixar que vós mesmo pronuncieis a sentença sobre o vosso próprio comportamento" "— Ai de mim! Senhora — disse ele —, é misericórdia, e não justiça, que de vossas mãos imploro."
46. J. Locke, "The Second Treatise" [1689]. In: P. Laslett (Org.), *Two Treatises on Government*. Nova York/Londres: Signet, 1965, § 22.
47. Não acredito que seja mera coincidência o fato de que esses dois termos conservem em inglês uma combinação de evidência lógica, definição jurídica e normatividade moral, até hoje bem mais marcada do que em outras línguas.

48. S. F. C. Milsom, *Historical Foundations of the Common Law*. Londres: Butterworths, 1981, p. 89.
49. Os desenvolvimentos da teoria narrativa demonstraram que a dupla *fábula*/enredo, limitando-se a definir o segundo termo de modo negativo (como "desvio" do primeiro), ou tautológico (o enredo é a apresentação narrativa dos eventos conforme o texto a expõe), não possui a consistência teórica formulada pelos formalistas, especialmente por Chklóvski. Acredito, no entanto, que tal distinção mantém uma validade "local" para aquelas culturas narrativas predispostas a separar nitidamente a ideia de "artifício" daquela de "naturalidade"; a contrapor "aparência" e "realidade", "mentira" e "verdade". Não é o caso, como estamos vendo, do romance francês — mas é, sem dúvida, o caso da narrativa inglesa que desempenha de modo insólito um papel central nos escritos teóricos de Chklóvski. Os casos em que a distinção de *fábula* e enredo lhe parece particularmente evidente são, de fato, por um lado, a narrativa policial (à qual ele dedica dois longos ensaios, em *Sobre a teoria da prosa*, centrados em Dickens e Doyle); por outro, aquele romance "feito só de enredo", verdadeiro *hobby horse* de Chklóvski, que é *Tristam Shandy* — uma obra que só poderia ter nascido no cenário de uma cultura narrativa obcecada pela primazia da *fábula*. Seria fascinante, mas deixarei para uma próxima vez, analisar essa obra como o inverso do romance de formação inglês.
50. H. Lausberg, *Elementos de retórica literária*, p. 96, § 47. "O *ordo naturalis*" — prossegue Lausberg — "tem como consequência uma clareza e uma credibilidade médias, mas corre o perigo de ser demasiado uniforme (ὁμοείδεια, *vulgare dicendi genus*) e de assim provocar o tédio (*taedium, fastidium*)." Ao lado dessa *fabula ante litteram*, a retórica clássica coloca então, *nihil sub sole novum*, a "alteração artística da situação normal [que] chama-se *ordo artificialis* ou *figura* (σχῆμα). Trata-se de figuras, por exemplo, como a sucessão de acontecimentos, na *narratio*, que não corresponde à sucessão histórica dos acontecimentos". (Blifil, pensando bem, não fará outra coisa senão colocar em prática esse preceito.)
51. J. H. Baker, *An Introduction to English Legal History*. Londres: Butterworths, 1979, p. 67.
52. Tal desejo de justiça permeia o *happy ending*, conferindo-lhe um caráter bem peculiar. No fim desses romances, de fato, em geral um inocente, condenado severamente em primeira instância, vê reconhecido seu direito a que o tempo pare e volte atrás, a que se anulem as consequências dos erros iniciais e que lhe seja concedido o merecido ressarcimento. Vê, em suma, reconhecido o seu direito àquele *recurso de apelação* que ocupa, quase inteiramente, o 18º livro de *Tom Jones:* "As pessoas" — observa Baker — "consideram hoje 'o direito

a recorrer à Apelação' como um requisito essencial da justiça natural, e já em 1723 dizia-se que a 'a glória e a felicidade de nossa excelente constituição consistem no fato de que, a fim de evitar toda e qualquer injustiça, nenhum homem seja condenado definitivamente em primeira instância; caso considere que a justiça não lhe foi feita, pode recorrer a outra corte'" (Ibid., p. 116). A implementação do direito de apelação percorreu vias bem tortuosas, mas realizou-se na Inglaterra muito antes do que em qualquer outro lugar e, até onde pode entender um leigo, com resultados muito mais satisfatórios (ou menos insatisfatórios).

53. E. P. Thompson, *Senhores e caçadores: A origem da lei negra*, pp. 353-4. Todas as desventuras de Caleb Williams nascem do fato de ele estar literalmente tomado pelo senso de justiça descrito por Thompson, que passa por cima de sua própria vontade e leva-o ("*I could not stop myself*") a cometer toda sorte de imprudências e até mesmo pequenos delitos para que um caso judiciário já "encerrado" há muitos anos seja reaberto e resolvido pela força da lei.

54. Nesse ponto sobressai a diferença em relação a *Os noivos*. Em uma Itália revolvida pelo clamor, mas desprovida de leis, e onde os advogados falam latim, uma história não muito diferente daquela narrada em *Tom Jones* exige — para que a justiça seja feita — a guerra, o holocausto da peste e uma conversão milagrosa. Tudo isso é obra da Providência e não do Estado, e poderá reforçar a fé; não, decerto, a confiança na justiça.

55. As estruturas dos contos de fadas são, de resto, muitas vezes características dos períodos de formação das culturas nacionais modernas: o *feuilleton*, na França; a ópera, na Itália; muito da literatura da fronteira, nos Estados Unidos; e verdadeiros contos de fadas no âmbito germânico. A verdadeira peculiaridade do desenvolvimento inglês parece consistir antes na fracassada separação entre literatura "alta" e "baixa", confirmada tanto pela frequência de figuras eminentemente "sintéticas" como Defoe, Richardson, Fielding, Scott e Dickens, como pela extrema fraqueza da cultura "decadente", e depois de vanguarda, em território inglês. A primeira causa para tal anomalia reside muito provavelmente, ainda uma vez, na precoce estabilidade da ordem sociopolítica inglesa que fizera crescer o público de leitores de modo muito mais gradual e tranquilo do que em qualquer outro lugar: jamais exposto a traumas repentinos, o cânone narrativo pôde incorporar aos poucos as novas exigências simbólicas dentro das velhas e bem corroboradas estruturas.

56. A. Mintz, *George Eliot and the Novel of Vocation*. Cambridge: Harvard University Press, 1978, p. 114.

57. M. Weber, "A ciência como vocação". In: *Ensaios de sociologia*, H. H. Gerth e M. Wright (Orgs.). Trad. de Waltensir Dutra. Rio de Janeiro: Zahar, 1971, p. 163.
58. "A imagem da verdadeira civilização e da verdadeira 'cultura', a imagem que criou as raízes mais profundas no espírito inglês foi a imagem da *country house*. A cidade inglesa moderna, em sua total insignificância, é uma simples prova disso. Culturalmente, como produto de uma verdadeira civilização, esta nunca existiu, porque a civilização vive noutro lugar, nas casas de campo da aristocracia e da *gentry.*" (T. Nairn, "The Britsh Political Elite", *New Left Review*, n. 23, p. 20, 1964.)
59. A. Mintz, *George Eliot and the Novel of Vocation*, p. 101.
60. S. Freud, *Obras completas*, vol. 7: *O chiste e a sua relação com o inconsciente* [1905]. Trad. de Fernando Costa Mattos; e Paulo César de Souza. São Paulo: Companhia das Letras, 2017, p. 331.
61. Ibid.
62. Ibid.
63. F. R. Leavis, *The Great Tradition* [1948]. Londres: Chatto and Windus, 1962, p. 91.
64. "Não há nada de sentimental na visão eliotiana da mediocridade e da platitude humana; ela as considera, ao contrário, como objetos de compaixão, e o tratamento que lhes dá é uma afirmação da dignidade humana. Ser capaz de afirmar a dignidade humana dessa maneira é um indício de grandeza: seria interessante refletir sobre as diferenças com Flaubert." (Ibid., p. 60).
65. "Ao passo que a linguagem do narrador em Jane Austen era extremamente próxima da linguagem dos personagens, em George Eliot o traço mais evidente é a cisão entre os dois planos." (R. Williams, *The English Novel from Dickens to Lawrence*, p. 79.) Um pouco mais adiante (p. 91) Williams toma distância da ideia de "maturidade" que estamos examinando.
66. S. Freud, *Obras completa*, vol. 7: *O chiste e a sua relação com o inconsciente*, pp. 327-8.
67. Gwendolen Harleth, sem saber bem por quê, atribui a Daniel o papel de "narrador" da própria vida: seja ao lhe narrar tudo (inclusive os detalhes que o narrador, digamos, oficial, havia ignorado), seja ao lhe pedir continuamente que comente sua própria conduta.
68. Apud W. E. Houghton, *The Victorian Frame of Mind*. New Haven: Yale University Press, 1957, p. 18.
69. Incidentalmente: o casamento de Daniel e Mirah implica uma perda dolorosa (de Mirah) para Hans Meyrick, que é apaixonado por ela, e também o melhor, ou mais exatamente, o único amigo de Daniel. Mas dado que Mirah jamais se casaria com alguém que não fosse judeu, e os sentimentos de Hans (segundo Daniel) são superficiais e efêmeros, essa reviravolta do destino pode ser considerada completamente inocente.

70. "Onde mais existe uma nação da qual se possa dizer que sua religião, lei e moral se fundiram, como a corrente sanguínea no coração, para promover uma evolução [...]? A comunidade era [sentida] antes de ser considerada boa." (*Felix Holt*, 42).

"Uma nostalgia inútil de mim mesmo": A crise do romance de formação europeu, 1898-1914 [pp. 345-67]

1. Texto publicado em *Nuova Corrente*, n. 37, pp. 163-84, 1990. Neste ensaio, que teve sua origem em uma conferência, as passagens transcritas foram traduzidas por mim, e apresentam-se de maneira informal.
2. A ideia de que a juventude conduz "naturalmente" à maturidade deve ter se tornado tão pouco convincente que todos esses autores, de um modo ou de outro, viram de cabeça para baixo a ideia de Goethe — a partir da qual teve origem o romance de formação como gênero — e trocam o *Bildungsroman* (*Os anos de aprendizagem de Wilhelm Meister*) pelo *Künstelerroman* (*A missão teatral de Wilhelm Meister*). No *Künstelerroman*, a ênfase recai sobre o desenvolvimento do indivíduo excepcional, e não por acaso a ideia de vocação, à qual o século XIX havia conferido ares burgueses, readquire em Joyce uma auréola metafísica. "Sê bem-vinda, ó, vida! Eu vou ao encontro, pela milionésima vez, da realidade da experiência, a fim de moldar, na forja da minha alma, a consciência ainda não criada da minha raça." Essas são as últimas palavras do *Retrato do artista*.
3. Karl aceita um convite do melhor amigo de seu tio para ir jantar. À meia-noite, recebe uma carta: "Caro sobrinho [...]. Decidiu, contra a minha vontade, afastar-se de mim. Então, mantenha essa decisão por toda a sua vida — só assim será uma decisão de um homem" (Kafka, *O desaparecido ou Amerika*, 3). E assim Karl é expulso pela segunda vez de sua família.
4. S. Freud, "Além do princípio de prazer". In: *Obras completas*, vol. 14: *História de uma neurose infantil* ("O homem dos lobos"), *Além do princípio de prazer e outros textos*, p. 245.

Traduções dos romances citados

AUSTEN, J. *Orgulho e preconceito*. Trad. de Lúcio Cardoso. São Paulo: Abril Cultural, 1982.
BALZAC, H. *Ilusões Perdidas*. Trad. de Rosa Freire D'Aguiar. São Paulo: Penguin Companhia, 2011.
_____. "O pai Goriot". In: *A comédia humana: Estudos de costumes. Cenas da vida privada*, vol. 4. Trad. de Gomes da Silveira e Vidal de Oliveira. São Paulo: Globo, 2012.
_____. "Gobsek". In: *A comédia humana: Estudos de costumes. Cenas da vida privada*, vol. 3. Trad. de Vidal de Oliveira e Casimiro Fernandes; Wilson Lousada. São Paulo: Globo, 2012.
CONRAD, J. *Juventude*. Trad. de Flávio Moreira da Costa. São Paulo: L&PM, 2006.
DICKENS, C. *Grandes esperanças*. Trad. de Paulo Henriques Britto. São Paulo: Penguin Companhia, 2012.
_____. *David Copperfield*. Trad. de José Rubens Siqueira. São Paulo: Cosac Naify, 2014.
ELIOT, G. *Daniel Deronda*. Trad. de Marisis Aranha Camargo. São Paulo/Rio de Janeiro: Paz e Terra, 1997.
FIELDING, H. *Tom Jones*. Trad. de Jorge Pádua Conceição. São Paulo: Nova Cultural, 2002.
FLAUBERT, G. *A educação sentimental*. Trad. de Rosa Freire D'Aguiar. São Paulo: Penguin Companhia, 2017.
GOETHE, J. W. von. *Os anos de aprendizagem de Wilhelm Meister*. Trad. de Nicolino Simone Neto. São Paulo: Ed. 34, 2009.
_____. *Fausto: Uma tragédia*, vol. 1 e 2. Trad. de Jenny Klabin Segall. São Paulo: Ed. 34, 2004.
JOYCE, J. *Retrato do artista quando jovem*. Trad. de José Geraldo Vieira. São Paulo/Rio de Janeiro: Ediouro, 1987.
KAFKA, F. *O desaparecido ou Amerika*. Trad. de Susana Kampff Lages. São Paulo: Ed. 34, 2012.
LIÉRMONTOV, M. *O herói do nosso tempo*. Trad. de Paulo Bezerra. São Paulo: Martins Fontes, 1999.

MANN, T. *Confissões do impostor Felix Krull*. Trad. de Lya Luft. Rio de Janeiro: Nova Fronteira, 1981.
_____. *Tonio Kröger*. Trad. de Maria Deling. São Paulo: Abril Cultural, 1971.
MAUPASSANT, G. *Bel-Ami*. Trad. de Clovis Ramalhete. São Paulo: Abril Cultural, 1981.
MUSIL, R. *O jovem Törless*. Trad. de Lya Luft. Rio de Janeiro: Rio Gráfica, 1986.
PROUST, M. *Em busca do tempo perdido*, vol. I. *No caminho de Swann*. Trad. de Mário Quintana. São Paulo: Abril Cultural, 1982.
PÚCHKIN, A. *Eugênio Onéguin*. Trad. de Dario Moreira de Castro Alves. São Paulo: Record, 2010.
RILKE, R. M. *Os cadernos de Malte Laurids Brigge*. Trad. de Renato Zwick. São Paulo: L&PM, 2009.
STENDHAL. *Do amor*. Trad. de Roberto Leal Ferreira. São Paulo: Martins Fontes, 1999.
_____. *A Cartuxa de Parma*. Trad. de Rosa Freire D'Aguiar. São Paulo: Penguin Companhia, 2012.
_____. *O vermelho e o negro*. Trad. de Paulo Neves. São Paulo: L&PM, 2013.
TURGUÊNIEV, I. *Pais e filhos*. Trad. de Rubens Figueiredo. São Paulo: Cosac Naify, 2011.
WALSER, R. *Jakob von Gunten: Um diário*. Trad. de Sergio Tellaroli. São Paulo, 2011.

Índice onomástico

A

Adorno, Theodor Wiesengrund, 107-8, 116, 217, 224-5, 237, 372, 380n, 391n, 392n
Alain-Fournier, Henri, 348
Althusser, Louis, 381n
Anderson, Perry, 25, 290, 300, 313-4, 398-9n
Andrade, Mário de
  Macunaíma, 369n
Angus, Ian, 398n
Ariès, Philippe, 74, 281, 376n,
Auerbach, Erich, 22, 41, 245
Austen, Jane, 11, 40, 52, 72, 90, 93, 100, 102, 117, 123, 126, 163, 229, 296, 324, 348, 353, 369-70n, 373n, 381-2n, 404n
  Mansfield Park, 123
  Orgulho e preconceito, 13, 51, 57, 59, 72-3, 80, 85, 89, 97, 100-3, 105, 109-10, 112, 117, 123, 184, 188, 373n, 383n

B

Baioni, Giuliano, 111, 381n
Baker, J. H., 402n
Bakhtin, Mikhail Mikháilovich, 12-3, 20, 41, 156-7, 159, 194-5, 213-4, 226, 235-6, 239, 295, 298, 309-10, 368n, 372n, 378n, 388n, 390-2n, 398n, 400n
Balzac, Honoré de, 11, 19-20, 32, 36, 71, 111, 148-9, 152, 158, 169-70, 191, 205, 208-10, 212-4, 217-8, 220-6, 228, 230-2, 234-6, 238-42, 244-7, 249, 251-4, 256, 258-60, 266, 302, 315, 335-6, 353, 385n, 389-93n, 406n
  Comédia humana, A, 33, 164, 169, 206, 212, 214, 216-8, 222-3, 225-6, 228-9, 231, 234-6, 241-4, 246, 248, 250, 252, 348, 390-1n, 393n
  Esplendores e misérias das cortesãs, 392n
  Ferragus, 223
  Ilusões perdidas, 13, 17, 21, 203-5, 207-8, 226, 231-4, 240-1, 250-3, 258, 283, 306, 348, 391-2n, 406n
  Pai Goriot, O, 204, 208, 230-1, 240, 259, 291, 392n
  Pele de onagro, A, 250
  Prima Bette, A, 252
  Sarrasine, 393n
Barthes, Roland, 156, 194-5, 242, 248-9, 350, 376n, 385n, 388n, 393-4n
Baudelaire, Charles-Pierre, 363
Baudrillard, Jean, 79, 376n
Benjamin, Walter, 30, 131, 196, 357, 387-8n
Bentham, Jeremy, 134, 214
Benveniste, Émile, 195-6, 384n, 388n

Bergson, Louis, 294
Berman, Marshall, 391*n*
Bersani, Leo, 257, 394*n*
Bettelheim, Bruno, 288, 397*n*
Bloch, Marc Léopold Benjamim, 16, 22, 369-70*n*
Bourdieu, Pierre, 272, 395*n*
Braudel, Fernand, 22, 223, 391*n*
Brönte, Charlotte, 285, 305, 369*n*
  Jane Eyre, 13, 38, 278, 280, 283, 285, 289, 292, 316, 320, 396*n*
Brönte, Emily
  Morro dos ventos uivantes, O, 33, 200, 306
Brooks, Peter, 100, 378*n*, 390*n*
Büchner, Georg, 128, 369*n*
Burckhardt, Jacob, 228-32, 246, 249, 291, 391*n*
Burke, Edmund, 293, 299-300, 302, 309, 312, 336, 379*n*, 398-9*n*, 401*n*
Byron, George Gordon, Lord, 141

C

Cases, Cesare, 387*n*
Cassirer, Ernst, 29
Cervantes Saavreda, Miguel de
  Dom Quixote, 370*n*
Chatman, Seymour, 242, 350, 379*n*, 384*n*, 393*n*
Chklóvski, Viktor Borísovitch, 370*n*, 402*n*,
Coleridge, Samuel Taylor, 106-8
Conrad, Joseph (pseudônimo de Józef Teodor Konrad Korzeniowski), 193, 345, 349, 353, 358, 365
  Coração das trevas, 306
  Juventude, 308
  Lord Jim, 394*n*
Constant, Benjamin, 131, 162, 386*n*

Culler, Jonathan, 108, 380*n*
Curtius, Ernst Robert, 22

D

Dabney, Ross H., 400*n*
Darwin, Charles Robert, 31-2, 36, 370*n*, 392*n*
De Gaulle, Charles-André-Joseph-Marie, 370*n*
De Maistre, Joseph, 31
De Man, Paul, 380*n*
Defoe, Daniel, 57, 317, 379*n*, 403*n*
  Robinson Crusoé, 57, 86, 197, 229, 379*n*
Descamps, Marc-Alain, 389*n*
Dickens, Charles, 11, 13, 36, 280, 285, 293-6, 300, 305, 322, 325, 331, 335, 381-2*n*, 396-8*n*, 400*n*, 402-4*n*
  David Copperfield, 283
  Grandes esperanças, 277-8, 283, 285, 289, 316, 319, 396*n*, 399*n*
Diderot, Denis, 296, 298
Dilthey, Wilhelm, 41, 45-6, 373*n*
Dostoiévski, Fiódor Mikháilovitch, 213, 303, 370*n*, 372*n*
  Irmãos Karamázov, Os, 114
Doyle, Arthur Conan, 402*n*
Dupréel, Eugène, 302

E

Eagleton, Terry, 381*n*
Eldredge, Niles, 350
Elias, Norbert, 358, 383*n*
Eliot, George (pseudônimo de Mary Ann Evans), 11, 13, 33-4, 36, 74, 296, 324-6, 331-41, 343, 348, 353, 369*n*, 396-7*n*, 403-4*n*

Daniel Deronda, 33-4, 74, 324-5, 337-44
Dombey and Son, 397n
Felix Holt, 34, 40, 324-6, 338, 342-4, 394n, 405n
Middlemarch, 40, 74, 325-6, 328-34, 337-9, 342-3
Eliot, T. S., 336-7
Emerson, Ralph Waldo, 304
Engels, Friedrich, 391n
Erikson, Erik, 172

F

Fielding, Henry, 293-6, 300, 319, 321-22, 335, 403n
  Tom Jones, 38, 48, 229, 277-9, 283, 288, 294, 306, 308, 316, 319, 321, 396n, 399n, 410-3n
Fievée, Joseph, 167
Flaubert, Gustave, 32-4, 36, 39, 143, 237, 244, 254, 256, 258-61, 266, 268, 315, 343, 353, 363-4, 366, 395-6n, 404n
  Educação sentimental, A, 14, 34, 133, 240, 244, 255, 261-2, 270-2, 274, 276, 342, 363
  Madame Bovary, 268
  Primeira educação sentimental, 270
Fortini, Franco, 385n
Foucault, Michel, 38-9
Franklin, Benjamin, 387n
Frege, Gottlob, 382n
Freud, Sigmund, 30, 38, 144, 147, 154-5, 180, 248, 334, 336-7, 356, 380n, 383n, 385n, 387n, 401n, 404-5n
Friedenberg, Edgar Z., 171, 387n
Fromm, Erich, 114
Furet, François, 53, 113, 163, 374n, 386n
Fussell, Paul, 345

G

Gaultier, Jules de, 143-4, 161, 384n
Genette, Gérard, 156, 247, 249, 385n, 393n
Ginzburg, Carlo, 20
Godwin, William, 282, 305, 322
  Aventuras de Caleb Williams, As, 316, 322, 396n
Goethe, Johann Wolfgang von, 10-1, 21, 27, 34, 36, 40, 45, 47, 49, 52-3, 55, 59, 73, 76, 87-8, 90, 92-3, 100-2, 111, 123-4, 126, 130, 141-2, 169, 117, 179, 182, 225, 229, 243, 263, 265, 327-8, 349, 353, 370n, 373n, 379-82n, 387n, 405n
  Afinidades eletivas, As, 33, 59, 88, 220, 253
  Anos de aprendizado Wilhelm Meister, Os, 9-11, 21, 28, 45-8, 50-4, 59-62, 64-6, 72-4, 79-80, 83-5, 87, 89, 92, 96-7, 100, 103, 105, 110, 112, 117, 119, 125, 151, 184, 204-5, 220, 223, 230, 253-4, 256, 274, 278-9, 283, 302, 315, 324, 328, 348, 373-4n, 376-8n, 405n
  Fausto, 30, 35-7, 39, 59, 127, 143, 153, 156, 177-9, 181-2, 193, 250, 261-4, 266, 268-9, 384-5n
  Missão teatral de Wilhelm Meister, A, 9-11, 21, 28, 45-8, 50-4, 59-62, 64-6, 72-4, 79-80, 83-5, 87, 89, 92, 96-7, 100, 103, 105, 110, 112, 117, 119, 125, 151, 184, 204-5, 220, 223, 230, 253-4, 256, 274, 278-9, 283, 302, 315, 324, 328, 348, 373-4n, 376-8n, 405n
  Sofrimentos do jovem Werther, Os, 88
Golding, William Gerald, 349
Goldsmith, Oliver, 398n
Gould, Stephen Jay, 350, 370n

H

Habermas, Jürgen, 90, 136, 378n, 383n
Hamon, Philippe, 376n
Hardy, Thomas, 369n
Judas, o obscuro, 16, 369n
Hegel, Georg Wilhelm Friedrich, 10-2, 29, 36, 41, 48, 70, 98, 173, 213-4, 216, 225, 228, 368n, 374-5n, 379-80n, 390n, 392n
Heller, Agnes, 59-9, 68-71, 76, 91, 374-5n, 379n
Heller, Erich, 382n
Helvétius, Claude-Adrien, 128, 130, 134, 174
Hill, Christopher, 312
Hirschmann, Albert O., 15, 164, 386n
Hobsbawm, Eric J., 391, 394n
Homero, 141
Horkheimer, Max, 237, 392n
Houghton, Walter E., 404n
Humboldt, Wilhelm von, 63, 66, 94-5, 375n

J

James, Henry, 193, 337
Jameson, Fredric, 385n
Jefferson, Thomas, 53
Joyce, James, 39, 159, 345-6, 349, 352, 354-5, 362-7, 372n, 405n
Retrato do artista quando jovem, 11, 345-6, 354-5, 359, 361-7, 405n
Stephen Herói, 355, 366-7
Ulysses, 159, 292, 352, 364, 367, 395n
Joyce, Stanislaus, 367

K

Kafka, Franz, 345, 349, 351-2, 358, 361, 365, 372n, 380n, 405n
O desaparecido ou Amerika, 345-6, 359-60, 36, 405n
Kant, Immanuel, 399n
Kaschuba, Wolfgang, 369n
Kate Chopin (pseudônimo de Katherine O'Flaherty), 369n
Kierkegaard, Søren Aabye, 183-4, 387n
Kocka, Jürgen, 369n
Koselleck, Reinhardt, 95-6, 379n
Kosik, Karel, 67-8, 70, 81-2, 92, 375-6n, 379n

L

Lasch, Christopher, 54, 198
Laslett, Peter, 401n
Lausberg, Heinrich, 393n, 402n
Lawrence, David Herbert, 369n, 381-2n, 396n, 398n, 404n
Filhos e amantes, 16, 369n
Leavis, Frank Raymond, 336-7, 404n
Leed, Eric J., 345
Lefebvre, Georges, 386n
Lefebvre, Henri, 67, 70, 81, 167, 375-6n
Lênin, Vladímir Ilitch, 175
Liérmontov, Mikhail Iúrievitch, *O herói do nosso tempo*, 126, 143, 170, 173, 388n
Lessing, Gotthold Ephraim, 96
Lévi-Strauss, Claude, 305, 399n
Locke, John, 317, 401n
Lockwood, Thomas, 397n
London, Jack (pseudônimo de John Griffith Chaney), 17, 369n
Martin Eden, 16, 369n

Lotman, Yuri Mikháilovich, 32, 41, 57-8, 156-7, 159-60, 168-9, 229-30, 303, 374n, 386-7n
Lukács, Georg, 14, 19, 31, 36, 41, 68, 78-9, 111, 118-9, 121, 127, 182, 204, 209, 224, 239, 244, 246, 269-71, 303, 337, 348, 353, 375-6n, 379n, 382n, 387n, 393n, 395n

M

Macherey, Pierre, 381n Maine, H. S., 373n
Malthus, Thomas Robert, 231
Mann, Thomas, 10, 345-6, 348-9, 353, 357-9, 364-5, 368n, 395n
Confissões do impostor Felix Krull, 394n
Tonio Kröger, 345, 347, 349, 353-4, 364-5
Mannheim, Karl, 28, 207, 371n, 383n, 389-90n
Mannoni, Octave, 144-5, 161, 384n
Manzoni, Alessandro, 399-400n
Noivos, Os, 296, 311, 399-400n, 403n
Marcuse, Herbert, 368n
Marx, Heinrich Karl, 21, 29, 174, 179, 217, 225, 252, 265, 391n, 394n
Maupassant, Guy de, 138, 239-40, 390n,
Bel-Ami, 27, 138, 150, 240, 255, 282, 291, 304, 389-90n
Middleton, Thomas, 393n
The Game at Chesse, 393n
Mill, John Stuart, 114, 166, 172, 235, 291, 339, 387n
Miller, D. A., 26, 387n, 392n
Milsom, S. F. C., 402n
Mintz, Alan, 327, 403n, 404n
Mitterauer, Michael, 369n

Mittner, Ladislao, 178, 379n
Moles, Abraham, 375n
Montesquieu, Charles-Louis de Secondat, barão de La Brède, 298
Morgenstern, Karl, 379n
Mouilland, Geneviève, 383n
Mozart, Wolfgang Amadeus, 73, 83
Mulhern, Francis, 379n
Musil, Robert, 345-6, 352, 358
Jovem Törless, O, 11, 345-7, 353-7, 360, 365

N

Nairn, Tom, 313-4, 381n, 404n
Nietzsche, Friedrich Wilhelm, 114, 219

O

Orlando, Francesco, 20, 374n
Orwell, George, 293, 398n, 400n
Orwell, Sonia, 398n

P

Panofsky, Erwin, 29, 371n
Pascal, Blaise, 160, 329
Paulson, Ronald, 397n
Perrot, Michelle, 16-7, 369n
Pinney, Thomas, 397n
Poe, Edgar Allan, 377n
Polanyi, Michael, 214, 359
Pound, Ezra, 363
Praz, Mario, 300, 398-9n
Prendergast, Christopher, 391n
Preti, Giulio, 382n
Propp, Vladimir, 88

Púchkin, Aleksandr Serguêievitch, 32, 125-7, 131, 140, 142-3, 147-50, 152, 156, 161, 169-70, 172, 188-9, 191, 195, 200, 220, 229, 250, 335, 370n, 384n, 388n
Cadernos de Malte Laurids Brigge, Os, 345, 347
Eugênio Onêguin, 27, 33, 126-7, 131, 140-3, 146, 148-52, 156-7, 160-1, 167, 169-70, 173, 177, 181, 184-7, 191-2, 200-1, 212, 250, 306, 384-5n, 388n, 392n
Elegias de Duíno, 355, 361
Ewald Tragy, 355

R

Rimbaud, Jean-Arthur, 362-4, 366
Ritter Stanini Lea, 374n
Robbins, Harold, 391n
Rougemont, Denis de, 187
Rousseau, Jean-Jacques, 86
Émile, 86
Rude, Fernand, 383n, 386n

S

Saint-Just, Louis-Antoine-Léon, 53, 128
Sand, George (pseudônimo de Armandine-Lucie-Aurore Dupin), 396n
Sartre, Jean-Paul, 145, 161, 183, 247, 361, 384n, 393n
Schikaneder, Emanuel, 83
Schiller, Johann Christoph Friedrich von, 21, 49, 52-3, 62, 64-7, 69, 94, 108, 119, 290, 375n
Educação estética do homem, A, 21, 62, 66-7, 71, 94, 375n

Schlegel, Friedrich, 242
Schmitt, Carl, 271-2, 368-9n, 395-6n
Schumpeter, Joseph Alois, 164, 386n
Scott, Walter, 38, 289-90, 293, 295-6, 335, 400n, 403n
Guy Mannering, 290, 385n
The Antiquary, 290n
Waverley, 27, 38, 280, 283, 290, 306-8, 311, 316, 318, 396n, 398n
Sennet, Richard, 75-6, 79, 198, 224, 374n, 391n, 394n, 398n
Shakespeare, William, 145, 200, 383n, 397n
Hamlet, 10, 27, 130, 200, 241, 289, 312, 397n
Rei Lear, 36
Timão de Atenas, 396n
Shelley, Mary *Frankenstein*, 303, 306
Simmel, Georg, 30, 77-8, 209, 228, 266-7, 272, 376n, 389n, 394-5n
Smith, Adam, 57, 141, 164, 386n
Smollet, Tobias George, 295
Sombart, Werner, 66, 164, 217, 255, 375n, 386n, 390-1n, 394n
Sorokin, Pitirim, 389n
Stäel, Anne-Louise-Germaine Necker, 139
Starobinski, Jean, 163, 170, 386-7n
Stendhal (pseudônimo de Henri Beyle), 18, 32-3, 36, 40, 53, 69, 111, 125-36, 138-40, 142-3, 147-50, 152, 156, 158, 162, 164-5, 167, 169-70, 172, 175-7, 181, 187-9, 191, 195, 200, 204-5, 210, 220, 229, 251, 260, 302, 315, 335, 348, 353, 370n, 372n, 378n, 383n, 386-9n
Armance, 189, 191
Cartuxa de Parma, A, 126-9, 132, 134, 139, 142, 149, 160, 162, 166, 170, 176, 181, 190-1

Do Amor, 131, 135, 165, 173, 187
Napoleão, 131
Vermelho e o negro, O, 17-8, 21, 125-9, 132-6, 139, 146, 149, 152-3, 160, 162, 166-7, 170, 173-4, 176-7, 183, 191, 200, 205, 223, 230, 251, 254, 257, 260, 283, 306, 384*n*

T

Thompson, Edward Palmer, 314-5, 401*n*, 403*n*
Tocqueville, Alexis de 93, 95, 114, 165-6, 172, 291, 379*n*, 386*n*
Todorov, Tzvetan, 380*n*
Tolkien, John Ronald Reuel, 284
Tolstói, Liev Nikoláievich, 370*n*
  Guerra e Paz, 370*n*
Tönnies, Ferdinand, 64, 333, 392*n*
Trilling, Lionel, 201, 267-8, 304, 373*n*, 381*n*, 385*n*, 394-5*n*, 399*n*
Trótski, Leon (pseudônimo de Liev Davídovich Bronstein), 175
Turguêniev, Ivan Serguêievitch, 190-1, 370*n*
  Pais e filhos, 190, 192

V

Van Gennep, Arnold, 376*n*, 378*n*
Verne, Jules, 225
Volta ao mundo em 80 dias, A, 225
Voltaire (François-Marie Arouet), 225

W

Wallerstein, Immanuel, 22
Walser, Robert, 345-6
  Jakob von Gunten, 345, 353, 365
Weinrich, Harald, 195-7, 229, 243-3, 251, 303, 350, 374*n*, 384*n*, 387-8*n*, 393*n*
Welsh, Alexander, 398*n*
Wenders, Wim, 378*n*
White, Hayden, 372*n*
Williams, Raymond, 294, 305-8, 316, 318, 322, 381-2*n*, 396*n*, 398*n*, 404*n*

The Way of the World: The Bildungsroman in European Culture
© Verso, Londres, 1987

Todos os direitos desta edição reservados à Todavia.

Grafia atualizada segundo o Acordo Ortográfico da Língua Portuguesa de 1990, que entrou em vigor no Brasil em 2009.

capa
Luciana Facchini
composição
Manu Vasconcelos
preparação
Ana Cecília Agua de Melo
índice onomástico
João Gabriel Domingos de Oliveira
revisão
Jane Pessoa
Eloah Pina

Dados Internacionais de Catalogação na Publicação (CIP)
— —

Moretti, Franco (1950-)
O romance de formação: Franco Moretti
Título original: *The Way of the World: The Bildungsroman in European Culture*
Título da versão italiana: *Il romanzo di formazione*
Tradução do italiano: Natasha Belfort Palmeira
São Paulo: Todavia, 1ª ed., 2020
416 páginas

ISBN 978-65-80309-83-2

1. Literatura 2. História e crítica literária 3. Franco Moretti
I. Palmeira, Natasha Belfort II. Título

CDD 809.3
— —

Índice para catálogo sistemático:
1. Literatura: História e crítica literária 809.3

todavia
Rua Luís Anhaia, 44
05433.020 São Paulo SP
T. 55 11. 3094 0500
www.todavialivros.com.br

fonte
Register*
papel
Munken print cream
80 g/m²
impressão
Geográfica